Michelle Cottier, Gaëlle Aeby,
Brigitte Müller, Aline Schoch (Hg.)

Integrität, Autonomie und Partizipation im Kindesschutz

Wie erleben Kinder und Eltern das Kindesschutzverfahren?

Schwabe Verlag

Die Druckvorstufe dieser Publikation wurde vom Schweizerischen Nationalfonds zur Förderung der wissenschaftlichen Forschung unterstützt.

Bibliografische Information der Deutschen Nationalbibliothek
Die Deutsche Nationalbibliothek verzeichnet diese Publikation in der Deutschen Nationalbibliografie; detaillierte bibliografische Daten sind im Internet über http://dnb.dnb.de abrufbar.

Korrektorat: Constanze Lehmann, Berlin
Cover: icona basel gmbh, Basel
Layout: icona basel gmbh, Basel
Satz: 3w+p, Rimpar
Druck: Prime Rate Kft., Budapest
Printed in the EU
Herstellerinformation: Schwabe Verlag, Schwabe Verlagsgruppe AG,
Grellingerstrasse 21, CH-4052 Basel, info@schwabeverlag.ch
Verantwortliche Person gem. Art. 16 GPSR: Schwabe Verlag GmbH,
Marienstraße 28, D-10117 Berlin, info@schwabeverlag.de
ISBN Printausgabe 978-3-7965-5118-5
ISBN eBook (PDF) 978-3-7965-5119-2
DOI 10.24894/978-3-7965-5119-2
Das eBook ist seitenidentisch mit der gedruckten Ausgabe und erlaubt Volltextsuche.
Zudem sind Inhaltsverzeichnis und Überschriften verlinkt.

rights@schwabe.ch
www.schwabe.ch

Inhalt

Vorwort. Kindesschutz in der Schweiz – hin zur Quadratur des Kreises
Philip D. Jaffé 7

1. Einleitung
Michelle Cottier, Brigitte Müller, Aline Schoch & Gaëlle Aeby 11

2. Grundlagen
Aline Schoch, Kay Biesel, Brigitte Müller & Gaëlle Aeby 17

3. Ergebnisse der Teilstudien 35
3.1 Rechtliche Analyse
Gaëlle Droz-Sauthier & Michelle Cottier 35
3.2 Historische Analyse
Loretta Seglias 63
3.3 Empirische Studie 102
3.3.1 Qualitative Teilstudie
Gaëlle Aeby & Aline Schoch 102
3.3.2 Quantitative Teilstudie
Brigitte Müller 141
3.3.3 Fokusgruppeninterviews
Aline Schoch & Gaëlle Aeby 183
3.3.4 Zusammenfassung und Diskussion der empirischen Studie
Brigitte Müller, Aline Schoch & Gaëlle Aeby 193

4. Interdisziplinäre Synthese und Reflexion
Kay Biesel, Brigitte Müller, Michelle Cottier & Stefan Schnurr 201

5. Kernelemente guter Kindesschutzverfahren
Stefan Schnurr 221

6. Entwurf eines Bundesgesetzes für das Verfahren vor den Kindesschutzbehörden
Gaëlle Droz-Sauthier & Michelle Cottier 245

7. Schlusswort
Gaëlle Aeby, Aline Schoch, Brigitte Müller & Michelle Cottier 291

Abkürzungsverzeichnis 295

Anhang: Tabellen Kapitel 3.3.2 (Quantitative Teilstudie) 299

Bibliografie 317

Verzeichnis Tabellen und Abbildungen 339

Verzeichnis der Autorinnen und Autoren 343

Vorwort[1]

Kindesschutz in der Schweiz – hin zur Quadratur des Kreises

Philip D. Jaffé

In der Mathematik gilt die Aufgabe, aus einem Kreis ein Quadrat gleichen Flächeninhalts zu konstruieren, als unlösbares Problem. Wie die Quadratur des Kreises stellt auch ein lückenloser Kindesschutz wahrscheinlich ein unmögliches Ziel dar – obwohl Kinder in unserer Gesellschaft als unser grösster Schatz angesehen werden und obwohl das Sozial- und Rechtssystem für Kinder, für die Schutzmassnahmen in Betracht gezogen werden müssen, sich ständig weiterentwickelt und verbessert. Die Ergebnisse des Projekts *Integrität, Autonomie und Partizipation: Wie erleben Kinder und Eltern den Kindesschutz? (INTAPART)* werden auf den folgenden Seiten vorgestellt. Das Projekt verfolgt dieses Verbesserungsziel aus der Perspektive der Geschichte, des Rechts und der empirischen Forschung, die den Kern der dem Kindesschutz gewidmeten schweizerischen rechtlichen Verfahren und Institutionen bilden.

Am unbequemen Rückblick auf die Rechtsgrundlagen für Schutz und Platzierung führt kein Weg vorbei – eine von guten Vorsätzen geprägte Rechtsgrundlage, die aber nur dem Namen nach «Schutz» bot. Tatsächlich erlebten viele Kinder und Familien autoritäre und stark einschränkende Entscheide, die dürftig erklärt und oft als willkürliche, unverständliche und traumatische Urteile empfunden wurden. Diese Erlebnisse sind für Tausende Mitbürger*innen, denen die Kindheit geraubt wurde, noch immer schmerzhaft präsent. Mit der Reform der Gesetze und der Verfahrensordnungen wurden glücklicherweise – ausgehend von der Anerkennung der Menschenrechte der betroffenen Personen – einige Missstände gemildert, aber noch nicht gänzlich behoben, wie die im Rahmen des INTAPART-Projekts durchgeführte empirische Feldstudie zeigt.

1 Übersetzt aus dem Französischen von Adelheid Temnewo.

Mit der 1989 verkündeten Kinderrechtskonvention der Vereinten Nationen (KRK) und der ausdrücklichen Anerkennung des Kindes als Rechtssubjekt, das von Natur aus in der Lage ist, diese Rechte auf der Grundlage seiner sich entwickelnden Fähigkeiten selbst wahrzunehmen, fand ein für die Kinder weitreichender gesetzlicher «Reset» statt. Drei Grundprinzipien bilden das Herzstück der KRK: die Leistungen, die der Staat und die Gemeinschaft erbringen müssen, der Schutz, der dem Kind unter allen Umständen zusteht, und sein Recht auf echte Partizipation, damit das Kindeswohl gebührend berücksichtigt wird.

Im Kindesschutz zielt die aktuelle Entwicklung im Kern darauf ab, dass die Massnahmen das Kind in den Mittelpunkt stellen. Die Bedürfnisse, das Wohlergehen und das übergeordnete Interesse des Kindes stehen an erster Stelle. Diese Priorität wird von den Kindesschutzstellen und den gerichtlichen Behörden oft formelhaft erklärt, aber nicht gewissenhaft in die Praxis umgesetzt. Es ist daher erwähnenswert, dass Frankreich und die kanadische Provinz Quebec das Konzept der zentralen Rolle des Kindes bei der jüngsten Prüfung[2] bzw. Revision[3] der Kindesschutzpraktiken explizit betonen. Dieses Prinzip wird institutionell und strukturell durch die «Best Practices» im Kindesschutz konkretisiert, die sich in Europa und darüber hinaus verbreiten und mit dem *Barnahus*-Modell in Island erweitert wurden. Alle sozialen, gerichtlichen, polizeilichen, medizinischen und administrativen Schutzleistungen finden dabei kindgerecht an einem einzigen Ort statt. Die Kinder werden nicht in einem von und für Erwachsene organisierten System hin- und hergeschoben.

Die Beteiligung des Kindes in jedem rechtlichen Verfahren ist nunmehr als Recht etabliert und wird zunehmend zur Prozesserfordernis erklärt. Neben dem Anhören gewinnt das Zuhören an Bedeutung, damit die Meinung des Kindes möglichst weitgehend berücksichtigt wird. Dies gilt auch für die Familien, denen in den Interventionen zunehmend Platz einge-

---

2 Cour des comptes (Rechnungshof 2020, November). La protection de l'enfance. Une politique inadaptée au temps de l'enfant. https://www.ccomptes.fr/system/files/2020-11/20201130-synthese-protection-enfance.pdf.

3 Commission spéciale sur les droits de l'enfant et la protection de la jeunesse (Sonderausschuss für Kinderrechte und Jugendschutz, Quebec, Kanada). Constats et premières orientations au 30 novembre 2020. https://www.csdepj.gouv.qc.ca/accueil/.

räumt wird. In der Realität wird diese Beteiligung oft durch zwei unterschiedliche Gruppen von Faktoren erschwert: erstens die Eltern betreffende Faktoren (Ambivalenz, Angst, Widerstand) und zweitens mit dem System verbundene Faktoren (Offenheit für die Beteiligung von Kindern und Eltern, angemessene Ausbildung der Fachpersonen, zeitliche Ressourcen für die Beschäftigung mit der Situation). Der Einbezug der Familien in sie direkt betreffende Schutzmassnahmen und die möglichst weitgehende Beteiligung setzen voraus, «mit ihnen zu arbeiten», und verlangen von den Fachpersonen grössere Anstrengungen, weil sie sich von der «unangefochtenen Autorität und vom Komfort des gesicherten Wissens»[4] verabschieden müssen.

Ein langes Stück Weg wurde bereits zurückgelegt. Doch in der Schweiz gibt es noch zahlreiche Herausforderungen zu bewältigen, um die Quadratur des Kreises im Bereich des Kindesschutzes anzustreben!

Diese Herausforderungen spiegeln sich in den Schlussbemerkungen wider, die nach der periodischen Überprüfung durch den UN-Kinderrechtsausschuss im Jahr 2021 an die Schweiz gerichtet wurden[5]. Der Kinderrechtsausschuss formulierte hauptsächlich zwei wichtige Empfehlungen für eine bessere Beteiligung des Kindes. Die erste betrifft die Berücksichtigung der Meinung des Kindes: Es gilt, «das Recht des Kindes auf Anhörung in allen das Kind betreffenden Entscheiden sicherzustellen […]» (Abs. 20 a) und «einschlägige Verfahren oder Protokolle für Berufsgruppen zu entwickeln, die mit Kindern oder für Kinder arbeiten, um sicherzustellen, dass der Meinung von Kindern in allen Verfahren genügend Rechnung getragen wird» (Abs. 20 d). Zur umfassenden Kinderrechtspolitik und -strategie der Schweiz empfiehlt der Ausschuss, «eine umfassende Kinderrechtspolitik zu entwickeln und zu verabschieden, die alle durch die Konvention abgedeckten Bereiche umfasst und, gestützt auf diese Kinderrechtspolitik, eine Strategie zu deren Umsetzung auf kantonaler Ebene zu entwickeln und dafür genügend personelle, technische und finanzielle Ressourcen bereitzustellen» (Abs. 8 a).

---

4 Sellenet, C. (2008). Coopération, coéducation entre parents et professionnels de la protection de l'enfance. *Vie sociale*, 2, 15–30.

5 Kinderrechtsausschuss der Vereinten Nationen (2021, 22. Oktober). Schlussbemerkungen zum fünften und sechsten Staatenbericht der Schweiz.

Das INTAPART-Projekt bildet einen wichtigen Baustein bei der Umsetzung dieser Empfehlungen. Seine Schlussfolgerungen gehen sogar noch einen Schritt weiter.

Prof. Philip D. Jaffé
Universität Genf
Mitglied des Kinderrechtsausschusses der Vereinten Nationen

1. Einleitung

Michelle Cottier, Brigitte Müller, Aline Schoch & Gaëlle Aeby

Der gesellschaftliche Blick auf Kindheit und Familie hat sich im Verlauf des letzten Jahrhunderts grundlegend geändert und mit ihm die Vorstellungen über Bedingungen guten Aufwachsens und über die Rolle und Aufgaben von Eltern. Damit veränderten sich auch Legitimation und Handlungslogiken staatlicher Eingriffe in Familien durch die Institutionen des Kindesschutzes. Die Aufarbeitung vergangener Fürsorgepraktiken hat gezeigt, welche – vorwiegend negativen – Auswirkungen diese Eingriffe (zumeist ausserfamiliäre Unterbringungen) für die betroffenen Kinder und Eltern hatten. Von Betroffenen wurden diese staatlichen Eingriffe häufig als massiv integritätsverletzende, autonomiebeschneidende und von Ohnmacht geprägte Erfahrungen beschrieben. In den letzten Jahrzehnten haben sich Handlungsmaximen und Vorgehensweisen im Schweizer Kindesschutz von einer sozialnormierenden und disziplinierenden zu einer stärker an den Bedürfnissen und Unterstützungsbedarfen der Kinder und Familien ausgerichteten Orientierung verändert, und der Einbezug der Sichtweisen von Betroffenen hat an Bedeutung gewonnen. Wie es gelingen kann, betroffene Kinder und Eltern im Zwangskontext des zivilrechtlichen Kindesschutzes einzubeziehen und Kinder zu schützen, ohne übermässig in die familiäre Autonomie einzugreifen und die Integrität der Betroffenen zu verletzen, wird aktuell im Fachdiskurs thematisiert.

Ausgehend von in der Vergangenheit häufig missachteten Prinzipien der *Integrität, Autonomie und Partizipation* ging ein interdisziplinäres Team von Forschenden in dem gesamtschweizerisch angelegten Forschungsprojekt INTAPART der Frage nach, wie Kinder und Eltern den Kindesschutz erleben. Es handelt sich um eine gross angelegte Studie, die von der Einreichung des Projekts im Jahr 2017 über die Durchführung zwischen 2018 und 2023 bis zur Veröffentlichung dieses Buchs im Jahr 2025 acht Jahre gedauert hat. Das interdisziplinäre Forschungsprojekt INTAPART wurde im Rahmen des vom Bundesrat in Auftrag gegebenen Nationalen Forschungsprogramms 76 (NFP 76) «Fürsorge und Zwang – Geschichte, Gegenwart, Zukunft» des Schweizerischen Nationalfonds SNF durchgeführt. Im Rahmen des NFP 76 untersuchten verschiedene Forschungsprojekte die Thematik der Fremdplatzierungen von Kindern sowie fürsorgerischer Zwangsmassnahmen gegenüber Erwachsenen aus historischer sowie gegenwarts- und zukunftsbezogener Perspektive. Konkret verfolgte das NFP 76 die Ziele, erstens die Merkmale, Mechanismen und Wirkungsweisen der schweizerischen Fürsorgepolitik und -praxis zu analysieren, zweitens mögliche Ursachen für integritätsverletzende sowie integritätsfördernde Fürsorgepraxen im Spannungsfeld zwischen gesellschaftlicher Ordnung und individuellen Rechten zu identifizieren und drittens die Auswirkungen der Fürsorgepraxen auf die Betroffenen zu untersuchen. Die breite wissenschaftliche Auseinandersetzung mit der Fürsorgepraxis und -politik in der Schweiz hat zur Produktion umfangreichen Handlungs- und Orientierungswissens für Politik, Gesellschaft und Praxis geführt (Barras et al. 2024; Häfeli et al. 2024; Knüsel et al. 2024).

Das Forschungsprojekt INTAPART griff die im NFP 76 aufgeworfenen Fragen und Themen auf, um für die Schweiz erstmals empirisch zu untersuchen, welche Erfahrungen Kinder und Eltern in Kindesschutzverfahren machen und wie sie sich in das Verfahren einbringen können. Zudem erforschte das Projekt, welche Merkmale und Aspekte der Verfahren dazu beitragen, dass Kinder und Eltern ihr Recht auf Partizipation nutzen und sich in einer Weise beteiligen können, die sie als bedeutsam erleben. Damit trägt INTAPART wesentlich zur Schliessung einer Forschungslücke bei.

Das interdisziplinär und sprachübergreifend organisierte Projekt bestand aus drei Teilstudien: einer rechtlichen Analyse, einer historischen Untersuchung und einer empirischen Studie. Die Gesamtleitung des Projekts hatten Michelle Cottier (Universität Genf), Kay Biesel (Fachhochschule Nordwestschweiz FHNW), Philip D. Jaffé (Universität Genf, bis 2019) und Stefan Schnurr (FHNW) inne. Die rechtliche Analyse wurde durch Gaëlle Droz-Sauthier (ehemals Universität Genf, heute Universität Fribourg) und Michelle Cottier durchgeführt, die historische Untersuchung durch Loretta Seglias (Geschichtspunkte GmbH) und die empirische Studie durch Gaëlle Aeby (ehemals an der Universität Genf, heute an der Hochschule und Höheren Fachschule für Soziale Arbeit der HES-SO Valais-Wallis), Brigitte Müller und Aline Schoch (beide FHNW), mit Unterstützung von Kay Biesel und Stefan Schnurr. Unterstützung erfuhr das Forschungsteam durch die Masterstudierenden Aude Saugy, Mathilde Etienne und Franziska Schulmann. Das Projekt profitierte auch von der Expertise und den wertvollen Feedbacks eines Advisory Boards, das aus Ruth Amann (Historikerin, UEK Administrative Versorgungen), Katja Cavalleri Hug (Juristin, Kinderanwaltschaft Schweiz), Clarissa Schär (Sozialpädagogik, Universität Zürich UZH), Patrick Fassbind (Jurist, Präsident KESB Basel-Stadt; Interessengemeinschaft für Qualität im Kindesschutz IGQK), Christian Fellrath (Präsident der *Conférence latine de promotion et de protection de la jeunesse* CLPPJ), Bruno Frick (Guido Fluri Stiftung), Sara Galle (Historikerin, FHNW), Samuel Keller (Soziale Arbeit, ZHAW) und Diana Wider (Juristin, KOKES) bestand[1].

Der Aufbau des Buches folgt der Anlage der Gesamtstudie INTAPART: Der Einstieg erfolgt im Kapitel zu den Grundlagen mit einer Einführung in die historischen und rechtlichen Entwicklungen des Kindesschutzsystems der Schweiz, gefolgt von der Darlegung empirischer und theoretischer Bezüge der Studie und einer Vorstellung des ihr zugrunde liegenden Konzepts sowie ihrer interdisziplinären Anlage im Einzelnen (Kapitel 2).

Es folgt die Darstellung der Ergebnisse der drei Teilstudien in Kapitel 3. Die rechtliche Analyse zeigt auf, dass von 1912 bis 1981 der rechtliche Rahmen zunächst von einer völligen Abwesenheit von Verfahrensrechten geprägt war (Kapitel 3.1). Die historische Untersuchung erlaubt es zu verstehen, zu welchen Erfahrungen von Ohnmacht und Missachtung dieser fehlende Rechtsschutz führte und welche tiefgreifenden Integritätsverletzungen dadurch möglich wurden (Kapitel 3.2). Durch diese beiden Studien wird deutlich, dass sich die Rechtsstellung der Betroffenen im Laufe des 20. Jahrhunderts laufend verbessert hat, besonders dank einer zunehmenden Orientierung an den Menschenrechten, im Zuge der Ratifizierung insbesondere der Europäischen Menschenrechtskonvention und später der UN-Kinderrechtskonvention durch die Schweiz. Dies hat sich in einer stärkeren gesetzlichen Verankerung der Verfahrensrechte, zuletzt in der umfassenden Reform des Kindes- und Erwachsenenschutzrechts von 2013, und in

1 Die in diesem Buch gemachten Aussagen geben die auf den Datenanalysen basierenden Interpretationen der Autor*innen wieder.

stärker am Ziel der Partizipation orientierten Vorgehensweisen der Vormundschafts- und insbesondere später der Kindes- und Erwachsenenschutzbehörden (KESB) niedergeschlagen. Die rechtliche Analyse zeigt aber auch, dass die neuen Regelungen auf den Erwachsenenschutz zugeschnitten wurden und bloss «analog» auf den Kindesschutz angewendet werden und es dadurch an einer ganzheitlichen Umsetzung der Kinderrechte im Kindesschutzrecht, wie sie beispielsweise in Irland und Schottland erfolgt ist, in der Schweiz fehlt.

Die empirische Studie untersuchte, inwieweit die Verbesserungen des Rechtsrahmens sich gegenwärtig in den Erfahrungen der Betroffenen niederschlagen (Kapitel 3.3). Die Forscherinnen von INTAPART haben Gespräche und Anhörungen von Kindern und Eltern in Kindesschutzbehörden teilnehmend beobachtet und Interviews mit Kindern[2], Eltern und Fachleuten geführt. Zudem wurden im Rahmen einer schweizweiten Online-Fragebogenerhebung an Kindesschutzverfahren beteiligte Kinder, Eltern und Fachleute zu ihren Erfahrungen befragt. Auf dieser Grundlage gibt INTAPART erstmals für die Schweiz einen vertieften Einblick in die Wahrnehmungen und das Erleben von Kindern und Eltern, die in ein Kindesschutzverfahren involviert sind. Die Ergebnisse weisen darauf hin, dass es im Schweizer Behördenhandeln gute Ansätze zur Erreichung des Ziels der Förderung der Integrität, Autonomie und Partizipation von Kindern und Eltern in Kindesschutzverfahren gibt. Diese sind jedoch nicht schweizweit einheitlich garantiert. Die Studienergebnisse zeigen weiter, dass dieses Ziel erreicht werden kann, wenn Kinder und Eltern ihre eigenen Rechte und Handlungsmöglichkeiten verstehen und wenn sie Vertrauen zu Behördenmitgliedern aufbauen und Lösungen gemeinsam aushandeln können. Die Ergebnisse machen zudem deutlich, dass die Partizipationsmöglichkeiten von Kindern und Eltern zentral durch rechtliche Rahmenbedingungen, Kompetenzen und Aufgabenverständnisse der beteiligten Behördenmitglieder und Fachpersonen wie auch durch organisationale Aspekte und Strukturen von Kindesschutzbehörden beeinflusst werden.

Die Zusammenführung der Ergebnisse der drei Teilstudien des Projekts INTAPART (Kapitel 4) erlaubt es vor diesem Hintergrund, im Sinne

2 In dieser Publikation werden unter dem Begriff «Kinder» alle Minderjährigen, also auch Jugendliche, verstanden.

von Leitlinien für die Tätigkeit von Kindesschutzbehörden, Kernelemente für die Förderung von Integrität, Autonomie und Partizipation im Kindesschutzverfahren zu definieren (Kapitel 5). Darüber hinaus zeigt sich, dass zur Erreichung dieses Ziels eine Reform des Kindesschutzrechts unabdingbar ist und dass es insbesondere ein neues, einheitliches und detailliertes Bundesverfahrensrecht für den Kindesschutz braucht. Das Forschungsprojekt INTAPART legt deshalb auf der Grundlage der Resultate des Projekts einen konkret ausformulierten Entwurf für ein Bundesgesetz für das Verfahren vor den Kindesschutzbehörden vor (Kapitel 6).

In den einzelnen Kapiteln vermittelt das Buch einen Einblick in den rechtlichen Rahmen, die historischen Entwicklungen und die Erfahrungen der Betroffenen, um ein umfassendes und fundiertes Bild der Komplexität des schweizerischen Kindesschutzsystems zu vermitteln, und bietet eine Reihe innovativer und zukunftsweisender Lösungsansätze, von denen wir hoffen, dass sie für Fachpersonen, die Gesetzgebung auf Ebene von Bund und Kantonen, Wissenschaftler*innen, betroffene Kinder und Eltern und alle, die das Thema besser verstehen wollen, von Nutzen sein werden.

Dank des Forschungsteams INTAPART

Ohne die Bereitschaft der Eltern, Kinder und Jugendlichen und der Fachpersonen des Kindesschutzes, an unserer Studie mitzuwirken, wäre das Forschungsprojekt INTAPART nicht möglich gewesen. Ihnen gilt unser grösster Dank.

Unser Dank gilt auch dem Nationalen Forschungsprogramm 76 des Schweizerischen Nationalfonds für die vielfältige Förderung und Finanzierung unseres Projekts.

Angelika Eberhardt, Benoît Kremer, Irène Kruse und Adelheid Temnewo danken wir für ihre sorgfältige Übersetzungsarbeit.

Die Publikation dieses Buchs in Open Access wurde durch den Schweizerischen Nationalfonds finanziert, und die Übersetzungen wurden durch grosszügige Beiträge der Fachhochschule Nordwestschweiz FHNW, der Universität Genf (Département de droit civil, Fonds Schneiter) und der HES-SO ermöglicht. Wir sind sehr dankbar für diese finanzielle Unterstützung.

2. Grundlagen

Aline Schoch, Kay Biesel, Brigitte Müller & Gaëlle Aeby

2.1 Einleitung

Dem heutigen Verständnis und den aktuellen Antworten auf die in ihrem Wohl gefährdeten Kinder und Jugendlichen geht eine bewegte Entwicklung von Strukturen, rechtlichen Regelungen und gesellschaftlichen Verständnissen von Kindesschutz voraus. Bis weit ins 20. Jahrhundert hinein wurde mit fürsorgerischen Zwangsmassnahmen in Familien eingegriffen, ohne Kinder und Eltern in Entscheidungsprozesse einzubeziehen und meist, ohne deren Integrität und Autonomie auch am Ort der Fremdplatzierung zu respektieren. Die Revision des Kindes- und Erwachsenenschutzrechts und die damit verbundene Schaffung der Kinder- und Erwachsenenschutzbehörden (KESB) im Jahr 2013 war ein wichtiger Schritt zur Professionalisierung des zivilrechtlichen Kindesschutzes. An die Stelle der vor allem in der Deutschschweiz vorherrschenden Miliz- oder Laienbehörden traten Fachbehörden mit interdisziplinär zusammengesetzten Entscheidungsgremien (Art. 440 ZGB). Auf eine Neuregelung des Kindesschutzverfahrens wurde im Zuge der Revision jedoch verzichtet (Cottier & Steck 2012, S. 983 f.; Häfeli 2021, S. 16). Es wurde lediglich klargestellt, dass die Bestimmungen über das Verfahren vor der Erwachsenenschutzbehörde (Art. 314 i. V. m. Art. 443 ff. ZGB) sinngemäss auch für das Kindesschutzverfahren gelten. In der Folge haben sich in den Kantonen einerseits unterschiedliche Organisationsformen (Verwaltungsbehörde oder Gericht) und Trägerschaften (kommunal, kantonal oder interkommunal) für die KESB herausgebildet. Andererseits wurden zahlreiche kantonale Verfahrensordnungen erlassen (Cottier & Steck 2012, S. 985; Häfeli 2021, S. 318). Dies hat zu einer grossen Vielfalt in der zivilrechtlichen Kindesschutzpraxis in Bezug auf die Organisation der KESB und die Durchführung der Verfahren geführt, was nicht ohne Kritik geblieben ist und zu einer breiten öffentlichen Diskussion und verschiedenen politischen Vorstössen[1] geführt hat. Den KESB wurde z. B. vorgeworfen, zu bürokratisch zu agieren, zu willkürlich und unnötigerweise in Familien einzugreifen und Entscheidungen zu treffen, die für die Gemeinden zu kostenintensiv seien. Inzwischen hat sich die Kritik an den KESB zwar gelegt. Dennoch ist nach wie vor wenig darüber bekannt, inwiefern es den KESB gelingt, Kinder und Eltern in Kindesschutzverfahren angemessen einzubeziehen, ihre Autonomie zu wahren und ihre Integrität zu schützen.

Ziel des Forschungsprojekts «Integrität, Autonomie und Partizipation: Wie erleben Kinder und Eltern den Kindesschutz?» (INTAPART) war es deshalb, Erkenntnisse darüber zu gewinnen, wie Kinder und Eltern das Handeln von Kindes- und Erwachsenenschutzbehörden erleben und wahrnehmen und wie sie darauf antworten. INTAPART reiht sich damit in einen erst entstehenden empirischen Wissenskorpus zu Kindesschutzverfahren und Behördenhandeln in der Schweiz ein (Gautschi 2021; Hauri 2021; Lätsch et al. 2023; Pomey 2017; Steffen & Koch 2023; Vogel Campanello et al. 2021; Bodmer et al. 2020).

Im folgenden Kapitel wird zum einen der historische, rechtliche, theoretische und empirische Hintergrund des Forschungsprojekts INTAPART erläutert. Zum anderen wird das Design und die interdisziplinäre Anlage der Studie vorgestellt, die den Zusammenhang zwischen dem geschriebenen Recht, der Umsetzung des Rechts durch die rechtsanwendenden Behörden und den Erfahrungen von Kindern und Eltern in Kindesschutzverfahren sowohl in der Vergangenheit (vor 1981, zwischen 1981 und 2012) als auch in der Gegenwart (ab 2013) untersucht.

1 Wie z. B. das Postulat 14.3776 Schneeberger «Professionalisierung des Sozialstaates um jeden Preis?», das Postulat 14.3891 der Sozialdemokratischen Fraktion «Erste Erkenntnisse aus dem Wechsel von Laienbehörden zur KESB» oder die gescheiterte Eidgenössische Volksinitiative «Eigenständiges Handeln in Familien und Unternehmen (Kindes- und Erwachsenenschutz-Initiative)» aus dem Jahr 2018.

2.2 Ein Blick auf die Entwicklung des Kindesschutzes in der Schweiz

Kindesschutz war in der Schweiz lange Zeit keine staatlich regulierte Aufgabe auf Bundesebene. Dies änderte sich erst mit dem Inkrafttreten des Schweizerischen Zivilgesetzbuches im Jahre 1912. Es trug zu einer Institutionalisierung des Vormundschaftswesens bei, welches vor allem der Armutsbekämpfung und später auch der Durchsetzung ordnungspolitischer Ziele diente (Biesel & Schär 2021). Zuvor wurden in der Schweiz Kinder aus armen Familien z. B. in ländlichen Gebieten als Pflege-, Kost- oder Verding-Kinder auf Bauernhöfen oder in Heimen und weiteren Institutionen (z. B. Psychiatrie) untergebracht (Praz & Droux 2020). Viele dieser Kinder mussten für ihren Lebensunterhalt arbeiten und konnten nicht regelmässig zur Schule gehen. Neben Vernachlässigung und Misshandlung, die in einigen Fällen sogar zum Tod führten (Hugger 1998; Wohlwend & Honegger 2004; Heller et al. 2005; Tabin et al. 2010), wurden die fremduntergebrachten Kinder in den Institutionen und Pflegefamilien häufig Opfer von körperlicher Gewalt, psychischer Misshandlung und sexuellem Missbrauch (Akermann et al. 2012; Expertenkommission Ingenbohl 2013).

Die gesetzlichen Vorgaben auf zivilrechtlicher Ebene und die zahlreichen armuts- und fürsorgerechtlichen Bestimmungen auf kantonaler Ebene (UEK Administrative Versorgungen 2019) liessen jedoch aufgrund ihrer Unbestimmtheit und der Möglichkeit, Kinder auch bei bloss vermuteter Gefährdung platzieren zu können, einen grossen Spielraum für Ermessensentscheide von Vormundschaftsbehörden, Organisationen und Einzelpersonen zu. Viele Betroffene waren jahrzehntelang der Praxis der sogenannten administrativen Versorgung ausgesetzt und wurden ohne rechtsgültiges Verfahren in Institutionen untergebracht. Dies trug rückblickend zu erheblichen Ungleichheiten, zu Willkür und Machtmissbrauch bei (UEK Administrative Versorgungen 2019; Leuenberger et al. 2011). Obwohl es bereits früh kritische Stimmen zur damaligen Fürsorgepraxis gab und vereinzelt konkrete Ansätze zur Verbesserung unternommen wurden (z. B. die Leitlinien für Kinder- und Jugendheime von 1949, Seglias 2013), fand zunächst keine breitere Diskussion statt. Die Entscheidungsprozesse und die Umsetzung fürsorgerischer Massnahmen waren zudem lange Zeit geprägt durch eine schwache oder inexistente staatliche Aufsichtsfunktion, wodurch die Kinder den für sie zuständigen Behörden und Bezugspersonen völlig ausgeliefert waren (Leuenberger et al. 2011). Erst mit der Einführung der Bestimmungen über die fürsorgerische Unterbringung im ZGB im Jahre 1981 wurde das schweizerische Recht den Anforderungen von Artikel 5 der Europäischen Menschenrechtskonvention (EMRK) angepasst. Damit wurden für die Betroffenen von fürsorgerischer Unterbringung gesamtschweizerisch einheitliche Rechtsgrundlagen und damit auch gerichtliche Beschwerde- und Überprüfungsmöglichkeiten geschaffen.

Was Kinder, die in Kinderheimen oder als Pflegekinder aufgewachsen waren, durchlitten hatten, wurde erst ab Ende der 1980er-Jahre durch Berichte von Zeitzeug*innen und autobiografische Schriften sowie eine Reihe von Studien aufgedeckt (Huonker 1987; Mehr 1987; Buchard-Molteni 1995; Wohlwend & Honegger 2004; Freisler-Mühlemann 2011; Akermann et al. 2012). Neben den langfristigen Traumatisierungen durch die vielfältigen Misshandlungserfahrungen wurden die Ohnmacht und Hilflosigkeit sowie die Unmöglichkeit, an Entscheidungen mitzuwirken bzw. Einfluss zu nehmen, von den ehemaligen Betroffenen als gravierende und belastende Aspekte der Fürsorgepraxis wahrgenommen (Maercker et al. 2014).

Seit der Ratifizierung der UN-Kinderrechtskonvention (KRK) durch die Schweiz im Jahr 1997 dauerte es mehr als zwei Jahrzehnte, bis den Opfern unrechtmässiger staatlicher Eingriffe Gerechtigkeit widerfuhr und eine öffentliche Auseinandersetzung über vergangenes Unrecht stattfand – ein entscheidender Schritt für den Kindesschutz auf internationaler und nationaler Ebene. Mit der Ratifizierung der KRK wurde sowohl auf internationaler als auch auf nationaler Ebene ein entscheidender Schritt im Kindesschutz getan (Sauthier & Cottier 2020). Obwohl aus heutiger Sicht klar ist, dass die fürsorgerischen Zwangsmassnahmen, die zu Beginn und Mitte des 20. Jahrhunderts angewandt wurden, eindeutig gegen grundlegende Menschenrechte verstiessen und mit der KRK unvereinbar sind, wurden die Ergebnisse der historischen Aufarbeitung nur am Rande mit der Gesetzesrevision und der Umsetzung der KRK verknüpft (Bundesrat, 2012; Müller et al. 2020). Diskussionen darüber, welche Konsequenzen die Erfahrungen aus der früheren Fürsorgepraxis für die zukünftige Struktur und die Verfahren des zivilrechtlichen Kindesschutzes oder für die Schwelle und die Bedingungen staatlicher Interventionen in Familien haben sollten, wurden vor allem in der Wissenschaft geführt (Bütow et al. 2014).

Das Bekanntwerden des missbräuchlichen Charakters von fürsorgerischen Zwangsmassnahmen im Zusammenhang mit Platzierungen von Kindern, administrativen Versorgungen und anderen fürsorgerischen Massnahmen führte 2014 zur Lancierung der Wiedergutmachungsinitiative. Ziel der Initiative war die Aufarbeitung der Geschichte der Fremdplatzierungen in der Schweiz bis in die 1980er-Jahre und die Wiedergutmachung des Unrechts, das insbesondere Verding- und Heimkinder, administrativ versorgte, zwangssterilisierte und zwangsadoptierte Personen sowie Fahrende durch fürsorgerische Zwangsmassnahmen und Fremdplatzierungen erlitten hatten.

Als Reaktion auf die Wiedergutmachungsinitiative haben das Schweizer Parlament und der Bundesrat ein Bundesgesetz verabschiedet, das den Opfern Anspruch auf Zahlungen aus einem speziellen Fonds gewährt. Dies stellt eine öffentliche Anerkennung des Versagens des Staates dar, Kinder vor Schaden zu bewahren, und war mit einer Entschuldigung bei den Opfern für das erlittene Leid verbunden. Neben den Entschädigungszahlungen und der Entschuldigung wurden die Bedingungen, Dynamiken und Folgen von Zwangsmassnahmen gegen Kinder im 20. Jahrhundert in einer umfassenden wissenschaftlichen Untersuchung aufgearbeitet (UEK Administrative Versorgungen 2019).

Im gleichen Zeitraum bereitete der Bundesrat eine Reihe von Revisionen des Schweizerischen Zivilgesetzbuches vor, darunter auch die Revision des Vormundschaftsrechts. Anlass für die Revision war, dass das ZGB von 1912 in seiner Konzeption und Formulierung aus dem 19. Jahrhundert stammte (Affolter 2013, S. 10) und in vielen Bereichen veraltet war. Im Rahmen der Revision des Kindesrechts, die 1978 in Kraft trat, wurde die Gleichstellung von ehelichen und nichtehelichen Kindern vorangetrieben sowie der Vorrang des Kindeswohls im ZGB verankert. Im Jahr 1988 beauftragte das Eidgenössische Departement des Innern eine Expert*innengruppe, Daten über Kindesmisshandlungen, ihre Verbreitung, ihre verschiedenen Formen und ihre Ursachen zusammenzutragen und Empfehlungen zur Verbesserung des Kindesschutzes zu formulieren (Arbeitsgruppe Kindesmisshandlung 1992; Bundesamt für Sozialversicherungen 2005, S. 12). Der Empfehlung der Arbeitsgruppe, die UN-Kinderrechtskonvention zu ratifizieren (Arbeitsgruppe Kindesmisshandlung 1992, S. 105), kam der Bundesrat im Jahr 1997 nach. Im Februar 1999 setzte sodann das Eidgenössische

Justiz- und Polizeidepartement eine ausserparlamentarische Expertenkommission ein, die einen Vorentwurf für eine grundlegende Reform des schweizerischen Vormundschaftsrechts erarbeitete. Ausgangspunkt war die Feststellung von Unzulänglichkeiten im Bereich des Erwachsenenschutzes, es ging also nicht primär um die Verbesserung des Kindesschutzes. Ende 2008 wurde das revidierte ZGB von Stände- und Nationalrat verabschiedet und auf den 1. 1. 2013 in Kraft gesetzt (Häfeli 2021, 6 ff.).

Eine der für den Kindesschutz bedeutendsten Änderungen im neuen Recht betraf die Behördenorganisation. An die Stelle der bisher mit Laien besetzten Vormundschaftsbehörden traten schweizweit die neu als Fachbehörden organisierten und professionalisierten Kindes- und Erwachsenenschutzbehörden (KESB), die ihre Entscheide erstmalig in interdisziplinär zusammengesetzten Gremien (Spruchkörpern) zu fällen hatten. Bis zur Revision 2013 lag die Entscheidkompetenz im Kindesschutz bei der Vormundschaftsbehörde, die sich häufig aus gewählten politischen Amtsträger*innen der Gemeinden, also Laien, zusammensetzte und über einen grossen Entscheidungsspielraum verfügte (Schnyder et al. 1995, S. 26 ff.; Affolter 2013 S. 11)[2]. Die Beurteilung der familiären Situation und des Kindeswohls sowie die Entscheidung, was zum Schutz des Kindes zu tun sei, lag im Rahmen des Verfahrens oft in den Händen derselben (Laien-)Personen (Affolter 2013, S. 11), wodurch die Kinder den für sie zuständigen Behörden und Bezugspersonen völlig ausgeliefert waren (Leuenberger et al. 2011). In kleineren Gemeinden waren die für den Kindesschutz zuständigen Entscheidungsträger z. B. oft persönlich mit den betroffenen Familien bekannt, was aus heutiger Sicht im Hinblick auf ein objektives und neutrales Verfahren als unzureichend angesehen werden muss (Schnurr 2016, S. 125 f.). Auch verfügten die für den Kindesschutz zuständigen Personen in der Regel nicht über umfassende fachliche und juristische Kompetenzen. Sie waren daher in hohem Masse auf die Einschätzungen externer Fachleute angewiesen und von deren Beurteilungen abhängig, sofern sie diese einholten (Konferenz der kantonalen Vormundschaftsbehörden 2008, S. 75; Schnurr 2012). Das Ziel der Reform bestand entsprechend darin, das zivilrechtliche Kindes- und Erwachsenenschutzsystem zu professionalisieren. Dazu wurde das

2 In der Romandie waren die Vormundschaftsbehörden hingegen überwiegend als Gerichte organisiert, in denen Jurist*innen arbeiteten.

KESB-Personal mit Personen unterschiedlicher beruflicher und disziplinärer Hintergründe in Recht, Sozialarbeit, Psychologie und Pädagogik besetzt (Cottier 2012; Schnurr 2016, S. 125 f.). Mit der Gesetzesreform war ursprünglich die Idee verbunden, die KESB schweizweit als ausschliesslich interdisziplinär zusammengesetztes Fachgericht zu etablieren und ein Bundesverfahrensgesetz zu erlassen. Diese Einheitslösung stiess jedoch in der Vernehmlassung auf Ablehnung (Cottier & Steck 2012, S. 985; Häfeli 2021, S. 16). Die Kantone befürchteten einen Eingriff in ihre kantonale Organisationshoheit und gingen davon aus, dass die Gerichtslösung zu höheren Kosten führen würde (Häfeli 2021, S. 16). Die Folge war, dass unterschiedliche organisatorische Lösungen (Verwaltungsbehörde oder Gericht) und Trägerschaften (kommunal, kantonal oder interkommunal) für die KESB geschaffen wurden und auf kantonaler Ebene vielfältige und oft uneinheitliche Verfahrensgesetze entstanden (Cottier & Steck 2012; Häfeli 2021, S. 16). Damit wurde ein Zustand beibehalten, der bereits vor der Revision bestand, nämlich dass es den Kantonen überlassen blieb, ob und welche Vorschriften sie zur Ausgestaltung der Kindesschutzverfahren erliessen.

Neben der Behördenneuorganisation wurden im Rahmen der Gesetzesreform des ZGB auch die Rechte des Kindes gemäss der KRK gestärkt. Sie betrafen vor allem das Recht auf Anhörung und die rechtliche Vertretung des Kindes (Bundesrat 2006; Cottier & Steck 2012). Die bereits seit dem Jahr 2000 im ZGB verankerten Bestimmungen über die Anhörung des Kindes im Kindesschutzverfahren wurden konkretisiert, indem z. B. neue Anforderungen an die Protokollierung der Anhörung des Kindes festgelegt wurden (Art. 314*a* Abs. 2 ZGB). Neu wurde die Rechtsvertretung des Kindes (Art. 314*a*^bis ZGB), die seit 2000 nur im eherechtlichen Verfahren vorgesehen war, explizit für das Verfahren vor der Kindesschutzbehörde geregelt. Die Rechtsstellung des Kindes im Kindesschutzverfahren wurde verbessert, indem eine Pflicht zur Prüfung der Notwendigkeit der Einsetzung einer Kindesvertretung eingeführt wurde, wenn eine allfällige Unterbringung des Kindes Gegenstand des Verfahrens ist oder wenn sich die Beteiligten über die Regelung der elterlichen Sorge oder über wichtige Fragen des persönlichen Verkehrs uneinig sind (Art. 314*a*^bis Abs. 2 Ziff. 2 ZGB). Ein genereller Anspruch des Kindes auf Rechtsvertretung in Kindesschutzverfahren besteht jedoch nach wie vor nicht.

Im Rahmen des Kindesschutzverfahrens, das von der KESB aufgrund einer Gefährdungsmeldung oder von Amts wegen eröffnet wird, wird zunächst im Zuge einer Abklärung beurteilt, ob das Kindeswohl gefährdet ist und ob Kindesschutzmassnahmen angezeigt sind. Oft führt die KESB die Abklärungen jedoch nicht oder nur teilweise selbst durch. Vielmehr beauftragt sie im Rahmen des Verfahrens häufig einen polyvalenten oder spezialisierten Sozialdienst mit der Abklärung des Kindeswohls (Art. 446 Abs. 2 ZGB). Zu diesem Zweck formuliert sie den Abklärungsauftrag sowie die Rechte und Pflichten der Beteiligten. Nach Abschluss der Abklärungen erhält die KESB einen Abklärungsbericht und gewährt den Betroffenen im Rahmen einer Anhörung das rechtliche Gehör. Die Anhörung bei der KESB dient zum einen dazu, Kindern und Eltern Gelegenheit zu bieten, Stellung zu den Abklärungsergebnissen zu nehmen. Damit verbunden ist zum andern auch das Ziel, festzustellen, inwieweit das Kind und die Eltern mit den Ergebnissen der Abklärung und allfällig formulierten Empfehlungen für Kindesschutzmassnahmen oder Hilfen einverstanden sind. Eltern müssen von der KESB persönlich angehört werden. Kindesanhörungen müssen hingegen von der KESB nicht in jedem Fall durchgeführt werden. Sie kann davon absehen, wenn das «Alter» des Kindes oder «andere wichtige Gründe dagegensprechen» (Art. 314*a* Abs. 1 ZGB). Zudem ist sie dazu berechtigt, die Kindesanhörung von geeigneten Drittpersonen durchführen zu lassen (ebd.). Laut Rechtsprechung reicht es aus, wenn die KESB dafür sorgt, dass Kinder erst ab dem vollendeten sechsten Lebensjahr persönlich angehört werden (BGE 131 III 553, JdT 2006 I 83). Nach den Anhörungen entscheidet die KESB in aller Regel im Dreiergremium über die notwendigen zivilrechtlichen Kindesschutzmassnahmen. Daraufhin erstellt sie eine schriftliche Verfügung, in welcher der Entscheid dargelegt und begründet wird. In der Verfügung sind zudem Rechtsmittelbelehrungen enthalten. Der Entscheid wird den Betroffenen meist schriftlich, in selteneren Fällen auch mündlich eröffnet (Fassbind 2018, S. 102 f.).

Trotz dieser Errungenschaften im Bereich des zivilrechtlichen Kindesschutzes, die durch die wissenschaftliche Aufarbeitung der Erfahrungen von Betroffenen sowie durch die Ratifizierung internationaler Übereinkommen des Menschenrechtsschutzes vorangetrieben wurden, bestehen nach wie vor Wissenslücken darüber, welche Erfahrungen Kinder und Eltern in Kindesschutzverfahren heute machen und wo Optimierungsmöglichkeiten bestehen. Denn Kindesschutzverfahren stellen einen Zwangskontext dar, der durch das Spannungsfeld von Hilfe und Kontrolle gekennzeichnet ist (Böhnisch & Lösch 1973; Schrapper 2008; Featherstone et al. 2014; Dollinger 2019; Mitchell 2022). Zudem bestehen nicht nur unterschiedliche Organisationsmodelle der KESB, sondern auch voneinander abweichende kantonale Verfahrensordnungen (Häfeli 2021, S. 318; Gautschi & Schnurr 2023). Es stellt sich daher die Frage, wie Kinder und Eltern in diesem Kontext – im Vergleich zu früher – ihre Partizipationsmöglichkeiten, ihr Autonomieerleben und ihre Integritätserfahrungen wahrnehmen und welche Bedingungen diese unterstützen.

2.3 Empirische und theoretische Einbettung der Studie

Der zivilrechtliche Kindesschutz und das darin verortete Kindesschutzverfahren bilden wie erwähnt einen Zwangskontext. Dies impliziert, dass die involvierten Personen über unterschiedliche Macht verfügen, wobei Machtverhältnisse grundsätzlich als dynamisch zu verstehen sind (Pomey 2017). Insbesondere in Bezug auf die Entscheidungsmacht befinden sich Eltern und ihre Kinder in einer weniger (entscheidungs-)mächtigen Position als Fachpersonen (Featherstone et al. 2014), da die KESB im Sinne des Kindesschutzes auch gegen den Willen der Betroffenen entscheiden kann. Machtasymmetrien lassen sich in Bezug auf die Expertise zwischen Laien, also Kindern und Eltern, und Fachpersonen (Pomey 2017; Biesel & Urban-Stahl 2022, S. 261 f.) sowie in Bezug auf das Alter und die generationale Ordnung zwischen Kindern und Erwachsenen feststellen (Bühler-Niederberger 2010; Duncan 2019).

Auch wenn sich Kinder und Eltern in einer strukturell schwächeren Position befinden und vielfältige Machtasymmetrien wirksam sind, verfügen sie dennoch über eine gewisse Handlungsmacht und sind als aktive soziale Akteure zu verstehen, deren *Agency* von ermöglichenden oder hemmenden strukturellen Rahmenbedingungen abhängt (Wolff et al. 2013; Raithelhuber & Schröer 2018; Duncan 2019; Schoch et al. 2020). Aufgrund der Machtasymmetrien im zivilrechtlichen Kindesschutz sowie der Fallspezifik ist von einem individuell unterschiedlichen Grad an Agency und damit von jeweils unterschiedlichen Voraussetzungen für die Beteiligung an einem

Kindesschutzverfahren auszugehen (Wolff et al. 2013; Schoch et al. 2023). Nicht alle Menschen sind in allen Situationen gleichermassen in der Lage, Informationen unmittelbar zu verstehen und einzuordnen, Meinungen zu formulieren sowie Interessen und Wünsche zu vertreten (Križ & Roundtree-Swain 2017; Berrick et al. 2019).

In Bezug auf die Handlungsfähigkeit (Agency) von Kindern liegt eine neuere theoretische Konzipierung vor, welche die «Autonomie von Kindern *als Kinder*» fasst (Mühlbacher & Sutterlüty 2019, S. 254, Übersetzung der Autor*innen). Kinderautonomie radikal kindzentriert zu fassen, sei wichtig, so wird argumentiert, damit die kindliche Autonomie nicht in generationaler Abhängigkeit von und in Verbindung mit Erwachsenen gedacht wird. Kinder sollen stärker als in unterschiedliche soziale Beziehungen eingebunden und Agency als in ihrer jeweiligen kontextuellen Situiertheit verstanden werden (ebd.).

Selbstbestimmt oder *autonom* zu handeln, bedeutet, ein nach der eigenen Definition «lebenswertes Leben» zu führen (Anderson & Honneth 2005, S. 130; Rössler 2017, S. 394 ff.). Damit verbunden sind auch der Entwurf eigener Ziele sowie die Möglichkeit, vernunftbasierte Entscheidungen zu treffen und diese umzusetzen, welche für das *Integritätserleben* (Zustand physischer und psychischer Unversehrtheit) relevant sind (Becker-Lenz & Müller-Hermann 2013, S. 212). Obwohl der aktuelle Forschungsstand darauf hinweist, dass Integritäts- und Autonomieerleben relevante Aspekte im Zusammenhang mit Partizipationserfahrungen von Kindern und Eltern in Kindesschutzverfahren sind, wurden diese beiden Kategorien im internationalen Fachdiskurs zum Kindesschutz kaum spezifisch untersucht. Explizit, wenn auch marginal, wird die familiale Autonomie im Kindesschutz thematisiert (Pomey, 2014; Marks & Sehmer 2017). Autonomie wird mehrheitlich eher implizit in Studien aufgegriffen, die auf theoretische Konzeptualisierungen von Agency zurückgreifen (z. B. Tisdall 2016). Hinweise auf die Rolle von Integrität und Autonomie finden sich weniger in der sozialwissenschaftlichen Forschungsliteratur, sondern eher in juristisch orientierter Fachliteratur, z. B. in Ausführungen zu Kinderrechten (z. B. Daly 2018) oder zur kindgerechten Justiz («child friendly justice», Europarat 2012).

Mit Blick auf den internationalen Fachdiskurs wird *Partizipation* im Kindesschutz hingegen seit einigen Jahren intensiv erforscht und diskutiert. Die Umsetzung von Partizipation im Kontext von Kindesschutzverfahren ist aufgrund der erwähnten Machtasymmetrien und des Spannungsfeldes von Hilfe und Kontrolle anspruchsvoll und findet unter erschwerten Bedingungen statt (Healy & Darlington 2009, S. 420). Denn Fachpersonen und Eltern und ihre Kinder sollen zusammenarbeiten und kooperieren, obschon die Fachpersonen u. U. gegen den Willen der Adressat*innen Macht ausüben müssen (ebd.).

Unter Partizipation wird eine umfassende Beteiligung verstanden, d. h. nicht nur die blosse Möglichkeit, die eigene Sichtweise und Meinung zu äussern (z. B. bei Anhörungen vor der KESB oder Gerichten), sondern darüber hinaus die Teilhabe und Mitwirkung an Entscheidungsprozessen (Schnurr 2018). In diesem Sinne sprechen Forschende auch von der Notwendigkeit, dass Betroffene eine Stimme haben und gegebenenfalls anwaltschaftlich unterstützt werden, um sich ernsthaft einbringen und eine bedeutsame («meaningful», Bouma et al. 2018) Partizipation erreichen zu können (Lundy 2007; Wolff et al. 2013; Berrick et al. 2019; Duncan 2019). Als Grundvoraussetzungen sind ausreichende Informationen über das Kindesschutzverfahren, den Fall und die zu verhandelnden Themen (Berrick et al. 2019; Bouma et al. 2018) sowie das Wissen über die eigenen Rechte zu nennen. Ein umfassendes Verständnis der Betroffenen ist notwendig, um die Situation und mögliche Konsequenzen adäquat zu erfassen und somit vorhandene Handlungsmöglichkeiten (Agency) besser nutzen zu können. Weiter unterstreichen verschiedene Wissenschaftler*innen, – oft in Anlehnung an Habermas (1998) – dass es notwendig ist, Partizipation als einen deliberativen, dialogischen und somit kollaborativen Aushandlungsprozess zu gestalten (Graham & Fitzgerald 2010; Tisdall 2016; Berrick et al. 2019; Duncan 2019). Dazu gehört, dass Kinder und Eltern, die von Kindesschutzverfahren betroffen sind, ihre Perspektive einbringen können, dass sie Fragen stellen und verständliche Antworten erhalten und dass sie auf Augenhöhe an der Entscheidungsfindung mitwirken können (Wilumsen & Skivenes 2005; Berrick et al. 2019; Duncan 2019). Darüber hinaus wird argumentiert, dass Partizipationsbemühungen, insbesondere von Kindern, der aktiven Unterstützung durch Fachpersonen bedürfen (Shier 2001; Cashmore 2002; Gallagher et al. 2012).

Obwohl im Fachdiskurs eine breite Auseinandersetzung mit der *Partizipation von Kindern* im Kindesschutz stattfindet, wird die Perspektive der Kinder selten direkt erhoben und erforscht (für die Kinder- und Jugendperspektive z. B.: Wolff et al. 2013; von Bijleveld 2014; Cossar et al. 2016; Arbeiter & Toros 2017; Ackermann & Robin 2018; Husby et al. 2019), sondern häufig über die Erwachsenenperspektive eingeholt. In diesen Studien wird deutlich, dass junge Menschen im Kindesschutz gehört, ernst genommen und informiert (van Bijleveld et al. 2014) sowie tatsächlich einbezogen werden möchten (Arbeiter & Toros 2017). Toros (2021) kommt auf der Grundlage einer systematischen Analyse empirischer Studien aus der Perspektive von Kindern zu ähnlichen Ergebnissen: Vielen jungen Menschen im Kindesschutzsystem mangelt es an Zugang und regelmässigem Kontakt zu Fachpersonen. Wenn Kontakt besteht, werden die Kommunikation, das Vertrauensverhältnis und das eigene Verständnis von Verfahren, Entscheidungen und Interventionen von den jungen Menschen oft als unzureichend wahrgenommen. Dies erschwert ihnen die Meinungsbildung und -äusserung und schränkt ihre Partizipationsmöglichkeiten und ihre Einflussnahme auf Entscheidungen stark ein. Im Fachdiskurs wird daher auch vom «abwesenden Kind» gesprochen, das in Entscheidungsprozessen im Kindesschutz kaum wahrgenommen wird (Wolff et al. 2013, S. 39), wobei Kinder, die als besonders vulnerabel und schutzbedürftig gelten, tendenziell noch stärker von partizipativen Entscheidungsprozessen ausgeschlossen werden (Tisdall 2016; Heimer 2018; Duncan 2019; Pomey 2022).

Interessant ist in diesem Zusammenhang auch die Untersuchung von Tisdall (2016) zu Narrativen der Kinderpartizipation im schottischen Recht und in der internationalen Kindheitsforschung. Sie kommt zum Schluss, dass insbesondere jungen Menschen Partizipationsmöglichkeiten eingeräumt werden, die ihre Meinung klar äussern können und die konsistent darin bleiben. Dies steht jedoch im Widerspruch zur familialen Einbindung von Kindern in Kindesschutzverfahren, die sich häufig in emotional aufgeladenen, konflikthaften und oft sehr dynamischen Familiensituationen befinden (ebd.; Cossar et al. 2016). Tisdall (2016) plädiert daher für ein Verständnis von Partizipation von Kindern, das relational, prozesshaft und situativ zu verstehen ist. Hilfreich kann hierbei das Verständnis sein, Kinder und Eltern als soziale Akteur*innen (Wolff et al. 2013; S. 22) in einem Prozess der Ko-Produktion zu verstehen (Tisdall 2017; Husby et al. 2018).

Der aktuelle Forschungsstand weist zudem darauf hin, dass *partizipative Entscheidungsprozesse* im Kindesschutz mit verschiedenen Vorteilen verbunden sind: Sie befähigen Kinder eher, über mögliche Misshandlungen und Gefährdungen zu sprechen (Jobe & Gorin 2013). Hilfen und Massnahmen, die im Rahmen partizipativ gestalteter Kindesschutzverfahren installiert werden, erweisen sich als tragfähiger und stabiler (Vis et al. 2011; Barnes 2012), ebenso gelingen Rückführungen in die Herkunftsfamilie besser (Balsellset al. 2017). Generell stärkt Partizipation das Selbstwirksamkeitserleben von Kindern und kann somit auch als Schutzfaktor verstanden werden (Leeson 2007; Lloyd & Emerson 2017). Trotz dieses regen Fachdiskurses und zahlreicher Entwicklungen von Modellen, Konzepten und Theoretisierungen zur Verbesserung der Partizipation (z. B. Hart 1992; Shier 2001; Lundy 2007; Archard & Skivenes 2009; Graham & Fitzgerald 2010; Wolff et al. 2013; Tisdall 2016; Bouma et al. 2018; Duncan 2019) scheint die Umsetzung einer umfassenden Partizipation von Kindern in der Kindesschutzpraxis nach wie vor eine grosse Herausforderung zu sein (Healy & Darlington 2009; Graham & Fitzgerald 2010; Dillon et al. 2016; Eberitzsch et al. 2023; Saim & Slettebø 2017; Husby et al. 2018; Berrick et al. 2019; Duncan 2019; Tisdall 2017). Auch in Bezug auf die Schweiz kommen Expert*innen zum Schluss, dass trotz Verbesserungen der Partizipationsrechte junger Menschen in Kindesschutzverfahren die Partizipationspraxis und konkret z. B. die Umsetzung der «kindgerechten Justiz» (Europarat 2012) noch stark entwicklungsfähig ist (Cottier 2017; SKMR 2019).

Kindesschutzverfahren und -interventionen führen daher aufgrund individueller Möglichkeiten und fallspezifischer Umstände folglich auch zu unterschiedlichen *Erfahrungen.* Sie können bei Kindern und Eltern z. B. Gefühle wie Angst, Scham, Stigmatisierung, Wut, Ohnmacht oder Verachtung auslösen (Dale 2004; Dumbrill 2006; Featherstone et al. 2014; Cossar et al. 2016; Dillon et al. 2016; Wolff et al. 2013; Petersen 2018; Gibson 2019; Quick & Scott 2019; Bekaert et al. 2021). Dies liegt nicht zuletzt daran, dass das Vertrauen der Betroffenen in die Behörden nicht als grundsätzlich und a priori gegeben angesehen werden kann (Duncan 2019; Ader & Schrapper 2020). Damit verbunden können Gefühle und Erfahrungen von mangelndem Respekt und fehlender sozialer Anerkennung sein (z. B. Berrick 2018; Husby et al. 2018: Husby et al. 2019; Ferguson et al. 2020). Kinder und Eltern in Kindesschutzverfahren sind daher darauf angewiesen, ernst genommen, angehört und beteiligt zu werden. Studien weisen darauf hin, dass Eltern in Kindesschutzverfahren kooperativer sind, wenn es Fachpersonen gelingt, Macht «mit» ihnen, anstatt «gegen» sie einzusetzen (z. B. indem sie ihre Sichtweise durchsetzen oder Kontrolle ausüben (Dumbrill 2006, S. 30; Saar-Heiman 2023). Positive, integritäts- und autonomiefördernde Erfahrungen und Wahrnehmungen sind zudem mit beziehungs- und kommunikationsbezogenen Elementen wie Vertrauen, Dialog, Unterstützung und Respekt in der Zusammenarbeit mit Fachpersonen im Kindesschutz verbunden (Dumbrill 2006; Höjer 2011; Gallagher et al. 2012; Featherstone et al. 2014; Arbeiter & Toros 2017; Husby et al. 2018; Duncan 2019; Bekaert et al. 2021; Rüegger et al. 2021).

Um die Thematik der Integrität, Autonomie und Partizipation von Kindern und Eltern in Kindesschutzverfahren zu untersuchen, bietet sich der Rückgriff auf die *Anerkennungstheorie* an, die auch in der Kindesschutzforschung zunehmend Verwendung finden (z. B. Husby et al. 2019; Mitchel 2020). Nach der Anerkennungstheorie von Axel Honneth (1995) entsteht soziale Anerkennung in sozialen Interaktionen (und durch gesellschaftliche Strukturen wie z. B. Rechte) und ist ein grundlegendes menschliches Bedürfnis nach Bestätigung. Honneth beschreibt drei Formen, in denen soziale Anerkennung erfolgen kann. Die erste Form bezieht sich auf das Erleben von *Liebe* in engen Beziehungen wie zwischen Familienmitgliedern, in Partnerschaften oder unter Freunden. Mangelnde soziale Anerkennung in dieser Form äussert sich nach der Anerkennungstheorie in Gewalterfahrungen und beeinträchtigt das Selbstvertrauen. Die zweite Form bezieht sich auf Anerkennung im Sinne von *Rechten* bzw. Rechtsansprüchen. Wenn Menschen von bestimmten Rechten ausgeschlossen werden oder Ungleichbehandlung erfahren, wird ihnen Anerkennung verweigert. Dies führt zu einem Verlust an Selbstachtung. Die dritte Form bezieht sich auf die *Solidarität.* Nach der Anerkennungstheorie ist Anerkennung in Form von Solidarität dann gegeben, wenn die unterschiedlichen Fähigkeiten, Meinungen, Ansichten, Status und Rollen anderer Menschen respektiert werden. Ein Mangel an sozialer Anerkennung in Form von Solidarität kann zum Erleben von Scham, Ehrverlust oder dem Gefühl der Abwertung führen und das Selbstwertgefühl mindern. Wenn Menschen auf einer oder mehreren Achsen keine Anerkennung erfahren, können sie sich minderwertig fühlen, was zu Konflikten, Widerstand und Ablehnung führen kann, da Individuen um ihre Anerkennung und um Bestätigung kämpfen und diese wiederherstellen wollen (Anderson & Honneth 2005)[3].

Übertragen auf die Situation von Kindern und Eltern in Kindesschutzverfahren kann ein Mangel an sozialer Anerkennung, z. B. durch Missachtung von Rechten oder durch Beschämung, daher zu einer Verletzung ihrer Integrität führen, da sie sich nicht respektiert und nicht handlungsmächtig fühlen (vgl. dazu die Ausführungen in Anderson & Honneth 2005, S. 127; Schoch et al. 2020). Mit anderen Worten: Eine beschädigte Integrität beeinträchtigt die Autonomie (Selbstbestimmung) der Betroffenen, ein selbstbestimmtes Leben zu führen (Anderson & Honneth 2005; Rössler 2017), und erschwert es ihnen, sich aktiv einzubringen und an Entscheidungen teilzuhaben, die ihr Leben tiefgreifend beeinflussen können. Im Zwangskontext des Kindesschutzes hängen Partizipationsmöglichkeiten davon ab, ob Kinder und Eltern die Erfahrung machen, respektiert und in ihrer Integrität geachtet zu werden, und ob sie sich (im vorgegebenen Rahmen) auch als handlungsmächtig und autonom erleben. Für das Kindesschutzverfahren als Forschungsgegenstand erscheint es daher weiterführend, Integrität, Autonomie und Partizipation als einen eng verbundenen Nexus zu konzipieren (Schoch et al. 2020), um die Erfahrungen von Kindern und Eltern im zivilrechtlichen Kindesschutz theoretisch zu erfassen und unter Rückgriff auf empirische Erkenntnisse zu reflektieren.

2.4 Forschungsfrage und Studiendesign

Ausschlaggebend für die Entwicklung des Forschungsprojektes war die Frage nach der Entwicklung und dem aktuellen Stand der Erfahrungen von Kindern und Eltern in Kindesschutzverfahren in der Schweiz, die sich sowohl aus empirischer Sicht als auch aus theoretischen Überlegungen stellt. Im Zentrum des Forschungsprojekts INTAPART stand die Frage: Wie erleben Kinder und Eltern den Kindesschutz? Um diese Frage angemessen beantworten zu können, wurde ein interdisziplinäres Forschungsdesign entwickelt, das aus drei sich ergänzenden Teilstudien bestand.

3 Wie die Anerkennungstheorie für die qualitative Datenauswertung operationalisiert wurde, wird in Kapitel 3.3.1 näher erläutert.

- Im Kontext der *rechtlichen Analyse* wurde untersucht, wie sich die Verfahrensrechte, insbesondere die Anhörungsrechte von Kindern und Eltern, von 1912 bis heute entwickelt haben. In diesem Zusammenhang wurde analysiert, wie die Verfahrensrechte dazu beigetragen haben, Verletzungen der Integrität von Kindern und Eltern zu ermöglichen oder zu verhindern und ihre Autonomie zu fördern oder einzuschränken. Damit verbunden war auch die Untersuchung der sich wandelnden Beteiligungsrechte in Kindesschutzverfahren. Zusätzlich wurden in einer rechtsvergleichenden Perspektive innovative Ansätze zur Stärkung der Partizipationsrechte von Kindern und Eltern in Kindesschutzverfahren ausserhalb der Schweiz identifiziert (Kapitel 3.1).
- Im Kontext der *historischen Analyse* wurde der Frage nachgegangen, wie Kinder und Eltern die Begegnungen mit der Vormundschaftsbehörde und ihren assoziierten Diensten (vor 1981 und zwischen 1981 und 2012) erlebt haben. Dazu wurde das historiografische Wissen über die Erfahrungen von Kindern und Eltern mittels einer systematischen Literaturreview zusammengetragen und neu bewertet (Kapitel 3.2).
- Im Kontext der *empirischen Studie* wurde mit einem «mixed-methods»-Ansatz untersucht, wie Kinder und Eltern die Handlungen und Interventionen der KESB und der in ihrem Fall beteiligten Vertreter*innen von sozialen Diensten im Rahmen von zivilrechtlichen Kindesschutzverfahren erleben. Dabei wurde auch erforscht, welche Praktiken die KESB entwickelt haben, um Kinder und Eltern in die Verfahren einzubeziehen, und wie diese von den Betroffenen in Bezug auf ihre Partizipationsmöglichkeiten wahrgenommen werden. Die empirische Studie umfasste teilnehmende Beobachtungen von Interaktionen (z. B. Gesprächs- und Anhörungssituationen bei der KESB), qualitative Interviews und quantitative Befragungen sowie Fokusgruppeninterviews mit Kindern, Eltern und Fachpersonen und wurde sowohl in der Deutschschweiz als auch in der Romandie realisiert (Kapitel 3.3).

Für die INTAPART-Studie bot sich ein interdisziplinäres Forschungsdesign aus zwei Gründen an: Zum einen aufgrund der weiter oben beschriebenen historischen, rechtlichen und gesellschaftlichen Entwicklungen im zivilrechtlichen Kindesschutz seit dem Inkrafttreten des Schweizerischen Zivilgesetzbuches im Jahr 1912; zum anderen, weil der Schutz von Kindern vor Gefährdungen ihres Wohls eine interdisziplinäre Aufgabe ist, an der verschiedene Berufsgruppen mit je unterschiedlichen Aufgaben und Funktionen beteiligt sind. Um der interdisziplinären Anlage der INTAPART-Studie gerecht zu werden, bestand das Forschungsteam aus Wissenschaftler*innen verschiedener Disziplinen (Soziologie, Recht, Geschichte, Soziale Arbeit, Psychologie). Die Verständigungsprozesse über die jeweils disziplinspezifischen epistemologischen Auffassungen, Forschungsverständnisse und -methoden sowie die unterschiedlichen Verständnisse zentraler Begriffe und Konzepte wurden im Rahmen eines kontinuierlichen interdisziplinären Austauschs realisiert. Er diente der Klärung konzeptueller und methodologischer Fragen sowie der Triangulation der Forschungsresultate der drei Teilstudien (Flick 2000). Im Vordergrund stand dabei das Anliegen, unterschiedliche (disziplinäre) Perspektiven einzunehmen, den Entstehungsprozess, die Ergebnisse und Schlussfolgerungen der drei Teilstudien nachzuvollziehen, miteinander in Beziehung zu setzen, zu verdichten und für die Erarbeitung von Kernelementen für die Ausgestaltung eines integritätswahrenden, autonomiestärkenden und partizipationsfördernden Kindesschutzverfahrensrechts zu nutzen. An der kritischen Einordnung der Forschungsergebnisse der INTAPART-Studie war zudem ein Advisory Board beteiligt, um den Praxisbezug zu gewährleisten und einen kritischen Reflexionsraum ausserhalb des Forschungsteams zu schaffen.

Im Folgenden werden die Ergebnisse der INTAPART-Studie vorgestellt, zunächst getrennt nach den drei genannten Teilstudien (Kapitel 3). Schliesslich wird in einem Synthese- und Triangulationskapitel (Kapitel 4) unter Rückgriff auf den Nexus von Integrität, Autonomie und Partizipation aufgezeigt, welche Erkenntnisse sich aus dem historischen Rückblick und der Rechtsentwicklung im Vergleich zu den heutigen Praxen der KESB in Bezug auf das Erleben von Kindern und Eltern in Kindesschutzverfahren gewinnen lassen. Anschliessend werden zum einen in einem praxisbezogenen Kapitel Kernelemente für ein integritäts-, autonomie- und partizipationsförderndes Kindesschutzverfahren vorgestellt (Kapitel 5). Zum anderen wird der Gesetzesentwurf für ein neues Kindesschutzverfahren präsentiert, der sich aus der interdisziplinären Zusammenschau speist (Kapitel 6).

3. Ergebnisse der Teilstudien

3.1 Rechtliche Analyse[1]

Gaëlle Droz-Sauthier & Michelle Cottier

3.1.1 Einführung

Wie hat sich die verfahrensrechtliche Stellung der von Hilfs- und Zwangsmassnahmen betroffenen Personen im Laufe der Zeit verändert? Die Aufgabe der rechtlichen Analyse besteht darin, die historische Entwicklung der Verfahrensrechte von Eltern und Kindern in Kindesschutzverfahren nachzuzeichnen und den aktuellen Stand dieser Rechte zu eruieren. Ziel ist es, zu ermitteln, welche Merkmale des rechtlichen Rahmens das Erleben von Integrität, Autonomie und Partizipation von Kindern und Eltern bei solchen Verfahren beeinträchtigen bzw. fördern. Schliesslich soll ebenfalls herausgestellt werden, welche innovativen Entwicklungen bei der Einbeziehung von Kindern und Eltern in Kindesschutzverfahren in anderen Ländern zu beobachten sind.

Die rechtliche Analyse im Rahmen des Projekts INTAPART ist Gegenstand einer detaillierten Studie, die in Form einer Monografie veröffentlicht wurde (Droz-Sauthier 2024). Ziel des vorliegenden Beitrages ist die zusammenfassende Darstellung der Ergebnisse betreffend die Partizipation von Kindern, wobei der Schwerpunkt auf ihrer Anhörung und Vertretung liegt. Für die Ergebnisse zu den Verfahrensrechten der Eltern sei auf die Monografie verwiesen.

Die vorliegende Zusammenfassung umfasst fünf Teile – entsprechend den Meilensteinen der grossen Reformen des Zivilgesetzbuchs. Im ersten

1 Übersetzt aus dem Französischen von Angelika Eberhardt.

Teil wird das Zivilgesetzbuch von 1912 vorgestellt, wobei der Schwerpunkt auf den Gründen für seine Verabschiedung und auf seinem Inhalt liegt (Kapitel 3.1.2). Im Anschluss behandeln wir die Reform des Kindesrechts von 1978, in deren Rahmen die Regelungen zum Kindesschutz überarbeitet wurden (Kapitel 3.1.3). Die nächste Etappe bildet die Reform von 1981, als nach der Ratifizierung der Europäischen Menschenrechtskonvention (EMRK) durch die Schweiz die neuen Regelungen zu freiheitsentziehenden Massnahmen in Kraft traten (Kapitel 3.1.4). Im fünften Teil wird die Umsetzung der UN-Kinderrechtskonvention (KRK) im Rahmen der Reformen des Schweizer Rechts in den Jahren 2000, 2011 und 2013 analysiert. Neben der Analyse von Inhalt und Entwicklung dieser Regelungen von 2000 bis 2013 wird auch der Inhalt der KRK und ihre Umsetzung durch andere Unterzeichnerstaaten erläutert (Kapitel 3.1.5). Zum Abschluss der Analyse wird die Situation der Schweiz im Verhältnis zu den internationalen Normen und ihren diesbezüglichen Verpflichtungen thematisiert; des Weiteren werden Antworten auf die oben erwähnten Forschungsfragen gegeben (Kapitel 3.1.6).

3.1.2 Das Schweizerische Zivilgesetzbuch von 1912: ein modernes Kindesschutzrecht, jedoch ohne Verfahrensgarantien

3.1.2.1 Die Ursprünge: die Vereinheitlichung des schweizerischen Zivilrechts

Am 1. Januar 1912 trat das einheitliche Schweizerische Zivilgesetzbuch in Kraft. Im 19. Jahrhundert lag das Zivilrecht in der Zuständigkeit der Kantone, und jeder hatte für sein Gebiet entsprechende Gesetze erlassen, was je nach Wohnort zu erheblichen Ungleichbehandlungen bei der Betreuung von Personen führte. Möglich wurde die Vereinheitlichung des Zivilrechts durch die Änderung der Bundesverfassung von 1874 am 13. November 1898 mit dem neu eingeführten Art. 64. Von nun an lag die Gesetzgebungskompetenz auf dem Gebiet des Zivilrechts ausschliesslich beim Bund. Mit diesem Vorhaben wurde der Rechtsprofessor Eugen Huber betraut, der sich von den kantonalen Gesetzgebungen inspirieren liess, die den Nährboden für das spätere Schweizerische Zivilgesetzbuch bildeten.

Dieses Gesetzbuch entstand in einem fortschrittlichen Geist. Es berücksichtigte die Veränderungen in der Gesellschaft, die vor allem auf die Industrialisierung zurückgingen, und verankerte die neue Aufgabenverteilung innerhalb der Familie, mit einer klaren Abgrenzung zwischen familiärer und öffentlicher Sphäre[2]. Darüber hinaus lag dem Bund als Gesetzgeber der Schutz von Frauen und Kindern am Herzen, als er die Rolle des Familienoberhaupts neu definierte (Forni 1973, S. 271; Rossel & Mentha 1922, S. 348, 353, 365, 366, 368, 369). Die Rechte und Pflichten der Eltern wurden mit grösserer Sorgfalt neu definiert und die Interessen der Kinder konsequenter geschützt (Rossel & Mentha 1922, S. 332). Zuvor war die «väterliche Gewalt» sehr stark ausgeprägt, und es bestanden kaum Gründe für eine Einschränkung der Rechte der Eltern über ihre Kinder. Von nun an jedoch enthielt das Zivilgesetzbuch sowohl präventive als auch nachträglich anwendbare Bestimmungen zum Schutz von Kindern, und die diesbezügliche staatliche Aufsicht wurde verstärkt (Ramsauer 2000, S. 21, 37).

3.1.2.2 Erste bundesrechtliche Regelung des Kindesschutzrechts

Das Zivilgesetzbuch von 1912 unterschied zwischen «ehelichen» und «ausserehelichen» Kindern. In Bezug auf erstere bestanden Vorkehrungen zum Schutze des Kindes. In Art. 283 ZGB 1912 war der Grundsatz verankert, dass der Staat bei «pflichtwidrigem Verhalten der Eltern» in die Privatsphäre eingreifen durfte. Insbesondere konnte ein Kind aus seinem familiären Umfeld herausgenommen werden, wenn es «in seinem leiblichen oder geistigen Wohl dauernd gefährdet» oder «verwahrlost» war. Auch die Eltern konnten aufgrund ihres Züchtigungsrechts die Unterbringung ihres Kindes beantragen (Art. 284 ZGB 1912). Die Regelung war weit gefasst und liess den Behörden einen grossen Ermessensspielraum. «Aussereheliche» Kinder wiederum befanden sich in einer Position höchster Vulnerabilität. Waren die Eltern des Kindes nicht verheiratet, so wurde das Kind in der Regel unter staatliche Vor-

2 Ausserdem tat sich durch die Industrialisierung eine immer grössere Kluft zwischen dem privilegierten Bürgertum und den verarmenden Arbeiterklassen auf. Gegen Ende des 19. Jahrhunderts schrumpften die Grundsätze von Freiheit, Gleichheit und Brüderlichkeit in sich zusammen, was zu einem Bedarf an Gesetzgebung im Bereich der sozialen Wohlfahrt führte (Pan et al. 2018, S. 236).

mundschaft gestellt. Nur in Ausnahmefällen konnte es unter die «elterliche Gewalt der Mutter oder des Vaters» gestellt werden (Art. 311 ZGB 1912), was in einer Vielzahl von Fällen eine Trennung der Kinder von ihren Eltern und ihre ausserfamiliäre Unterbringung bedeutete.

Kindesschutzrechtliche Verfahren waren Sache der Kantone; das einheitliche Bundesrecht enthielt keinerlei spezifische Regelungen. In seiner entsprechenden Botschaft hatte der Bundesrat erklärt, dass er diesbezüglich auf das Augenmass der Behörden setze: «Die Kompetenz der Aufsichtsbehörden bewegt sich hiernach allerdings in weiten Grenzen. Allein jede formalere Umschreibung würde nach anderer Richtung Übelstände mit sich bringen, denen ein freierer Spielraum für die amtlichen Maßregeln vorzuziehen ist. Gegen die Willkür der vormundschaftlichen Organe haben die Eltern eine Beschwerde an den Richter (Art. 297)» (Bundesrat 1904, S. 36).

Die Bundesverfassung von 1874 enthielt keinerlei Verfahrensgarantien. Das Bundesgericht hat Art. 4 BV 1874 zur Gleichbehandlung ab 1938 weit ausgelegt (BGE 64 I 145, 148) und daraus mehrere Verfahrensgarantien wie etwa den Anspruch auf rechtliches Gehör abgeleitet, welche durch Auslegung mit der EMRK und dem UNO-Pakt II verknüpft wurden (Dang & Nguyen 2021, N 2 m. w. Nachw.).

Dementsprechend hatten die Betroffenen auf der Grundlage bestimmter kantonaler Rechte (namentlich des Kantons Bern) und der Rechtsprechung des Bundesgerichts im Zusammenhang mit der Unterbringung von Kindern immerhin Anspruch auf rechtliches Gehör und konnten Vorschläge machen, an welche die Vormundschaftsbehörden gleichwohl nicht gebunden waren (Bertholet 1969, S. 28). Gleiches galt für den Grundsatz der Verhältnismässigkeit des staatlichen Eingreifens, der zwar nicht ausdrücklich im Gesetz verankert war, aber nach Rechtslehre und Rechtsprechung angewandt wurde (Bertholet 1969, S. 27; Schnyder 1977, S. 122).

3.1.2.3 Analyse: ein Recht, das Raum für willkürliche und missbräuchliche Entscheide lässt

Bekanntlich war die Hoffnung, die der Bundesrat in seiner Botschaft zum einheitlichen Zivilgesetzbuch zum Ausdruck gebracht hatte, aus drei Hauptgründen ein frommer Wunsch. Der erste steht im Zusammenhang damit, wie das Gesetz formuliert war. Der Wortlaut war zu vage und daher schwer auszulegen und anzuwenden; zudem war er aus verfahrensrechtlicher Sicht unvollständig und führte damit zu willkürlichen Entscheiden. Diesbezüglich ist es auch interessant, dass die Verfahrensrechte im Bereich des Kindesschutzrechts offenkundig nicht «in Mode» waren: So findet sich etwa in der 1921 veröffentlichten Dissertation des Juristen Edouard Maier über Interventionen der Vormundschaftsbehörden keinerlei Hinweis auf diese Rechte (Maier 1921). Diese Regelungslücke ist umso überraschender, als derartige Garantien im strafrechtlichen Rahmen sehr wohl bestanden.

Der zweite Grund betraf die Organisation der Vormundschaftsbehörden, die dem Ermessen der Kantone überlassen war. Häufig waren sie politisch und aus Personen ohne entsprechende Ausbildung zusammengesetzt, was die Anwendung des Rechts weiter verkomplizierte. In diesem Sinne ergab die historische Studie ebenfalls, dass diese Mängel in der behördlichen Organisation eine der Ursachen für die Verletzung der Integrität von platzierten Kindern waren (Kapitel 3.2).

Schliesslich sorgte das föderale System für zusätzliche Komplexität, da zwei Regelungen nebeneinander existierten: das Bundesrecht und das kantonale Recht. Ersteres zielte auf den Schutz der Person im Einzelnen ab, während zweiteres auf den Schutz der öffentlichen Ordnung und Sicherheit abhob – und beide es unter verschiedenen Bedingungen erlaubten, Personen ihre Freiheit zu entziehen. Die Grenze war nicht scharf, und diese Vermengung war eindeutig die Ursache für die Anordnung von missbräuchlichen Zwangsmassnahmen (Gumy et al. 2019).

3.1.3 Schweizerisches Zivilgesetzbuch von 1978: ein Paradigmenwechsel für den Kindesschutz

Diese Situation bestand über 60 Jahre lang, bis am 1. Januar 1978 die Reform des Kindesrechts in Kraft trat. Neben einer Anpassung an die gesellschaftliche Entwicklung sollte mit dieser Reform auch eine Angleichung an die europäischen Nachbarn, die nunmehr dem Europäischen Übereinkommen über die Rechtsstellung der unehelichen Kinder von 1975 unterstanden, und eine Gleichstellung zwischen sogenannten «ehelichen» und «ausserehelichen» Kindern erfolgen.

3.1.3.1 Neuerungen: das Kindeswohl im Mittelpunkt des staatlichen Eingreifens

Die neuen Regelungen zum Kindesschutz führten zu einem Paradigmenwechsel in der Betreuung von Kindern, da nun ihr Wohl in den Mittelpunkt des staatlichen Eingreifens rückte. Zudem wurde das Subsidiaritätsprinzip eindeutig im Gesetz verankert (Art. 307 ff. ZGB 1978). Eingreifen durfte der Staat nun nicht mehr «bei pflichtwidrigem Verhalten der Eltern» (Art. 283 ZGB 1912), sondern nur unter der Bedingung, dass das Wohl des Kindes gefährdet ist und die Eltern nicht von sich aus für Abhilfe sorgen oder dazu ausserstande sind (Art. 307 ZGB 1978). Darüber hinaus waren die Bestimmungen umfassender und detaillierter.

Das Verfahren wiederum verblieb in der Zuständigkeit der Kantone – mit Ausnahme einiger Vorbehalte, die im Bundesrecht in Art. 314 ff. ZGB 1978 verankert wurden. Der Bundesgesetzgeber berücksichtigte die Problematik des Rechts von 1912 und versuchte, hierauf zu reagieren, indem er die Kantone verpflichtete, bei Entzug der elterlichen Gewalt den Zugang zu einer gerichtlichen Behörde vorzusehen, wenn es sich bei der Vormundschaftsbehörde um eine Verwaltungsbehörde handelte. Ziel war es, den Zugang der Betroffenen zur Justiz, das heisst zu einer unabhängigen und unparteiischen Behörde zu gewährleisten. Ausserdem wurde den zuständigen Behörden die Möglichkeit eingeräumt, von Fall zu Fall über die aufschiebende Wirkung der Beschwerde zu entscheiden – sprich, ob sie die Wirkung des ursprünglichen Entscheids während des Beschwerdeverfahrens aussetzen wollten oder nicht. Ansonsten unterlagen Beschwerden, mit Ausnahme des Weiterzugs an das Bundesgericht, weiterhin den kantonalen Verfahren.

Eine weitere Neuerung war die gesetzliche Verankerung der Regeln über Bewilligung und Aufsicht für Kinder, die bei Pflegeeltern untergebracht waren (Art. 316 ZGB 1978), und der Erlass der darauf beruhenden Pflegekinderverordnung vom 19. Oktober 1977 (PAVO) durch den Bundesrat.

3.1.3.2 Analyse: Die Verfahrensrechte hinken weiter hinterher

Trotz dieser von der Rechtslehre begrüssten Entwicklungen wurden im Bundesrecht weder für Kinder noch für Eltern Verfahrensgarantien im Hinblick auf ihre Partizipation vorgesehen (Meier & Stettler 2006, S. 396)[3].

Das Bundesgericht hat gleichwohl in seiner Praxis die Auslegung von Art. 4 BV 1874 weiter ausgedehnt und daraus den Anspruch auf rechtliches Gehör abgeleitet (BGE 64 I 148; 75 I 227; 76 I 182; 82 I 71 E. 2; 83 I 240; 85 I 240), einschliesslich des Rechts auf Akteneinsicht, allerdings nur in begrenztem Umfang. Trotz alledem findet sich kein Hinweis auf die Garantie einer Partizipationsmöglichkeit von Kindern und Eltern in Bezug auf den Kindesschutz. Zudem war die Praxis der Behörden noch sehr uneinheitlich; die Verfahrensrechte waren noch nicht formalisiert, was Raum für Missbrauch liess.

3.1.4 Schweizerisches Zivilgesetzbuch von 1981: beginnende Orientierung an den Menschenrechten

3.1.4.1 Ratifizierung der EMRK durch die Schweiz

Die Ratifizierung der EMRK am 28. November 1974 durch die Schweiz löste einen gesetzgeberischen Umbruch in Bezug auf die fürsorgerische Unterbringung aus und machte eine Revision des Zivilgesetzbuches notwendig, die am 1. Januar 1981 in Kraft trat. Dieses Datum markiert in mancherlei Hinsicht einen Wendepunkt und den Beginn einer neuen Ära.

Art. 406 ZGB 1912, die gesetzliche Grundlage für die Unterbringung von Erwachsenen, entsprach nicht den internationalen Verpflichtungen der Schweiz, und die uneinheitlichen kantonalen Gesetzgebungen waren veraltet und bewirkten Ungleichheiten für die untergebrachten Personen (Deschenaux & Steinauer 1980, S. 228). Es war daher angezeigt, das Unterbringungsrecht in einer «übersichtlichen» und «verständlichen» Bundesregelung zu reformieren, und zwar in einem Kontext, in dem von einer Entfremdung zwischen Bürger und Staat gesprochen wurde (Bundesrat 1977, S. 3). Mit dieser Revision wurde – so das Ziel – «das Vertrauen in

3 Problematik in der 4. Auflage von 2009 bestätigt.

den Staat gestärkt und die Rechtsgleichheit verwirklicht» (Bundesrat 1977, S. 3).

3.1.4.2 Neuerungen: besserer Schutz der Rechte von Personen bei fürsorgerischer Freiheitsentziehung

Das neue Recht hatte erhebliche Auswirkungen auf das, was nunmehr als fürsorgerische Freiheitsentziehung (FFE) bezeichnet wurde. Es stärkte die fürsorgerischen Ziele vormundschaftlicher Massnahmen auf Kosten der Sicherheitsaspekte, die im Gesetz nicht vorgesehen waren (Guillod 2013). Neben der Einführung neuer Begrifflichkeiten wurden die materiellen Voraussetzungen für die FFE präzisiert und für die gesamte Schweiz vereinheitlicht sowie das Verfahren geklärt.

3.1.4.2.1 Neue Terminologie

Das neue Recht brachte terminologische Klärungen mit sich, da bislang keine gesetzlichen Definitionen der Versorgung oder Unterbringung von Personen existierten. Diese Massnahmen wurden nunmehr als fürsorgerische Freiheitsentziehung bezeichnet – ein Ausdruck, der die Dimension der Hilfe betonte. Dank dieser Begrifflichkeit liess sich die FFE auch von anderen möglichen Arten der Unterbringung unterscheiden, wie etwa solchen, die unter das Straf- oder Verwaltungsrecht fallen. Diese Präzisierungen waren wichtig, da die Kantone von nun an keinerlei Gesetzgebungskompetenzen für eine irgendwie geartete Freiheitsentziehung mehr hatten. Eine solche Massnahme musste ab jetzt ausschliesslich auf Bundesrecht beruhen.

3.1.4.2.2 Voraussetzungen für die FFE und Verfahren

Die Bedingungen für die fürsorgerische Freiheitsentziehung waren für alle in der Schweiz wohnhaften Personen dieselben, womit die Gleichbehandlung gestärkt wurde. Die neuen Bedingungen waren nicht mit denen in Art. 5 EMRK identisch. Da die EMRK jedoch integraler Bestandteil der Schweizer Rechtsordnung ist, ergaben sich daraus zusätzliche Bedingungen, wodurch der Kampf gegen Willkür verstärkt wurde.

In Anlehnung an die Herangehensweise von 1978 (Kapitel 3.1.3 oben) und getreu der Tradition überliess der Bundesgesetzgeber die Zuständigkeit für das Verfahren, wenn auch mit einigen Vorbehalten, den Kantonen. In Art. 397*d* ff. ZGB 1981 wurden verfahrensrechtliche Mindeststandards in das neue Bundesrecht aufgenommen. Laut Art. 314*a* ZGB 1981 galten diese auch für die Unterbringung von Kindern. Art. 314*a* ZGB 1981 und die entsprechenden Verfahrensgarantien betrafen nunmehr nur die Unterbringung in einer «Anstalt». Diese Bestimmung galt somit beispielsweise nicht für die Unterbringung in Pflegefamilien oder die institutionelle Unterbringung in offenen Settings oder freiwillige Unterbringungen (Meier 2010)[4]. Der Verweis auf das Verfahren bei fürsorgerischer Freiheitsentziehung gegenüber mündigen oder entmündigten Personen bedeutete Folgendes:

Erstens wurde die *gerichtliche Beurteilung* von Entscheiden der Vormundschaftsbehörden, die bereits für die Entziehung der elterlichen Gewalt durch Art. 314 Ziff. 1 ZGB 1978 garantiert war, auf FFE-Entscheide (Art. 397*d* ZGB 1981) ausgeweitet, was den Anforderungen von Art. 6 EMRK entsprach. Dabei konnte nur ein Kind, welches das 16. Altersjahr vollendet hatte, das Gericht anrufen (Art. 314*a* Abs. 2 ZGB 1981). Unterhalb dieser Altersgrenze musste das Kind durch eine Vertreterin oder einen Vertreter handeln (Lustenberger 1987, S. 116 ff., 124 ff.; Meier 2010; Sauthier & Cottier 2020, S. 928). In der Rechtslehre wurde diese Altersgrenze teils als unvereinbar mit den allgemeinen Regeln kritisiert, welche für urteilsfähige Minderjährige die autonome Ausübung von Rechten, die ihnen um ihrer Persönlichkeit willen zustehen, vorsahen (Art. 19 Abs. 2 ZGB 1912, vgl. Bigler-Eggenberger 2002, N 15; Bucher 1999, N 88; Hochheuser 1997, S. 168). Olivier Jacot-Guillarmod vermerkte diesbezüglich, dass keine Übereinstimmung zwischen dem Status des Minderjährigen im Zivilgesetzbuch und dem in Art. 5 EMRK bestehe, da letzterer eine autonome Tragweite aufweise. Seiner Meinung nach war es nicht ausgeschlossen, dass ein Kind selbst Beschwerde in Strassburg erheben könnte, ungeachtet der Grenze gemäss Art. 314*a* Abs. 2 ZGB 1981 (Jacot-Guillarmod 1981, S. 41, 56).

Des Weiteren musste das Gericht in diesem Rahmen nach einem einfachen und schnellen Verfahren entscheiden, da es um schutzbedürftige Personen ging (Art. 297*f* Abs. 1 ZGB 1981). Es musste dem Kind bei Bedarf einen Rechtsbeistand bestellen, das heisst, ihm die Möglichkeit geben, sich erforderlichenfalls *vertreten* zu lassen (Art. 297*f* Abs. 2 ZGB 1981). Das Gericht hatte

4 Zum Begriff «Anstalt» siehe BGE 121 III 306 m. w. Nachw.

in dieser Hinsicht einen grossen Ermessensspielraum, da der Gesetzgeber von der Einführung einer notwendigen Vertretung abgesehen hatte (Lustenberger 1987, S. 144 ff.). Damit sollte verhindert werden, dass Menschen aufgrund ihrer Bedürftigkeit der Zugang zur Justiz verwehrt blieb. Schliesslich musste das Gericht erster Instanz das Kind *mündlich anhören*(Art. 397*f* Abs. 3 ZGB 1981; vgl. BGE 115 II 129; Lustenberger 1987, S. 146 ff.)[5], was im Beschwerdeverfahren nicht der Fall war[6]. Während im auf Erwachsene anwendbaren Recht die betroffene Person von der vollständig zusammengesetzten Kollegialbehörde angehört werden musste, war bei Kindern ein anderes Vorgehen zulässig. Art. 397*f* ZGB 1981 galt *mutatis mutandis* für Kinder und konnte daher auf ihre spezifischen Bedürfnisse ausgerichtet werden, was ihre Anhörung durch eine Delegation des Gerichts ermöglichte. Im Übrigen durfte ausnahmsweise auf eine mündliche Befragung des Kindes verzichtet werden, wenn dadurch das Kindeswohl beeinträchtigt würde, da Art und Form der Anhörung der konkreten Situation des von der Freiheitsentziehung betroffenen Kindes anzupassen war (BGE 131 III 409 E. 4.4.2 m. w. Nachw.).

Der Aspekt der Mündlichkeit erklärt sich aus dem Zweck des Beweisverfahrens, bei dem es darum geht, der Behörde die Beurteilung der Persönlichkeit der betroffenen Person wie auch der Notwendigkeit von Massnahmen im Zusammenhang mit einer Freiheitsentziehung zu ermöglichen. Der Grundgedanke dieses Artikels bestand darin, einen unmittelbaren Eindruck für die entscheidungsbefugte Behörde zu ermöglichen, die über die Person zu urteilen hat, welche einer solchen Massnahme unterstellt werden kann (BGE 115 II 129). Nach der Rechtsprechung gewährleistete diese per-

5 Erst nach Inkrafttreten von Artikel 314 Ziffer 1 ZGB 2000 stellte das Bundesgericht klar, dass die Anhörung eines Kindes, das in einer Anstalt (im Sinne von Art. 314*a* ZGB) untergebracht ist, durch eine Delegation des Gerichts oder eine Drittperson durchgeführt werden darf, soweit es das Kindeswohl gebietet (BGE 131 III 409; BGE 115 II 129; ZVW 1991 S. 120).

6 Art. 397*f* Abs. 3 ZGB sah die Anhörung der betroffenen Person durch die Behörde erster Instanz vor. Im Gegensatz dazu verlieh Art. 397*f* Abs. 3 ZGB keinen Anspruch auf rechtliches Gehör vor der zweiten kantonalen Instanz. Nicht anders verhält es sich mit dem Verfassungsgrundsatz nach Art. 29 Abs. 2 BV 1999, der nicht das Recht beinhaltet, sich vor der entscheidungsbefugten Behörde mündlich zu äussern (BGE 125 I 209 E. 9b, 122 II 464 E. 4c; BGer 5A_564/2008 vom 1. Oktober 2008 E. 2.1; vgl. auch BGer 5A_299/2013 vom 6. Juni 2013 E. 4.2).

sönliche Anhörung zum einen den Anspruch auf rechtliches Gehör und zum anderen das Recht auf eine persönliche Anhörung in einem Bereich, der ein wichtiges Rechtsgut berührte und der, um eine Beeinträchtigung zu vermeiden, einen eigenen Eindruck des Gerichts erforderte (BGE 115 II 129). Diese Garantien galten jedoch nicht für die Eltern, da sie der Person vorbehalten waren, welcher fürsorgerisch die Freiheit entzogen wurde (BGer 5C_294/2005 vom 27. Februar 2006 E. 6; vgl. ebenfalls Meier 2006, S. 191).

Zudem musste das Kind über die Gründe für die angeordnete Massnahme unterrichtet und schriftlich darauf aufmerksam gemacht werden, dass es das Gericht anrufen kann (Art. 397*e* Ziff. 1 ZGB 1981). Dies war ein Bestandteil des *rechtlichen Gehörs*; die formelle Verankerung im Gesetz war ein Novum[7]. Dieses Recht bestand aus mehreren Garantien, die sowohl vor der ersten Instanz als auch bei der gerichtlichen Überprüfung galten. Die zugestellte Entscheidung musste *begründet* werden und eine *Rechtsmittelbelehrung* enthalten, die zuständige Rechtsmittelinstanz nennen sowie die Frist und die Form der Beschwerde angeben (Bundesrat 1977, S. 34 f.). Diese Anforderungen hatten ihre Berechtigung darin, dass es den Betroffenen ermöglicht werden sollte, *ihre Interessen sinnvoll zu verteidigen* (Bundesrat 1977, S. 34). Mit der Begründungspflicht in Bezug auf die Unterbringung sollte sichergestellt werden, dass jeder Festgenommene, gemäss Vorschrift in Art. 5 EMRK, in möglichst kurzer Frist und in einer ihm verständlichen Sprache über die Gründe seiner Festnahme unterrichtet wird.

3.1.4.3 Analyse: Aufrechterhaltung der Diskrepanz zwischen Bundesrecht und kantonaler Praxis

Wiederum waren diese Neuerungen von entscheidender Bedeutung, um den Betroffenen die Achtung ihrer Integrität und Autonomie zu garantieren. Es bestand jedoch eine erhebliche Diskrepanz zwischen Recht und kantonaler Praxis, die in Teilen rechtswidrig war. Die Lektüre mehrerer Entscheide auf Kantons- und Bundesebene zeigt, wie stark die Variation in der Auslegung des Bundesrechts sein konnte und dass sie diesem oftmals zuwi-

7 Bis dahin handelt es sich um eine durch die Rechtsprechung entwickelte verfassungsrechtliche Garantie.

derlief, was wiederum zu missbräuchlichen Praktiken führte (BGE 121 III 306; BGE 116 II 406; BGE 115 II 129; BGE 114 II 213; Katz 1983, S. 51).

So bestanden die Schwierigkeiten bei der Anwendung des Bundesrechts trotz seiner Harmonisierung fort, und die Grundrechte der Betroffenen wurden durch kantonale Behörden weiterhin unrechtmässig eingeschränkt. Darüber hinaus wurden in zahlreichen kantonalen Gesetzen materiellrechtliche Kriterien beibehalten, um zu rechtfertigen, was als «unfreiwillige Hospitalisierung» bezeichnet wurde. Diese Gesetze leisteten somit einen Beitrag zur fortgesetzten Verwirrung zwischen den materiellrechtlichen Bedingungen der FFE und den alten Versorgungsgesetzen sowie der Kompetenzverteilung zwischen Bund und Kantonen. Laut Olivier Guillod wurden bei der Anwendung der Art. 397*a* ff. ZGB 1981 «kantonale Idiosynkrasien» beibehalten – und dies ungeachtet der Tatsache, dass das Bundesgericht in einem Urteil von 1981 betont hatte, dass die Kantone, selbst wenn es ihnen durch das Bundesrecht überlassen sei, die zuständigen Behörden festzulegen, sich an das Bundesrecht halten und dabei vermeiden müssten, dessen Anwendung zu verhindern oder zu behindern (Guillod 2013, N 7). Die kantonalen Gesetzgeber hatten zudem die in der Bundesverfassung verankerten Garantien zu beachten (BGer, 28. 1. 1981, veröffentlicht in SJ 1983, S. 161).

3.1.5 Schweizerisches Zivilgesetzbuch von 2000 bis heute: das Zeitalter der Kinderrechte

3.1.5.1 Die UN-Kinderrechtskonvention und ihre Umsetzung in verschiedenen Ländern

Ein wichtiger Wendepunkt für die Kinderrechte war die Ratifizierung der UN-Kinderrechtskonvention (KRK) durch die Schweiz im Jahr 1997, die sich auf alle nachfolgenden Reformen auswirkte.

Dieses Übereinkommen «konzentriert sich auf die völkerrechtliche Verankerung spezifischer Rechte des Kindes und konkreter Verpflichtungen der Vertragsstaaten, die den besonderen Bedürfnissen des Kindes Rechnung tragen sollen» (Bundesrat 1994, S. 3 f.). Die KRK wird von vier allgemeinen

Grundsätzen geleitet[8], darunter das Recht des Kindes auf Anhörung und Partizipation in allen Verfahren, die es betreffen (Art. 12 KRK) (Committee on the Rights of the Child (2009), par. 2).

2009 erliess der Ausschuss für die Rechte des Kindes die Allgemeine Bemerkung Nr. 12 über das Recht des Kindes, gehört zu werden, um die Bedeutung und Tragweite dieser Bestimmung zu verdeutlichen. In diesem Dokument bekräftigte der Ausschuss, dass die Staaten bei der Anwendung von Art. 12 KRK keinen Entscheidungsspielraum haben und unter der strikten Verpflichtung stehen, angemessene Massnahmen zu ergreifen, um dieses Recht für alle Kinder voll zu erfüllen (Committee on the Rights of the Child 2009, par. 19; Zermatten 2009). Der Ausschuss erinnerte daran, dass Art. 12 KRK keine Altersgrenze für das Recht des Kindes auf Meinungsäusserung setzt, wies jedoch darauf hin, dass diese Äusserung nicht unbedingt verbal stattfinden muss, sondern auch nicht-verbale Kommunikationsformen wie Spiel, Körpersprache, Gesichtsausdruck, Zeichnen und Malen umfasst, mit denen selbst sehr junge Kinder ihre Meinung zum Ausdruck bringen können (Committee on the Rights of the Child 2009, par. 21; Zermatten 2009). Ihm zufolge sollten Kinder angesichts der möglicherweise traumatischen Wirkung jedoch nicht häufiger als nötig befragt werden. Das Kind müsse auf die Anhörung vorbereitet werden. So müsse das Kind vor der Anhörung über die Bedingungen in Kenntnis gesetzt werden, unter denen es aufgefordert werde, seine Meinung zu sagen. Das Recht auf Information ist wesentlich, weil es eine Voraussetzung für aufgeklärte Entscheidungen des Kindes ist (vgl. Committee on the Rights of the Child 2009, par. 41; Zermatten 2009). Darüber hinaus habe das Kind ein Recht auf Rückmeldung. So müsse es über den Ausgang des Verfahrens unterrichtet und ihm erklärt werden, wie seine Meinung berücksichtigt worden sei (Committee on the Rights of the Child 2009, par. 45; Zermatten 2009).

Der Ausschuss empfiehlt, dass, wenn das Kind einer Anhörung zugestimmt hat, diese unmittelbar und von der zuständigen Behörde durchgeführt werden sollte, wobei die Anhörung über eine dritte Person nur unter restriktiven Bedingungen möglich ist (Committee on the Rights of the

8 Die vier allgemeinen Grundsätze sind das Recht, nicht diskriminiert zu werden (Art. 2), der Vorrang des Kindeswohls (Art. 3), das Recht auf Leben, Überleben und Entwicklung (Art. 6) und das Recht des Kindes, gehört zu werden (Art. 12).

Child 2009, par. 35). Wenn das Kind nicht in der Lage ist, seine Meinung selbst zu äussern, so ist der Staat nach Art. 12 KRK verpflichtet, für das Kind einen Vertreter oder eine Vertreterin zu ernennen (Zermatten 2009). Unabhängig davon, wer diese Person ist, muss sie genügend Kenntnis über und Verständnis für die verschiedenen Aspekte des Entscheidungsprozesses besitzen und Erfahrung in der Arbeit mit Kindern haben. Zudem muss sie ausschliesslich die Interessen des Kindes vertreten, und jegliches Risiko von Interessenkonflikten, insbesondere mit den Eltern, muss vermieden werden (Committee on the Rights of the Child 2009, par. 36 f.).

Zusätzlich zu diesem Dokument verabschiedete die Generalversammlung der Vereinten Nationen 2009 in einer Resolution Leitlinien für alternative Formen der Betreuung von Kindern (Vereinte Nationen 2009). Dieses Dokument ist zwar nicht bindend, aber dennoch wichtig, da die Leitlinien «wünschenswerte Orientierungen für Politik und Praxis» vorgeben, in dem Bestreben, die «Durchführung des Übereinkommens über die Rechte des Kindes» zu verbessern (Vereinte Nationen 2009, par. 1 f.). Die Resolution erinnert daran, dass es in solchen Verfahren von entscheidender Bedeutung ist, die Meinung des Kindes in allen Phasen des Verfahrens entsprechend seinem Alter und seiner Reife einzuholen und zu berücksichtigen und ihm die Möglichkeit zu geben, von einem Vertreter oder einer Vertreterin unterstützt zu werden. Zu diesem Zweck sollten allen Beteiligten die als Grundlage für ihre Meinungsbildung benötigten Informationen zur Verfügung gestellt werden. Laut der Resolution sollten ausserfamiliär betreute Kinder Zugang zu einem «bekannten, wirksamen und unparteilichen Mechanismus haben, über den sie Beschwerden oder Anliegen bezüglich ihrer Behandlung oder der Bedingungen ihrer Unterbringung vorbringen können» (Vereinte Nationen 2009). In jedem Fall sollten die Kinder «in der Lage sein, die Vorschriften, Regeln und Ziele der jeweiligen Betreuungsform und ihre damit verbundenen Rechte und Pflichten in vollem Umfang zu verstehen» (Vereinte Nationen 2009, par. 72).

So wie die Kantone das Bundesrecht unterschiedlich auslegen, so legen auch die Unterzeichnerstaaten der KRK deren Wortlaut unterschiedlich aus, sodass das Konzept des Kindesschutzes von einem Staat zum anderen erheblich variieren kann. Dies liegt daran, dass sich der Kindesschutz auf Konzepte bezieht, die in einen sozialen, historischen und kulturellen Rahmen eingebettet sind, der von Nation zu Nation unterschiedlich ist (Biesel et al. 2020, S. 5; Parton 2017).

Beispielsweise verfolgen einige Staaten einen ganzheitlichen Ansatz zum Schutz des Kindes und seiner Partizipationsrechte, insofern als sie auf alle Bereiche einheitlich angewendet werden[9]. Dies gilt insbesondere für Schottland, wo dieser Ansatz im *Children (Scotland) Act 1995*, revidiert im Jahr 2020, verankert ist. Nach diesem Gesetz ist die Partizipation des Kindes eines der Elemente, die das Kindeswohl ausmachen; die 1995 noch vorgesehene Altersgrenze wurde aufgehoben und die Vermutung umgekehrt: Bis zum Beweis des Gegenteils gilt das Kind als fähig, sich eine eigene Meinung zu bilden. Das Kind muss sagen können, ob es partizipieren möchte oder nicht und auf welche Weise es dies tun möchte. Mit der Reform von 2020 soll der Prozess der Meinungsäusserung des Kindes zugänglicher und weniger einschüchternd gestaltet werden. Die getroffenen Entscheide sollen dem Kind in angemessener und verständlicher Form erläutert werden, sofern nicht berechtigte Gründe dagegen sprechen (Barnes MacFarlane 2021).

In Irland wurde eine echte Politik der Partizipation von Kindern an Entscheidungsprozessen erarbeitet. Das Modell hierfür wurde von Laura Lundy, Professorin für Kinderrechte an der *Queen's University* in Belfast, entwickelt und ist von der KRK und der EU-Charta der Grundrechte beeinflusst. Sie erarbeitete diese Strategie aufgrund der Feststellung, dass Art. 12 KRK falsch interpretiert wurde und dass diese Norm mehr als nur eine Grundlage für gute Praktiken darstellt, da es sich um eine Verpflichtung handelt (Lundy 2007, S. 930). Zu diesem Zweck schlug sie eine Neukonzeption für Art. 12 KRK vor – mit der Verwirklichung von vier verschiedenen Faktoren: Raum *(space)*, Stimme *(voice)*, Zuhörerschaft *(audience)* und Einfluss *(influence)* (Lundy 2007, S. 932). Diese vier Elemente sind voneinander abhängig und legen eine Chronologie bei der Anwendung dieser Norm nahe. Der erste Schritt garantiert das Recht des Kindes auf Meinungsäusserung. Im Anschluss folgt das Recht des Kindes auf angemessene Berücksichtigung seiner Meinung. Da Entscheidungsprozesse nicht statisch

9 Die Länder, die uns in Bezug auf die Partizipation des Kindes am innovativsten erschienen, wurden in der zu Beginn des Kapitels zitierten Monografie eingehender analysiert. Aufgeführt werden hier nur das schottische und das irische System, die uns zur Veranschaulichung am relevantesten erschienen.

sind, muss das Kind des Weiteren über den Ablauf des Verfahrens und die Art und Weise der Berücksichtigung seiner Meinung unterrichtet werden. Schlussendlich muss die entscheidende Behörde sicherstellen, dass ihr Entscheid alle anderen relevanten UN-Konventionen beachtet (Lundy 2007, S. 932).

3.1.5.2 Inkrafttreten der Reform des Zivilgesetzbuchs vom 1. Januar 2000

Die Reform des Scheidungsrechts, die am 1. Januar 2000 in Kraft trat, war Teil eines umfassenderen Projekts zur Reform des Schweizer Familienrechts im Allgemeinen. Gleichzeitig wurde sie durch die Ratifizierung der KRK durch die Schweiz beeinflusst, insbesondere was die Anhörung des Kindes und seine Vertretung angeht.

3.1.5.2.1 Anhörung des Kindes: ausdrückliche Regelung eines neuen Rechts

Nach dem neuen Scheidungsrecht muss das Gericht über die Kinderbelange entscheiden, insbesondere über die Frage der elterlichen Sorge, des persönlichen Verkehrs und des Unterhaltsbeitrags. Dabei ist so weit als möglich auf die Meinung des Kindes Rücksicht zu nehmen (Art. 133 Abs. 2 ZGB 2000). Zu diesem Zweck müssen Kinder auf der Grundlage von Art. 144 ZGB 2000 persönlich angehört werden, was im Jahr 2000 eine Neuerung darstellt (Leuba & Bastons Bulletti 2010, N 13; Levante 2000, S. 29). Eine ähnliche Regelung wurde in das Kindesschutzrecht in Art. 314 ZGB 2000 aufgenommen. Bis 1981 lag die Gesetzgebungskompetenz für Verfahrensfragen nach Art. 314 ZGB bei den Kantonen, vorbehaltlich des Zugangs zu einer gerichtlichen Behörde bei Entzug der elterlichen Gewalt und aufschiebender Wirkung. Die Kompetenzzuweisung an die Kantone blieb im Jahr 2000 bestehen. Die Kantone hatten jedoch zusätzlich die Pflicht, die persönliche Anhörung des Kindes durch die zuständige Behörde oder durch eine beauftragte Drittperson vorzusehen, bevor eine das Kind betreffende Massnahme getroffen wurde, soweit nicht sein Alter oder andere wichtige Gründe dagegensprachen (Art. 314 Ziff. 1 ZGB 2000). Diese Neufassung entsprach den Erfordernissen, zu welchen sich die Schweiz mit der Ratifizierung der KRK verpflichtet hatte. Damit wurde die Anhörung des Kindes im schweizerischen Kindesschutzverfahren erstmals explizit geregelt.

Der Bundesgesetzgeber äusserte sich indessen nicht zu den Modalitäten der Anhörung von Kindern, sondern überliess deren Ausgestaltung den Behörden (Cottier 2006, S. 94 ff.). Diese neuen Regelungen zogen somit eine umfangreiche Rechtsprechung nach sich.

In einem Grundsatzentscheid vom 1. Juni 2005 stellte das Bundesgericht klar, dass die Anhörung von Kindern zwei zwingenden Erfordernissen gerecht zu werden hat, namentlich der Achtung der Persönlichkeit des Kindes (Teilnahme an dem es betreffenden Verfahren im Rahmen seiner Urteilsfähigkeit) und der Ermittlung des Sachverhalts, unabhängig vom Alter des Kindes. Diese Anhörung dürfe jedoch nicht zu einer Beeinträchtigung für das Kind führen, weshalb Art. 144 Abs. 2 und Art. 314 Ziff. 1 ZGB 2000 das Alter als Grund vorbehielten, der einen Verzicht hierauf rechtfertigen könne. Als Leitlinie geht das Bundesgericht davon aus, dass Kinder ab dem vollendeten sechsten Lebensjahr angehört werden können, ohne dies jedoch als absolute Grenze festzulegen (BGE 131 III 553, bestätigt in BGer 5A_117/2007 vom 11. Oktober 2007 E. 4.2.; vgl. Meier 2008, S. 403). Diese Rechtsprechung wurde in der Folgezeit weiter präzisiert. Insbesondere wurde umgehend ein Urteil aufgehoben, welches das Recht auf Anhörung von Kindern im Alter von 12 und 14 Jahren verletzte, obwohl die Anhörung von den Eltern beantragt worden war (BGer 5A_308/2007 vom 23. November 2007 E. 2.4). In einem anderen Urteil entschied es, dass die Kindesanhörung zwar grundsätzlich ab dem vollendeten 6. Altersjahr möglich ist, aber erfolgen muss, wenn dieses selbst oder eine der Verfahrensparteien die Anhörung beantragt hat (BGer 5A_388/2008 vom 22. August 2008 E. 3.). Selbst eine nicht beantragte Anhörung eines Kindes im anhörungsfähigen Alter könne eine Verletzung der Pflicht des Gerichts zur Erforschung des Sachverhalts von Amts wegen darstellen (Art. 145 ZGB; BGer 5A_140/2008 und 5A_263/2008 vom 9. Juli 2008 E. 3.3).

Die Anhörung konnte von den Eltern oder vom Kind selbst beantragt werden. Das Gericht konnte sie darüber hinaus auf der Grundlage der Untersuchungsmaxime anordnen. Das Kind hatte keine Rechtsmittel gegen eine gerichtlich angeordnete Anhörung; gleichwohl konnte es ohne rechtliche Folgen auf eine Aussage verzichten (Meier 2012, S. 67).

Im Falle einer Unterbringung des Kindes ausserhalb des Familienhaushalts war die Wahl der für die Anhörung des Kindes geltenden Regeln nicht einfach. Denn für die FFE von Kindern galten per Verweis ja die Regeln für Erwachsene (Art. 314*a* Abs. 1 und 405*a* ZGB 1981/2000). Damit gründete die Anhörung des Kindes in Art. 397*a* ff. ZGB 1981/2000. War das Kind nicht in einer Anstalt im Sinne des Gesetzes, sondern an einem anderen Ort untergebracht, dann galt für die Anhörung des Kindes Art. 314 Ziff. 1 ZGB 2000. Im Jahr 2006 milderte das Bundesgericht diese Unterscheidungen ab und entschied, dass Art. 314 Ziff. 1 ZGB 2000 in allen Fällen vorrangig anzuwenden sei (BGE 131 III 409). Zwar müsse grundsätzlich jedes von einer FFE betroffene Kind vom Gericht mündlich angehört werden. Persönlichkeitsbezogene Gründe würden jedoch stärker ins Gewicht fallen und könnten in weiterreichendem Umfang Ausnahmen von der Anhörung rechtfertigen. Beispielsweise wurde ausgeführt, dass es keinen Sinn habe, ein dreijähriges Kind einzuvernehmen, um auf Begehren der Eltern die Anstaltsversorgung zu überprüfen. Ganz allgemein müsse gelten, dass Art und Form der Anhörung der konkreten Situation des von der Freiheitsentziehung betroffenen Kindes anzupassen seien und dass auf eine mündliche Befragung des Kindes ausnahmsweise verzichtet werden dürfe, wenn dadurch das Kindeswohl beeinträchtigt würde (BGE 131 III 409).

Die Verletzung von Art. 314 Ziff. 1 ZGB 2000 konnte ans Bundesgericht weitergezogen werden, da es sich um eine bundesrechtliche Verfahrensregel handelte (Meier & Stettler 2006, S. 310 m. w. Nachw.).

3.1.5.2.2 Vertretung: eine Möglichkeit, aber kein Recht, vorbehalten für Verfahren in Ehesachen

Der Grundsatz der Vertretung des Kindes, der sich ebenfalls direkt aus Art. 12 KRK ableitet, wurde im Jahr 2000 erstmals gesetzlich verankert (Art. 146 f. ZGB 2000). Die Vertretung des Kindes war nur bei Verfahren in Ehesachen möglich, da diese Regelung nicht analog auf andere Bereiche anwendbar war. Eine explizite Regelung für den Bereich des Kindesschutzes fehlte dementsprechend nach wie vor.

Im Gegensatz zur Anhörung des Kindes war die Vertretung gleichwohl nicht als Recht des Kindes gedacht; sie war eine Möglichkeit, die von Fall zu Fall festgelegt werden musste. Die Vertretung war nicht systematisch, sondern nur bei Vorliegen von «wichtigen Gründen» selektiv vorgesehen (Art. 146 Abs. 1 ZGB 2000; vgl. BGer 5P.173/2001 = FamPra.ch 2002, 163 ff.; Cottier 2008, S. 130 f.; Stettler 2002, S. 17). Eine Ausnahme gab es gleichwohl: Das Gericht musste zwingend eine Vertretung anordnen, wenn das Kind urteilsfähig war und dies beantragte, und zwar sowohl in erster als auch in zweiter Instanz (Art. 146 Abs. 3 ZGB 2000). Im Gesetz war keine diesbezügliche Altersgrenze angegeben, aber sie wurde auf etwa zehn bis zwölf Jahre geschätzt (Meier 2012, S. 70). Bei Ablehnung durch die Behörde konnte das Kind den Entscheid weiterziehen (Meier 2012, S. 70). Die Kindesvertretung war in allen anderen Fällen fakultativ und lag im Ermessen der Entscheidungsbehörde (Bundesrat 1996, S. 149 ff.; BGer 5A_619/2007 vom 4. August 2008 = FamPra.ch 2008, 700). Wie dem auch sei, diese verfahrensrechtliche Neuerung zielte auf den Schutz der Interessen des Kindes ab.

3.1.5.3 Inkrafttreten der Schweizerischen Zivilprozessordnung vom 1. Januar 2011

Die ZPO trat in der Schweiz am 1. Januar 2011 in Kraft, womit die im Zivilgesetzbuch enthaltenen Bestimmungen über die Anhörung und die Vertretung des Kindes in Ehesachen (Art. 144, 146, 147 ZGB) aufgehoben und in die ZPO überführt wurden (Art. 298, 299, 300 ZPO)[10].

Diese Reform hatte zwar keine direkten Auswirkungen auf unser Thema, da die betroffenen Regelungen nicht dem Kindesschutzrecht dienten. Es ist gleichwohl aus zwei Gründen wichtig, auf sie einzugehen. Einerseits ist sie Teil der Entwicklung der Verfahrensrechte von Kindern in der Schweiz und veranschaulicht diesbezüglich die mangelnde Homogenität des derzeitigen Systems. Andererseits ist die ZPO seit 2013 im Rahmen von Verfahren vor den Kindesschutzbehörden per Verweis im Zivilgesetzbuch anwendbar (vgl. unten).

Der im neuen Recht vorgesehene Grundsatz der Anhörung des Kindes (Art. 298 Abs. 1 ZPO) ist ähnlich gehalten wie Art. 144 Abs. 2 ZGB 2000.

10 Diese Bestimmungen wurden durch Ziffer II 3 von Anhang 1 zur Zivilprozessordnung vom 19. Dezember 2008 mit Wirkung ab dem 1. Januar 2011 aufgehoben (AS 2010 1739, BBl 2006 6841).

Die neue Regelung war jedoch umfassender, da einerseits Art. 298 Abs. 2 ZPO qua Rechtsprechung und Rechtslehre anerkannte Grundsätze verankerte, insofern als nun vorgesehen war, dass die Aussagen des Kindes den Eltern und der Beiständin oder dem Beistand mittels eines Protokolls mitzuteilen waren. Andererseits war das Recht des urteilsfähigen Kindes, eine richterliche Verweigerung der Anhörung mit Beschwerde anzufechten, nun ausdrücklich vorgesehen (Art. 298 Abs. 3 und Art. 319 Bst. b Ziff. 1 ZPO). Es war ein höchstpersönliches Recht, das das Kind selbstständig ausüben konnte (Meier 2012, S. 67).

In Bezug auf die Vertretung war der Wortlaut der Regelungen im Wesentlichen identisch, abgesehen von einigen Formulierungen, die jedoch die Tragweite nicht veränderten. Nach dem Vorbild der Anhörungsregelung wurde dem urteilsfähigen Kind ein Beschwerderecht im engeren Sinne eingeräumt, das anwendbar war, wenn das Gericht es ablehnte, eine Vertretung im Verfahren anzuordnen (Art. 299 Abs. 3 ZPO). Mit dem neuen Recht wurden auch einige Ergänzungen zur Beispielliste der Fälle eingefügt, in denen das Gericht die Anordnung einer Beistandschaft prüfen muss bzw. in denen eine Vertreterin oder ein Vertreter Berufung oder Beschwerde einlegen kann. Das Verfahren wiederum wurde vereinfacht: Das Gericht kann nunmehr den Vertreter oder die Vertreterin direkt bezeichnen. Unter dem ZGB 2000 ordnete das Gericht eine Beistandschaft an, und die Vormundschaftsbehörde bezeichnete die Person, die diese ausführen sollte (Art. 146, Art. 147 Abs. 1 ZGB 2000; Tappy 2010, S. 332). Schliesslich sieht Art. 301 ZPO vor, dass Entscheide nicht nur den Parteien, sondern auch dem Kind ab 14 Jahren und der Beiständin oder dem Beistand in Fällen, in denen Beschwerdeberechtigung besteht, eröffnet werden (Tappy 2010, S. 332).

Betreffend die Kosten für die Vertretung des Kindes wurde die Regelung von Art. 147 Abs. 3 ZGB 2000, wonach die Kosten und Auslagen dem Kind nicht auferlegt werden dürfen, nicht in Art. 299 ZPO übernommen. Diese Frage wurde in den Debatten heftig diskutiert, aber schlussendlich wurde beschlossen, sie dem Ermessen der Gerichte zu überlassen (Pfänder Baumann 2016, N 13). Die Festlegung dieser Tarife durch die Kantone ermöglicht es daher, besser auf die kantonalen Unterschiede und die kantonalen Gerichtsorganisationen einzugehen (Eidg. Justiz- und Polizeidepartement 2003, S. 52).

Ansonsten hatte diese Änderung in der Praxis kaum Auswirkungen, da die Rechtsprechung zum alten Recht auf die neuen Regelungen anwendbar bleibt (BGer 5A_397/2011 vom 11. April 2011 E. 2.1 = FamPra.ch 2011, 1031).

Es sei noch darauf hingewiesen, dass die Anwendung dieser Regelungen am 1. Januar 2017 auf alle Verfahren betreffend Kinder vor Zivilgerichten ausgeweitet wurde, womit die ehemalige Beschränkung auf Verfahren in Ehesachen entfiel (Bundesrat 2014, S. 584).

3.1.5.4 Inkrafttreten der Reform des Zivilgesetzbuchs vom 1. Januar 2013

Der 1. Januar 2013 ist ein Schlüsseldatum im Erwachsenenschutzrecht, denn es markiert das Inkrafttreten einer wichtigen Reform. Es handelt sich um die zweite nennenswerte Revision in diesem Bereich des Zivilrechts seit 1912, die jedoch in ihrem Umfang über die erste Revision der Regeln über die fürsorgerische Freiheitsentziehung (1981) hinausging. Diese Gesetzesänderung ist auch im Kindesschutzrecht von Belang, da die Verfahrensregeln analog auf Minderjährige angewendet werden (Art. 314 Abs. 1 und 314*b* ZGB 2013) und die neue Behördenorganisation beide Bereiche betrifft (Art. 440 ZGB 2013). In Sachen Anhörung und Vertretung des Kindes wurden darüber hinaus manche Regelungen geändert und neue aufgenommen (Art. 314*a* und 314*a*bis ZGB 2013).

3.1.5.4.1 Anhörung des Kindes

Der neue Art. 314*a* ZGB 2013 über die Anhörung des Kindes im Verfahren vor der Kindesschutzbehörde übernimmt im Wesentlichen den Inhalt von Art. 314 ZGB 2000. Detaillierter ist er allerdings bei den Modalitäten der Anhörung und der Information der Eltern über ihren Inhalt. Darüber hinaus wurde, nach dem Vorbild der ZPO (vgl. oben), urteilsfähigen Kindern ein eigenständiges Beschwerderecht gegen die Verweigerung der Anhörung durch die Behörde zuerkannt.

Eine Altersgrenze für die Anhörung des Kindes wurde im Gesetz nicht festgelegt. Nach Inkrafttreten des neuen Rechts hielt das Bundesgericht an seiner Rechtsprechung fest, wonach ein Kind ab dem vollendeten sechsten Altersjahr angehört werden kann (BGE 131 III 553, 554; vgl. BGer 5A_131/2021 vom 10. September 2021, E. 3.2.3; Häfeli 2021, § 999). Das höchste Gericht gesteht ein, dass diese Leitlinie über die Garantien gemäss Art. 12 KRK hinausgeht, da diese Regelung die Anhörung des Kindes erst ab dem Zeitpunkt vorsieht, an dem es «urteilsfähig» ist (BGE 131 III 553, 554.). Diese Auslegung stimmt jedoch nicht mit derjenigen des UN-Kinderrechtsausschusses überein. Wie oben erläutert, legt die Allgemeine Bemerkung des Ausschusses zu Art. 12 KRK fest, dass die Anhörung des Kindes bereits in einem sehr jungen Alter stattfinden kann, da sie die nonverbale Kommunikation des Kindes wie Spielen, Körpersprache, Zeichnen usw. berücksichtigen kann. Somit ist es nicht mehr haltbar, den im Übereinkommen verwendeten Ausdruck «child who is capable of forming his or her own views» (deutsche Übersetzung: «fähig, sich eine eigene Meinung zu bilden»), der in der französischen Fassung wenig präzise mit «l'enfant qui est capable de discernement» (auf Deutsch: «urteilsfähiges Kind») übersetzt wurde, mit dem Begriff der Urteilsfähigkeit des Schweizerischen Zivilgesetzbuches gleichzusetzen (Cottier 2013b, N 9, 2017, S. 89; Zermatten 2009, S. 297, 305 f.).

Die Anhörung des Kindes ergibt sich auch aus dem Erwachsenenschutzrecht, das analog anwendbar ist, insbesondere wenn das Verfahren die nunmehr sogenannte «fürsorgerische Unterbringung» (FU) betrifft, welche die FFE abgelöst hat (Art. 314 Abs. 1 und 314*b* ZGB 2013). Diese Verweise sind problematisch, da der Gehalt nicht speziell für Kinder konzipiert ist, was zu Schwierigkeiten bei der Auslegung und Beurteilung führt. Kinder können nämlich nicht mit Erwachsenen verglichen werden, da sie nicht dieselbe Rechtsstellung wie diese haben. Diese «verkürzte» Vorgehensweise lässt die Triade Kind–Eltern–Staat ausser Acht. Darüber hinaus sind die für Erwachsene geltenden Bestimmungen zur FU nicht mit Art. 310 ZGB 2013 abgestimmt, der sich speziell mit dem Entzug des Rechts der Eltern, den Aufenthaltsort der Kinder zu bestimmen, befasst.

3.1.5.4.2 Vertretung des Kindes

Der neue Art. 314*a*^{bis} ZGB 2013 füllte eine Lücke, da, wie oben erwähnt, die in der Fassung von 2000 mögliche Vertretung des Kindes auf Verfahren in Ehesachen beschränkt war. Die Entwicklungen in der Rechtsprechung zu

Art. 146 ZGB 2000 und Art. 299 ZPO sind auch in diesem Kontext anwendbar (Breitschmid 2022, N 5).

Im Kindesschutzrecht handelt es sich um einen Paradigmenwechsel, da bis dahin in der Praxis davon ausgegangen wurde, dass die Kindesschutzbehörden die Interessen des Kindes kennen und vertreten. Dies ist nun nicht mehr der Fall, und die unabhängige Stellung des Kindes in Verfahren vor den KESB und sein Recht auf Rechtsvertretung werden anerkannt (Cottier & Steck 2012, S. 995). Die Rechtslehre erkennt heutzutage de facto mehrheitlich an, dass das Kind die Stellung einer Verfahrenspartei in Kindesschutzverfahren einnimmt (Herzig 2020, S. 567, 569; Herzig 2012, N 149 ff.; Kilde 2020, N 6.6; Droz-Sauthier 2024, S. 215 ff.).

Abgesehen davon muss klargestellt werden, dass Art. 314*a*^bis ZGB 2013 keine zwingende Vorschrift ist, insofern als sie die Kindeschutzbehörde nicht verpflichtet, eine Vertretung für das Kind zu bezeichnen (BGer 5A_823/2022 vom 17. Mai 2023, E. 3.2.2. BGer 5A_403/2018 vom 23. Oktober 2018 E. 4.1.2 m. w. Nachw.). Es werden lediglich die Situationen aufgeführt, in denen die Prüfung der Notwendigkeit einer Vertretung angezeigt ist. Dies ist insbesondere dann der Fall, wenn die Unterbringung eines Kindes Gegenstand des Verfahrens ist (Art. 314*a*^bis Abs. 2 Ziff. 1 ZGB 2013), wo der Verzicht auf die Anordnung einer Vertretung angesichts der Bedeutung der auf dem Spiel stehenden Interessen eine Ausnahme bleiben muss (Cottier 2013c, N 5). Schliesslich ist zu erwähnen, dass bei Interessenkollision zwischen dem Kind und seinen Eltern deren Vertretungsbefugnis von Gesetzes wegen erlischt und die KESB zwingend eine Vertretung ernennen muss (Art. 314*a*^bis in Verbindung mit Art. 306 Abs. 2 und 3 ZGB 2013; vgl. Cottier 2013c, N 5).

Der Gesetzgeber hat hingegen davon abgesehen, die Kindesschutzbehörde auf Antrag des urteilsfähigen Kindes zur Ernennung einer Vertretung zu verpflichten, wie dies in Art. 299 Abs. 3 ZPO für zivilgerichtliche Verfahren vorgesehen ist (Affolter-Fringeli & Vogel 2016, N 20; Gassner 2018, N 549 ff.; Stössel & Gerber Jenni 2012, S. 342). Das Kind kann jedoch in jedem Fall einen solchen Antrag auf der Grundlage von Art. 19c Abs. 1 ZGB 2013 stellen, wonach urteilsfähige Minderjährige selbst einen Vertreter oder eine Vertreterin wählen können, wenn es um die Wahrung eines höchstpersönlichen Rechts geht (BGE 120 Ia 371; vgl. Cottier 2013c, N 6; Herzig 2020, S. 567, 579). Umgekehrt ist die Behörde keineswegs berechtigt, einem Kind gegen seinen Willen eine Vertretung zu bestellen (BGer, 31.5. 2007, 5A 94/2007, E. 1.3.). Können die Eltern einen Antrag auf Errichtung einer Verfahrensbeistandschaft für das Kind nicht auf eine bestimmte Rechtsgrundlage stützen, so ist ihnen dies aufgrund ihrer Stellung als Verfahrensbeteiligte möglich (Cottier 2013c, N 7).

Die Vertretung des Kindes ist eine Beistandschaft *sui generis*, und das Gesetz schweigt sich über die Art und Weise der Umsetzung dieses Rechtes aus (Gassner 2018, N 550). Laut Rechtslehre erfordert die Einrichtung der Kindesvertretung besondere Qualifikationen; die ernannte Person muss über juristische und psychologische Kenntnisse verfügen, und ihr sollten Fortbildungen vorgeschrieben werden. Die Rechtslehre legt den Kantonen nahe, gesetzliche Vorschriften über die beruflichen Qualifikationen, die Grundausbildung und die Weiterbildung von Kindesvertreterinnen und -vertretern zu erlassen, wie es im Rahmen ihrer Befugnisse liegt (Cottier 2018, N 9; Cottier & Steck 2012, S. 996; Gassner 2018, N 550 ff.)[11]. Diese Personen müssen unabhängig sein; sie dürfen keine Verbindung zu den KESB unterhalten und dürfen daher von diesen oder auch von den Eltern keine Weisungen erhalten. Zudem dürfen sie nicht im selben Fall als Beistand oder Beiständin im Sinne von Art. 308 ZGB 2013 ernannt worden sein (Cottier 2013c, N 9; Grossniklaus & Blum 2007, S. 24, 29; Michel & Steck 2017, N 10; Schweighauser 2022, N 36 f.; Steck 2001, S. 102, 107). Die Hauptaufgabe eines Verfahrensbeistands oder einer Verfahrensbeiständin besteht laut Rechtslehre darin, den subjektiven Willen des Kindes zu übermitteln, wobei dieser Wille sorgfältig und umfassend ermittelt werden muss (Cottier 2017, S. 93 m. w. Nachw.). Die von der Rechtslehre stark kritisierte Rechtsprechung des Bundesgerichts weist den Verfahrensbeiständinnen und -beiständen nach Art. 314*a*^{bis} ZGB 2013 (bzw. Art. 299 ZPO) jedoch die Rolle einfacher Hilfskräfte des Gerichts bei der Ermittlung des Sachverhalts zu und verlangt von ihnen in erster Linie die Beurteilung des objektiven Kindeswohls (BGE 142 III 153; BGE 142 III 153, E. 5.1.; BGE 142 III 153, E. 5.2.1; vgl. für die Kritik Cottier 2017, S. 93; Meier 2016, S. 198 ff.; Schweighauser 2016, S. 554 ff.).

11 Vgl. auch die Standards der Berufsverbände (Kinderanwaltschaft Schweiz s. d.).

In Sachen Verfahrensrechte ist noch Art. 450*f* ZGB 2013 zu erwähnen, der im Falle einer Regelungslücke auf die kantonalen Rechte und subsidiär auf die Zivilprozessordnung verweist.

Dieses System ist nicht zufriedenstellend, da es an einer expliziten und zugänglichen Regelung für sämtliche Kinder- und Elternrechte mangelt. Durch den Verweis auf das Erwachsenenschutzrecht in Art. 314 ZGB ist das Kind Inhaber aller Rechte der «betroffenen Person», was beim Lesen des Gesetzes nicht offenkundig ist. Die Verfahrensrechte der Eltern wiederum sind nicht ausdrücklich erwähnt. Sie müssen also zunächst einmal wissen, dass sie «betroffene Personen» im Sinne des Gesetzes sind und dass für sie dieselben Verfahrensrechte gelten wie für eine Person, die einer Erwachsenenschutzmassnahme unterstellt wird (Art. 314 Abs. 1 ZGB 2013 und Art. 447 ff. ZGB 2013, vgl. Cottier 2013a, N 16).

3.1.6 Schlussbemerkungen

Die Rechte von Kindern in Kindesschutzverfahren haben sich seit dem Inkrafttreten des Zivilgesetzbuchs signifikant weiterentwickelt. Auch wenn Anfang des 20. Jahrhunderts eine Revolution im Bereich des Kindesschutzes stattfand, waren Inhalt und Wortlaut der entsprechenden Regelungen unzureichend und liessen den Behörden bei der Anwendung zu viel Spielraum. Es wurde zu grosses Vertrauen in die Mitglieder der Vormundschaftsbehörden gesetzt – eine Strategie, mit welcher die Betroffenen leider nicht vor den uns bekannten Missbräuchen geschützt werden konnten. Bei jeder besprochenen Reform gab es Fortschritte: Ab 1978 mussten Entscheide über den Entzug der elterlichen Gewalt von einem unabhängigen und unparteiischen Gericht überprüft werden können, wenn die Massnahme von einer Verwaltungsbehörde angeordnet wurde. 1981 «erhielt» das Kind das Recht, im Falle der Unterbringung in einer «Anstalt» angehört zu werden. Allerdings handelte es sich lediglich um ein Erwachsenenrecht, das indirekt auch auf Kinder anwendbar und auf diesen ganz spezifischen Kontext beschränkt war. Im weiteren Sinne erhielten Kinder erst im Jahr 2000 ein eigenes Recht auf Anhörung im Kindesschutzrecht und 2013 die (blosse) Möglichkeit, im Verfahren vertreten zu werden. In dieser Hinsicht mag das Recht von 2013 fortschrittlich erscheinen. Dem ist allerdings in Wirklichkeit nicht so.

In puncto Partizipation ist das derzeitige Zivilrecht zaghaft gefasst. Einige Bestimmungen behandeln zwar insbesondere die Themen Anhörung und Vertretung des Kindes, jedoch nur in eng umrissenem Umfang. Die Vertretung ist im Übrigen nur eine Möglichkeit, aber kein Recht als solches. Das Zivilrecht enthält keinerlei Umsetzungsvorschriften, womit den Kantonen und Kindesschutzbehörden ein sehr grosser Ermessensspielraum bleibt.

Dieser minimalistische Ansatz stellt in mancherlei Hinsicht ein Hindernis für die Partizipation dar. Erstens war dieses Recht, das vor mehr als einem Jahrhundert in Kraft trat, nicht für Kinder gedacht und wurde in kleinen Schritten ausgebaut. Hierbei wurden nicht nur keine wirklichen Überlegungen zu den Bedürfnissen der Kinder und ihren altersbedingten Besonderheiten angestellt, sondern darüber hinaus hat sich das Recht zu einer Art Schnitzeljagd zwischen Zivilgesetzbuch, kantonalen Rechten und Zivilprozessordnung entwickelt. In der Konsequenz werden hierdurch die Verständlichkeit des Rechts und seine Zugänglichkeit beeinträchtigt, selbst für Fachjuristinnen und -juristen. Unter diesen Umständen wäre es illusorisch – nach dem Motto «Nul n'est censé ignorer la loi» (jede und jeder muss das Gesetz kennen) – zu glauben, dass Kinder etwas davon verstehen würden. Die erste Voraussetzung für eine irgendwie geartete Partizipation ist jedoch das Verständnis davon, welches die Abläufe sind, was auf dem Spiel steht und welche möglichen Konsequenzen sich ergeben können. Dies ist ein Hindernis für die Partizipation von Kindern an Verfahren, die sie betreffen.

Darüber hinaus ist Partizipation als solche ein unbestimmter Begriff. Es ist zwingend notwendig, ihren Umfang und einige Umsetzungsregeln zu definieren – als Wegleitung für die Fachpersonen bei der Rechtsanwendung. Durch eine Standardisierung und eine klare Definition der geltenden Regeln sollte sich die derzeit gravierende Diskrepanz zwischen Theorie und Praxis verringern oder sogar beseitigen lassen. Empirische Untersuchungen zeigen nämlich, dass die Betroffenen mit uneinheitlichen oder gar gesetzeswidrigen Praktiken konfrontiert sind, wenn es keine ausreichenden Regelungen zur Praxis gibt (Kapitel 3.3).

Generell plädieren wir für einen ganzheitlichen Ansatz beim Kindesschutz, ganz gleich in welchem Bereich (Zivilrecht, Strafrecht, öffentliches Recht). Eine solche Änderung würde eine umfassende Neugestaltung des Systems implizieren. Als Zwischenschritt legen wir einen Entwurf eines Bundesgesetzes über das Verfahren vor den Kindesschutzbehörden vor. Ein solches Vorhaben war im Rahmen der Arbeiten zur Reform von 2013 begonnen, dann aber verworfen worden. Wir sind nach Abschluss unserer Forschungsarbeiten der Ansicht, dass ein solches Gesetz notwendig ist (vgl. unseren Entwurf in Kapitel 6).

Dieses Gesetz muss die Grund- und Leitsätze für den Kindesschutz darlegen. Insbesondere die Rechte von Kindern müssen im Gesetz detailliert ausgeführt werden. Damit lässt sich unter anderem die Gleichbehandlung der Rechtsunterworfenen gewährleisten und die Umsetzung ihrer Rechte sicherstellen. Die Möglichkeiten für die Einbeziehung von Kindern in das Verfahren müssen ausgebaut werden, wobei die Anhörung nur ein Instrument unter vielen darstellt. Kindern sollte Unterstützung angeboten werden, um ihnen bei der Meinungsbildung zu helfen, und es sollte ein wohlwollendes Umfeld geschaffen werden, um dies zu erleichtern. Dafür bedarf es unter anderem der Unterstützung einer dritten (Vertrauens-)Person für das Kind.

Aus dem Gesetz muss insbesondere hervorgehen, dass Kinder anzuhören sind und ihre Meinung bei der Entscheidfindung zu berücksichtigen ist. Bei Verstössen gegen die Regelungen gibt es als Abhilfe die Möglichkeit, Rechtsmittel gegen Entscheide einzulegen. Dies ist jedoch nicht ausreichend. Das Kindesschutzrecht betrifft Menschen in einer Situation höchster Vulnerabilität, die häufig nicht über die Ressourcen verfügen, um einen Entscheid weiterzuziehen. Die Justiz kostet viel Zeit, Energie und Geld – trotz aller Mechanismen, die zur finanziellen Entlastung eingeführt wurden. In der Praxis ist zu beobachten, dass die Betroffenen aufgeben und sich anfechtbaren Entscheiden und/oder Verfahren unterwerfen (Kapitel 3.3). Unserer Auffassung nach braucht es ein Nationales Kindesschutzbüro (NKSB), dessen Aufgabe darin bestünde, sowohl Beanstandungen von Betroffenen entgegenzunehmen und zu bearbeiten als auch Prozesse zu überwachen, Empfehlungen auszusprechen und eine umfassende Kindesschutzpolitik zu unterstützen.

Darüber hinaus müssen Fachpersonen, die im Umkreis des Kindesschutzes tätig sind, entsprechend geschult werden. Sie müssen in den Genuss von Grundausbildungen wie auch von Weiterbildungen kommen, da es sich beim Kindesrecht um einen juristischen und interdisziplinären Kompetenzbereich handelt, der sich unablässig weiterentwickelt. Man kann also nicht umhin, festzustellen, dass die Ratifizierung eines internationalen Übereinkommens (namentlich der KRK) nicht ausreicht. Es genügt nicht, sich zu Prinzipien zu bekennen; sie müssen auch ganz konkret umgesetzt werden. Der Bund, der die KRK unterzeichnet hat, muss seine Verantwortung wahrnehmen und nunmehr das Verfahren im Kindesschutz vereinheitlichen und detaillierter definieren, um Kindern die in der KRK verankerten Rechte tatsächlich zu garantieren. Nur mittels solcher Verstärkungen lässt sich das Recht der Kinder und Eltern auf Partizipation gewährleisten.

3.1.7 Chronologie – Überblick

Tabelle 1: Zusammengefasste Chronologie gesetzlicher Änderungen

	1974: Inkrafttreten der EMRK in der Schweiz		**1997**: Inkrafttreten der KRK in der Schweiz		
1912 Zivilgesetzbuch	**1978** Gleichstellung von sogenannten «ehelichen und ausserehelichen» Kindern	**1981** Neues Recht der fürsorgerischen Freiheitsentziehung (FFE)	**2000** Neues Scheidungsrecht	**2011** Inkrafttreten der Zivilprozessordnung (ZPO)	**2013** Neues Erwachsenenschutzrecht (und Kindesschutzrecht)
Erste Kindesschutzregelungen Weit gefasste Normen	Bei den Verfahrensrechten: Verbesserung des Zugangs zur Justiz	Recht auf Anhörung nur bei FFE, analog auf das Kind anwendbar Diskrepanz zwischen Theorie und Praxis	Neue Regelungen zur Anhörung des Kindes im Ehe- und Kindesschutzrecht Möglichkeit der Vertretung des Kindes nur für Verfahren in Ehesachen vorgesehen	Überführung der Regelungen zur Anhörung und Vertretung des Kindes in Ehesachen in die ZPO	Anhörung (Anspruch) und Vertretung (Möglichkeit) im Kindesschutzrecht Einige kindesspezifische Regelungen, aber im allgemeinen Verweis auf die für Erwachsene geltenden Regelungen

3.2 Historische Analyse

Loretta Seglias

«Am Montag, dem 11. September 1972, wurde ich in das erste Kinderheim gebracht. Diesen Tag vergesse ich nie, solange mein Herz und mein Hirn funktionieren. Er war die logische Konsequenz einer unheilvollen Chronologie verketteter Ereignisse – absehbar und scheinbar auch nicht abwendbar.» (Gurt 2018, S. 29).

So erinnert sich Philipp Gurt an seine erste Fremdplatzierung und an den Tag, an dem er als Vierjähriger aus seiner Familie wegmusste. Das Zitat verweist auf einen behördlichen Zugriff, den er als traumatisierend erfuhr, und der gleichzeitig Ausdruck lange währender Differenzen zwischen seiner Familie und den zuständigen Gemeindebehörden war. Seine Mutter hatte die Familie einige Zeit zuvor verlassen. Nachdem auch seine Grossmutter gestorben war, schritten die Gemeindebehörden ein und vollzogen die Familienauflösung. Dies, nachdem sie bereits früher Ähnliches erfolglos versucht hatten. Gurt wurde in das Kinderheim St. Josef in Chur gebracht. Bis er im Alter von 16 Jahren aus der institutionellen Unterbringung entlassen wurde, durchlief er mehrere Heimaufenthalte. Der behördliche Eingriff in die Familie und die Platzierung aller Geschwister in Fremdpflege waren der Beginn einer traumatischen Kindheit, die ein Leben lang nachwirkte. Einer Kindheit, die auch von Gewalt- und Missbrauchserfahrungen geprägt war, weil die Erwachsenen, denen der Junge zum Schutz unterstellt wurde, ihre Aufgabe nicht wahrnahmen. Philipp Gurts Erfahrung steht exemplarisch für eine zentrale Erfahrung des fehlenden Einbezugs – die bis ins 21. Jahrhundert weiterwirkte –, indem er seine Fremdplatzierung zwar als «absehbar», gleichzeitig aber als «scheinbar auch nicht abwendbar» resümiert.

3.2.1 Erkenntnisinteresse, methodischer Zugang und Achsen der Analyse

3.2.1.1 Erkenntnisinteresse

Im Rahmen der seit der Jahrtausendwende geführten gesellschaftspolitischen Debatten sowie in der wissenschaftlichen Forschung zur Umsetzung und zu den Wirkungsweisen *fürsorgerischer Zwangsmassnahmen und*

Fremdplatzierungen waren die Stimmen von Zeitzeuginnen und Zeitzeugen wichtig. Nachdem sich bereits in früheren Jahrzehnten Betroffene mehrheitlich ohne grössere Resonanz an die Öffentlichkeit gewandt hatten, ist seit der Jahrtausendwende eine verstärkte und kritische Auseinandersetzung mit diesem Themenbereich festzustellen. Medien- und Kulturschaffende sowie Forschende begannen in grösserem Umfang, Erfahrungen von Betroffenen zu sammeln und in Form von Interviews in verschiedenen Formaten zu publizieren (Seglias 2018, S. 25 ff.). Daneben erschien in den vergangenen Jahren eine grosse Anzahl autobiografischer Aufzeichnungen, wie jene von Philipp Gurt. Die Erfahrungen von Betroffenen flossen sowohl in die öffentliche Diskussion als auch in die Forschung ein. Das ist bemerkenswert, insbesondere auch, weil es sich nicht selten um schwierige und traumatisierende Erfahrungen handelte. Das Vorhandensein verschriftlichter Erfahrungen von Zeitzeuginnen und Zeitzeugen macht sich die vorliegende historische Analyse zunutze.

Ihr Erkenntnisinteresse folgt dabei zwei Forschungsfragen, welche mit der Methode der *Systematic Review* untersucht werden. Neben der Frage nach den Erfahrungen von Kindern und Eltern in den Begegnungen mit Mitgliedern von Armen-, Vormundschafts- sowie weiteren Platzierungsbehörden und den damit verbundenen Verfahren zwischen 1940 und 2012 wird danach gefragt, was sich aus der historischen Forschung über das Verhältnis zwischen dem (Kindesschutz-)Recht, den damit verbundenen Verfahren und den Erfahrungen von Kindern und Eltern für die heutige Praxis ableiten lässt. Über die Zusammenführung der greifbaren historischen Arbeiten hinaus ermöglicht die zweite Forschungsfrage den Vergleich der Wahrnehmungen von Kindern und Eltern in Bezug auf die Massnahmen und Interventionen von Armen-, Vormundschafts- und weiteren Platzierungsbehörden zwischen 1940 und 2012. Die historische Analyse liefert damit Erkenntnisse, die für die rechtliche Analyse und die empirische Untersuchung relevant sind und in der Synthese (Kapitel 4) zusammengeführt werden. Der Betrachtungszeitraum von acht Jahrzehnten ermöglicht zum einen die Rekonstruktion erzählter Erfahrungen, verweist auf Veränderungen und Kontinuitäten in der Wahrnehmung und dem Erleben von Zeitzeuginnen und Zeitzeugen und bietet zudem eine Reflexionsfolie für die langfristige Bewertung individueller Erfahrungen im Kontakt mit Fremdplatzierungsbehörden (Mäder 2010, S. 279–287).

3.2.1.2 Methode: Adaptierte Systematic Review

Suchbegriffe und Kombinationen		
Schweiz	AND	Fremdunterbringung OR Fremdplatzierung OR Pflegekind OR Heimkind OR Kinderheim OR Jugendheim OR Erziehungsheim OR Anstalt OR Obhutsentzug
Suisse	AND	Enfant placé OR placements extrafamiliaux OR foyer OR institut pour enfants OR foyer d'éducation OR établissement (keine Entsprechung für Obhutsentzug)

Überprüfung Inhaltsverzeichnisse auf Hinweise nach:	
Partizipation Autonomie Integrität Empowerment	Nicht-Wissen Platzierungsmoment Widerstand Rekurs

Abbildung 1: Visualisierung des adaptierten Recherchevorgehens

Die historische Analyse führt bestehendes historiografisches Wissen mit dem Instrument der *Systematic Review* zusammen und bewertet dieses neu. Sie orientiert sich an einer Umsetzung, wie sie Coren und Fisher empfehlen, bekannt als SCIE Guidelines des Social Care Institute for Excellence, London (Coren & Fisher 2006). Insgesamt wurden 27 veröffentlichte Studien ausgewählt (Anhang 1), auf der Grundlage einer Reihe von Kriterien und von mehreren Rechercheschritten. Die zweisprachige systematische Literaturrecherche wurde von Juni bis August 2019 in den Datenbanken NEBIS/IDS/SWISSBIB (deutsch), Forsbase, helveticat und im Verzeichnis der Unabhängigen Expertenkommission Administrative Versorgungen (deutsch und französisch) sowie in RERO und RENOUVAUD (französisch) mit verknüpfter Stichwortsuche zur Fragestellung (Partizipation/participation, Autonomie/autonomie, Integrität/integrité und empowerment) und in Kombination mit Schlüsselwörtern verschiedener Platzierungsformen durchgeführt. Die Trefferzahl war mit 41'655 (inklusive Doppel- und Mehrfachtreffer) sehr hoch und zu unspezifisch.

Eine erste Erkenntnis aus der Recherchephase betrifft die unterschiedlichen Verwendungen von Begriffen zwischen den Sprachen beziehungsweise ihre spezifische Konnotation. So gibt es im Französischen keine Differenzierung zwischen Heim- und Pflegekind («enfant placé»). Der Begriff der «Anstalt» erwies sich im Deutschen als eher unspezifisch, im Französischen als sehr unspezifisch («établissement») und ist für ungefähr die Hälfte der Treffer verantwortlich. Hier erwiesen sich präzisere Begrifflichkeiten wie etwa «institut pour enfants» oder «foyer d'éducation» als ergiebiger. Es zeigte sich weiter, dass die Verschlagwortung historiografischer Publikationen einer anderen Logik folgt als sozialwissenschaftliche Forschungsarbeiten. Mit den gewählten Schlüsselbegriffen konnten keine relevanten historischen Studien ermittelt werden. Diese Erkenntnis verwies ein erstes Mal auf die weitgehende Absenz entsprechender Konzepte im historischen Kontext.

Für die genannten Bestände wurde deshalb ein anderes systematisches Vorgehen gewählt: In einem ersten Schritt wurden die zu untersuchenden Massnahmen mit einer geografischen Einschränkung auf die Schweiz verknüpft. In einem zweiten Schritt wurden die Inhaltsverzeichnisse der verbleibenden Titel hinsichtlich ihrer Bezüge zum Erkenntnisinteresse durchgesehen (85 Titel). Ausgehend von der Annahme, dass sich die Absenz entsprechender Konzepte in umgekehrter Weise in der Verschlagwortung, vor allem aber in den Titeln einzelner Kapitel abzeichnen könnte, erfolgte neben einer kombinierten, erweiterten Stichwortsuche die Durchsicht der Inhaltsverzeichnisse und Abstracts historischer Studien mit einem Bezug zur Schweiz und den diskutierten Massnahmen. Dieses detaillierte Vorgehen erlaubte es, auch in den historiografischen Veröffentlichungen mit Bezug zum Erfahrungszeitraum vor 1978 mögliche Hinweise auf unser Erkenntnisinteresse an die Oberfläche treten zu lassen. Besonders auffällig waren dabei Aspekte des «Nicht-Wissens» sowie Hinweise auf biografische Brüche, die sich als Kumulationsmomente und wichtige Indikatoren für das hier relevante Erkenntnisinteresse erwiesen. Für die jüngeren Erfahrungszeiträume wurden deshalb biografische Brüche ebenfalls mitberücksichtigt.

Einbezogen wurden Monografien, Kapitel oder Artikel mit einem vergleichenden Ansatz, deren Hauptquellenbasis Interviews mit Personen, die als Minderjährige von Fremdplatzierungen betroffen waren, bildeten. Nicht berücksichtigt wurden für die Analyse Publikationen mit alleinigem Fokus auf die Zeit der institutionellen Unterbringung und ohne Einbezug von

Oral-History-Interviews. Dort, wo entsprechende Datensätze für die Fragestellung einen wichtigen Beitrag zum Gesamtbild leisten konnten, wurden auch junge Erwachsene bis 25 Jahre einbezogen. Diese Ausweitung der Altersspanne betroffener Kinder und Jugendlicher begründet sich einerseits mit dem Forschungsfokus der letzten Jahre, andererseits mit historischen Entwicklungslinien ausserfamiliärer Betreuungsstrukturen. Obwohl familienergänzende Betreuungsangebote bereits vor Beginn des hier untersuchten Erfahrungszeitraums bestanden, waren diese sehr begrenzt und kein integraler Teil der damaligen Schweizer Sozial- und Familienpolitik. Während die Fremdplatzierung bei Problemen des Aufwachsens heute als hochschwellige Intervention angesehen und als Massnahme nur dann in Betracht gezogen und umgesetzt wird, wenn es keine alternativen Lösungen gibt, wurde sie im Rahmen fürsorgerischer und vormundschaftlicher Massnahmen bis weit in die zweite Hälfte des 20. Jahrhunderts hinein rasch angewandt.

Im Rahmen der wissenschaftlichen Aufarbeitung fürsorgerischer Zwangsmassnahmen und Fremdplatzierungen wurden, neben der Analyse der mannigfaltigen schriftlichen Quellenbestände aus behördlichen und privaten Archiven, vermehrt die Erfahrungen von Zeitzeuginnen und Zeitzeugen in die Erkenntnisgewinnung einbezogen. Dies macht die historische Rekonstruktion komplexer. Gleichzeitig können so Perspektiven miteinbezogen werden, die sich – beispielsweise durch die Marginalisierung bestimmter Bevölkerungsgruppen – in dieser Art nicht oder nur minimal in der schriftlichen oder audio-visuellen Überlieferung niederschlagen. Im Kontext fürsorgerischer Zwangsmassnahmen und Fremdplatzierungen dokumentierte die Forschung bisher vor allem die Erfahrungen von direkt betroffenen Kindern oder Jugendlichen. Die Stimmen von Entscheidungsträgerinnen und Entscheidungsträgern sowie von Eltern oder Verwandten fanden sich im Rahmen dieser *Systematic Review* kaum. Mögliche Gründe dafür sind einerseits der noch weiter zurückliegende Erfahrungszeitraum aufgrund eines höheren Alters. Andererseits werden die Perspektiven von Entscheidungsträgerinnen und Entscheidungsträgern und anderen Fachpersonen innerhalb dieser Thematik erst in jüngster Zeit vermehrt erfragt. Neben der Erfragung von Erfahrungen ist eine weitere Form der verschriftlichten Erfahrung greifbar: Autobiografien erlebten in den vergangenen Jahren einen Boom, auch in diesem Bereich, ohne jedoch Gegenstand empirischer Forschung zu sein (Preusser & Schmitz 2010). Mit

Blick auf den methodischen Zugang der historischen Analyse wurden diese nicht berücksichtigt. Eine entsprechende Auswertung bleibt ein Forschungsdesiderat. Zur Kontextualisierung der Befunde wurde eine Reihe ergänzender Beiträge in die Analyse einbezogen.

Die für die historische Analyse berücksichtigten 27 Titel beinhalten Monografien, einzelne Kapitel und Artikel, aus denen direkte Hinweise auf die hier gestellte Forschungsfrage hervorgingen, auch wenn sie nicht direkt den Fokus der Texte bildete. Die Studien wurden mithilfe eines Rasters (Perspektive/Anzahl einbezogener Interviews/Alter, Erfahrungszeitraum, Kantone, Zugang/Analysierte Aspekte) aufbereitet und die zusammengetragenen Erkenntnisse verschriftlicht (Anhang 1).

Die untersuchten Texte beinhalten Ergebnisse aus zwei national angelegten Studien, dem Sinergia-Projekt «Placing children in care», dessen Resultate 2018 in einem deutschsprachigen Sammelband erschienen sind, und Einzelaspekte aus der zehnbändigen, mehrsprachigen Veröffentlichung der Arbeit der Unabhängigen Expertenkommission administrative Versorgungen (UEK) von 2019 (Hauss et al. 2018). Weiter wurden mehrere Beiträge in die historische Analyse einbezogen, die auf der ersten grossen Verding- und Heimkinderstudie mit einem Oral-History-Zugang (2005–2008) beruhen (Leuenberger & Seglias 2008, 2010, 2015; Freisler 2011). Darüber hinaus wurden vergleichende Einzelstudien berücksichtigt, die neben Qualifikationsarbeiten auch öffentlich und privat finanzierte Studien beinhalten. Die analysierten Beiträge umfassen den Erfahrungszeitraum ab circa 1920, mit einer Verdichtung in der Zeit nach 1940 bis 1980. Nicht immer ist dabei klar nachvollziehbar, aus welchem Zeitraum oder Sprachraum die analysierten Erfahrungen stammen, weil die entsprechende Differenzierung in den einzelnen Studien nicht immer vorgenommen wird oder vorgenommen werden kann. Während die Erfahrungen von Personen, die als Kinder oder Jugendliche in Kontakt mit Fürsorgebehörden und -organisationen kamen, direkt greifbar sind, können die Erfahrungen der Eltern aus historiografischer Perspektive nur indirekt einbezogen werden, etwa über versuchte Rekurse gegen getroffene Behördenentscheide.

Mit der definitiven Auswahl der zu analysierenden Monografien und Beiträge in Sammelbänden wurde ersichtlich, dass der historiografische Wissensstand für die Zeit vor 1978 signifikant dichter ist als für die Zeit danach. Für den Erfahrungszeitraum nach 1981 ist ein historiografischer

Zugriff bis zur Einführung des neuen Kindes- und Erwachsenenschutzrechts Anfang 2013, dem Ende des untersuchten Erfahrungszeitraums, nur noch über einzelne Kapitel aus einer Jubiläumspublikation gegeben (Canonica et al. 2019). Für den Erfahrungszeitraum nach 1981 wird die Analyse deshalb auf sozialwissenschaftlich orientierte Studien mit empirischen Daten aus Befragungen abgestützt, die Einblick in die Erfahrungen von Kindern und Jugendlichen im Kontakt mit Fürsorge- und Sozialbehörden geben. Sie beschränken sich, bis auf eine Ausnahme, auf einen Erfahrungszeitraum von ein bis zwei Jahren und beschreiben einen vorgefundenen Ist-Zustand. Sie unterscheiden sich von historiografischen Studien weiter durch ihre Bedeutungszumessung der eigenen Forschungsresultate auf die Praxis.

Zwischen 1980 und Ende der 1990er-Jahre wird somit hinsichtlich des Erkenntnisinteresses eine Lücke in der historischen und sozialwissenschaftlichen Forschung sichtbar. Diese wird durch die Resultate einer zehnjährigen Längsschnittstudie zur Wirkungsweise des Massnahmenvollzugs bei «besonders schwierigen Jugendlichen» in Erziehungsheimen und Arbeitsanstalten für die 1980er-Jahre ein Stück weit geschlossen (Tanner 1992, 1999). Mit der neueren sozialwissenschaftlichen Forschung wird seit der Jahrtausendwende eine Verschiebung des Erkenntnisinteresses in Richtung der leitenden Forschungsfragen dieses Projektes sichtbar. Während bis zur Jahrtausendwende indirekte Zugänge zum Erkenntnisinteresse hinsichtlich des Gesamtprojektes notwendig waren, finden sich im Zeitraum danach Fragestellungen des Kindesschutzes – inklusive partizipativer Ansätze und ihrer Umsetzung in zahlreichen sozialwissenschaftlichen (Qualifikations-) Arbeiten. Das deutet auf ein verstärktes Forschungsinteresse hin, das für die Praxis nutzbar gemacht werden soll, was sich unter anderem in Kollaborationen mit Interessenverbänden oder -organisationen zeigt (Arnold et al. 2008). Während einzelne grössere Forschungsunterfangen einen mehrperspektivischen Zugang wählten, der auch die Perspektiven von Kindern und Eltern einbezieht, dominiert in Qualifikationsarbeiten die Auseinandersetzung mit der Perspektive von Fachpersonen, die hier nicht berücksichtigt wurde (Arnold et al. 2008; Werner 2019).

3.2.1.3 Umfang und Achsen der Analyse

Die historische Analyse bezieht sich auf einen Erfahrungszeitraum von acht Jahrzehnten, der von einem fundamentalen gesellschaftlichen, politischen, wirtschaftlichen und technischen Wandel in der Schweiz gekennzeichnet war, der auch den gesellschaftlichen Blick auf Menschen, die staatlicher Unterstützung bedurften, veränderte und die Kinder- und Jugendhilfe im Speziellen betraf. Mit Blick auf den eingeschränkten Umfang des vorliegenden Kapitels können diese Prozesse nicht in jedem Fall detailliert diskutiert werden, weshalb weiterführend auf entsprechende Kontextliteratur verwiesen wird. Die sich in der Analyse abzeichnenden Veränderungen über die Zeit können nicht als kontinuierliche Entwicklungen gelesen werden, sondern offenbaren unterschiedliche Tempi, aber auch die Gleichzeitigkeit verschiedener Konzepte, die zu Reibungsflächen in der Umsetzung und unterschiedlichen Erfahrungen der davon betroffenen Personen führen konnten.

Die nachfolgende Präsentation der Erkenntnisse orientiert sich an zwei Achsen:

1) Die erste Achse beleuchtet Verfahren, Aushandlungs- und Entscheidungsprozesse und fragt, welche Erfahrungen betroffener Kinder und Eltern bezogen auf die Zeitphasen vor, während und nach eine Fremdplatzierung rekonstruiert werden können, sowie welche allfälligen Veränderungen diesbezüglich über die Zeit sichtbar werden.
2) Die zweite Achse gilt der Frage, ob und wie die Erfahrungen von Minderjährigen und Eltern im Kontakt mit Behördenmitglieder durch deren soziale Stellung und die Attribuierung gesellschaftlicher und individueller Werte beeinflusst wurden. Ein durchgängiges Thema ist die «kollaterale» Wirkungsmacht von Akten, weshalb diesem Aspekt ein Exkurs gewidmet ist. In einer abschliessenden Betrachtung folgen, basierend auf den diskutierten Ergebnissen, Anregungen und Impulse für die Weiterentwicklung des Kindesschutzes in Bezug auf Integrität, Partizipation und Autonomie.

3.2.2 Nachvollziehbarkeit des Platzierungsprozesses (vor, während und nach Fremdplatzierungen)

Die Möglichkeit von Individuen, die Hintergründe und Abläufe kritischer Lebensereignisse nachvollziehen zu können, gilt als wichtige Bewältigungsressource, sowohl in der Situation wie auch im späteren Leben und bei der rückblickenden Bewertung. Im hier diskutierten Kontext zeigt sich das auch an der hohen Zahl von Akteneinsichtsgesuchen von Betroffenen von fürsorgerischen Zwangsmassnahmen und Fremdplatzierungen in der Schweiz (Gnädinger 2020). Sofern Kinder nicht im Säuglingsalter fremdplatziert wurden, verfügten sie rückblickend über ein gewisses Erfahrungswissen zu ihrer Lebenssituation vor der Platzierung. Einschneidende Ereignisse, wie der Tod oder die Krankheit eines Elternteils, die Scheidung der Eltern, aber auch Gewalt in der Familie, gaben erste Anhaltspunkte, dass eine Veränderung in der Lebenssituation anstand, und wurden innerfamiliär mitunter auch thematisiert. Bis nach dem Zweiten Weltkrieg scheinen materielle Folgen finanzieller Armut wie Mangelerfahrungen und Hunger als weitere Platzierungsbegründungen auf (Bitter 2010, S. 181–182; Moser 2010, S. 121; Seglias 2019c, S. 153–163, 164–170; Werner 2019, S. 177–178, 289–291; Kapitel 2). Eingriffe in Familien erfolgten demnach sowohl mit armenrechtlichen wie auch mit vormundschaftlichen Begründungen und bis 1981 auch im Zuge sogenannter administrativer Internierungen von Jugendlichen und Erwachsenen. Während bei Ersteren meist eine Bewertung der Familiensituation und der Eltern im Vordergrund stand, lag der Fokus bei Letzteren oft auf dem als normabweichend bewerteten Verhalten der Jugendlichen selbst. Aus Sicht der zuständigen Behörden hatten Fremdplatzierungen immer eine Vorgeschichte. Das Wissen hierzu und zu den weiteren Vorgängen blieb für Minderjährige, aber auch für ihre Eltern, indes nicht selten diffus.

Aus der Herkunftsfamilie herausgenommen zu werden, bewerteten die betroffenen Minderjährigen sehr unterschiedlich. Während die einen eine ungewollte Entwurzelung erfuhren, waren andere zunächst froh über den Ortswechsel. In seltenen Fällen ging die Initiative auch von einem Kind selbst aus (Arnold et al. 2008, S. 90–91; Mani 2011, S. 105–126; Werner 2019, S. 125). Damit einher ging nicht selten ein Gefühl, «zuhause unerwünscht» zu sein, und damit einer «Platzlosigkeit» (Ammann & Schwendener 2019, S. 22–36; Arnold et al. 2008, S. 181; Leuenberger & Seglias 2015, S. 278–283). Diese wurde bei Kindern unverheirateter Mütter durch eine (moralische) «Illegitimität» noch verstärkt (Ammann & Schwendener 2019, S. 23–25; Heller et al. 2005, S. 74–75)[12].

Eine Fremdplatzierung war bis weit ins letzte Jahrhundert hinein sowohl aus armenrechtlicher als auch aus zivilrechtlicher Perspektive eine (Erziehungs-)Massnahme, die rasch umgesetzt wurde. Im Gegensatz dazu galt eine Fremdplatzierung zu Beginn des 21. Jahrhunderts als Ultima Ratio, der bereits vorgelagerte Massnahmen wie Beratungen, Therapien oder ambulante Massnahmen vorausgingen (Heller et al. 2005, S. 75). Die Möglichkeit, dass Kinder bereits zu einem früheren Zeitpunkt bewusst in Kontakt mit Behördenmitgliedern und Fachpersonen kamen als noch in den Jahrzehnten davor, war damit gegeben (Arnold et al. 2008, S. 95).

3.2.2.1 Fehlendes Wissen über Aushandlungsprozesse und Begründungen aus Sicht fremdplatzierter Kinder und Jugendlicher

Ausgestattet mit dem eigenen Erfahrungswissen kamen Kinder und Jugendliche in Kontakt mit Fremdplatzierungsbehörden. Die Bewertung der von den zuständigen Akteurinnen und Akteuren erhaltenen Informationen zu Verfahrenswegen, Aushandlungsprozessen, Entscheidungsfindungen und eigenen Handlungsspielräumen variiert entlang des Erfahrungszeitraums sowie des Alters der Kinder und Jugendlichen. Über den gesamten Untersuchungszeitraum betrachtet, muss diese jedoch als ungenügend angesehen werden.

Dies manifestierte sich bereits in einem ungenauen Wissen über die vollziehenden Behörden. Stellvertretend dafür stehen die Resultate aus einer Befragung von 279 Personen aus der ganzen Schweiz, die zwischen 1920 und 1960 fremdplatziert wurden. Knapp ein Drittel konnte keinerlei Angaben über die platzierende Behörde machen (vgl. Abb. 2).

12 Das ZGB von 1912 verpflichtete alle Kantone, für jedes Kind einer unverheirateten Mutter einen Beistand und gegebenenfalls einen Vormund zu bestimmen (Art. 311) (Moser 2010, S. 123–124). Damit erhöhte sich auch die Wahrscheinlichkeit, in den Blick der Behörden zu geraten. Diese Regelung wurde erst mit der Revision des Familienrechtes 1978 aufgehoben.

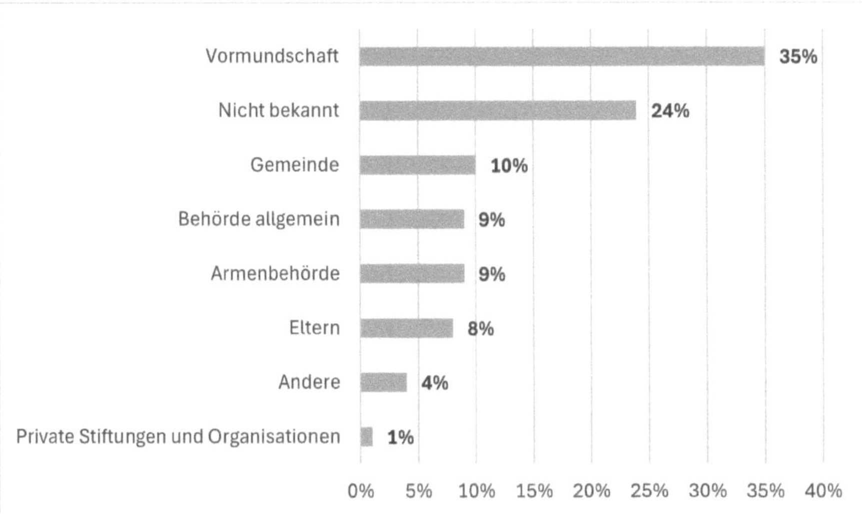

Abbildung 2: Platzierende Instanzen (1920–1960) nach: (Leuenberger et al. 2008, S. 10).

Allgemeine Bezeichnungen wie «Gemeinde» oder «Behörde allgemein» verweisen auf ein weitgehendes Unwissen über die zuständigen Instanzen, damit der vorgesehenen Verfahrenswege und so letztlich eigener Handlungsspielräume. Dies lässt sich u. a. damit erklären, dass den Betroffenen bis in die 1970er-Jahre keinerlei formell garantierte Verfahrensrechte zukamen (Kapitel 3.1).

Das Unwissen über die zuständigen Behörden liess gleichzeitig Platz für spätere Spekulationen. Der Klärung von Wissenslücken kam deshalb bei vielen Betroffenen auch Jahrzehnte nach den beschriebenen Erfahrungen eine wichtige Rolle zu, etwa in Form der Aktensuche zur individuellen oder familiären Biografiearbeit (Gnädinger 2020). Konnten Kinder und Jugendliche die Massnahmen dagegen bereits zum Zeitpunkt der behördlichen Entscheidung nachvollziehen – was nicht einer Gutheissung derselben gleichkam –, fiel die spätere Akzeptanz höher aus, auch bei ungenügendem Wissen über die genauen Abläufe und Zuständigkeiten (Leuenberger & Seglias 2015, S. 215–231, 250–263; Seglias 2019b, S. 86–92, 164–170, 172–178).

Auch hinsichtlich der Begründungen bestanden grosse Wissenslücken, wenn bei mehr als einem Drittel der Platzierungen, von denen ein Grossteil nach dem sechsten Altersjahr und im Kanton Bern erfolgten, von den Betroffenen keine Gründe dafür angegeben werden konnten (Leuenberger et al. 2008, S. 10).

Den Kindern und Jugendlichen wurden nicht nur zentrale Informationen vorenthalten, sie erhielten im Kontakt mit Vormunden oder Behördenmitglieder teilweise auch Begründungen zu hören, die auf negativen, abwertenden und stigmatisierenden Zuschreibungen bezüglich des familiären Umfeldes beruhten, welche in der Aktenführung fortgeschrieben wurden (vgl. Exkurs) (Ammann & Schwendener 2019, S. 37–51; Leuenberger et al. 2008, S. 5–6). Solche Aussagen akzentuierten die «Nicht-Beteiligung» durch eine Defizitorientierung innerhalb enger Norm- und Wertevorstellungen. Dies traf auch bei Kindern zu, die ihre Eltern nie kennengelernt hatten. Sie zeigen gleichzeitig, dass Stigmatisierungen bereits früh biografisch wirkungsmächtig werden konnten und zudem eine dezidiert geschlechterspezifische Komponente in sich trugen. Bei Frauen standen Defizite in der Rolle als Hausfrau und Mutter im Vordergrund, vermengt mit einer engen Sexualmoral. Als abweichend etikettiertes Sexualverhalten wurde beispielsweise Mitte der 1950er-Jahre ungleich öfter auf Frauen als auf Männer angewandt. Ein besonderer Fokus lag auf alleinerziehenden Müttern. Bei Vätern waren Begründungsmuster wie «arbeitsscheu», die auf die Rolle des Mannes als Alleinernährer abzielten, sowie Alkoholkonsum stärker im Gebrauch (Businger et al. 2018, S. 81–82). Die Forschung begründet diesen Befund mit den «Goldenen Jahren» des bürgerlichen Ehe- und Familienmodells, das sich in der Nachkriegszeit noch einmal akzentuierte (Höpflinger 1999, S. 137). Ab den 1960er-Jahren wurden vermehrte Zuschreibungen über die Persönlichkeit und den Gesundheitszustand der Eltern vorgenommen, wobei die Mutter weit öfter als psychisch krank beschrieben wurde als der Vater, eine Tendenz, die sich in den 1970er- und 1980er-Jahren weiter akzentuierte (Businger et al. 2018, S. 83). Die Fokussierung auf die Mütter werden mit der ihnen zugeschriebenen Verantwortlichkeit für die Erziehungsarbeit erklärt. Moralische Vergehen wogen deshalb bei Müttern schwerer als bei Vätern (Businger et al. 2018, S. 84).

Bei Jugendlichen geriet ihr eigenes Verhalten vermehrt ins Visier behördlicher Zugriffe. Auch hier wirkten in den 1950er- und 1960er-Jahren ein «statisches Geschlechterbild» und damit eindeutig geschlechterspezifische Begründungsmuster für Fremdplatzierungen fort (Businger et al. 2018,

S. 85–86, 84–85, 88–92; A. Heiniger & Morat 2019, S. 168–172). Dabei finden sich keine signifikanten Unterschiede zwischen städtischen und ländlichen sowie reformierten und katholischen Kantonen, trotz früher einsetzender Professionalisierungstendenzen in den Städten und einer unterschiedlichen Ausgestaltung der Fürsorgepraxis. Ebensowenig spielten sprachliche oder rechtstraditionelle Unterschiede eine massgebende Rolle. Einen gewissen Einfluss zu weniger geschlechterspezifischen Begründungsmustern scheinen die Nähe zu Universitäten oder kantonale Rechtssetzungstraditionen gehabt zu haben (Germann & Odier 2019, S. 126–127). Wie lange solche Begründungsmuster fortwirkten, ist aufgrund entsprechender Forschungslücken nicht abschliessend geklärt (Tanner 1992, S. 97).

Die 1970er-Jahre brachten auf normativer Ebene wichtige Veränderungen zur Stärkung der Grundrechte, die sich auch auf die Schweizer Fremdplatzierungspraxis auswirkten (Kapitel 3.1). Gleichwohl finden sich für die 1980er-Jahre weiterhin Hinweise auf das Nichteinhalten fundamentaler Verfahrensrechte. Eine zehnjährige Längsschnittstudie zur «Wirkung des Massnahmenvollzugs bei besonders erziehungsschwierigen Jugendlichen und jungen Erwachsenen in der Schweiz» attestierte auch bei den stärker formalisierten strafrechtlichen Verfahren eine mangelhafte Anhörungspraxis (Tanner 1992, S. 8).

Mit der Ratifizierung der UN-Kinderrechtskonvention 1997 wurde die Teilhabe von Minderjährigen an für sie wichtigen Entscheidungen normativ verankert. In den Jahren danach zeigt sich jedoch gleichwohl ein hoher Grad an Unwissenheit über die Gründe für die eigene Fremdplatzierung bei Minderjährigen – mit einer Ausdifferenzierung bezüglich des Alters – womit eine der Grundvoraussetzungen für Teilhabe fehlte. Jugendliche zwischen 13 und 18 Jahren sahen sich hinsichtlich anstehender Verfahrensabläufe bedeutend besser informiert (über zwei Drittel) als Kinder zwischen sechs und zwölf Jahren (knapp die Hälfte) (Arnold et al. 2008, S. 106). Der Alterseffekt widerspiegelt sich auch hinsichtlich der Möglichkeit, die eigene Meinung innerhalb eines Verfahrens einzubringen, wobei dies noch nicht in allen Verfahren erfolgte (Arnold et al. 2008, S. 116).

3.2.2.2 Der Tag der Fremdplatzierung als prägender und potenziell traumatisierender Moment

Im Tag der Fremdplatzierung kumulierten in gewisser Weise die vorangegangenen Ereignisse auf familiärer Seite und die in Gang gesetzten Verfahren aufseiten der Behörden zu einem «kritischen Lebensereignis» mit multiplen und oft lange anhaltenden Auswirkungen (Werner 2019, S. 117–118). Neben der Vorbereitung und dem Wissen um die Ausgestaltung einer Massnahme barg der Moment einer Fremdplatzierung weiteres Traumatisierungspotenzial. Dieses hing entscheidend von der Art und Weise der Umsetzung und des Ablaufs dieses biografischen Bruches und damit von der Organisation und Umsetzung durch die platzierende (Fach-)Person ab.

Die Erfahrungen dieses Moments offenbaren für die Zeit bis in die 1970er-Jahre erneut eine weitgehende Abwesenheit von Informationen. Vorgängig wurden, wenn überhaupt, oft nur bruchstückhafte oder vage Andeutungen über den Ort einer Fremdplatzierung gemacht. Damit wurden Betroffene über ihr weiteres Schicksal «systematisch im Ungewissen» gelassen (Ammann & Schwendener 2019, S. 77,79). Dazu gehörte auch die Unwissenheit darüber, ob und wann die eigenen Eltern wiedergesehen werden konnten. Diskontinuitätserfahrungen, unter anderem die Trennung von Geschwistern, Eltern und dem sozialen Umfeld, werden heute als potenziell belastend, wenn nicht traumatisierend bewertet (Arnold et al. 2008, S. 172–173,175–176, 189; Werner 2019, S. 189–202). Ein Aspekt, der mit Blick auf den lange geltenden Anspruch der Isolation vom als schädigend bewerteten Herkunftsumfeld auch dazu führte, dass eine gemeinsame Platzierung von Geschwistern nicht angestrebt bzw. sogar systematisch zu unterbinden versucht wurde (Arnold et al. 2008, S. 43; Canonica 2019b, S. 361–363; Heller et al. 2005, S. 79, 82; Moser 2010, S. 124–125). Bei Minderjährigen, die alt genug waren, um eine aktive Erinnerung zu haben, fielen Erfahrungen besonders dramatisch aus, bei denen der Moment der Fremdplatzierung unvorbereitet kam, falsche Angaben über den Reisegrund gemacht wurden oder die Fremdplatzierung teilweise unter Anwendung von Gewalt und polizeilichen Massnahmen vollzogen wurde (Ammann & Schwendener 2019, S. 77–78; Heller et al. 2005, S. 77; Leuenberger & Seglias 2015, S. 82, 283–285).

Etwas anders präsentieren sich die Befunde zu Beginn des 21. Jahrhunderts. Vorauszuschicken ist, dass in dieser Zeit die Vorbereitung für die Fremdplatzierung nicht einheitlich bei den entscheidenden Behörden lag, sondern teilweise von Familienbegleiterinnen, Lehrpersonen oder dem psychologischen Dienst, heilpädagogischen Fachkräften, Mitarbeitenden der Institution oder den Eltern selbst vorgenommen wurden. Ein Grossteil der befragten Familien, mit Ausnahme von Notfallplatzierungen, konnten das Heim oder die Pflegefamilie im Vorfeld besuchen (Arnold et al. 2008, S. 133). Gleichwohl finden sich auch hier mehrfach Hinweise auf eine ungenügende Transparenz in den Abläufen, sowohl mit Blick auf die besuchten Einrichtungen oder Pflegefamilien als auch bei den platzierenden Fachpersonen. So war es für die Kinder unter anderem schwierig, sich aufgrund der Schilderungen der Sozialarbeitenden vorgängig ein Bild über den Alltag am neuen Ort zu machen (Arnold et al. 2008, S. 131–132; Werner 2019, S. 119–122). Eltern begleiteten die Kinder in der Regel an den neuen Ort, teilweise auch die zuständigen Sozialarbeitenden. Einige zählten dies zu ihren Aufgaben, andere explizit nicht. Nur eine Minderheit sah eine mögliche traumatisierende Komponente im Tag der Fremdplatzierung. Zeitmangel war ein weiterer Grund für die Absenz der zuständigen Sozialarbeitenden bei der Platzierung (Arnold et al. 2008, S. 134–136). Die erste Zeit an einem neuen Ort wurde von den Kindern und Jugendlichen unabhängig von der Art der Aufnahme und den Adaptionsmöglichkeiten als besonders schwierig empfunden, geprägt von Traurigkeit, dem Gefühl, allein zu sein, fremden Eindrücken und Heimweh (Arnold et al. 2008, S. 135–139; Werner 2019, S. 189–197).

3.2.2.3 Unklare Zuständigkeiten und unterschiedliche «Hilfeprozesse» während einer Fremdplatzierung

Mit der Fremdplatzierung endete die Zuständigkeit der (platzierenden) Behörden grundsätzlich nicht. Bereits die kantonalen Armengesetze hatten im 19. Jahrhundert Formen der «Inspektion» vorgesehen (Leuenberger et al. 2011, S. 33–40). Mit der Einführung des ZGB 1912 waren alle Kantone angehalten, entsprechende Regelungen einzuführen. Bis diese umgesetzt wurden, dauerte es aber mitunter noch Jahrzehnte. Eine gesamtschweizerische Regelung trat erst 1978 (Pflegekinderverordnung PAVO) in Kraft

(Häsler 2008, S. 81–98; Leuenberger et al. 2011, S. 40–50; Leuenberger & Seglias 2015, S. 243–246; Sauthier & Cottier 2020, S. 914; Seglias 2011, S. 121–123). Kontrolle und Aufsicht konnten die zuständigen Gemeinden an private und kirchliche Organisationen delegieren und taten dies auch. Eine klare Trennung zwischen Vollzugs- und Kontrollinstanzen war dabei nicht immer gegeben. Diese Voraussetzungen führten zu einer Vielzahl von Praktiken und damit unterschiedlichen Formen der Kontakte zwischen Minderjährigen und den für ihr Wohlergehen zuständigen Erwachsenen. Wenn Aufsichtsmechanismen bestanden, wurden diese meistens durch sporadische persönliche Besuche, teilweise aber auch lediglich durch eine schriftliche Befragung umgesetzt (Guggisberg 2016, S. 444–447; Leuenberger & Seglias 2015, S. 243–246, 250–263; Utz 2018, S. 155–158). In manchen Fällen fehlte den Kindern und Jugendlichen das Wissen, wer die Person war, die zu Besuch kam, auch weil etwa Vertreterinnen und Vertreter privater Organisationen auftraten, als seien sie Amtspersonen (Galle & Meier 2009, S. 120; Leuenberger et al. 2011, S. 144). Verallgemeinernd kann festgestellt werden, dass Mechanismen und Vorgehensweisen von Aufsicht und Kontrolle, wozu auch die Arbeit vieler Vormunde zu zählen ist, einem reinen Verwaltungsakt gleichkamen. Im Vordergrund stand etwa die Überprüfung der Wohnsituation, der Ernährung und Hygiene oder finanzieller Aspekte. Raum für die Besprechung persönlicher Anliegen, ohne Angst vor negativen Folgen, entstand aus Sicht der Kinder und Jugendlichen so kaum, bisweilen selbst dann nicht, wenn diese Personen aus dem familiären Umfeld stammten. Darauf deuten auch Befunde zur Ausgestaltung der Besuche hin, während deren den vorher angekündigten inspizierenden Personen beispielsweise ein gutes Essen serviert wurde, die Kinder in den Sonntagskleidern antreten mussten und selten die Möglichkeit zu einem Austausch unter vier Augen bestand. Solche Besuche wurden von den ehemals fremdplatzierten Personen denn häufig auch als «Alibi-Übung» oder «Pseudo-Besuch» bewertet (Leuenberger & Seglias 2015, S. 155; Mani 2011, S. 143–147, Zit. S. 143).

Auch zu Beginn des 21. Jahrhunderts finden sich unterschiedliche Praktiken und Auffassungen zur Aufgabenverteilung bei Kontroll- und Aufsichtsverfahren. Nicht nur bei der Planung, sondern auch bei der Durchführung von Fremdplatzierungen bestand weiterhin ein grosser Handlungsspielraum für die verantwortlichen Fachpersonen (Arnold et al. 2008,

S. 148; Gassmann 2010, S. 206). Für die Interaktion während einer Massnahme spielten die gesetzlichen Rahmenbedingungen (strafrechtliche, zivilrechtliche Massnahme oder freiwillige Platzierung) eine Rolle (Arnold et al. 2008, S. 145–146). Im Gegensatz zu früheren Jahrzehnten wird für diesen Zeitraum ein vermehrter formeller Einbezug der fremdplatzierten Minderjährigen und der Herkunftsfamilien sichtbar, etwa durch Standortgespräche. Auch hier war nicht allen Kindern bewusst, was der Zweck solcher Gespräche war, während ihre Eltern in der Regel besser informiert waren (Werner 2019, S. 151–153).

Gegenüber früheren Jahrzehnten waren systematischer stattfindende sogenannte Hilfeprozesse während einer Fremdplatzierung implementiert. Sie waren innerhalb föderalistischer Strukturen uneinheitlich ausgestaltet und wurden aus der Erfahrung der Betroffenen nach wie vor als schwer nachvollziehbar erfahren. Auf der anderen Seite wurden Platzierungsverantwortliche als weniger relevant für ihr eigenes Leben erachtet als direkte Bezugspersonen im Platzierungssetting (Werner 2019, S. 143). Dieser Befund verweist auch auf den Versuch einer Normalisierung der eigenen Lebenssituation durch die Kinder und Jugendlichen. Zentral für das Gelingen oder Nichtgelingen war dabei die eigene Rolle, die sie innerhalb der sozialen Strukturen am Ort der Fremdplatzierung einnehmen konnten, sowie der weitere Kontakt zur Herkunftsfamilie (Werner 2019, S. 292–322).

3.2.2.4 Warten auf die «Freiheit» – Entlassung als zweischneidiges Schwert

Das Ende einer Fremdplatzierung konnte aus verschiedenen Gründen erfolgen. Teilweise kehrten Kinder nach einiger Zeit wieder in ihre Herkunftsfamilien zurück. Bei anderen war das Ende der Fremdplatzierung an das Erreichen eines gewissen Alters gekoppelt (K. Heiniger 2019a, S. 353–367; Leuenberger & Seglias 2015, S. 303–312; Seglias 2019a, S. 103–125). Bestand eine Vormundschaft, dauerte das Aufsichtsverhältnis in der Regel bis zum Erreichen der Volljährigkeit. Einzelne Einrichtungen, Gemeinden und Organisationen kannten eine nachsorgende Fürsorge, Patronate oder eine «Schutzaufsicht», denen Jugendliche unterstellt wurden (Leuenberger & Seglias 2015, S. 304–305; Utz 2018, S. 180–187). Diese dienten aus Sicht der Entscheidungsträger der Unterstützung, aber auch der Sicherstellung der angestrebten Erziehungsziele und konnten damit einen «verlängerten Arm» der fortwährenden behördlichen Überwachung darstellen (Häsler Kristmann 2019, S. 644–654).

In Fortführung der bereits thematisierten Informationslücken über anstehende Abläufe und Entscheidungsfindungen wurden Jugendliche in institutioneller Unterbringung oftmals erst wenige Tage vor einer Entlassung über das bevorstehende Ereignis informiert. So wurde die langersehnte Entlassung letztlich als «Rauswurf» erlebt (Ammann & Schwendener 2019, S. 116–118, 124–125). Nach einer Entlassung vielfach mit existenziellen Schwierigkeiten konfrontiert, war es für die weitere Biografie der Jugendlichen entscheidend, ob sie auf ein familiäres oder soziales Netz zurückgreifen konnten. Zum Gefühl der lange ersehnten Freiheit gesellte sich die Erkenntnis, auf diesen Moment ungenügend vorbereitet und damit alleingelassen worden zu sein (Ammann & Schwendener 2019, S. 124). Hinzu kam, dass im Moment der Entlassung vielfach keine nennenswerten monetären Rücklagen bestanden, die über die erste Zeit hinweggeholfen hätten (A. Heiniger 2014, S. 318–330; Leuenberger & Seglias 2015, S. 309–312). Wiederum andere schildern die emotionale Traumatisierung in den Jahren davor als grosse Hürde für die Rückkehr in ein Leben ausserhalb einer Fremdplatzierung (Ammann & Schwendener 2019, S. 127).

Nach einem Leben, das gerade in Heimen geprägt war von strikten Regeln und Abläufen – was für ein Teil der Heime auch noch in den frühen 1990er-Jahren zutraf –, war das Treffen eigenständiger Entscheidungen schwierig und die neue Autonomie und berufliche Integration eine Herausforderung (Bombach et al. 2018, S. 125–126; Immos 1990, S. 107; Leuenberger & Seglias 2015, S. 127; Tanner 1999, S. 53, 58, 98, 100–101). Die erhöhte Gefahr zur Kriminalität – mit einer tieferen Rate in der Westschweiz, die mit unterschiedlichen Systemen der Unterbringung erklärt wird[13] – und eine erhöhte Mortalität und Suizidrate, insbesondere bei jungen Männern, in den ersten Jahren nach einer Fremdplatzierung machen mögliche schwerwiegende Folgen davon sichtbar. Für die 1980er-Jahre wird erstmals

13 Dazu gehörten unter anderem die «familiär-überschaubaren Grössen» der Einrichtungen und ein in der Regel bewusster Verzicht auf «heiminterne Schulungs- und Berufsbildungsprogramme» in der französischen Schweiz.

der Einfluss der Nationalität in der Heimunterbringung thematisiert (Tanner 1999, S. 73, 100).

Das Ende der Kindheit wurde zu Beginn des 21. Jahrhunderts als «Übergang ins Erwachsenenalter» definiert. Diese Übergangsphase bedurfte einer besonderen Beachtung und wurde, im Vergleich zu früheren Jahrzehnten, als zeitlich länger andauernd begriffen. Im Gegensatz zu Jugendlichen, die bei ihren Eltern aufwuchsen, mussten fremdplatzierte Jugendliche diesen Übergang aber innerhalb kürzerer Zeit und mit weniger Unterstützung und teilweise mit Beziehungsabbrüchen bewältigen (Bombach et al. 2018, S. 130; Werner 2019, S. 54–55). Damit werden fortwährende Parallelen zu früheren Erfahrungszeiträumen sichtbar. Die aktuell auch medial geführte Diskussion der Lebenssituation sogenannter «Care Leaver» verweist auf die Aktualität dieses Aspektes.

3.2.2.5 Eingeschränkte Handlungsspielräume aus der Elternperspektive

Bis in die frühen 2000er-Jahre werden Erfahrungen von Eltern innerhalb von Fremdplatzierungsprozessen in den berücksichtigten Studien nicht greifbar. Um diese dennoch sichtbar zu machen, wird ein Seitenblick auf amtliche Quellen geworfen. Um mögliche Handlungsspielräume von Eltern sichtbar zu machen, werden Befunde der Analyse von Rekursverfahren gegen vor 1981 ausgesprochene administrative Versorgungen an dieser Stelle einbezogen. Hierbei wird sichtbar, dass kantonale Unterschiede in der Organisationsstruktur und in Abläufen Auswirkungen auf den Entscheidungsprozess zeitigten. Während beispielsweise in der Waadt kantonale Kommissionen – die Schaffung eines Verwaltungsgerichts war bereits in den 1920er-Jahren diskutiert, aber erst 1989 umgesetzt worden – für die Bearbeitung solcher Rekurse zuständig waren, zeichneten in den Kantonen Schwyz, Freiburg und Zürich – hier bis 1960 – Verwaltungsbehörden dafür verantwortlich. Bemerkenswert ist dabei, dass innerhalb der interdisziplinär zusammengesetzten Kommissionen im Kanton Waadt mehr Raum für kontrovers geführte Diskussionen bestand als in den Gremien der anderen Kantone, was sich in einer verstärkten Kontrolle der entscheidenden Akteure ausdrückte (Bühler et al. 2019, S. 468–469). Die Existenz von Rechtsmitteln garantierte jedoch nicht automatisch Rechtssicherheit und Rechtsschutz. Der Freiburger Staatsrat etwa lehnte eine hohe Zahl der Rekurse ab und wertete sie nicht selten als erneuten Beweis der «Renitenz» der Gesuchstellenden (Bühler et al. 2019, S. 414–461, hier: 414–415). Selbst ein Weiterzug an das Bundesgericht bei offensichtlichen Verfahrensfehlern war nicht immer von Erfolg gekrönt, wenngleich seit Mitte der 1960er-Jahre eine zunehmende Gewichtung der persönlichen Freiheit festgestellt wurde (Arnold et al. 2008, S. 416). Die Forschung verweist damit auf die Vorenthaltung zugesicherter Rechtsmittel – inklusive der Verweigerung der Akteneinsicht – und spricht in diesem Zusammenhang von einer «Geringschätzung» der Betroffenen (Arnold et al. 2008, S. 416–418, 471). Neben den meist erfolglosen Versuchen, über bestehende Rechtsmittel eine behördliche Entscheidung rückgängig zu machen, wurden weitere Möglichkeiten genutzt, um sich einem behördlichen Zugriff zu entziehen. Neben der physischen Gegenwehr sind in diesem Zusammenhang das Nichtbeachten von Anordnungen, die Flucht oder der Umzug in eine andere Gemeinde oder in einen anderen Kanton zu nennen. Solche als Widerstand gewerteten Handlungsweisen wurden aus Sicht der zuständigen Behörden als Renitenz gewertet und führten meist nur zu einer Verzögerung bei der Umsetzung der angeordneten Massnahmen. Dieser Befund verweist wiederum auf ein lange Zeit dominierendes, stark hierarchisch geprägtes Gesellschaftssystem mit einem autoritär geprägten Erziehungsanspruch. Unter diesen sozialen, politischen und normativen Rahmenbedingungen war eine Mitsprache marginalisierter Personengruppen nicht vorgesehen. Beim Vollzug fürsorgerischer Massnahmen verweist die historische Forschung zudem auf einen zunehmenden Einfluss psychiatrischer, psychologischer und heilpädagogischer Gutachten seit den 1920er-Jahren und eine damit einhergehende Pathologisierung sozialen Verhaltens, zu der unter anderem Alkoholprobleme oder psychische Erkrankungen eines Elternteils zählten (Arnold et al. 2008, S. 333–347; Gusset et al. 2021; Seglias 2019a, S. 116–119).

Studien zum Erfahrungszeitraum nach der Jahrtausendwende verweisen darauf, dass Eltern nun von Behördenseiten grundsätzlich besser informiert und in Verfahrensprozesse einbezogen wurden als ihre Kinder (Arnold et al. 2008, S. 104). Dieser Unterschied zwischen der Beteiligung von Eltern und Kindern findet sich auch nach 2013 noch, wie die empirische Studie (Kapitel 3.3) in diesem Band zeigt. Auch stimmten Eltern der Platzierung ihrer minderjährigen Kinder eher zu als diese selbst, wenngleich durchaus Ambivalenzen gegenüber derselben vorhanden sein konnten (Werner 2019, S. 209). Damit einher ging mitunter auch eine höhere Akzeptanz der Eltern gegenüber den ausgesprochenen Massnahmen, als dies bei ihren Kindern der Fall war (Arnold et al. 2008, S. 100, 102). Es konnten Unterschiede im Informationsgehalt aufgezeigt werden. So empfanden Eltern, sie seien besser über ihre Rechte und Pflichten, die Zuständigkeiten der Personen im Platzierungsprozess und damit über festgesetzte Verantwortlichkeiten aufgeklärt worden als über Vor- und Nachteile von Heim- und Pflegefamilienplatzierungen. Diese Wahrnehmung deckte sich mit jener befragter Sozialarbeitenden zum Ende des untersuchten Erfahrungszeitraums (Arnold et al. 2008, S. 103–104).

Gleichzeitig offenbaren sich grosse Unterschiede in der Ausgestaltung der Aushandlungs- und Entscheidungsprozesse zu Beginn des 21. Jahrhunderts. Auch hier werden erneut erhebliche individuelle Handlungsspielräume der platzierenden Fachpersonen sichtbar. Die Bandbreite reicht vom Einbezug in Form von Gesprächen, ohne dass diese Auswirkungen in die Entscheidungsfindung zeitigten, bis hin zu «klaren Hinweisen» auf den Einbezug der Eltern in die Entscheidungsfindungen, etwa bei der Wahl zwischen Heim und Pflegefamilie, dem Einbezug in die Auswahl der konkreten Einrichtungen oder der Wahl der sie betreuenden Sozialarbeitenden (Arnold et al. 2008, S. 110). Die Zufriedenheit der Eltern mit den Platzierungsverantwortlichen korrelierte mit dem Grad der Mitsprache beziehungsweise der Partizipationsmöglichkeiten, sowohl im Platzierungsprozess als auch während der anschliessenden Fremdplatzierung ihrer Kinder, und mit einem als respektvoll empfundenen Umgang ihnen gegenüber (Arnold et al. 2008, S. 111, 170). Dieses Defizit bei der Mitgestaltung einer anstehenden Fremdplatzierung setzte sich für Eltern, Kinder und Jugendliche bei der Zielformulierung und bei der Regelung der Besuchskontakte fort. Auffallend ist hierbei eine stark von den Sichtweisen der Kinder und Eltern abweichende Bewertung vonseiten der Platzierungsverantwortlichen (Arnold et al. 2008, S. 118–129). Dieses Ergebnis findet sich auch in den empirischen Ergebnissen der Studie (Kapitel 3.3) für Verfahren, die nach 2013 durchgeführt wurden.

Diese Befunde offenbaren, trotz zeitgenössisch anders lautendem Anspruch von Gesetzgeber und Wissenschaft, auch gegen Ende des analysierten Erfahrungszeitraums Lücken in der Umsetzung einer Kinder- und Jugendhilfepraxis, die Minderjährige und ihre Eltern zur Teilhabe ermächtigen sollten (Kapitel 3.3). Die als Paradigmenwechsel bezeichnete Ratifizierung der UN-Kinderrechtskonvention durch die Schweiz 1997 und der damit verbundene Anspruch der Mitsprache führte zu vermehrter professioneller Reflexion über die weiterhin bestehenden Lücken in der Praxis von Sozial- und Kinder- und Jugendhilfediensten. Mit Blick auf internationale Entwicklungen erfolgte dies in der Schweiz mit zeitlicher Verzögerung (Cottier 2006, S. 1; Gumy 2019, S. 327; Werner 2019, S. 79–88). Bemängelt wurde dabei das Fehlen einheitlicher und verbindlicher Qualitätsstandards als «Instrumentarium für das diagnostische Fallverstehen» sowie die Abwesenheit von «Kriterien für einen professionell einwandfreien Entscheid» (Arnold et al. 2008, S. 97). Als exemplarisch kann dafür das Fehlen standardisierter Instrumente für den schriftlichen Nachvollzug der Hilfeplanung genannt werden. So wurden Beobachtungen und Entscheide bisweilen lediglich in Form von Aktennotizen festgehalten. Dies erschwerte einen externen Nachvollzug, auch durch die von einer fürsorgerischen Massnahme betroffenen Personen, und verstärkte das den Fürsorgemassnahmen inhärente Machtgefälle (Arnold et al. 2008, S. 97–98).

3.2.3 Exkurs: Aktenproduktion und ihre langfristige Wirkungsmacht

Die Verschriftlichung von Verwaltungsvorgängen aus der Sicht staatlicher und privater Akteure ist Teil eines modernen Sozialstaates. Personenakten beinhalten in aller Regel besonders schützenswerte Daten, und der Zugang zu diesen Informationen ist heute reglementiert. Personenakten nehmen Einfluss auf Biografien und sind mehrfach wirkungsmächtig, im Moment eines Verfahrens und darüber hinaus, teilweise über Generationen hinweg (Ammann & Schwendener 2019, S. 37–51; Bühler et al. 2019, S. 384–386; Galle & Meier 2009, S. 128–147; Gusset et al. 2021; Häsler Kristmann 2019, S. 629–659). Wenn nicht alle in einen amtlichen Vorgang involvierten Personen gleichermassen Einfluss auf oder zumindest Einsicht in diese Verschriftlichung besitzen, ist diesem ein Machtgefälle inhärent. Für Personen, über die im Rahmen fürsorgerischer Verfahren verhandelt wurde, war dieser Zugang lange – bis nach 2000 – eingeschränkt oder nicht möglich.

Obwohl Personenakten grundsätzlich für den internen Gebrauch vorgesehen waren, fand bis zum Ende des analysierten Erfahrungszeitraums eine rege Weitergabe derselben statt. Nicht selten trafen diese Informationen vor einem persönlichen Gespräch bei behördlichen und institutionellen Vertreterinnen und Vertretern ein: eine Praxis, die auch am Ende des analysierten Erfahrungszeitraums noch anzutreffen war (Arnold et al. 2008, S. 131, 151). Problematisch wurde dies, wenn neben der Weitergabe sogenannter harter Fakten auch «weiche Daten» weitergegeben wurden. Das heisst, wenn Wertungen zu Personen ohne Prüfung übernommen wurden. Im Zusammenhang mit der Fremdplatzierung von Minderjährigen fand lange eine Konzentration auf persönliche Defizite statt, die entweder in deren Verhalten oder im familiären Umfeld begründet lagen und die nicht selten zusätzlich pathologisiert wurden (Ammann & Schwendener 2019, S. 38–51; Arnold et al. 2008, S. 129–135). Selbst wenn positive Eigenschaften in Akten vermerkt wurden, konnten diese in Form von Negativformulierungen, wie beispielsweise «keine Schwierigkeiten» oder «stiehlt nicht», Eingang in die Akten finden (Bühler et al. 2019, S. 360–364; Galle & Meier 2009, S. 135; Leuenberger & Seglias 2015, S. 232–250). Neben der Zirkulation von schriftlichem «Behördenwissen» war auch der informelle Austausch zwischen den Instanzen ein wichtiger Aspekt zur Fortschreibung solch stigmatisierender Sichtweisen (Leuenberger & Seglias 2015, S. 353–357). Nicht nur während eines Verfahrens, auch Jahre danach konnte darauf zurückgegriffen werden und die Akten einen vorverurteilenden Einfluss entfalten (Häsler Kristmann 2019, S. 644–646; Leuenberger & Seglias 2015, S. 361–363). Akten wirkten so auf scheinbar objektiven Sachverhalten beruhend in ausschliessender Weise (Studer 2008, S. 140–141).

Langfristig wirkten sie auch, wenn die vorgängig über Jahre und Jahrzehnte unzugänglichen Akten für Betroffene einsehbar wurden. Bis dahin blieben viele Aspekte der eigenen Kindheit aufgrund der geschilderten eingeschränkten Zugänge zu Informationen und Teilhabe unklar. Die Akteneinsicht wurde zum Hoffnungsträger, um biografische Lücken füllen zu können. Die Hoffnung auf Antworten in behördlichen und institutionellen Akten kann indes nicht in jedem Fall erfüllt werden, etwa bei fehlender Überlieferung (Seglias 2018, S. 28). Gleichzeitig beinhalten Akten mitunter neue, bisher unbekannte oder anders gedeutete Ereignisse und Zusammenhänge oder offenbaren gleichzeitig die oben geschilderten stigmatisierenden

Zuschreibungen (Canonica 2019a, S. 400–401)[14]. Einer Akteneinsicht wohnt deshalb ein potenziell destabilisierendes Moment inne, das auch zu Retraumatisierungen führen kann (Ammann & Schwendener 2019, S. 191–193; Leuenberger & Seglias 2010).

Die Wirkungsmacht von Akten offenbart in einer Langzeitperspektive somit gewichtige Argumente für eine differenzierte und kritische Auseinandersetzung mit der Art und Weise sowie der genutzten Sprache bei der Aktenproduktion.

3.2.4 Soziale Stellung und individuelle Handlungsspielräume

Die Diskussion der verfügbaren Studien zu Erfahrungen von Kindern und Eltern im Kontakt mit Fürsorge- und Sozialbehörden in der Schweiz hat eine Abwesenheit einheitlicher und verbindlicher Standards für den Einbezug von Betroffenen in behördliche Verfahrenswege, Aushandlungs- und Entscheidungsprozesse offengelegt. Gleichzeitig konnte in Bezug auf diese Abläufe aber auch eine sich verbessernde Informationspraxis konstatiert werden, wenngleich es zeitlich gesehen und mit Blick auf das Alter der Betroffenen grosse Unterschiede gab. Dieser Befund betrifft die Zeit vor, während und teilweise auch nach einer Fremdplatzierung. Damit war eine wichtige Voraussetzung für die Ermächtigung und damit Teilhabe an diesen Prozessen auch am Ende des analysierten Erfahrungszeitraums noch nicht für alle gegeben. Eine Erklärung dafür liegt in einem bis in die 1970er-Jahre vorherrschenden Gesellschafts- und Familienmodell begründet, das sich stark auf hierarchische Denkmuster und Autoritäten stützte. Kinder und Jugendliche wurden als «unfertige Produkte» angesehen und waren damit nicht nur erzieh- und formbar, sondern auch nicht fähig, an Entscheiden, die ihr Leben betrafen, teilzuhaben (Cottier 2006, S. 16–18). Darin offenbart sich eine bis zum Ende des hier besprochenen Erfahrungszeitraums fortwährende, altersbedingte Einschränkung, die nicht selten durch einen weiteren Aspekt verstärkt wurde: den gesellschaftlichen Umgang mit Menschen, die von Fürsorgeinstitutionen abhängig waren oder in ihren Fokus

14 Im Falle von als falsch oder ungenau bewerteten Aspekten besteht die Möglichkeit einer Aktenberichtigung. Damit wird die historische Überlieferung nicht nachträglich verändert, sondern um eine zusätzliche Perspektive ergänzt.

gerieten. Aus einer armenrechtlichen Logik und mit einem oft disziplinierenden Anspruch, der den Fokus lange auf individuelles Versagen und kaum auf strukturelle Bedingungen als Ursachen für eine Unterstützungsbedürftigkeit legte, wurden gesetzliche Grundlagen geschaffen, die ein rechtliches Ungleichgewicht zur Folge hatten. So entstand eine «Zweiklassenjustiz» mit inhärenten strukturellen Ungleichheiten (Rietmann 2017, S. 76–77). Diese manifestierten sich aufgrund der föderalistischen Strukturen in der Schweiz unterschiedlich, unter anderem durch grosse Hürden bei Rechtsverfahren oder gar das Verbot , in zivilrechtlichen Verfahren einen Rechtsbeistand beizuziehen (Kapitel 3.1). Bei Männern führten die rechtsstaatlichen Unterschiede im Falle einer Armengenössigkeit ohne Bevormundung zusätzlich zum Verlust des Stimm- und Wahlrechts und damit auch zu einem politischen Ausschluss. Bis 1972 wirkte dieser Ausschlussmechanismus für alle Frauen. Erst dann erhielten sie auf Bundesebene das Stimm- und Wahlrecht, was zumindest eine politische Mündigkeit bedeutete. Anpassungen im Familienrecht gestanden Frauen im selben Jahrzehnt mehr Rechte zu. Die gesamtgesellschaftlichen Rahmenbedingungen leisteten einer Marginalisierung und Diskriminierung fremdplatzierter Kinder und Jugendlicher so Vorschub. Dementsprechend ist das Fehlen einer gesamtschweizerischen Bewilligungs- und Aufsichtspflicht für Pflegeverhältnisse und Heimunterbringungen bis 1978 die Fortschrift dieser Logik. Ein weiteres Indiz hierfür ist das Fehlen verlässlicher Zahlen, wie viele Personen von administrativ verfügten Fürsorgemassnahmen betroffen waren. Trotz der zunehmenden (politischen) Bedeutung statistischer Erhebungen sind bis zum Ende des Analysezeitraums keine genauen Zahlen über die Anzahl von Kindern und Jugendlichen verfügbar, die nicht bei ihren Herkunftseltern lebten(Leuenberger & Seglias 2015, S. 330–332). Die von der historischen Forschung rekonstruierten Zahlen gehen von Hunderttausenden betroffenen Kindern und Jugendlichen im Verlauf des 19. und 20. Jahrhunderts aus (Guggisberg & Dalmolin 2019, S. 75–101, 105–107; Leuenberger & Seglias 2015, S. 330–332).

Bis zum Ende des analysierten Erfahrungszeitraums konnten in der vorliegenden Analyse keine klaren Brüche zu den beschriebenen Marginalisierungstendenzen festgestellt werden. Darin widerspiegelt sich letztlich eine schichtspezifische Abgrenzung zwischen den von einer fürsorgerischen Massnahme betroffenen Menschen und denjenigen, die für ihre Platzierung verantwortlich waren. Sie verweist, zusätzlich zu einem diesen Kontakten inhärenten Machtgefälle, auf eine soziale Abstufung, die Erstere auf die unteren Stufen in der sozialen Leiter verwies, und die bei Kindern und Jugendlichen aufgrund ihrer altersbedingten Unmündigkeit zusätzlich verstärkend wirkte (Bitter 2010, S. 186–187). Bis zum Ende des untersuchten Erfahrungszeitraums bestanden innerhalb dieser strukturellen Rahmenbedingungen grosse individuelle Handlungsspielräume für Entscheidungsträgerinnen und Entscheidungsträger mit ihren individuellen Wertesystemen und Haltungen, die als willkürlich erfahren werden konnten (Germann & Odier 2019, S. 66). Hier wurde die zentrale Stellung der einzelnen Behördenmitglieder besonders in ihrer Reaktion auf angezeigte Integritätsverletzungen und bei Fragen der individuellen Förderung sichtbar.

3.2.4.1 Fehlende Mitsprache bei der schulischen Förderung und Ausbildung

Fremdplatzierte Minderjährige sahen sich lange mit einem schicht- und geschlechterspezifischen Bildungsverständnis konfrontiert. Bis Ende der 1970er-Jahre war die freie Wahl von Arbeitsplätzen und Ausbildungen im Vergleich zu Jugendlichen, die in ihren Herkunftsfamilien aufwuchsen, eingeschränkt. Nicht nur die autonome Berufswahl war eingeschränkt, bereits der regelmässige obligatorische Schulbesuch wurde immer wieder kompromittiert und in ländlichen Pflegeverhältnissen sowie in Heimen zugunsten der Arbeitsleistung der Minderjährigen ausgesetzt (Bitter 2010, S. 184–185). In der geschlossenen institutionellen Unterbringung waren Berufslehren vor allem für junge Männer früher etabliert als bei Familienplatzierungen, wobei das Angebot an internen Lehren in der Regel auf wenige Berufe im landwirtschaftlichen oder handwerklichen Bereich beschränkt war, die immer auch dem Betrieb der Einrichtung selbst dienten (K. Heiniger 2019a, S. 331–340; Leuenberger & Seglias 2015, S. 276; Seglias 2019a, S. 108–110). Akademische Berufswege einzuschlagen, war sehr schwierig (Bitter 2010, S. 184–185; Canonica 2019a, S. 388). Von behördlicher und institutioneller Seite wurde diese strukturelle Diskriminierungstendenz durchaus wahrgenommen und teilweise auch zu entschärfen versucht (Leuenberger & Seglias, 2015, S. 301). Gleichwohl wurde die möglichst frühe finanzielle Selbstständigkeit gegenüber dem Wunsch nach einer weiterführenden

Schulbildung oder einer Berufslehre nicht selten vorgezogen. Darüber hinaus finden sich Negativzuschreibungen wie «dumm» oder «unfähig», die im Sinne selbsterfüllender Prophezeiungen wirksam wurden.

Das Geschlecht, beziehungsweise ein geschlechterspezifisches Rollenverständnis, nahm lange einen fundamentalen Einfluss auch auf die Berufs- und Arbeitsmöglichkeiten, der in den 1960er-Jahren noch einmal an Wirkungsmacht zunahm (Canonica 2019a, S. 386; Heiniger 2019b, S. 354). Eine Erweiterung etwa des Ausbildungsangebots für junge Frauen in Heimen wird schliesslich ab den späten 1960er- Jahren sichtbar, nicht zuletzt, weil der Bund entsprechende Subventionsbedingungen formulierte (Heiniger 2019b, S. 360). Besonders prominent treten bei der Festlegung eines Berufes männliche Entscheidungsträger wie Vormunde oder Heimleiter in Erscheinung, die ihr oftmals breites Netzwerk nutzten, um Jugendlichen Arbeits- und teilweise Ausbildungsstellen zu vermitteln beziehungsweise zuzuweisen (Canonica 2019a, S. 389; Leuenberger & Seglias 2015, S. 304–305). Innerhalb dieser Einschränkungen finden sich zahlreiche Hinweise auf Versuche der Jugendlichen, Berufswege ausserhalb der vorgesehenen Spuren zu finden und die individuellen Handlungsspielräume trotz Einschränkungen zu nutzen (Bitter 2010, S. 184–185; Canonica 2019a, S. 388).

Damit waren die Startbedingungen in das Berufsleben oftmals eingeschränkt und zeitigten Einfluss auf die weitere Berufsbiografie. Die Auswirkungen waren heterogen und konnten von weiterhin prekären Entwicklungen über den Versuch einer beruflichen Integration bis zur Suche nach «alternativen Berufswegen» ausserhalb bürgerlicher Berufs- und Rollenvorstellungen führen (Ammann & Schwendener 2019, S. 142–164). Teilweise wurde durch gezielte Bildungsbemühungen zu einem späteren Zeitpunkt versucht, die eingeschränkten Ausbildungsmöglichkeiten in der Jugend auszugleichen (Bombach et al. 2018, S. 131; Leuenberger & Seglias 2015, S. 295–301, 310–311).

Trotz Beharrungstendenzen weist die Forschung auf eine allmähliche Veränderung des Ausbildungsangebotes hin, die eine Erweiterung der schulischen und beruflichen Ausbildungsmöglichkeiten mit sich brachte. Die wenigen greifbaren Hinweise für die Zeit nach 1978 bestätigen zunächst eine Fortführung der beschriebenen Entwicklung. Gleichzeitig war am Ende des Erfahrungszeitraums die schulische Förderung, sowohl aus Sicht der Kinder und Eltern als auch der Platzierungsverantwortlichen, ein zentrales Anliegen bei Fremdplatzierungen (Arnold et al. 2008, S. 194–196; Werner 2019, S. 334; Canonica 2019, S. 390). Die Bereitstellung von Fördersettings, die sich vor allem auf die Zeit der obligatorischen Schulpflicht konzentrierten, spielten eine immer wichtigere Rolle (Arnold et al. 2008, S. 87–88, 194–195).

3.2.4.2 Breite Erfahrungen individueller Integritätsverletzungen und Gewalt

Die Begründungen für behördlich initiierte Fremdunterbringungen von Kindern und Jugendlichen waren seit Beginn des analysierten Erfahrungszeitraums am Kindeswohl orientiert, das unterschiedlichen zeitgenössischen Auslegungen unterworfen war. Auch wenn frühere Praktiken der Kinder- und Jugendfürsorge und der damit verbundenen Fremdplatzierungen aus heutiger Perspektive schwer nachvollziehbar sind, so nahmen die Akteure und Akteurinnen für sich in Anspruch, mit Blick auf das Wohl der betroffenen Kinder und Jugendlichen zu handeln. Das bedeutete auch, dass bereits in den kantonalen Armengesetzen Kontroll- und Aufsichtsmechanismen vorgesehen waren. Mit der Einführung des Schweizerischen Zivilgesetzbuches (ZGB) 1912, das erstmals drei sogenannte «Kinderschutzartikel» enthielt, wurde den Kantonen eine Verbesserung der Aufsicht zugewiesen. Deren Umsetzung nahm teilweise mehrere Jahrzehnte in Anspruch. Eine schweizweite Aufsichts- und Kontrollpflicht wurde erst 1978 eingeführt (Leuenberger & Seglias 2015, S. 97–116, 246–250).

Kontrolle und Aufsicht haben eine besondere Relevanz, wenn fremdplatzierte Kinder und Jugendliche in ihrer Integrität kompromittiert werden. Ausserdem ist, wie wir in Kapitel 2 zeigen, Integrität eine wesentliche Voraussetzung, um sich autonom zu fühlen und voll an den Verfahren teilzunehmen. Die empirischen Befunde für die Zeit vor 1980 verweisen auf eine Vielzahl von individuellen Integritätsverletzungen bei gleichzeitig zurückhaltender Reaktion darauf vonseiten der zuständigen Autoritäten. Die Erfahrung einer Integritätsverletzung kann traumatisierend sein, das ganze weitere Leben sowie dasjenige nachfolgender Generationen beeinflussen (Ammann & Schwendener 2019; Freisler-Mühlemann 2011; Leuenberger & Seglias 2010, 2015; Maercker et al. 2014). Einfluss auf das eigene Selbstbild haben darüber hinaus die gemachten Erfahrungen mit der Reaktion von Aussenstehenden bei angezeigten Integritätsverletzungen. Für die Zeit nach 1980 finden sich kaum fremdplatzierungsspezifische Untersuchungen, die sich mit Erfahrungen von Integritätsverletzungen und der behördlichen Reaktion darauf auseinandersetzen. Deshalb ist eine Aussage darüber, ob und wie die sich verändernden Rahmenbedingungen bis zum Ende des untersuchten Erfahrungszeitraums hierauf einen Einfluss hatten, nicht möglich. Für die früheren Erfahrungsdekaden manifestierten sich Integritätsverletzungen als psychische und emotionale Herabsetzungen sowie physische und sexuelle Gewalt. Weiter zählen dazu auch die Missachtung von Möglichkeiten des persönlichen Wachstums, welche das Selbstwertgefühl und Selbstvertrauen miteinschliessen, durch Pflegeeltern, Heimpersonal, Lehrpersonen und Behördenmitglieder.

Eine abwertende Sprache und Negativbewertungen gegenüber fremdplatzierten Kindern waren für die Zeit vor 1980 eine immer wieder aufscheinende Form der emotionalen oder psychischen Integritätsverletzung. Redewendungen wie «Du bisch nüt, du chasch nüt, du wirsch nüt» (du bist nichts, du kannst nichts, aus dir wird nichts), stehen stellvertretend dafür. Aber auch Abwertungen vor allem moralischer Natur der Eltern gegenüber den Kindern, finden sich in zahlreichen Erfahrungsberichten (Leuenberger & Seglias 2010, S. 5–7; Mäder 2010, S. 220–221). So bestand auch die Gefahr einer Stigmatisierung als «Problemkind», die im untersuchten Material bis zum Ende des untersuchten Erfahrungszeitraums sichtbar wird und auch in schriftlichen Akten ihren Niederschlag fand, wie in einem Exkurs weiter unten ausgeführt wird (Götzö & Wigger 2014, S. 23; Werner 2019, S. 39, 223–224). Damit einher ging für die Betroffenen nicht selten das Gefühl, an der eigenen Situation mitverantwortlich zu sein. Schuldzuweisungen waren auch in jüngster Zeit und mit einer Häufung bei traumatisierten oder misshandelten Minderjährigen ein Thema, jedoch mit Blick auf die Situation in der Herkunftsfamilie. Sie gaben sich selbst die Schuld und damit die Verantwortung für eine Fremdplatzierung (Arnold et al. 2008, S. 106).

Immer wieder scheint der Verlust der eigenen Identität und damit eine Objektivierung fremdplatzierter Kinder auf, etwa wenn kein persönlicher Besitz – wie Kleider oder Spielsachen – erlaubt war (Kälin 2019b, S. 290). Die Reduktion der Kommunikation auf Arbeitsanweisungen oder Sprechverbote sowie der Verlust des eigenen Namens sind weitere Beispiele hierzu. In einigen Einrichtungen wurden Kinder zu Nummern oder auf Höfen mit allgemeinen Bezeichnungen wie «Bub» angesprochen (Akermann et al. 2012, S. 104; Leuenberger & Seglias 2010, S. 158–159). Darin widerspiegelt sich auch eine Sichtweise auf Kinder als kostengünstige Arbeitskräfte, die bis in die 1970er-Jahre hinein nicht selten handlungsleitend für die Aufnahme in eine Pflegefamilie war. Mit Blick auf ein stark arbeitsethisch geprägtes Erziehungsideal erfüllte dies, trotz immer wieder anderslautender Bestrebungen von politischer Seite, durchaus einen entsprechenden gesellschaftlichen Anspruch und wurde von Platzierungsverantwortlichen auch noch nach dem Zweiten Weltkrieg bewusst gesucht (Arnold et al. 2008, S. 106).

Überdurchschnittlich viele fremdplatzierte Kinder wurden Opfer physischer und sexueller Gewalt, die von Eltern, Pflegeeltern, Heimpersonal oder Vormunden ausgingen (Akermann et al. 2012, S. 100). «Angemessene Züchtigungsmittel» waren in der Erziehung erlaubt. Dieses Recht war bis zum Ende des analysierten Erfahrungszeitraumes (2012) in der familiären Erziehung nicht vollständig verboten und galt lange auch für Pflege- und Heimkinder (Leuenberger & Seglias 2015, S. 292). Gleichzeitig verboten bereits zu Beginn des Untersuchungszeitraums viele Hausordnungen von Heimen die Anwendung übermässiger Gewalt. Teilweise bestanden entsprechende Bestimmungen auch für Pflegekinder (Akermann et al. 2012, S. 100; Leuenberger & Seglias 2015, S. 293–295). Bei Heimplatzierungen veränderte sich der reglementierte Umgang bei Regelverstössen, und beispielsweise der Einsatz von Körperstrafen wurde durch andere Sanktionsmitteln ersetzt (Kälin 2019a, S. 140; Kälin & Seglias 2019, S. 330–339; Tanner 1992, S. 58).

Die Ausübung körperlicher Gewalt konnte kollektiv oder individuell erfolgen, systematischer oder gar ritualisierter Natur sein oder in unspezifischen Kontexten auftreten und je nach Situation als Willkür empfunden werden. Bemerkenswert ist dabei nicht nur die Häufigkeit, sondern auch das Ausmass der dokumentierten Gewaltanwendungen, die damalige Straftatbestände erfüllten (Akermann et al. 2012, 2014, S. 86–100, 100–103, 110–118; Klein 2013; Leuenberger & Seglias 2015, S. 292–295; Mäder 2010, S. 220)[15]. Seit der Einführung des Schweizerischen Strafgesetzbuches (StGB) 1942 war sexueller Missbrauch an fremdplatzierten Kindern explizit

15 Zu unterschiedlichen Formen der Traumabewältigung im Alter siehe Maercker et al. (2014).

strafbar[16]. Dass es gleichwohl nur zu wenigen Gerichtsverfahren kam, ist mit Angst vor weiterer Gewalt, Scham und gesellschaftlicher Stigmatisierung zu erklären (Akermann et al. 2012, S. 62–67, 115–119, 103–107; Bignasca 2019, S. 235–236; Leuenberger et al. 2011, S. 44, 48–49; Leuenberger & Seglias 2015, S. 232–250; Moser 2010, S. 125,128; Ramsauer 2000, S. 61–64). Gleichzeitig berichten Betroffene von wenigen oder keinen Besuchen von Behördenmitgliedern. Zu Vormunden, Fürsorgerinnen oder anderen Personen bestanden selten vertrauensvolle Beziehungen.

3.2.4.3 Erfahrungen bei Offenlegung erlebter Integritätsverletzungen

Offenbarten sich von Gewalt und Integritätsverletzungen Betroffene dennoch, waren die Reaktionen darauf sehr unterschiedlich, was erneut auf den grossen Handlungsspielraum der Behördenmitglieder verweist (Kälin & Seglias 2019, S. 330–340; Mäder 2010, S. 220–225). Die Chancen, dass es bei angesprochenen Missständen zu einer Verbesserung der Situation aus Sicht der Minderjährigen führte, waren klein. Immer wieder kam es anstelle der erhofften Erleichterung zu Schuldzuweisungen und der Eskalation der Unterbringungssituation, etwa durch die Umplatzierung in eine Einrichtung mit einem verstärkten Sicherheitsdispositiv (Ammann & Schwendener 2019, S. 77; Häsler Kristmann 2019, S. 657–659; Kälin & Seglias 2019, S. 340–342). Wenngleich weniger an der Zahl, sind aber auch positive Entwicklungen bei der Anzeige einer Integritätsverletzung oder anderer Problemlagen zugunsten der Kinder dokumentiert. Dann konnten beispielsweise eine Umplatzierung oder die Rückkehr zu den Eltern erfolgen. Nicht selten erschloss sich den Kindern und Jugendlichen in solchen Situationen nicht, wer in welcher Form an diesem Entscheid beteiligt war (Bitter 2010; Heller et al. 2005, S. 84–85; Leuenberger & Seglias 2015, S. 255–256; Seglias 2010, S. 151–153, 2019b, S. 86–92).

Nicht nur die Kinder und Jugendlichen konnten dabei auf entsprechende Integritätsverletzungen aufmerksam machen, sondern auch Aussen-

16 Gesetzliche Rahmenbedingungen zur Verbesserung des Opferschutzes wurden 1984 mit der Schaffung eines Opferhilfegesetzes geschaffen (OHG). Das Gesetz trat 1993 in Kraft.

stehende (Leuenberger & Seglias 2010, S. 161). Eine ambivalente Rolle nahmen dabei Lehrerpersonen ein, die zur Verschlimmerung der Situation, aber auch zu deren Verbesserung beitragen konnten (Bitter 2010, S. 181–189; Heller et al. 2005, S. 93–96; Leuenberger & Seglias 2015, S. 293–301; Lüscher 2010, S. 56–57; Mani 2011, S. 147–154). Am Ende des Erfahrungszeitraumes waren Lehrpersonen diejenigen, die sich, nach den Müttern, am zweithäufigsten an die zuständigen Sozialbehörden wandten, um Unterstützung zu erhalten oder um eine Kindeswohlgefährdung anzuzeigen (Arnold et al. 2008, S. 90).

Die historische Forschung hat gezeigt, dass Netzwerke wirksam waren und übergriffige Personen durch Heimleitungen, Aufsichtskommissionen, aber auch durch politische Exponenten geschützt wurden. Aktive Vertuschungsversuche und die öffentliche Diskreditierung der Opfer waren dazu gängige Mittel (Akermann et al. 2012, S. 113–120; 2014, S. 105, 116–120; Bignasca 2019, S. 234–246; Blum-Bruni 2013; K. Heiniger 2019a, S. 387–391, 2019b, S. 247–248; Odier 2019, S. 235–239). Bisweilen führten mediale Berichterstattungen und skandalisierende Medienberichte dazu, dass Missstände thematisiert wurden. Vereinzelt, wie im Fall der Knabenerziehungsanstalt auf dem Sonnenberg bei Kriens (LU), folgte darauf deren Schliessung. Eine breite und nachhaltige Diskussion über problematische Strukturen der Schweizer Fremdplatzierungspraxis konnte indes erst die Heimkampagne zu Beginn der 1970er-Jahre auslösen, zu einem Zeitpunkt, als fundamentale gesellschaftliche Umbrüche in vollem Gange waren und sich die sozialen und wirtschaftlichen Rahmenbedingungen nachhaltig zu verändern begannen (Leuenberger & Seglias 2015, S. 332–349).

Wenn eine Situation für Minderjährige untragbar wurde, war die Flucht ein oft gewähltes Mittel, sich einer Situation zu entziehen. Sie wurde als zu sanktionierende, mangelhafte Unterordnung unter das vorgegebene Regime ausgelegt. In den Heimordnungen waren die Strafen dafür bereits festgelegt (Ammann & Schwendener 2019, S. 60–71; Canonica 2019b, S. 379; Heller et al. 2005, S. 85–86; Seglias 2019d, S. 432–433). Fluchten führten jedoch selten zu einer als positiv empfundenen Veränderung der Lebenssituation.

Die Erfahrung, dass verschiedenste Formen von Integritätsverletzungen, gerade auch wenn sie verantwortlichen Personen und damit auch Behördenmitgliedern bekannt waren, nicht geahndet oder gar als Fehlverhalten der betroffenen Kinder und Jugendlichen interpretiert wurden, hatte nicht nur eine Wirkung in der Situation, sondern auch darüber hinaus[17]. Dies konnte dazu führen, dass aufgrund fehlenden Vertrauens oder aus Angst vor neuerlichen Stigmatisierungen und Negativerfahrungen unter keinen Umständen mehr ein Kontakt zu Behörden erfolgen sollte (Bombach et al. 2018, S. 126–129; Leuenberger & Seglias 2015, S. 258). Gefühle von Scham und Schuld führten bisweilen auch im Erwachsenenalter dazu, dass über das Erlebte während Jahrzehnten geschwiegen oder unter Aufwendung beträchtlicher Ressourcen versucht wurde, diese nicht an die Oberfläche treten zu lassen.

3.2.5 Abschliessende Bemerkungen

Die historische Analyse zu den Erfahrungen von Kindern und Eltern im Kontakt mit Fürsorge- und Sozialbehörden von 1940 bis 2012 hat, trotz bestehender Forschungslücken, differenzierte Aussagen dazu sichtbar machen können und Hinweise auf Veränderungen sowie Kontinuitäten gegeben. Zum Abschluss sollen drei Aspekte hervorgehoben werden, die sich aus der historischen Forschung für die heutige Praxis ableiten lassen.

Klare und proaktive proaktiv vermittelte Informationen über Verfahrenswege, Aushandlungs- und Entscheidungsfindungsprozesse in einer zielgruppengerechten und verständlichen Sprache legen den Grundstein für den Nachvollzug einer Kindesschutzmassnahme.
Die historische Analyse zeigt für den gesamten Untersuchungszeitraum sowohl bei Kindern als auch bei Eltern fehlende und unklare Informationsflüsse im Kontakt mit Fürsorge- und Sozialbehörden auf. Diese verhinderten vielfach den Nachvollzug gefällter Behördenentscheide sowie eigener Handlungsspielräume.

Die von Behördenmitgliedern verwendete Sprache ist ein wichtiger Aspekt der Informationsvermittlung. Neben der Vermittlung sachlicher Zu-

17 Zu den Wirkungsweisen von behördlichen Zugriffen über die Zeit einer Fremdplatzierung hinaus und teilweise in die nächste Generation vgl. Ammann & Schwendener (2019, S. 118 ff.), Canonica (2019a, S. 390 ff.), Häsler Kristmann (2019, S. 644 ff.), Leuenberger und Seglias (2015, S. 303 ff.).

sammenhänge entfaltet sie auf unterschiedlichen Ebenen Wirkungsmacht, sowohl in mündlicher als auch in schriftlicher Form. Dies gilt auch für personenbezogene Aussagen, die von den genannten Personen als Defizitzuschreibungen, Pathologisierungen und Herabsetzungen erlebt werden können.

Der Anspruch an die Partizipation aller Beteiligten im Kinder- und Jugendschutz erfordert Verständigung über geeignete Handlungskonzepte und Transparenz über deren Umsetzung, in der auch Grenzen solcher Ansätze thematisiert werden.
Der Zugang zu Informationen ist eine zentrale Voraussetzung für Partizipation. Für den hier berücksichtigten Erfahrungszeitraum war dieser Zugang oftmals nur ungenügend gewährleistet – und lange nicht Teil des behördlichen Fürsorgeverständnisses –, sodass allein deshalb nicht von partizipativen Verläufen gesprochen werden kann. Darüber hinaus bestanden unterschiedliche Vorstellungen darüber, was Partizipation meint. Fachliche Standards zur Umsetzung von Partizipation fehlten, sodass das individuelle Handeln der zuständigen Fachpersonen für die Erfahrung der Kinder und Eltern entscheidend wurde. Hinzu kommt die strukturelle Begrenztheit von Partizipationsmöglichkeiten bei Kindesschutzmassnahmen, im Wissen um bleibende Machtgefälle zwischen den einzelnen Beteiligten.

Handlungsspielräume erfordern von den verantwortlichen Fachpersonen die Reflexion von Haltungen, individuellen Werten und deren Wirkungen.
Trotz der gesellschaftlichen Umwälzungen seit den 1960er-Jahren sind Tendenzen der Marginalisierung betroffener Kinder und Eltern bis zum Ende des analysierten Erfahrungszeitraums nicht ganz verschwunden. Bei grossen Handlungsspielräumen der in die Kinder- und Jugendfürsorge involvierten Behördenmitglieder und Fachpersonen werden deren Werte und Haltungen wichtig, da sie zumindest implizit handlungsleitend sind. Historisches Wissen kann Ausgangspunkt für professionelle Reflexionsarbeit bieten.

Anhang 1

Tabelle 2: Übersicht relevante Studien historische Analyse (chronologisch nach Beginn des berücksichtigten Erfahrungszeitraums)

Studie	**Perspektive/ Anzahl/ Alter**	**Erfahrungszeitraum**	**Kanton(e)**	**Zugang/ analysierte Aspekte**
Leuenberger/ Seglias (2010)	PK, HK/279 kA	1920–1960	Schweiz	historische Studie, offene, narrative, Leitfadengestützte Interviews, quantitative Auswertung / vor, während und nach einer Fremdplatzierung, Bildung, strukturelle Bedingungen, Integritätsverletzungen, Gewalterfahrungen, Information, Verfahrenswege
Bitter (2010)	PK, HK kA	1920–1960	Schweiz	historischer Beitrag, offene narrative Leitfaden gestützte Interviews / Diskriminierungserfahrungen
Lüscher (2010)	PK, HK	1920–1960	Schweiz	historischer Beitrag, offene narrative Leitfaden gestützte Interviews / Diskriminierungserfahrungen, Schule, Ausbildung, Autonomie
Mäder (2010)	PK, HK kA	1920–1960	Schweiz	soziologischer Beitrag, offene narrative Leitfaden gestützte Interviews / Gewalt, Machtmissbrauch, strukturelle Bedingungen (vgl. Leuenberger und Seglias 2010)
Mani (2011)	PK/HK/74 kA	1920–1960	BE	soziologische Studie, offene narrative Leitfaden gestützte Interviews, qualitative Auswertung / vor und während der Fremdplatzierung, Verfahrenswege, Integritätsverletzungen, Ausbildung, Information
Leuenberger/ Seglias (2015)	PK/7 kA	1920–1960	BE, LU, SO	historische Studie, offene narrative Leitfaden gestützte Interviews, Lebensweltrekonstruktionen, qualitative Auswertung / vor, während und nach einer Fremdplatzierung, strukturelle Be-

Studie	Perspektive/ Anzahl/ Alter	Erfahrungs-zeitraum	Kanton(e)	Zugang/ analysierte Aspekte
				dingungen, Ausbildung, Integritätsverletzungen, Gewalterfahrungen, Information, Verfahrenswege
Heller et al. (2005)	HK/14 (10 veröffentlicht, 5 Frauen, 5 Männer) kA	1922–1969	Schweiz, Schwergewicht Romandie	historische Studie, offene narrative Interviews, qualitative Auswertung / Vor und während Fremdplatzierung, Integritätsverletzungen, Gewalterfahrungen, Ausbildung, Information
Ammann/ Schwendener (2019)	PF, HK (AV)/58 (38 dt, 14 fr, 6 it, 27 Frauen, 32 Männer) kA	1925–1981–2017	Schweiz	sozialwissenschaftlich-historische Studie, biografisch-narrative Interviews, Kollektivbiografie / administrative Internierung Jugendliche und Erwachsene, Erfahrungen vor, während und nach einer Fremdplatzierung, Integritätsverletzungen, Gewalterfahrungen, Ausbildung
Akermann et al. (2014)	HK/13 FP/7 kA	1930–1970er, Schwerpunkt 1950–1970er	TG	historische Studie, teilstrukturierte Leitfaden gestützte Interviews / Leben während der Fremdplatzierung, Integritätsverletzungen, Gewalterfahrungen, Information
Bühler et al. (2019)	LE/schriftliche Akten kA	1930–1980	FR, SZ, VD, ZH	historische Studie mittel schriftlicher Quellen / administrative Internierungen, Verfahrenslogiken, indirekte Elternperspektive
Canonica (2019a)	HK, FP/14 kA	1930–2015	BS	historische Studie, offene narrative Leitfaden gestützte Interviews, qualitative Auswertung / nach der Fremdplatzierung, Autonomie, Ausbildung
Canonica (2019b)	HK, FP/14 kA	1930–2015	BS	historische Studie, offene narrative Leitfaden gestützte Interviews, qualitative Auswertung

Studie	Perspektive/ Anzahl/ Alter	Erfahrungs-zeitraum	Kanton(e)	Zugang/ analysierte Aspekte
				/ Heimerziehung, Aussen- und Familienkontakte
Kälin (2019a)	HK, FP/14 kA	1930–2015	BS	historische Studie, offene narrative Leitfaden gestützte Interviews, qualitative Auswertung / während der Fremdplatzierung
Kälin/ Seglias (2019)	HK, FP/14 kA	1930–2015	BS	historische Studie, offene narrative Leitfaden gestützte Interviews, qualitative Auswertung / während der Fremdplatzierung, Disziplinierung, Aussenkontakte
Maercker et al. (2014)	PK/141 kA	1930-/2012–2013	Schweiz	psycho-traumatologische Studie / Psychische Folgestörungen im Alter
Seglias (2019c)	HK/1 kA	1934–1947, 2016	BS	historische Studie, offene narrative Leitfaden gestützte Interviews / Heimerziehung, Kurzbiografie
Bombach et al. (2018)	HK/37 kA	1940–1990		sozialwissenschaftliche Studie, biografisch-narrative Interviews, intersubjektive Erfahrungen / nach einer Fremdplatzierung, Autonomie
Businger et al. (2018)	HK/schriftliche Akten kA	1940–1990	AI, BS, ZH	historische Studie mittels schriftlicher Quellen, inkl. quantitative Annäherungen / Platzierungspraxis, indirekte Elternperspektive, Information, Mitsprache
Akermann et al. (2012)	HK/54/kA	1940er–1960er	LU	historische Studie, narrative Interviews / Leben während der Fremdplatzierung, Integritätsverletzungen, Gewalterfahrungen, Information
Freisler-Mühle-	PK kA	1940er–1950	Schweiz	sozialwissenschaftliche Studie, offene narrative leitfadengestützte Interviews, qualitative Auswertung

Studie	Perspektive/ Anzahl/ Alter	Erfahrungs-zeitraum	Kanton(e)	Zugang/ analysierte Aspekte
mann (2011)				/ vor, während und nach Fremdplatzierung, Normalisierungsaspekte
Seglias (2109b)	HK/2 kA	1945–1949, 2016	BS	historische Studie, offene narrative Leitfaden gestützte Interviews / Heimerziehung, Kurzbiografien, Information
Tanner (1992) Und (1999)	HK/273 15–22 Jahre	1979–1990	GE, NE, LU, BE, VD, VS, AG, ZH, SG	sozialpädagogische Längsschnittstudie, Interviewbefragungen (zwei Erhebungen, zwei Teilprojekte), qualitative und quantitative Auswertung / Jugendstrafgesetzgebung (Art. 93ter StGB), Heimerziehung während und danach, Integration, Mitsprache, Autonomie
Gassmann Yvonne (2010)	PE/232/130 kA	1998 und 2007	ZH	sozialwissenschaftliche Quer- und Längsschnittstudie, Fragebogenerhebung, qualitative und quantitative Auswertung / fördernde Bedingungen zum Gelingen einer Fremdplatzierung aus Sicht der Pflegeeltern
Arnold et al. (2008)	PK/43 LE/38 (Familien) FP/38 Total 337 Gespräche kA	2003–2005	ZH, SG, TG, SZ, AI (Wohnorte vor Platzierung)/ZH, SG, TG, AG, AR, BE, GR, LU (Wohnorte Fremdplatzierung)	sozialwissenschaftliche explorative Längsschnittstudie, qualitative und quantitative Auswertung / vor und während der Fremdplatzierung, Partizipation, Information, Teilhabe

Studie	Perspektive/ Anzahl/ Alter	Erfahrungs-zeitraum	Kanton(e)	Zugang/ analysierte Aspekte
Werner (2019)	PK/24/14–19 Jahre (16 weibliche, 8 männliche Jugendliche)	2012–2013	ZH	sozialwissenschaftliche Studie, problemzentrierte Interviews / vor und während Fremdplatzierung, Normalisierungsaspekte, Diskontinuitätserfahrungen, Autonomie

PK/HK = Pflege- und Heimkinder, AV = Administrative Versorgungen, LE = Leibliche Eltern, FP = Fachpersonen, PE = Pflegeeltern, kA = keine Abstufung

3.3 Empirische Studie

3.3.1 Qualitative Teilstudie[18]

Gaëlle Aeby & Aline Schoch

3.3.1.1 Einleitung

Nach dem Blick auf die rechtlichen und historischen Hintergründe des schweizerischen Kindesschutzsystems soll die konkrete Arbeitsweise der Kinder- und Erwachsenenschutzbehörden (KESB) in der Gegenwart untersucht werden. Seit der Reform von 2013 spielt die KESB im Bereich Kindesschutz als Entscheidungsträgerin eine Schlüsselrolle. Ein Verständnis der direkten und indirekten Auswirkungen von Kindesschutzverfahren setzt voraus, die Praxis der Fachpersonen und deren Einfluss auf Kinder und Eltern zu analysieren: *Welche Merkmale der Kindesschutzverfahren begünstigen bzw. behindern die Integrität, Autonomie und Partizipation der Kinder und ihrer Eltern? Welche Praxen haben die KESB etabliert, um Kinder und Eltern in die Verfahren einzubeziehen? Wie werden diese Verfahren von den Kindern und Eltern erlebt?* In der Schweiz stellen sich diese Fragen mit besonderer Brisanz, weil der Bund nur minimale Vorgaben macht und die Kantone bei der Umsetzung der Kindesschutzverfahren weitgehend autonom sind. Diese kantonalen Unterschiede können innovative Praxen ermöglichen, bergen aber auch die Gefahr einer Ungleichbehandlung. Deshalb ist es wichtig, die Praxis bei mehreren KESB zu untersuchen.

Bei den KESB handelt es sich um Institutionen, deren Prozesse zur Produktion und Konstruktion alltäglicher fachlicher Aktivitäten (Garfinkel 1967; Maanen & Spradley 1980) sich nach dem Ansatz der «human service ethnography» (Jacobsson & Gubrium 2021) erfassen lassen. Nach einem auf den Sozialwissenschaften basierenden empirischen Ansatz wurden Kindesschutzverfahren zum einen mittels teilnehmender Beobachtung von Interaktionen zwischen KESB-Fachpersonen und betroffenen Personen untersucht. Zum andern wurden die Erfahrungen aller Beteiligten anhand von Interviews erhoben. Bei diesem Untersuchungsteil bildet nicht das geschriebene und in Kapitel 3.1 analysierte Recht, sondern das Recht in der Praxis

18 Übersetzt aus dem Französischen von Adelheid Temnewo.

(law in practice) Gegenstand der Untersuchung. Der empirische Untersuchungsteil ermöglicht damit einen ergänzenden Blick und generiert wesentliche Erkenntnisse zu den erwarteten und unerwarteten Effekten des rechtlichen Rahmens in der gegenwärtigen Praxis. Die Ergebnisse der qualitativen Studie dienten anschliessend als Grundlage für die Erarbeitung einer quantitativen Erhebung (Kapitel 3.3.2) und die Durchführung der Fokusgruppeninterviews (Kapitel 3.3.3).

Vier KESB haben uns ihre Türen geöffnet, uns eingeladen, ihre Praxis *in situ* und *in vivo* zu beobachten, und die Kontaktaufnahme zu an Kindesschutzverfahren beteiligten Kindern und Eltern ermöglicht. Im Mittelpunkt der Arbeiten standen Kindesschutzfälle *stricto sensu* nach Artikel 307 bis 311 ZGB. Nicht einbezogen wurden Fälle, die ausschliesslich Konflikte zwischen den Eltern bezüglich des Umgangsrechts betreffen, auch wenn solche bisweilen neben anderen Gefährdungsformen auftraten.

Nach einem kurzen Überblick über den methodischen Ansatz und der Beschreibung der Daten werden drei zentrale Themen hervorgehoben, die für das Verständnis der Interaktionen zwischen KESB und Betroffenen relevant sind: die Wahrnehmung der eigenen Position und Rolle im Verfahren, die in der Interaktion entwickelten Strategien und der Aufbau einer vertrauensvollen Arbeitsbeziehung. Die drei Themen kommen in den Daten der Kinder, Eltern und Fachpersonen mit bezeichnenden Variationen vor, und die Ergebnisse sind um diese drei Perspektiven herum gegliedert. Im letzten Teil werden zwei Verfahrensmomente mit entscheidenden Auswirkungen auf den schlussendlichen Entscheid behandelt, und das Erleben von Integrität, Autonomie und Partizipation wird anerkennungstheoretisch gerahmt.

3.3.1.2 Methodik und Vorgehen

3.3.1.2.1 Kooperation mit den KESB

Wie oben erwähnt, ist die konkrete Organisationsform der KESB nach der Reform von 2013 den Kantonen überlassen worden (Cottier & Steck 2012; Häfeli 2021; Schmid et al. 2018). Die vier untersuchten Kantone wurden nach Kriterien ausgewählt, die die kantonale Vielfalt abbilden sollen. Ziel war es, die Variation von deutsch- und französischsprachigen Kantonen, der Modelle der Rechtspflege- und Verwaltungsorganisation sowie der städtischen und ländlichen Regionen abzubilden. Davon ausgehend wurden zwei KESB in der Deutschschweiz und zwei KESB in der Romandie ausgewählt, wovon drei Verwaltungsbehörden sind und eine eine Gerichtsbehörde ist. Beim Kriterium der städtischen und ländlichen Regionen ist zu betonen, dass eine KESB kantonal oder (inter-)kommunal organisiert ist und somit gleichzeitig für städtisch und ländlich geprägte Gemeinden zuständig sein kann, sodass eine eindeutige Klassifizierung schwerfällt. Schliesslich wurde eine für ein kleines Einzugsgebiet von etwa 10'000 Personen zuständige KESB (eher ländlicher Art) und am anderen Ende der Skala eine für ein Einzugsgebiet von etwa 110'000 Personen zuständige KESB (eher städtischer Art) ausgewählt. Dazwischen liegen zwei KESB mit einem Einzugsgebiet von 40'000 bis 50'000 Personen; eine Region ist urban geprägt und auf einen Hauptort bezogen, die andere umfasst einen Hauptort mit den umliegenden Gemeinden. Neben diesen Eigenschaften war das Hauptkriterium die Bereitschaft der KESB zur aktiven Mitwirkung an der Erhebung. Der Abschluss einer Kooperationsvereinbarung und die Einbeziehung der Forscher*innen vor Ort trugen zu einer vertrauensvollen Arbeitsbeziehung bei und vermittelten wertvolle Einblicke in die tägliche Praxis (Kawulich 2005). Die Kooperation führte zu einem Selektionsbias, da die freiwillige Teilnahme an einer Studie Forschungsaffinität sowie Aufgeschlossenheit, Aussenstehenden einen Einblick zu gewähren, bedarf.

3.3.1.2.2 Beobachtung der Interaktionen in den Kindesschutzverfahren

Zum Erfassen von typischen Interaktionen zwischen den Kindern, den Eltern und KESB-Fachpersonen wurde die Methode der teilnehmenden Beobachtung angewendet. Dabei werden statt der Begriffe Anhörung, Verhandlung oder Gespräch, die im Verfahren unscharf verwendet werden, generalisierende Begriffe wie Interaktionen und Begegnungen verwendet. Die Phase der Abklärung, die die KESB selbst durchführen oder an die Sozialdienste delegieren kann (Kapitel 2), bildete nicht Gegenstand der Untersuchung. Gemäss dem Verständnis der Ethnomethodologie von Garfinkel bestand das Ziel darin, die Produktion der sozialen Wirklichkeit der alltäglichen Tätigkeiten zu erfassen. Die Position der beobachtenden Forscher*innen lässt sich als passive, das Unbekannte naiv dokumentierende Teilnahme beschreiben (Maanen & Spradley 1980; Pollner & Emerson 2001). Die beobachteten Interaktionen wurden vor

Ort in Form von handschriftlichen Feldnotizen dokumentiert. Die Feldnotizen wurden anhand eines Beobachtungsrasters strukturiert festgehalten, um die Validität und Replizierbarkeit zu erhöhen und den individuellen Bias zu verringern (Angrosino & Mays de Perez 2000; Kawulich 2005).

Zwischen April 2019 und Januar 2020 wurden innerhalb von zehn Monaten 24 Beobachtungen[19] zu insgesamt 19 Fällen durchgeführt, die ein hohes Mass an Unterschiedlichkeit in den Gefährdungslagen, deren Intensität und Schweregrad aufweisen. Dies entspricht insgesamt 25 Stunden Beobachtungszeit, wobei die kürzeste Interaktion 15 Minuten und die längste zweieinhalb Stunden dauerte. Tabelle 3 enthält sämtliche Daten der Beobachtungen und Informationen über die an den Interaktionen beteiligten Personen sowie die Fallmerkmale. So wurden 19 Beobachtungen durchgeführt, an denen Eltern beteiligt waren: 12 mit beiden Elternteilen, fünf mit einer Mutter und zwei mit einem Vater. In zwölf von 19 Fällen waren die Eltern getrennt oder geschieden. Informationen zu Herkunftsland und Staatsangehörigkeit wurden in den Beobachtungen nicht systematisch erhoben. Es ist jedoch festzuhalten, dass die betroffenen Personen vorwiegend, aber nicht ausschliesslich aus der Schweiz und Europa stammen[20]. Die häufig multiplen Gründe und Gefährdungslagen für das Verfahren sind sehr unterschiedlich. Zusammenfassend lassen sie sich wie folgt klassifizieren: sechs Fälle bei denen die Fremdunterbringung verhandelt wird (zwei davon im Rahmen von superprovisorischen Massnahmen), sechs Situationen, in denen die Eltern vor allem ambulante Erziehungshilfen benötigen, und sieben Fälle, die primär mit Elternkonflikten zusammenhängen und gleichzeitig Risiken für das Kindeswohl beinhalten (vier im Zusammenhang mit dem Umgangsrecht und drei wegen häuslicher Gewalt zwischen Eltern). Dazu wurden fünf Beobachtungen, an denen Kinder und Jugendliche betei-

---

19 An dieser Datenerhebung waren drei Forscherinnen beteiligt: Aline Schoch für die Deutschschweiz sowie Gaëlle Aeby und Aude Saugy für die Westschweiz. Aline Schoch und Gaëlle Aeby waren zusammen mit Mathilde Etienne auch für die Codierung verantwortlich. An dieser Stelle möchten wir Aude Saugy und Mathilde Etienne für ihre Mitwirkung bei der Datenerhebung und -codierung danken.

20 Detailliertere Angaben ohne Anspruch auf Vollständigkeit und Richtigkeit: 15 Eltern aus der Schweiz, 13 aus Europa (sechs aus Süd-, zwei aus Nord- und fünf aus Osteuropa), vier aus Ostafrika, ein Elternteil aus Lateinamerika; keine Angaben für fünf Eltern.

ligt waren, durchgeführt (zwei weiblich gelesene Personen im Alter von 12 bzw. 14 Jahren und drei männlich gelesene Personen im Alter von 8, 16 bzw. 17 Jahren). Parallel dazu wurden von den 19 Fällen sieben weitere Kinder von externen Expert*innen angehört, die wir nicht beobachten konnten; damit steigt die Gesamtzahl der angehörten Kinder von zwölf auf 19 Fälle. Dieser Anteil entspricht den Erkenntnissen anderer Studien, wonach Anhörungen von – allerdings tendenziell älteren – Kindern in rund zwei Dritteln der Kindesschutzverfahren stattfinden (Hitz Quenon & Matthey 2017, S. 162; Rieder et al. 2016, S. 59). Im Mittelpunkt der Kindesschutzverfahren steht ein interdisziplinäres Trio, wobei einzelne Behördenmitglieder[21] gewisse Interaktionen auch allein mit den betroffenen Personen gestalten können (wie in elf Beobachtungen der Fall). Bei zwei KESB waren Fachpersonen der Sozialdienste oder aus Heimen anwesend. Nebenbei bemerkt wurden vier Fälle im Beisein von Dolmetscher*innen und zwei Fälle in Anwesenheit von Rechtsanwältinnen bzw. Rechtsanwälten durchgeführt.

Tabelle 3: Bei den 24 Beobachtungen anwesende Personen

	Westschweiz		**Deutschschweiz**		
	Gerichtsbehörde	**Verwaltungsbehörde**			
	KESB	**KESB**	**KESB**	**KESB**	**Total**
Betroffene Personen, Anzahl Beobachtungen mit:					
-beiden Elternteilen	6	3	1	2	12
-Mutter	1	1	1	2	5
-Vater	–	–	2	-	2
-Kind	1	1	2	1	5
Total	*8*	*5*	*6*	*5*	24

21 Je nach Organisationsmodell (gerichtlich oder administrativ) werden die Mitglieder der Behörde unterschiedlich bezeichnet, z. B. als Richter*in, Fachmitarbeiter*in Abklärung; im Folgenden verwenden wir den allgemeinen Begriff *Behördenmitglied*.

	Westschweiz		Deutsch-schweiz		
	Gerichtsbehörde	Verwaltungsbehörde			
	KESB	KESB	KESB	KESB	Total
KESB, Anzahl Beobachtungen mit:					
-1 KESB-Fachperson (+ evtl. Gerichtsschreiber*in)	2	–	6	3	11
-2 KESB-Fachpersonen	–	–	–	2	2
-3 KESB-Fachpersonen (+ Gerichtsschreiber*in)	6	5	–	–	11
Total	*8*	*5*	*6*	*5*	24
Weitere Fachpersonen, Anzahl Beobachtungen mit:					
-Fachpersonen der Sozialdienste/Heime	–	5	4	–	9
-Dolmetscher*in	2	–	2	–	4
-Rechtsanwalt/ Rechtsanwältin	1	1	–	–	2
Total	3	*6*	*6*	*0*	15

3.3.1.2.3 Multiperspektivische Fallbetrachtung: Interviews mit Kindern, Eltern und KESB-Fachpersonen

Unsere zweite Datenerhebungsmethode basierte auf multiplen Perspektiven auf einen Fall: Alle Perspektiven, d. h. diejenigen der Kinder, der Eltern und der KESB-Fachpersonen müssen also einbezogen werden, um die subjektiven Erfahrungen zu kontextualisieren und zu verknüpfen. So wird sichtbar, wie und warum Eltern und Kinder über negative oder positive Erfahrungen in den Interaktionen mit der KESB berichten.

Für die Einbeziehung der Fälle in die Analyse galten zwei Bedingungen: Dass bereits ein Entscheid getroffen worden war, um eine Beeinflussung des Entscheidungsprozesses zu vermeiden, und dass der letzte Entscheid (häufig ergehen im Laufe der Zeit mehrere Entscheide) im Vorjahr getroffen wurde, um Erinnerungsverzerrungen zu verringern und den Teilnehmer*innen zu ermöglichen, den gesamten Prozess zu reflektieren. Die Rekrutierung von Teilnehmer*innen erwies sich trotz der Kooperation mit den KESB als schwierig. Aufgrund der hohen Arbeitsbelastung der KESB erforderte die Auswahl von geeigneten Fällen und das Einholen der Zustimmung aller Familienmitglieder insbesondere wegen der vielen getrennten oder geschiedenen Eltern viel Zeit. Diese Einschränkungen bei der Datenerhebung ergab eine nur teilweise vollständige Stichprobe von zehn multiperspektivischen Fällen mit insgesamt 34 Teilnehmer*innen (vgl. Tab. 4). Es liegen sechs vollständige Fälle vor, drei Fälle mit der Perspektive der Eltern und der KESB und ein Fall mit der Perspektive der Jugendlichen und der KESB. Insgesamt sind dies sieben Fälle aus der Perspektive der Eltern, d. h. von sechs Müttern und vier Vätern (vgl. Tab. 4), zwei Fälle aus der Perspektive von Tanten, die in Abwesenheit der Eltern als Elternfigur fungierten, und sieben Fälle aus der Perspektive der Jugendlichen (die jüngste Teilnehmerin war 14 Jahre alt). Um die Ergebnisse verständlicher darzustellen, erhielten die Familien und Kinder, mit denen Interviews geführt wurden, Pseudonyme; als Zeichen der Familienzugehörigkeit wurde derselbe Anfangsbuchstabe verwendet (z. B. Familie Topas und Tom). In neun von zehn Fällen waren die Eltern getrennt oder geschieden. Wie bei den Beobachtungen stammten die Betroffenen mehrheitlich aus der Schweiz und aus Europa[22]. Zur Charakteristik der Verfahren ist festzustellen, dass in den meisten Fällen eine ausserfamiliäre Unterbringung angeordnet wurde (acht von zehn Fälle, darunter zwei Fälle mit sonderpädagogischem Förderbedarf). Die beiden anderen Fälle betrafen Beistandschaften (Erziehungsbeistandschaft und Überwachung des persönlichen Verkehrs).

22 12 Elternteile waren schweizerischer Herkunft (was fünf Schweizer Familien entspricht), drei Elternteile stammten aus Südeuropa, zwei Elternteile aus Lateinamerika und bei drei Elternteilen war das Herkunftsland unbekannt.

Tabelle 4: Interviewte Personen in den 10 Fällen

Fall	Familienmitglieder					Fachpersonen		Total
	Eltern	Mutter	Vater	Sonstige	Kind	KESB	Beiständin/ Beistand	
Familie Quarz			×			×	×	3
Familie Topas		×			Tom (18)	×	×	4
Familie Diamant		×	×			×	×	4
Familie Smaragd		×				×	×	3
Familie Aquamarin	×				Ana (14)	×	×	4
Familie Calcit		×	×		Céline (19)	×		4
Familie Rubin		×			Rafael (17)	×		3
Familie Granit					Gina (17)	×		2
Familie Jade				×	Julia (18)	×		3
Familie Saphir				×	Sophie (14)	×	×	4
Total	1	5	3	2	7	10	6	34

Die Methode der Rekrutierung über die KESB führte wahrscheinlich zu einem Selektionsbias mit tendenziell weniger konflikträchtigen Fällen. Tatsächlich ist anzunehmen, dass Eltern, die als unkooperativ oder sehr unzufrieden wahrgenommen wurden, weniger wahrscheinlich eingeladen wurden und weniger bereit waren, an der Studie teilzunehmen und auf eine Anfrage der KESB zu reagieren. Die Tatsache, dass in den untersuchten Fällen die Gefährdungsmeldung meistens von den Eltern selbst vorgenommen wurde, scheint die Annahme des Selektionsbias zu stützen. In allen Fällen (mit einer Ausnahme) gaben die Eltern an, dass sie sich selbst an die KESB gewandt hatten, um in einer schwierigen Familiensituation Unterstützung zu erhalten. Trotzdem wusste sogar im Fall der Selbstmeldung häufig eine beteiligte Fachperson über die Familiensituation Bescheid und riet den Eltern zu diesem Schritt bzw. reichte parallel eine Gefährdungsmeldung ein. Daher waren wahrscheinlich nicht alle Eltern intrinsisch motiviert, sich gänzlich freiwillig an die KESB zu wenden, sondern verspürten einen Druck, dass Dritte dies an ihrer Stelle tun könnten (Koch & Schoch 2022; Koch et al. 2019). Unabhängig davon sind die Eltern gesetzlich verpflichtet, am Kindesschutzverfahren mitzuwirken und gesprochene Kindesschutzmassnahmen umzusetzen. Hilfe und Zwang sind demnach von Anfang an miteinander verbunden.

3.3.1.2.4 Datenanalyse

Die beiden Datenarten unterscheiden sich grundsätzlich: handschriftliche Beobachtungsnotizen und wörtliche Transkriptionen von Interviews. Dies führte zu leicht unterschiedlichen Analysestrategien. Für beide Datentypen wurde eine thematische Analyse durchgeführt (Braun & Clarke 2006). Bei den Beobachtungen wurde diese Analyse direkt angewandt, bei den Interviews hingegen erst in einem zweiten Schritt. Die thematische Analyse zielt darauf ab, wiederkehrende und hinsichtlich der Forschungsfragen wichtige Themen in den Daten zu identifizieren. Da in unserer Studie der Zusammenhang zwischen Integrität, Autonomie und Partizipation im Fokus stand, identifizierten wir die mit diesen drei Konzepten verbundenen Themen anhand ihres «Schlüsselcharakters» («keyness»). Die «Keyness» bildete ein Leitprinzip für das Konstruieren von Codes und das Identifizieren von Themen (Braun & Clarke 2006, S. 82). Dabei wurden die Codes induktiv, d. h. direkt aus den Daten abgeleitet und entwickelt; gleichzeitig beruhte die Arbeit auf einer theoretischen Informiertheit (ebd., S. 83). Daher ist von einem offenen deduktiven Ansatz die Rede. Die Daten des gesamten Korpus wurden mithilfe einer QDA-Software, mit der auch während des ganzen Prozesses Memos verfasst werden konnten, systematisch codiert. Um die Validität des Codierungssystems zu gewährleisten, wurden die Codes in Teamarbeit erstellt (Armstrong et al. 1997). Jeder Code umfasste ein spezifisches Merkmal sowie eine vertiefte Definition und eine Codierregel (Braun & Clarke 2006, S. 89). Auf der Grundlage der erstellten Codes wurden Themen identifiziert, die ein sich wiederholendes Muster bildeten und

Untergruppen von thematisch interdependenten Codes zusammenfassten (Braun & Clarke 2006, S. 89 f.).

Bei der Interviewanalyse ist eine entscheidende Vorphase zu erwähnen. Der erste Analyseschritt beruht auf dem integrativen Verfahren der rekonstruktiven Analyse (Kruse et al. 2011), das auf zwei vollständige Fälle angewendet wurde. In der ersten Analysephase wurden der Sinn des spezifischen Falls rekonstruiert und die von den befragten Personen erwähnten wiederkehrenden Themen identifiziert. Besonderes Augenmerk galt dabei der exakten Wortwahl, der Verwendung von Metaphern, Sprechpausen, Umformulierungen usw. Gestützt auf diesen ersten Analyseschritt wurde eine erste Reihe von Codes erstellt. Anschliessend wurde der zweite Analyseschritt, die thematische Analyse nach dem oben beschriebenen offenen deduktiven Ansatz, für alle Fälle durchgeführt.

3.3.1.3 Ergebnisse

Ausgehend von den Beobachtungen und multiperspektivischen Fallbetrachtungen wurden unsere Ausführungen in drei zentrale und für das Verständnis der Interaktionen relevante Themen gegliedert: Wahrnehmung der eigenen Position und Rolle im Verfahren, in der Interaktion entwickelte Strategien und Aufbau einer vertrauensvollen Arbeitsbeziehung. Diese drei Themen werden aus der Perspektive von Kindern, Eltern und Fachpersonen – mit aussagekräftigen Variationen – immer wieder genannt. Im Verlauf unserer Ausführungen sollen nun die Faktoren herausgearbeitet werden, die die Erfahrung von Integrität, Autonomie und Partizipation von Kindern und Eltern in Kindesschutzverfahren entweder behindern oder fördern.

3.3.1.3.1 Perspektive der Fachpersonen der KESB

Definition der Rolle «Unterstützung, Hilfe und Schutz»

Bei den vier KESB, die im Mittelpunkt unserer Forschung stehen, wird der Hilfe- und Schutzauftrag regelmässig genannt: in der direkten Ansprache der betroffenen Personen während der Beobachtungen oder in den Gesprächen mit dem Forschungsteam. Ein Behördenmitglied erklärte in einer Interaktion mit zwei Eltern: *«Hier sind wir im Zivilrecht, nicht im Strafrecht.*

Die Justiz soll die Kinder schützen und die Eltern bei der Betreuung der Kinder unterstützen. Es geht um Unterstützung, Hilfe und Schutz.» (Beobachtungsnotiz, Fall 8). Allerdings ist der autoritative Aspekt nie gänzlich absent und tritt insbesondere bei Uneinigkeit zutage. Missverständnisse über die Rolle und Aufgabe der KESB sind häufig, und oft trauen sich die Eltern nicht, klärende Fragen zu stellen.

Der folgende Fall ist ein typisches Beispiel für diese Problematik. Bei der ersten Begegnung mit der KESB in diesem Fall wird eine mögliche sozialpädagogische Familienbegleitung für eine Mutter und ihre beiden jugendlichen Kinder angesprochen. Das Behördenmitglied hatte die beiden Teenager zuvor getroffen und kam mit der (von einer/m Dolmetscher*in begleiteten) Mutter zum Schluss, dass sie derzeit keine Hilfe benötige, man sie aber in sechs Monaten zwecks neuer Bedarfsabklärung kontaktieren werde (Dossier sistiert). Als das Behördenmitglied sich am Schluss der Verhandlung erkundigt, ob sie noch weitere Fragen habe, stellt sich heraus, dass die Mutter gar nicht verstanden hatte, was die Funktion der KESB ist.

- *Behördenmitglied: Ich nehme zur Kenntnis, dass Ihnen das so passt. Haben Sie Fragen?*
- *Mutter: Was ist die KESB?*
- *Behördenmitglied: «Das hätte ich zuerst sagen sollen»*[23]*; es erklärt, die KESB sei «ein Gericht, nur für Kinder» und «ihren Schutz».*
- *Mutter: Gut, alles klar. (Beobachtungsnotiz, Fall 10)*

Die Definition der Rolle der KESB kann durch die Abgrenzung der Funktion der KESB gegenüber den Sozialdiensten bei der Lösungssuche und Entscheidungsfindung nuanciert werden. Indem die Art und Weise der Zusammenarbeit zwischen KESB und Sozialdiensten aufgezeigt wird, wird ersichtlich, *wer* in der Praxis als Instanz angesehen wird, die an erster Stelle die Integrität, Autonomie und Partizipation der betroffenen Personen und insbesondere der Kinder verteidigt und fördert. Zunächst ist zu betonen, dass die KESB und die Sozialdienste, die für die Abklärung[24] und anschlies-

---

23 Die Anführungszeichen markieren, wenn der exakte Wortlaut in den Beobachtungsnotizen festgehalten wurde.

24 In zwei der Kantone, auf die sich unsere Forschung bezog, führten die Behördenmitglieder auch eigene Abklärungen durch.

sende Umsetzung der Kindesschutzmassnahmen zuständig sind, in allen Kantonen eng zusammenarbeiten.

Wie diese Beobachtung zeigt, werden die unterschiedlichen Aufträge von KESB und Sozialdiensten von den betroffenen Personen nicht immer verstanden. Im Falle einer Familie mit zwei Kindern (Fall 8), werden bei der ersten Begegnung mit der KESB verschiedene ambulante Erziehungshilfen vom Behördenmitglied vorgeschlagen. Die Mutter will diese Hilfe nicht und weigert sich vehement, sodass das Behördenmitglied sie nach dem Grund dafür fragt. Die Mutter antwortet, sie habe gehört, der Sozialdienst könne beschliessen, ihr die Kinder wegzunehmen. Das Behördenmitglied erklärt, dass die Entscheidung bei ihr liege und dass der Sozialdienst ihre Entscheide nur umsetze; das Behördenmitglied versucht auch, die Mutter zu beruhigen, und versichert ihr, dass Kinder nur in Ausnahmefällen fremdplatziert werden. Das Behördenmitglied erklärt, dass die Fremdunterbringung von Kindern:

> *«von uns entschieden wird. […] Aber um der Familie ein Kind wegzunehmen, braucht es einen schwerwiegenden Grund, z. B. wenn die Entwicklung des Kindes bedroht ist. […] Kinder werden nicht einfach so fremdplatziert».* Das Behördenmitglied ergänzt, dass der Sozialdienst eine ausführende Rolle spiele und *«Sie begleiten kann, um zu sehen, was Sie umsetzen, und um mir zu sagen, wie es läuft.» (Beobachtungsnotiz, Fall 8)*

In Bezug auf die Lösungssuche und Entscheidungsfindung heben die Behördenmitglieder des Kantons, dessen KESB als Gerichtsbehörde organisiert sind, generell hervor, dass sie zwar mit dem Sozialdienst zusammenarbeiteten, aber letztendlich für den Entscheid verantwortlich seien. Dagegen betonen die Behördenmitglieder in den drei anderen Kantonen, dass ein Grossteil der Arbeit mit den Familien zur Evaluation der geeignetsten Massnahme von den Fachpersonen des abklärenden Sozialdienstes geleistet werde. In einem dieser drei Kantone beschreiben die Behördenmitglieder ihre Rolle sogar eher als Validierung der vom Sozialdienst vorgeschlagenen Massnahmen. Diese Beobachtungen sind interessant, da die KESB rechtlich gesehen und somit unabhängig von ihrem jeweiligen Selbstverständnis die für den Entscheid zuständige Behörde ist.

Strategien der Fachpersonen der KESB: Kommunikation und Anhörung des Kindes

Um die von den KESB-Fachpersonen erarbeiteten Strategien zu verstehen, müssen die Faktoren, die die Integrität, Autonomie und Partizipation der betroffenen Personen untergraben resp. stärken, systematisch herausgearbeitet werden. Am einfachsten sind die Strategien auf rechtlicher und struktureller Ebene erkennbar, die v. a. die Kommunikation mit dem Kind und die organisatorische Gestaltung der Anhörung betreffen. Daneben existiert jedoch auch eine relationale Ebene, auf der eine vertrauensvolle Arbeitsbeziehung aufgebaut werden soll.

Eine grosse Hürde in der Gestaltung der Kommunikation besteht erstens darin, dass die betroffenen Personen das Verfahren und seine potenziellen Folgen häufig nicht verstehen. Dies kann auf sprachliche (v. a. bei Familien mit Migrationshintergrund) oder auf kognitive Schwierigkeiten zurückzuführen sein. Hauptursache ist aber der Mangel an systematisch zur Verfügung gestellten und in leichter Sprache geschriebenen Informationen. Die Informationen werden häufig bei der ersten Begegnung, wenn die Betroffenen emotional besonders belastet sind, *en bloc* mündlich vermittelt und dann über das Verfahren hinweg per Telefongespräche, Post oder E-Mail vermittelt. Die bereits bestehenden Broschüren zum Kindesschutz in leichter Sprache werden offensichtlich nur wenig genutzt (dies wurde nur bei einer KESB beobachtet). Die Komplexität des kantonal organisierten Kindesschutzsystems und die schwer zu durchdringende Aufgabenteilung von KESB und Sozialdiensten spiegeln sich in fragmentierten Informationen wider. Sich selbst zu informieren, scheint daher nahezu unrealistisch. Die Fachpersonen der KESB, die an unserer Studie teilgenommen haben, wissen um die Herausforderungen, die mit dem Zugang zu Informationen verbunden sind. Als Reaktion darauf informieren sie ausführlich über das Verfahren und dessen mögliche Folgen. Allerdings neigen sie dabei dazu, diese Verständnisschwierigkeiten zu wenig ernst zu nehmen, und unterscheiden nicht zwischen Vermittlung und Verstehen von Informationen. Zudem gehen die KESB-Fachpersonen davon aus, dass die betroffenen Personen weiter vom Sozialdienst informiert werden. Dies trifft zwar z. T. zu, leistet aber der Fragmentierung und der mangelnden Nachvollziehbarkeit der Informationen zusätzlich Vorschub. Aufgrund der diffusen und bruchstückhaften Informationen sind die betroffenen Personen oft orientierungslos im Verfahren und kaum zu einer sinnvollen Partizipation imstande. So befinden sie sich gegenüber den Fachpersonen im Nachteil. Das Unwissen der Eltern kann dazu führen, dass Massnahmen angeordnet werden, die von den Fachpersonen als einvernehmlich beschrieben werden, jedoch effektiv nicht den Wünschen der Eltern entsprechen.

Ein gutes Beispiel für die Umsetzung der Partizipation ist die Praxis des Protokollierens. In den meisten beobachteten Interaktionen ist bei den Begegnungen zwischen betroffenen Personen und Behörden ein*e Gerichtsschreiber*in[25] anwesend. Diese hat die Aufgabe, das Protokoll zu führen, die Verweise auf die Gesetzesartikel einzufügen und die KESB-Fachpersonen bei rechtlichen Fragen zu beraten. Bei zwei KESB wird das Protokoll anschliessend den betroffenen Personen per Post zugeschickt. Bei den beiden anderen wird das Protokoll direkt nach der Begegnung gedruckt; die betroffenen Personen haben Zeit, es zu lesen und Korrekturen anzubringen. Danach wird das Protokoll nochmals gedruckt und die korrigierte Version wird unterschrieben. Zwar haben die betroffenen Personen technisch gesehen in beiden Fällen die Möglichkeit, das Protokoll zu berichtigen, aber die zweite Variante scheint ihre Partizipationsmöglichkeiten zu erhöhen.

Ein befragter Vater betont zur Praxis der Protokollredaktion und -kontrolle, dass die Erstellung eines Protokolls sehr formell wirke, aber auch Sicherheit vermittle. *«Und man hat es ja gegenlesen dürfen und wenn man nicht einverstanden war mit etwas, hat man … eigentlich Einwand erheben können.»* (*Familie Diamant*). Bei der Anhörung der Kinder wird ebenfalls Protokoll geführt. Im Rahmen von zwei Beobachtungen, die 8- und 12-jährige Kinder bei zwei KESB betrafen *(Beobachtungen, Fälle 3 und 14)*, fassten die Behördenmitglieder die wichtigsten im Protokoll vermerkten Inhalte am Ende der Anhörung mündlich zusammen und fragten das Kind, ob diese so korrekt sei. Bei dieser Gelegenheit stellten die Behördenmitglieder dem Kind auch die Frage, ob es möchte, dass gewisse Informationen aus dem Gespräch nicht an seine Eltern weitergegeben werden. Die partizipative Praxis der gemeinsamen Erstellung von Protokollen scheint die Nachvollzieh-

25 Der Begriff Gerichtsschreiber*in bezeichnet allgemein eine juristisch ausgebildete Person. Protokolle werden indessen auch von Personen ohne juristische Ausbildung verfasst. In diesem Fall beschränken sich ihre Aufgaben auf die Erstellung des Gesprächsprotokolls.

barkeit, das Verständnis, das Gefühl der Rechtssicherheit sowie die Partizipationsmöglichkeiten von Kindern und Eltern zu erhöhen.

Da im Übrigen viele mit einem Kindesschutzverfahren konfrontierte Familien einen Migrationshintergrund haben, müssen die Fachpersonen zudem die in der Schweiz geltenden Normen verdeutlichen. In einem von der Schule gemeldeten Verdachtsfalls von physischer Misshandlung erklärte das Behördenmitglied den Eltern, dass die bei den Kindern festgestellten physischen Verletzungen *«über das in der Schweiz akzeptierte Ausmass hinausgehen» (Beobachtungsnotiz, Fall 11)*. In einem anderen Fall, in dem es um die Unterbindung der potenziellen Homosexualität ihrer Tochter durch praktizierende muslimische Eltern ging, betonte das Behördenmitglied, dass die Eltern dies nicht verbieten dürfen: *«Wir sind hier in der Schweiz. Sie haben keine Wahl.» (Beobachtungsnotiz, Fall 14)*. Tendenziell unterschätzen die Fachpersonen die Auswirkungen des Migrationshintergrunds auf die Erziehungseinstellungen und auf das Verständnis des Schweizer Kindesschutzsystems (Saugy & Aeby 2021).

Zweitens ist zu erwähnen, dass die Anhörung des Kindes in der Schweiz das einzige gesetzlich vorgesehene Mittel darstellt, damit das Kind sein Recht, seine Meinung zu allen relevanten Fragen frei zu äussern, wahrnehmen kann (Droz-Sauthier et al. 2024). Die Beobachtungen und multiperspektivischen Fallbetrachtungen zeigen diesbezüglich ein breites Spektrum an Praxen. Bei einem Teil der untersuchten KESB hören die Behördenmitglieder die Kinder persönlich an, während bei einem anderen Teil die Kindesanhörung an interne (spezialisierte Mitglieder) oder externe Expert*innen delegiert wird. Bei kleineren Kindern werden häufiger Entwicklungspsycholog*innen herangezogen, die in der Lage sind, die Ansichten der Kinder zu interpretieren. In drei von vier KESB hören die Behördenmitglieder das Kind vorzugsweise persönlich an und delegieren die Anhörung nur, wenn dies aus dem oben genannten Grund erforderlich ist. Nur in einem der drei Kantone mit einer als Verwaltungsbehörde organisierten KESB wird die Anhörung des Kindes regelmässig an Expert*innen delegiert.

Die ethnografischen Daten zeigen, dass die Fachpersonen bei den Interaktionen Auswirkungen der Räumlichkeiten auf den Anhörungsverlauf antizipieren, um ein gesprächsförderliches Umfeld zu schaffen (Koch & Schoch 2022). Die KESB-Fachpersonen wägen offensichtlich ab, ob der persönliche Rahmen des eigenen Büros für bestimmte Interaktionen geeigneter ist oder ob sie eher den formalen, ja sogar autoritären Rahmen des Anhörungssaals nutzen, der mehr Formalität vermittelt. Kinder werden oft von einem Behördenmitglied – allein oder mit einer*m nur für das Protokoll zuständigen Gerichtsschreiber*in – angehört. Interessanterweise kommt gegenüber «rebellischen» Jugendlichen auch die entgegengesetzte Strategie zum Tragen, wenn die Behördenmitglieder den formellen Rahmen des Anhörungssaals und einen autoritären Tonfall einsetzen, um den Ernst der Lage und die Notwendigkeit einer Lösung zu verdeutlichen. In den beiden Fällen, in denen eine solche Inszenierung beobachtet wurde *(Beobachtungsnotiz, Fälle 2 und 19)*, wurde die Strategie in Absprache mit den anderen involvierten Bezugspersonen der betroffenen Jugendlichen getroffen. Eine Strategie, damit Kinder sich wohler fühlen, ist eine gemeinsame Anhörung mit den Geschwistern. Zu den Aspekten guter Anhörungspraxis ist festzuhalten, dass einige Fachpersonen der KESB nach eigenen Angaben den Leitfaden zur Kindesanhörung UNICEF & MMI verwenden (2023). Die in Artikel 314 ZGB vorgesehene Möglichkeit, auf die Kindesanhörung zu verzichten, wird in mehreren Fällen erwähnt. Als wichtige Gründe dafür werden aufgeführt: Behinderung; Involvierung des Kindes in verschiedene Verfahren; Überfordern des Kindes und kontraproduktive Wirkung der Anhörung; eindeutige Situation und unnötige Zusatzbelastung. Hier zeigt sich der Ermessensspielraum der Behördenmitglieder, die im Einzelfall die geeignete Strategie abwägen und dabei das Wohl des Kindes im Auge behalten müssen.

Bei der Förderung der Partizipation der Kinder und der Kommunikation mit ihnen sind sehr unterschiedliche fachliche Praxen festzustellen (Kapitel 3.3.2). Drei KESB pflegen persönliche Kontakte mit den Jugendlichen, eine vierte KESB delegierte dies an Fachpersonen des Sozialdienstes. Im ersten Fall betonen die Behördenmitglieder, dass die Kinder und besonders die Jugendlichen sich jederzeit an sie wenden können. Die Vereinbarung zwischen einem Behördenmitglied und einer Jugendlichen, sich an die KESB zu wenden, wenn es zu Hause *«gar nicht mehr geht»*, wird z. B. mit einem Händedruck besiegelt. Ein Behördenmitglied erklärte dazu: *«Sie sollen nicht den Eindruck haben, dass das eine Art abgeschottete Festung ist.»* Die Behördenmitglieder beschreiben auch ihre an das Alter der Kinder angepassten Kommunikationsstrategien. So ist es besonders wichtig, mit Jugendlichen zu plaudern und sie zum Lachen zu bringen, bevor man zum eigentlichen

Thema kommt. Ein Behördenmitglied formuliert dies wie folgt: «*Man geht ein bisschen nach rechts und links […] ein bisschen über einen Umweg.*» Allerdings bedeutet das nicht, dass die Entscheide gemeinsam mit den Jugendlichen getroffen werden. Wenn die Jugendlichen kurz vor der Volljährigkeit stehen, lassen die Behördenmitglieder sie weitgehend selbst über ihre Zukunft entscheiden. Als Beispiel sei hier der Fall eines Jugendlichen genannt, der ein Jahr lang in einem Internat mit integrierter Beschulung untergebracht war. Bei der Verkündung des Entscheids wusste das Behördenmitglied, dass der Jugendliche nicht damit einverstanden war, zeigte sich aber überzeugt, in seinem Interesse zu handeln. Anderthalb Jahre später brach der Jugendliche seine Ausbildung gegen den Willen seiner Mutter ab. Das Behördenmitglied stellte sich hinter ihn: «*Irgendwann ist man so weit, dass man sich sagt: ‹Man muss ihn einfach machen lassen›.*» Rückblickend beurteilt der Jugendliche das Verfahren und die Internatunterbringung trotz gewisser weiterhin schmerzlicher Erinnerungen positiv. Im zweiten Fall, der stärker auf Delegation setzt, tragen die Behördenmitglieder dem Beitrag des Kindes zwar direkt oder indirekt durch Delegation an andere Akteur*innen Rechnung, messen aber der direkten Partizipation anscheinend geringere Bedeutung bei. Zudem wird die Kommunikation mit den Kindern tendenziell eher an die Fachpersonen des Sozialdiensts delegiert.

Vertrauen aufbauen: überzeugen statt aufzwingen

Auf der Beziehungsebene besteht das Hauptziel eindeutig darin, die betroffenen Personen zu überzeugen und nach Möglichkeit eine einvernehmliche Lösung zu finden, um die Erfolgschancen der ggf. später angeordneten Massnahme zu erhöhen. Einseitiges Aufzwingen wird möglichst vermieden; ein Behördenmitglied erklärt dazu: «*Es ist leicht, einen Entscheid zu sabotieren.*» Um dieses Ziel zu erreichen, arbeitet man deshalb «*mit*» den Familien zusammen (Karsz 2004). Die KESB fokussieren die Zusammenarbeit mit den Eltern oft stark (Vogel Campanello & Röthlisberger 2022) und sind darum bemüht, die Eltern «*ins Boot zu holen*».

Es ist wichtig, den Wünschen und Bedürfnissen der Eltern ein offenes Ohr zu schenken. Die Eltern müssen sich aber sicher fühlen, damit sie sich öffnen und überhaupt über ihre Schwierigkeiten und Probleme sprechen können. In einem sicheren Raum können die KESB-Fachpersonen in den Austausch mit den Eltern kommen und Lösungsmöglichkeiten entwickeln, indem sie ihr Fachwissen einbringen, die Bedingungen und Konsequenzen der jeweiligen Unterstützungsformen erläutern und argumentieren, anstatt Massnahmen aufzuzwingen. Hierzu benötigt es eine geeignete Zusammensetzung des behördlichen Entscheidungsgremiums. So berichtet ein Behördenmitglied, dass sie es begrüsse, wenn eine Psychologin/ein Psychologe anwesend sei, die/der die Eltern für die kindliche Entwicklung sensibilisiert. Nach Ansicht der KESB-Fachpersonen ist dieser zeitaufwendige Prozess für den Erfolg der Massnahmen unerlässlich. Es ist auch möglich, mit den betroffenen Personen individuelle Vereinbarungen zu treffen. Die Fähigkeit, individuelle Lösungen zu finden und das Vorgehen an den einzelnen Fall anzupassen, scheint tatsächlich einen positiven Einfluss zu haben, jedoch sind nicht alle KESB dazu in der Lage (Arbeitsüberlastung, keine entsprechend qualifizierten Fachpersonen), oder sie ziehen standardisierte Massnahmen vor. Hinzu kommt die bereits erwähnte Abhängigkeit von einer guten Zusammenarbeit zwischen Sozialdienst und KESB.

Die Thematik des mündlichen Austauschs wird von den KESB-Fachpersonen häufig im Zusammenhang mit der Entscheidung angesprochen – vor dem Entscheid und danach, um ihn den betroffenen Personen zu erklären und sie von dessen Notwendigkeit zu überzeugen. Sich die Zeit für ein längeres Telefongespräch mit den Eltern zu nehmen, dient gemäss den KESB-Fachpersonen dazu, dass Eltern den Sinn der Massnahme besser verstehen, und senkt die Wahrscheinlichkeit von Einwänden. Diese Arbeit wird als z. T. «*anstrengend*», aber notwendig beschrieben. In einer KESB fällt ein davon sehr abweichendes Vorgehen auf. Das Behördenmitglied teilt uns mit, dass er Telefonate vermeide und sich lieber schriftlich z. B. via E-Mail austausche, um in der Akte direkt eine Notiz hinterlassen zu können, weil ihm die Zeit fehle, nach jedem Telefonat eine Aktennotiz zu verfassen. Diese Verfügbarkeit für mündliche Austausche geht mit ausreichend Ressourcen einher.

Schliesslich bedeutet Zuhören, den anderen zu respektieren und ihm einen Platz im Verfahren einzuräumen. Interessant in diesem Zusammenhang sind die Bemühungen eines Behördenmitglieds, einem eher wortkargen Elternteil einen Platz im Protokoll zu verschaffen:

> *«Als er [der Vater] das Protokoll las, sagt er, ‹aber da steht ja nichts von dem drin, was ich gesagt habe›. Allerdings hatte er gar nichts gesagt (Lachen). Man muss ihm*

die Würmer aus der Nase ziehen, er antwortet mit Ja oder Nein, und dann bastelt Thibault [der Gerichtsschreiber] einen Satz daraus, damit er [der Vater] überhaupt im Protokoll steht (Lachen).»

Diese Beziehungsebene gehört eher zu den *Soft Skills* und lässt sich weniger leicht erfassen, quantifizieren und verifizieren. Dennoch ist ihre Bedeutung unbestreitbar und wirft die Frage nach den Ausbildungsinhalten der KESB-Fachpersonen auf. Abschliessend ist anzumerken, dass zwar Einigkeit über die Wichtigkeit zu bestehen scheint, die Familien zu überzeugen und «mit» ihnen zusammenzuarbeiten. Es herrscht aber auch ein Konsens darüber, dass die KESB in der Lage sein muss, im Interesse des Kindes auch unpopuläre Entscheide zu treffen.

3.3.1.3.2 Perspektive der Eltern

Definition der Rolle: «Ich kenne ihn viel besser als alle, die hier sitzen!»
Unabhängig von der meldenden Person (die Eltern selbst oder eine Drittperson) wird die Intervention der KESB von Eltern als einschneidende Infragestellung der adäquaten Erfüllung der Elternrolle wahrgenommen, welche die elterliche Integrität bedroht[26].

Ein heikler Moment spielt sich bei der Eröffnung des Verfahrens ab, wenn Misstrauen, Angst, Erschöpfung, Scham, Erleichterung und Hoffnung sich mischen. Die Verfahrenseröffnung bedeutet, dass die Eltern die «*Kontrolle*» über die Lage verloren haben *(Familie Topas)* oder dass in ihrem Familiensystem etwas «*grundsätzlich nicht stimmt*» *(Familie Aquamarin)*. In diesem Kontext wird die KESB generell als *Ultima Ratio* und «*letzte Chance*» zur Vermeidung der ausserfamiliären Unterbringung (bei Selbstmeldern) *(Familie Aquamarin)* oder aber als Sackgasse (bei Meldung durch Dritte) wahrgenommen. Einige Eltern erwähnen, dass sie einen schwierigen inneren Prozess durchlaufen haben, um sich einzugestehen, dass sie nicht mehr in der Lage sind, ihre Schwierigkeiten selbst zu lösen, und dass sie Unterstützung benötigen, um für ihr Kind zu sorgen. Ihre familiären Probleme wiederholt bei verschiedenen Fachpersonen – der Sozialdienste und

26 Der Perspektive der Eltern ist auch Gegenstand eines Artikels in der Zeitschrift *Social Sciences* (Schoch & Aeby 2022).

der KESB – vor und während des Verfahrens immer wieder schildern zu müssen, verstärkt die Erschöpfungs- und Schamgefühle. Selbst Eltern, die die positiven Auswirkungen der Intervention der KESB betonen, äussern ambivalente Gefühle und sind zwischen negativen und positiven Gefühlen hin- und hergerissen. Die Ambivalenz kommt in ihrer Wortwahl deutlich zum Ausdruck. So bemerkt eine dreifache Mutter, deren jüngstes Kind in das Verfahrens involviert ist, dass sie in der Interaktion mit der KESB zunächst ihre Versagensängste überwinden musste:

> *«Es geht nicht um meinen verletzten Stolz. Habe ich jetzt versagt als Mutter? Obwohl zwei sind gut herausgekommen und das Dritte jetzt einfach, das ein bisschen querschlägt, ja, wenn man über dem stehen kann, dann ist der Kontakt, denke ich, gut mit der KESB.» (Familie Smaragd)*

Unterschwellig ist die Angst zu spüren, als schlechte Mutter oder schlechter Vater zu gelten. Tatsächlich sprechen alle befragten Eltern über die Angst vor dem Verdacht, eine unzulängliche oder gar schädliche Elternfigur zu sein. Für eine Mutter bestand die schmerzlichste Erfahrung während des ganzen Kindesschutzverfahrens darin, dass sie sich von der KESB als schlechte Mutter und als Gefahr für ihr eigenes Kind wahrgenommen fühlte *(Familie Diamant)*. Eine andere Mutter beschreibt die Involvierung der KESB explizit als *«demütigend»*, weil man als Mutter alles *«unter Kontrolle»* haben und *«die Dinge richtig machen»* möchte *(Familie Topas)*. Trotz bester Absichten der Eltern kann die Intervention der KESB zum Schutz des Kindeswohls dennoch notwendig sein.

Die Infragestellung der Erfüllung der Elternrolle wird von allen Eltern unabhängig vom Kontext oder der Fallspezifik angesprochen. Die Intervention wird als verletzend oder beschämend empfunden; sie mindert das Selbstwertgefühl der Eltern und kann – in der Perspektive der Anerkennungstheorie (Kapitel 2) – als Verletzung der elterlichen Integrität interpretiert werden, da das Empfinden von Scham als Zeichen verweigerter Anerkennung verstanden wird. Demzufolge ist die elterliche Integrität an sich bereits durch die blosse Eröffnung eines Kindesschutzverfahrens bedroht (Schoch & Aeby 2022).

Ein weiterer wichtiger Aspekt soll hier kurz erwähnt werden: Die Bedrohung der elterlichen Integrität scheint für Mütter gravierender zu sein, da sie, wie eine Mutter es formulierte, häufig als die *«fallführenden Personen»* wahrgenommen werden *(Familie Aquamarin)*. Dies steht im Einklang mit anderen Forschungsarbeiten über die unterschiedliche Einbeziehung von Müttern und Vätern im Kindesschutz (Brandon et al. 2019; Vogel Campanello et al. 2021; Vogel Campanello & Röthlisberger 2022). Es scheint, dass Väter durch die Fokussierung auf die Mutter als Hauptadressatin im Laufe des Verfahrens in eine marginalisierte Position gebracht werden (und sich ausklinken) können, während sie gleichzeitig vor der schärfsten Kritik verschont bleiben. Ein Vater erklärte, dass er als Vollzeitbeschäftigter nicht von den Erwartungen der KESB betroffen sei; diese richteten sich hauptsächlich an seine Frau, von der er heute getrennt sei: *«Na ja, das Problem ist, dass ich zu 100 % arbeite und ich wollte nicht auf 50 % reduzieren, das wäre auch nicht realistisch gewesen… die Situation war ziemlich klar, von meiner Seite aus» (Familie Calcit)*.

Bei der Thematik der Erfüllung der Elternrolle geht es auch um Expertise: Wer ist am besten in der Lage, die dem Kindeswohl am besten entsprechende Lösung zu finden – die KESB oder die Eltern? Hier wird das Konzept des Spezialwissens *(specialized knowledge)* im Sinne von Merton und Barber (1976) angesprochen, das die Machtasymmetrie und die Ambivalenzen in der Interaktion zwischen Betroffenen und Fachpersonen aufzeigt. Auf der einen Seite stehen die mit Fachwissen zum Thema Kindeswohl und mit Entscheidungsbefugnissen ausgestatteten KESB-Fachpersonen, auf der anderen die Eltern, die der Kindswohlgefährdung verdächtigt werden und sich als ungenügend wahrnehmen bzw. wahrgenommen fühlen. In der Theorie von Merton und Barber führt dies zu ambivalenten Gefühlen der Betroffenen. Gemäss unseren Feststellungen besteht auch ein Verhandlungsspielraum, und die Eltern können die Tatsache, dass sie ihr Kind von Geburt an kennen, und ihre elterliche Expertise durchaus geltend machen, auch wenn diese durch die Intervention der KESB infrage gestellt wurde. Wie die Eltern berichten, sind sie teilweise von der Unterstützung und dem Fachwissen der KESB abhängig, gleichzeitig aber skeptisch, ob die KESB ihre Familienprobleme wirklich ausreichend kennt. Dies äussert sich in ambivalenten Gefühlen. Frau Topas beschreibt diese Ambivalenz anlässlich eines von der KESB organisierten *«schwierigen Treffens»*, an dem mehrere Fachpersonen teilnahmen:

> *«Und Herr Miller* [KESB] *hat einfach zugehört und sich eine Meinung gebildet, und ich habe mich gefragt: Steht er auf meiner Seite? Hat er mich wirklich gehört? Hat er mich verstanden? Oder wissen nur die gebildeten Personen, die richtigen Fachpersonen, wirklich Bescheid? Zählt ihre Meinung mehr als die der Mutter, die sagt: ‹Hey, das ist mein Sohn!›? Es geht ja um ihn und um mich. Und ich kenne ihn viel besser als alle, die hier sitzen (Lachen)!»*

Rückblickend erklärt sie, dass sie sich heute mit ihrer Expertise als Mutter über ihre Kinder viel entschlossener behaupten und sich nicht mehr so leicht von Fachpersonen beeindrucken lassen würde, *«die es sicher besser wissen als die anderen»*.

Strategien der Eltern: Integrität wiederherstellen

Es lassen sich zwei Arten von Strategien erkennen, mit denen die Eltern zum einen auf das Gefühl der Verletzung der elterlichen Integrität und zum anderen auf Uneinigkeit mit der KESB reagieren.

Zur Wiederherstellung der elterlichen Integrität werden Strategien der Differenzierung und der Veränderung des Narrativs seitens der Eltern identifiziert. Die Differenzierungsstrategie besteht darin, sich noch belastendere Familiensituationen vorzustellen, und dann zu erwähnen, dass man selbst nicht zu den klassischen *«Problemfamilien»* gehöre, die von der KESB adressiert werden, wie z. B. Eltern, die suchterkrankt sind, ihre Aufsichtspflicht vernachlässigen, das Kind schlagen, nicht wissen oder nicht wissen wollen, dass das Kind straffällig ist oder die Schule schwänzt. Mit dieser Strategie spielen die Eltern das eigene Problem herunter und distanzieren und differenzieren sich von anderen Eltern. So erklärt eine Mutter, ihr Fall sei nicht so *«katastrophal»* wie in anderen Familien, die Wohnung sei immer *«sauber»* und die Kinder hätten immer *«Essen auf dem Tisch» (Familie Rubin)*. Differenzierungsstrategien bestehen oft darin, dass die Eltern sich als kompetente Eltern präsentieren. Ein Vater berichtet, dass sie von der KESB viel Verständnis für ihre schwierige Situation erhalten haben, fragt sich aber, ob es genauso gewesen wäre, wenn sie *«etwas Falsches getan»* hätten oder *«unwillig»* gewesen wären, ihre elterlichen Pflichten zu erfüllen, und ihnen daher die Schuld für ihre Schwierigkeiten gegeben worden wäre *(Familie Aquamarin)*. In einem Fall *(Familie Quarz)* erwähnt der Vater, dass die KESB ihn als guten Elternteil anerkannt und die Erfüllung seiner

Elternrolle positiv beurteilt habe, indem sie ihm sagte, dass er *«keine Bedrohung»* für seine Kinder sei. Mit der Differenzierungsstrategie präsentieren die Eltern sich selbst so, als würden sie die Elternrolle erfolgreich erfüllen. Auf die Frage, was sie anderen Eltern im Rahmen eines Kindesschutzverfahrens raten würden, antworten sie häufig, man solle nicht befürchten, die KESB wolle einem *«das Kind wegnehmen» (Familie Aquamarin)*; die KESB möchte die Familie unterstützen und bei der Lösung ihrer Probleme helfen, es sei daher sinnvoll, zu kooperieren statt sich zu widersetzen.

In den meisten Berichten der Eltern werden Strategien der Änderung des Narrativs identifiziert. Zu einem bestimmten Zeitpunkt verschiebt sich der narrative Schwerpunkt vom potenziell unzulänglichen Elternteil auf das Kindeswohl. In den meisten Eltern-Interviews war ein Rechtfertigungsdiskurs zu beobachten: Die Hauptaufgabe der KESB bestehe nicht darin, sich auf die elterlichen Kompetenzen zu fokussieren, sondern das Kindeswohl zu gewährleisten. *«Der KESB geht es um das Kind. Es geht nicht darum, festzustellen, dass Sie es schlecht erzogen haben. Das machen sie nicht.» (Familie Aquamarin).* In allen Fällen bis auf einen wird die KESB von den Eltern so dargestellt, dass sie die Familie bei der Bewältigung einer problematischen Familiensituation unterstütze und die Pflicht habe, sich auf die Kinder und nicht auf die Eltern zu fokussieren. Offensichtlich lenken die KESB-Fachpersonen die Aufmerksamkeit der Eltern immer wieder auf das Kindeswohl. Dafür scheinen die Eltern dankbar zu sein. Dennoch bleibt bei den Eltern die Ambivalenz hinsichtlich der Infragestellung der Erfüllung ihrer Elternrolle bestehen.

Zu den bei Uneinigkeit entwickelten Strategien sei vorausgeschickt, dass Eltern – wie übrigens auch Kinder – ihren Handlungsspielraum in der Interaktion mit den Behörden ausloten, wie aus unseren Beobachtungen hervorgeht. Bei zwei jungen angehenden Eltern *(Beobachtungsnotiz, Fall 6)* zeigt sich das Ausloten des Handlungsspielraums sehr deutlich: Sie erkundigen sich aktiv und in unterschiedlicher Form nach den konkreten Konsequenzen, falls sie den Forderungen der KESB nicht oder nur teilweise nachkämen. Die KESB-Fachpersonen betonen mehrmals, dass sie nach Möglichkeit einvernehmliche Vereinbarungen mit den Eltern anstrebten, aber auch befugt seien, nicht einvernehmliche Entscheide zu treffen, wenn das Interesse und Wohlergehen des ungeborenen Kindes dies erfordere. In den Beobachtungen zeigt sich, dass die unterschiedliche Verhandlungsstärke von Eltern und Kindern durch ihr sehr unterschiedliche Wissen über das Kindesschutzverfahren beeinflusst wird. In Bezug auf die Strategien bei Uneinigkeit berichten die meisten Eltern von Unsicherheit und Ambivalenz, wenn sie mit der Einschätzung der KESB nicht einverstanden sind, auch wenn sie Möglichkeiten erwähnen, ihre Uneinigkeit zu äussern. Insgesamt kommt die Strategie der *Compliance* häufig zum Tragen da die Risiken, eine abweichende Einschätzung zu äussern oder Widerstand zu leisten, als zu hoch eingeschätzt werden. Offene Opposition wird im Allgemeinen als sinnlos angesehen, da die Eltern durchaus verstehen, dass die KESB in einer stärkeren Position ist und sie die Arbeitsbeziehung nicht einfach verlassen können.

Ein Fall fällt jedoch etwas aus dem Rahmen. Familie Diamant unterscheidet sich von den anderen Fällen der qualitativen Studie (ihr Fall entspricht eher den quantitativen Ergebnissen, Kapitel 3.3.2) durch die Art und Weise, wie die Eltern ihre Rolle als «*gute*» Eltern im Kontext der Intervention der KESB interpretieren und dadurch in Konflikt mit den Erwartungen der KESB geraten. Erwähnenswert ist, wie sie ihre Ablehnung bzw. Übereinstimmung mit der KESB äussern. Die Mutter versteht es als Erfüllung ihrer mütterlichen Rolle, das Kind zu sich zurückzuholen, indem sie sich der aktuellen und einvernehmlichen Fremdunterbringung des Kindes in einem Sonderschulheim widersetzt und dafür in einen anderen Kanton und zeitweise sogar in ihr Herkunftsland flieht. Damit wird der sonderpädagogische Förderbedarf des Kindes aber langfristig nicht mehr gedeckt, was die KESB als kindswohlgefährdend ansieht. Dies hat zur Folge, dass das Kind fortan ohne ihre Zustimmung im Sonderschulheim untergebracht wird. Die Eltern hatten hier anscheinend die Mehrdimensionalität des Kindeswohls und die Bedenken der KESB in Zusammenhang mit dem sonderpädagogischen Förderbedarf des Kindes nicht verstanden. Trotzdem kamen beide Elternteile im Nachhinein zum Schluss, dass der Entscheid der KESB angesichts der besonderen Bedürfnisse ihres Kindes die beste Lösung sei. Diese Intervention wird wegen des mangelnden Verständnisses über die relevanten Faktoren einer Kindswohlgefährdung und der fehlenden Anerkennung seitens der Eltern als übergriffig und als einschneidende Verletzung ihrer Integrität und Autonomie erlebt.

Vertrauensaufbau durch Einbeziehung

Unsere Interviews zeigen, dass die Eltern drei wesentliche Aspekte als für ihre Integrität, Autonomie und Partizipation förderlich bezeichneten. Erstens fühlen sich die Eltern unterstützt, wenn sie bei Bedarf von der KESB angemessene und rasche Hilfe erhalten. Das folgende Zitat beschreibt einen Wendepunkt im Verfahren *(Familie Topas):*

> *«Ich habe gemerkt, dass ich sie anrufen kann, dass man mir mit meinen Sorgen zuhört. Der Rest der Familie wird auch [von der KESB] betreut. Sie tun etwas, sie tun es ziemlich schnell und sehr kompetent.»*

Das Gefühl, sich darauf verlassen zu können, dass die KESB entscheidende Massnahmen ergreift und dass sie mit den Eltern ein Team bildet, fördert die Vertrauensbeziehung. In manchen Fällen liegt hier womöglich ein Wendepunkt beim Aufbau von Vertrauen in die Behörde.

Zweitens hängt die empfundene Autonomie der Eltern offensichtlich mit der Möglichkeit zusammen, den zeitlichen Verfahrensverlauf zu beeinflussen (gestützt durch Petersen 2018). Alle Eltern berichten von verschiedenen Phasen während des Verfahrens: Teilweise haben sie den Eindruck, dass das Verfahren nicht schnell genug vorankommt, und zum Teil finden sie, dass die nächste Etappe zu rasch folgt und sie sich – besonders wenn eine ausserfamiliäre Unterbringung zur Diskussion stand – emotional nicht genügend darauf einstellen können.

Am Beispiel der Familie Rubin lässt sich eine insgesamt als positiv bewertete, jedoch durch schlechtes Timing beeinträchtigte KESB-Intervention verdeutlichen. Es handelte sich um eine alleinerziehende Mutter mit Schwierigkeiten im Umgang mit ihrem jugendlichen Sohn, der die Schule abgebrochen hatte. Den Fachpersonen gelingt es schliesslich, einen Platz in einem Schulheim zu finden, allerdings muss der Teenager unmittelbar in die Institution eintreten, sodass der lang ersehnte Familienurlaub abgesagt werden muss. Als die Massnahme kommuniziert wird, wehren sich die Mutter und der Sohn deswegen dagegen. Rückblickend stellen beide fest, dass die Massnahme sinnvoll war. Wenn Eltern hingegen erleben, dass ihr Bedürfnis, das Verfahren zu beschleunigen oder aber zu verlangsamen, von der KESB berücksichtigt wird, und wenn sie individuelle und angemessene Hilfe erhalten, fühlen sie sich anerkannt und handlungsfähig.

Drittens basiert die empfundene Partizipation auf der Erfahrung, diskursiv einbezogen zu werden (Bouma et al. 2018) und das Verfahren in gewissem Ausmass beeinflussen zu können. Viele Eltern berichten, die KESB habe Massnahmen oder eine Vorgehensweise «*vorgeschlagen*»; dies erleichtert die Diskussion und die Verhandlungen und deutet darauf hin, dass der Entscheidungsprozess deliberative Momente umfasst. Ein geschiedener Vater *(Familie Quarz)* berichtet, dass «*der Entscheid eigentlich gemeinsam getroffen wurde. Also zusammen mit der KESB.*» Die Diskussion und das Aushandeln verschiedener Optionen, die Information über den Inhalt der Berichte oder die Möglichkeit, das Protokoll zu korrigieren, verleiht den Eltern das Gefühl, eine gewisse Macht und einen gewissen Einfluss auf das Verfahren zu haben.

Für eine positive und die Integrität wiederherstellende Erfahrung scheint es entscheidend, dass die Eltern den Prozess als beeinflussbar und partizipativ wahrnehmen. Dies ist dann der Fall, wenn die KESB die Eltern unterstützt, ihre Bedürfnisse ernst nimmt, ihnen eine gewisse Autonomie zugesteht, sie als Expert*innen für ihre Kinder anerkennt und über ihre Wünsche und Meinungen diskutiert.

Abschliessend ist hervorzuheben, dass die meisten befragten Eltern die Erfahrungen mit der KESB rückblickend generell als positiv bewerten, wobei jedoch auch über punktuelle negative Erfahrungen während des Verfahrens berichtet wird. Andere Forscher*innen stellen eine deutlich negativere Gesamtbewertung des Verfahrens fest (Petersen 2018). Ähnliches geht auch aus den Ergebnissen der quantitativen Teilstudie (Kapitel 3.3.2) und den Fokusgruppeninterviews (Kapitel 3.3.3) hervor. Womöglich ist die relativ positive Gesamtbewertung in unserer qualitativen Stichprobe auf den eingangs erklärten Selektionsbias zurückzuführen.

3.3.1.3.3 Perspektive der Kinder

Definition der Rolle: «Das Wort hat halt sehr wenig Gewicht.»

Allgemein scheinen die befragten Jugendlichen die erlebte Partizipation nicht durchweg positiv oder negativ zu bewerten[27]. Einige Jugendliche erle-

27 Die Perspektive von Kindern und speziell von fremdplatzierten Kindern wird auch in einem Kapitel eines Sammelbands behandelt (Schoch et al. 2023).

ben den gesamten Prozess oder einzelne Phasen als wenig partizipativ. Tom, ein Jugendlicher mit langjährigen Erfahrungen mit dem Kindesschutzsystem und der KESB, erklärt dazu:

> *«Aber logisch müssen sie einem wie ein Gehör, ehm, gewährleisten. Aber, es hat wie keinen Unterschied gemacht. Also im Prinzip so, wie, wie, wie … Du kannst sagen, was du möchtest … du hast so oder so keinen Einfluss darauf. Von dem her kannst du eigentlich genauso gut auch schweigen. Es macht einfach keinen Unterschied.»*

Toms enttäuschende Erfahrungen sind teilweise sicherlich auf seine subjektiv als ungerechtfertigt empfundene Unterbringung in einer geschlossenen Einrichtung zurückzuführen. Er beschreibt die verschiedenen Interaktionen sichtlich enttäuscht als Farce oder Scheinpartizipation, denn er hat in diesen Ohnmacht und Zwang erfahren (bestätigt durch Duncan 2019). Auch bei Rafael wird über den alternativlosen Heimaufenthalt nicht weiter diskutiert; damit ist seine Partizipation inexistent: «*Ich hatte keine Wahl.*»

Am anderen Ende des Erfahrungsspektrums stehen Aussagen von Jugendlichen, die ihre Handlungs- und Partizipationsmöglichkeiten im Kindesschutzverfahren deutlich positiver wahrnehmen. Ana, die vor Kurzem in einem Heim untergebracht wurde, erwähnt eine weitgehende Einflussnahme auf die Entscheidungsfindung der KESB, «*weil grösstenteils tue schon ich entscheiden*». Auf die Frage nach der Art der Partizipation antwortet sie: «*Ich musste sagen, ob ich weggehen wollte oder nicht. Wenn ich gesagt hätte, dass ich nicht gehen will, wäre das alles nicht passiert.*» Julia (nicht Schweizer Staatsangehörige) nimmt ihre Einbeziehung allgemein ebenso intensiv wahr und misst die Partizipation auch daran, dass man auf ihre Wünsche hört, als ihr Vater stirbt:

> *«Ja, klar. Ja, denn eigentlich haben sie nie etwas gegen mich unternommen… Sie hätten ja sagen können … ‹Du bist noch minderjährig! Was machst du hier, ganz allein in der Schweiz?›* […] *Ich wollte hierbleiben. Ich hatte schon Argumente.»*

Julia erwähnt nicht nur die Berücksichtigung und den Einfluss ihrer Meinung auf den Entscheid, sondern auch einen von vielen Jugendlichen genannten Aspekt, nämlich dass ihrer Mitsprache geringere Bedeutung beigemessen wird, weil sie minderjährig sind. Tom hat es wie folgt erlebt:

> *«Die Meinung zu sagen, ja. Aber, wie soll ich sagen? Das Wort hat halt sehr wenig Gewicht, oder. Was die Leute von der KESB sagen, hat am meisten Gewicht. Am zweitmeisten auch, was meine Mutter möchte. Die hat auch immer wieder entscheiden können. Und ich habe einfach so meine Meinung so am Rande sagen können, aber es hat nie irgendetwas verändert, so in diesem Sinne, glaube ich. Also vielleicht schon ein wenig, aber … ja, man, man hat kein Recht, etwas zu bestimmen, das ist klar.»*

Der Beitrag und die Meinung der Jugendlichen fallen im Vergleich zu denen der beteiligten Erwachsenen kaum ins Gewicht bzw. werden marginalisiert. Tom unterscheidet zwischen dem Recht auf Anhörung, in dessen Rahmen er um seine *«Meinung»* gebeten wurde, und dem für ihn nicht gleichbedeutenden Recht, den Entscheid mitzubestimmen. Zu erfahren, dass man eigene Ideen einbringen kann, auf welche die Fachpersonen eingehen, scheint in diesem Kontext wesentlich – ganz gleich, ob die Ideen letztlich auch umgesetzt werden: *«Ja, ich habe schon Ideen gebracht, aber die sind halt … Ja, die haben wir schon auch angeschaut.»* Ana beschreibt hier einen deliberativen Moment in der Entscheidungsfindung, wobei die Jugendlichen in angemessener Weise in die Diskussion dazu, was getan werden muss, einbezogen werden (Willumsen & Skivenes 2005). Im Übrigen ist die KESB wie bereits erwähnt bereit, bei Gefährdung des Kindeswohls auch nicht einvernehmliche Massnahmen anzuordnen. Die Wünsche der verschiedenen Beteiligten werden insoweit berücksichtigt, als das Kindeswohl nach Einschätzung der KESB dabei gewährleistet ist.

Strategien der Kinder: Ausdauer und Alterseffekt

Insbesondere Jugendliche, die während längerer Zeit in ein oder mehrere Kindesschutzverfahren involviert sind, berichten, dass ihre Mitsprache mehr Gewicht erhielt, als sie älter wurden (gestützt durch Križ & Roundtree-Swain 2017). Laut Tom ist es *«in den jüngeren Jahren»* kaum möglich, den Entscheid der KESB zu beeinflussen. Julia erinnert sich ebenfalls daran, dass sie sich bei ihrer ersten Interaktion mit Fachpersonen nicht ernst genommen fühlte, als sie ihren Vater und ihre Stiefmutter der Misshandlung bezichtigte:

> *«Weil… ich sehr jung war… wahrscheinlich… ich weiss nicht mehr, aber wahrscheinlich habe ich auch ein paar dumme Sachen gesagt… aber jedenfalls nicht das*

> *meiste, was ich gesagt habe. Das weiss ich. Aber wahrscheinlich waren zwei oder drei Dinge falsch.»*

Wie die Jugendlichen erklären, nimmt ihr Einfluss mit zunehmendem Alter zu. Ausserdem verstehen sie mit der Zeit das Kindesschutzverfahren besser (gestützt durch Križ & Roundtree-Swain 2017). Neben dem Alterseffekt braucht es nach Auffassung der meisten Jugendlichen grosse Ausdauer, um die eigenen Wünsche, Ideen und Standpunkte geltend zu machen. Mehrere Jugendliche erwähnen, dass sie Überzeugungsarbeit leisteten und sich bemühten, ihren Wünschen durch Erklärungen und Argumente mehr Legitimität und Gewicht zu verleihen. Die Jugendlichen finden auch andere Ausdrucksmöglichkeiten als das gesprochene Wort. Sophie wurde bei ihrer Tante untergebracht, die als Pflegefamilie fungierte. Da sie sich in direkten Interaktionen nicht wohlfühlt, drückt sie sich lieber schriftlich aus:

> *«Dann habe ich einen Brief geschrieben und gesagt, dass ich in ein Heim gehen will und so weiter* [...]. *Sie haben mich ins Zimmer gerufen, um mit mir zu sprechen. Ich habe wiederholt, dass ich in ein Heim gehen wollte und so. Sie sagten, dass sie die Möglichkeiten prüfen würden und dass sie einfach wollten, dass es mir gut gehe. Darum ging es eigentlich, nur dass ich meine Meinung dazu sage.»*

Der Nutzen von alternativen Kommunikationsmöglichkeiten wird auch in anderen Studien bestätigt (Tisdall 2016). Wenn die Jugendlichen durch offen kommunizierte Ablehnung eines Entscheids ihrem Ziel nicht näherkommen, scheinen sie andere Strategien zu entwickeln, um ihren Wünschen Gehör zu verschaffen. Wie Ana beschreibt, können z. B. das Gespräch oder die Kooperation mit den Fachpersonen verweigert werden: *«Ehrlich gesagt habe ich gar nicht zugehört.»* Rafael beschreibt seine Distanz und verweigerte Partizipation wie folgt: *«Letztlich haben sie entschieden, ich habe einfach... zugehört... und die Bedingungen akzeptiert.»* Die hier vorliegende, oft als eine Phase des Prozesses beschriebene Scheinakzeptanz des getroffenen Entscheids ist auch in anderen Interviewbeiträgen der Jugendlichen zu beobachten. Daneben kommt auch strategische Zusammenarbeit vor (Dumbrill 2006). Ein Jugendlicher verwendet die Metapher eines Schauspielers und bezeichnet die Strategie, das Spiel nach den Regeln zu spielen, d. h. zu *«schauspielern»*, als Möglichkeit, die eigenen Wünsche nach und nach zu verwirklichen.

Der Handlungsspielraum und die Autonomie der Jugendlichen äussern sich in verschiedenen Strategien, mit denen sie ihre Wünsche und Ansichten wiederholt an Fachpersonen herantragen und in unterschiedlicher Form mitteilen, aber auch in der Scheinakzeptanz von als wenig partizipativ erlebten Entscheiden.

Wie bei den Eltern scheint auch die Handlungsfähigkeit der Kinder dadurch beeinträchtigt, dass sie den Auftrag und die Massnahmen der KESB nicht richtig verstehen. In der einen beobachteten Interaktionen forderte die KESB einen Jugendlichen auf, zwischen den Betreuungsformen Pflegefamilie und Heimunterbringung zu wählen. Trotz des längeren Schulwegs entschied er sich, in der Pflegefamilie zu bleiben, weil er nach seiner Auffassung dort grössere persönliche Freiheiten geniessen würde. Erst als sein Entscheid schon feststeht, wird klar, dass er über die Betreuungsart gar nicht genügend informiert war. Er war von einer Heimunterbringung in einer geschlossenen Einrichtung ausgegangen, es gibt aber verschiedene Arten von Heimen, und einige hätten ihm ein hohes Mass an Freiheit gewährt und wären ausserdem näher an seiner Schule gelegen.

Vertrauen aufbauen dank der Beziehung zu den Fachpersonen

Aus den Beschreibungen der Jugendlichen geht hervor, dass die Qualität der Beziehung zu den Fachpersonen für die Wahrnehmung ihrer Partizipationsmöglichkeiten eine Schlüsselrolle spielt. Eine vertrauensbasierte Arbeitsbeziehung wird in allen Interviews erwähnt und gilt als zentral, um gehört zu werden und sich aus der Sicht der Jugendlichen erfolgreich zu beteiligen (Biesel 2013; Cossar et al. 2016; Duncan 2019; Healy & Darlington 2009; Križ & Roundtree-Swain 2017). Die im Rahmen der Studie befragten Jugendlichen haben diesbezüglich unterschiedliche Erfahrungen gemacht. Gina z. B. spricht von «*meiner Richterin*» und erzählt, dass sie diese per WhatsApp über ihre Eskapaden («*rebellieren*», unerlaubt zu ihrem Freund gehen) informiert, noch bevor diese die Nachricht von der Polizei erhält. Auf die Frage nach konkreten Beispielen von Mitsprache und Partizipation in den Gesprächen mit der KESB antwortet Ana, die Fachperson sei «*empathisch*» gewesen und habe sie «*ausreden lassen*». Sie habe auch zum Ausdruck bringen können, wenn die Diskussion und die Zusammenarbeit sie nicht interessierten. Nicht alle Jugendlichen verfügen über stabile und vertrauensvolle Arbeitsbeziehungen zu den KESB-Fachpersonen, die es ihnen ermöglichen, ihre Ansichten so offen zu äussern. Die Beziehungen der Jugendlichen zu Fachpersonen während der Kindesschutzverfahren beschränken sich jedoch nicht auf die KESB-Fachpersonen. Für einige Jugendliche spielt die Beziehung zu Betreuungspersonen in den Heimen oder zu Beistandspersonen eine wichtige(re) Rolle: Diese Personen helfen ihnen, sich auf die Gespräche vorzubereiten, und vermitteln ihnen zusätzliche Informationen und Erklärungen zum Kindesschutzverfahren. Aus den Gesprächen mit Sophie und Julia geht die tragende Rolle der Beistandsperson und der Fachperson im Heim klar hervor. Beide haben dank der Unterstützung dieser Fachpersonen das Gefühl, das Verfahren besser zu verstehen und sich Gehör verschaffen zu können. Julia erklärt:

> *«Man ist in dem Moment immer ein bisschen gestresst, weil… emh… ich nicht alles verstehe, was gesagt wird. Sie brauchen besondere Wörter, und dann verstehe ich wirklich nicht alles. Darum rede ich nachher noch privat mit… mit jemanden, der dabei war… mit der Betreuungsperson im Heim oder der Beiständin oder so… Um besser zu verstehe, was gesagt wurde.»*

Diese Personen spielen während des Verfahrens eine wesentliche Rolle als Übersetzer*innen und Begleiter*innen der Kinder und Jugendlichen. Für junge Menschen ist dies ausschlaggebend, denn die Begleitung und das entsprechend bessere Verständnis des Verfahrens und des Kindesschutzsystems hilft ihnen, ihren Standpunkt und ihre Meinung besser einzubringen.

3.3.1.4 Diskussion

Die Analyse der Beobachtungen und Interviews zeigt ein breites Spektrum an fachlichen Praxen und persönlichen Erfahrungen auf. Nachstehend werden zwei Schlüsselmomente des Verfahrens – die Definition des Problems und die Aushandlung der Massnahmen – beleuchtet, die sich wesentlich auf den Verfahrensablauf und den daraus resultierenden Entscheid auswirken. Was bedeutet dies für die Integrität, Autonomie und Partizipation der betroffenen Personen? Diese Themen werden mit dem Konzept der Anerkennung verknüpft, um die Basis, auf der das Vertrauen entsteht, zu verdeutlichen.

3.3.1.4.1 Schlüsselmomente: Definition des Problems und Aushandlung von Massnahmen

Die Problemdefinition wird bereits zu Verfahrensbeginn anlässlich der auf die Gefährdungsmeldung folgenden Erstkontakte definiert. Ziel dieser Interaktion ist es, gestützt auf die Gefährdungsmeldung und andere von Fachpersonen verfasste Abklärungsberichte, den Sachverhalt festzustellen. Im Verlauf der Interaktionen wird die Definition möglicherweise neu beurteilt, um die Auswirkungen einer Massnahme zu prüfen und zu entscheiden, ob sie fortgesetzt werden soll. Eltern und Kinder werden dann um Klarstellungen und Ergänzungen zu bestimmten Punkten gebeten. In diesem Kontext beantworten die betroffenen Personen die ihnen gestellten Fragen, es wird aber kaum über eine gänzlich neue Sicht des Problems und somit eine alternative Problemdefinition gesprochen. Darüber hinaus ist festzustellen, dass die KESB ihre Sorgen um das Kindeswohl und ihre Erwartungen, was genau sich ändern muss, um eine gute Entwicklung des Kindes zu gewährleisten, oft nicht sehr deutlich zum Ausdruck bringt, was auch von Healy und Darlington (2009, S. 427f.) aufgezeigt wurde. Die explizite Beschreibung der notwendigen Veränderungen zur Wiederherstellung oder Gewährung des Kindeswohls variiert massiv – von sehr konkret bis sehr vage. Eltern können sich daher nur schwer positionieren, und die Problemdefinition wird tendenziell nicht ausreichend ausgehandelt, was sich auf das weitere Verfahren auswirkt.

Wie wichtig die Problemdefinition jedoch ist, wird hier am Fall von Eltern veranschaulicht, die im Nachgang der Notfallplatzierung ihrer beiden älteren Kinder angehört werden. Die Gefährdungsmeldung der Schule wegen körperlicher Gewalt an den Kindern führte zu einer superprovisorischen Massnahme. Die Kinder wurden ohne eine vorhergehende Anhörung untergebracht. Das Behördenmitglied erklärt, wer die Gefährdungsmeldung gemacht hat und dass am Körper der Kinder Hinweise auf die Anwendung physischer Gewalt bemerkt wurden. Die Eltern warten nicht auf Zwischenfragen, sondern greifen in den Verhandlungsablauf ein. Sie bestreiten das Problem in der vorliegenden Form, und zwar nicht wegen der Schläge, sondern wegen des betroffenen Kindes. Sie verstehen nicht, warum das jüngere Kind auch fremdplatziert wurde, obwohl sie ja – wie sie zugeben – Probleme mit dem älteren Kind hätten. Die Mutter reagiert bestürzt auf die Unterbringung des jüngeren: «*Es ist nicht richtig, beide wegzunehmen.*» Das Behördenmitglied bekräftigt seinen Standpunkt: «*Kann man denn Eltern, die ein Kind schlagen, vertrauen, dass sie die anderen Kinder nicht schlagen?*» Die Mutter holt zu langen Erklärungen aus, aus denen hervorgeht, dass der Vorfall nach schriftlichen und mündlichen Aufforderungen der Schule, ihren Sohn in die Schranken zu weisen, passierte. Die Mutter betont: «*Ich mache mir Sorgen um seine Zukunft.*» Das Behördenmitglied unterbricht den ersten Schwall an Rechtfertigungen, um die Zusammenfassung der Sachlage und der familiären Situation wieder aufzunehmen. Interessanterweise ergreifen in diesem Beispiel die Eltern früher als vorgesehen das Wort und schlagen von vornherein eine eigene Problemdefinition vor, die allerdings vom Behördenmitglied nicht aufgenommen wird *(Beobachtungsnotiz, Fall 11).*

Als zweiter Schlüsselmoment wird die Aushandlung möglicher Kindesschutzmassnahmen identifiziert, die zur Behebung des definierten Problems ergriffen werden. Dabei werden die möglichen Massnahmen – gegebenenfalls gestützt auf die Empfehlung des Abklärungsberichts – vorgestellt und beschrieben. Eltern und Kinder können sich frei äussern und Fragen stellen, ihren Standpunkt mitteilen oder Wünsche formulieren. Die KESB-Fachpersonen präsentieren je nach Fall und Behörde entweder eine breite Palette von möglichen Massnahmen oder aber nur eine oder wenige, die sie für die Familie als geeignet erachten. Allerdings führt ein einziger Vorschlag nur selten zu einem Dialog, der eine Vertrauensbeziehung fördert. Wenn eine Palette an Lösungen vorgeschlagen wird und die Eltern auch Alternativen einbringen, entsteht ein interessanter deliberativer Raum. Die Fachpersonen verfügen dabei allerdings über einen Wissensvorsprung, weil sie das Kindesschutzsystem und die verfügbaren Massnahmen besser kennen als die Eltern und Kinder. Auch hier bilden ausreichende und richtig verstandene Informationen die Grundlage der Partizipation.

Häufig herrscht bei Betroffenen Konfusion darüber, ob der Entscheid bereits getroffen wurde oder noch ausgehandelt wird. Gemäss unseren Beobachtungen versuchen die KESB-Fachpersonen, Klarheit zu schaffen, indem sie den Punkt selbst ansprechen oder auf die Klärungsfragen der Eltern zu den Phasen des Entscheidungsprozesses reagieren. Es sei erneut betont, dass die Weitergabe von Informationen nicht automatisch deren Verständnis und mithin Möglichkeit zur vollen Partizipation garantiert. Allgemein sind dafür detaillierte Informationen über die einzelnen Verfahrensschritte sowie den Entscheidungsprozess notwendig. Dies fördert die Einsicht dafür, zu welchen Momenten man sich einbringen muss, um sich am Entscheidungsprozess zu beteiligen. Kurz: Wer das Kindesschutzverfahren dank der Informationen besser versteht und die Konsequenzen abschätzen kann (Duncan 2019), d. h. wer seinen Handlungsspielraum kennt, kann – auch in einem durch den Zwangskontext begrenzten Rahmen – selbstbestimmter handeln und sich besser beteiligen. Der letzte Aspekt in Bezug auf das Wissen von Eltern und Kindern über die Kindesschutzverfahren hängt mit der Identifizierung der Erwartungen der KESB zusammen. Unseren Beobachtungen zufolge nehmen Eltern, die in der Lage sind, die Anforderungen der KESB zu erkennen und zu erfüllen, eine proaktivere Haltung ein und können so den Entscheid beeinflussen und eingriffsintensivere Massnahmen vermeiden. Allzu konziliante Eltern können jedoch auch mit einer für sie zu weitreichenden Intervention konfrontiert werden. Bei Eltern, die den Erwartungen der Fachpersonen nicht gerecht werden oder sich deren Aufforderungen widersetzen, besteht das Risiko einer eingriffsintensiveren Massnahme, und zwar unabhängig von den genauen Gründen der mangelnden Kooperation (z. B. kulturell motivierte andere Meinung, mangelnde Kenntnis des Verfahrens und ihrer Rechte, kognitive Fähigkeiten usw.). Tatsächlich ist die Kooperation oder *Compliance* im Kindesschutz wichtig, wie bereits Schultheis und Kolleg*innen (2005) zeigten.

Die Partizipation hängt folglich davon ab, welche Möglichkeiten die KESB überhaupt bietet und wie die Eltern und Kinder ihre Partizipationsmöglichkeiten subjektiv wahrnehmen. Insgesamt stützen unsere Beobachtungen eindeutig die Konzeptualisierungen der Entscheidungsfindung im Kindesschutz als prozesshaft (Bastian 2019; Forkby & Höjer 2011; Helm & Roesch-Marsh 2017; Koch & Schoch 2022; Pomey 2017).

3.3.1.4.2 Integrität, Autonomie, Partizipation und Anerkennung

Wie die Ergebnisse zeigen, setzt die Verwirklichung der «umfassenden» Partizipation der betroffenen Personen voraus, dass ihre Integrität und Autonomie berücksichtigt und respektiert werden, weil diese eng mit der Fähigkeit zusammenhängen, persönliche Entscheide in Kenntnis der Sachlage zu treffen. Um die von Kindern und Eltern in den Interaktionen mit den

KESB und mit deren Praxis gesammelten Erfahrungen zu verstehen, müssen Integrität, Autonomie und Partizipation als Nexus verstanden werden (Schoch et al., 2020). Empirisch gesehen bildet auf der Ebene der Interaktionen der Aufbau einer Vertrauensbeziehung zwischen Fachpersonen und Betroffenen den Dreh- und Angelpunkt. Wenn gegenseitiges Vertrauen entsteht, wird die Integrität gewahrt, die Autonomie gesichert und die Partizipation tatsächlich ermöglicht.

Die Untersuchung zu den Erfahrungen der betroffenen Personen wirft die in Kapitel 2 gestellte Frage der Anerkennung bzw. zunächst jene der Rechtsansprüche auf. Es sei daran erinnert, dass die KESB strukturell im schweizerischen Zivilrecht verankert und befugt ist, im Kindesschutz rechtswirksame Entscheide zu treffen. Gemäss mehreren Beobachtungen beziehen sich die KESB-Fachpersonen auf den Rechtsrahmen oder erklären diesen den Eltern und Kindern, wenn sie z. B. über die Beschwerdebefugnis (Art. 450 ZGB) oder darüber informieren, dass der Entscheid nicht von einer einzelnen KESB-Fachperson, sondern von mindestens drei getroffen werden muss. Nach Honneth (1995) kann dies als Zeichen der Anerkennung im Bereich der «Rechte» interpretiert werden, die die rechtliche Gleichstellung aller umfasst und die Selbstachtung fördert. In keinem der untersuchten Fälle werden den Einzelpersonen Rechte offen verwehrt, doch einige Praxen könnten zu subtileren Formen der Rechtsverweigerung führen. Ein relativ häufig beobachtetes Beispiel ist die Einholung der Einwilligung der Eltern, die Fachpersonen vom Berufsgeheimnis zu entbinden, um diese im Hinblick auf das Kindesschutzverfahren kontaktieren zu können. Formaljuristisch ist es richtig, die Eltern um ihre Einwilligung zu bitten, um die Fachpersonen vom Berufsgeheimnis zu entbinden. Interessanterweise wird die Einwilligung häufig eher nebenbei eingeholt; dies wird im Fall einer Mutter, die den Eindruck hatte, persönliche Informationen nicht mehr kontrollieren zu können, offen kritisiert. Die KESB-Fachperson versuchte, das verlorene Vertrauen der Mutter in die Behörde wiederherzustellen und informierte sie über ihr Recht, den genauen Umfang der Aufhebung des Berufsgeheimnisses festzulegen.

In den meisten der im Rahmen der qualitativen empirischen Erhebung untersuchten Fälle hatte das Kind keine Verfahrensvertretung (Art. 314*a*^{bis} ZGB – 2013). Dies wird als Hinweis darauf interpretiert, dass die Vertretung der Eltern durch Rechtsanwält*innen und der Kinder durch Kinderanwält*innen nicht die Regel bildet (Kapitel 3.3.2), was auch aktuelle Zahlen bekräftigen. Die Verfahrensvertretung wird gemessen an der Anzahl der betroffenen Kinder wenig genutzt: Von insgesamt 44'823 Kindern, für die in der Schweiz am 31.12.2021 Kindesschutzmassnahmen bestanden, erhielten nur 843 (1,9 %) eine Vertretung im Verfahren (KOKES, 2021; EMRK 2022; Kapitel 3.3.2).

Die zuvor herausgearbeitete Betonung der rechtlichen Autorität durch die KESB führt jedoch womöglich dazu, dass die Anerkennung verweigert und die Arbeitsbeziehung belastet wird. So wurde z. B. beobachtet, dass Eltern und Kinder es als Bedrohung der Autonomie empfinden können, wenn KESB-Fachpersonen auf gesetzliche Pflichten (z. B. jene der Eltern zur Mitwirkung im Kindesschutzverfahren) hinweisen oder mögliche rechtliche Konsequenzen (wie die Anordnung von Kindesschutzmassnahmen auch gegen den Willen der Eltern) beschreiben (Kapitel 3.3.2, wonach die Eltern ihre Pflichten besser erinnern als ihre Rechte, z. B. jenes auf anwaltliche Vertretung). Die Anerkennung der Eltern und Kinder in rechtlicher Hinsicht stellt offenbar ein heikles Thema dar. In einigen von uns untersuchten Interaktionen bitten Eltern und Kinder aktiv um Informationen über den Rechtsrahmen der Kindesschutzverfahren und ihre Rechte und Pflichten. So fragt z. B. eine 14-Jährige *(Beobachtungsnotiz, Fall 7)*, ob ihre Eltern gegen ihren Willen beschliessen dürften, dass sie das Elternhaus nicht verlassen könne.

Neben dem Informationsaustausch und der Anerkennung von Rechtsansprüchen tragen zwei weitere Formen der Anerkennung zum Verständnis der Dynamik der Interaktionen bei: Anerkennung in Form von «Liebe» und «Solidarität» (Honneth 1995). Übertragen auf den Kindesschutz drückt sich die Sphäre der Liebe in Form von Empathie aus und kann an Arbeitsbeziehungen erkannt werden, die durch Respekt und Vertrauen geprägt sind. Empathie zeigte sich in der Praxis auf verschiedenen Ebenen der Interaktionen. Verschiedene Verhaltensweisen der KESB-Fachpersonen zeugten von dieser Anerkennung: Wenn Sie sich bei den Eltern und Kindern für ihre Anwesenheit bedankten, sie ihr körperliches Wohlbefinden berücksichtigten und ihnen ein Glas Wasser anboten, sie Anzeichen von Belastung erkannten und darauf reagierten, wenn eine Person von Emotionen überwältigt wurde. Die Anwesenheit von Eltern bei Anhörungen ist zwar gesetzliche Pflicht, aber die Praxis, dass man den Eltern und den Kindern dafür dankt (anstatt sie nur zu begrüssen), deutet auf Anerkennung hin und verringert die Distanz zwischen betroffenen Personen und Behörden. Diese Verhaltensweisen scheinen die Interaktionen positiv zu beeinflussen, weil sie Spannungen abbauen und eine offene Kommunikation fördern.

Dagegen scheint es sich negativ auszuwirken, wenn Tränen oder Bekundungen der Betroffenen, man fühle sich schlecht, ignoriert werden, wenn Erklärungen unterbrochen oder sprachliche Fehler korrigiert werden. Einige KESB-Fachpersonen formulieren die Aussagen für die Protokollführung um (d. h. sie übersetzen die umgangssprachlichen in geeignete juristische Begriffe und die gesprochene in die formellere Schriftsprache). Diese im Rechtsbereich relativ gängige Praxis scheint bestimmte Eltern zu verunsichern: Sie unterbrechen sich dann selbst und verlieren den roten Faden. Die Anerkennung von Liebe/Empathie steht in direktem Zusammenhang mit der Autonomie und dem Selbstvertrauen der Menschen, wobei das Selbstvertrauen je nach Erfahrung und Interaktion variieren kann.

Die dritte Dimension der Anerkennung betrifft die Solidarität. Dazu gehört das Respektieren von persönlichen Meinungen, Einstellungen, Fähigkeiten, Rollen oder dem Status anderer. Eltern und Kindern liegt sehr daran, dass die KESB-Fachpersonen ihre Meinungen verstehen und respektieren. Interessanterweise scheint es weniger entscheidend, ob die KESB-Fachpersonen den Eltern und Kindern zustimmt, sondern ob sie ihnen aufmerksam zuhört und ihren Standpunkt anerkennt. Übrigens bedeutet das Äussern von Anerkennung keineswegs, ein das Kindswohl gefährdendes Verhalten gutzuheissen, sondern die Schilderungen zu validieren. Einfache und klare Sätze wie *«Ich verstehe das»* oder *«Ja, das ist bestimmt schwierig»* fördern offensichtlich das Gefühl der Anerkennung und stärken das Selbstwertgefühl. So reagieren z. B. verzweifelte Eltern mit Erleichterung, wenn die Herausforderungen der Elternrolle anerkannt werden, und teilen ihre Probleme eher mit. Solidarität zeigte sich auch im entgegengesetzten Sinn, d. h. wenn die Eltern erkennen, dass sie Hilfe brauchen oder ein Hilfeangebot der Behörden annehmen. Die KESB-Fachpersonen fühlen sich dadurch anscheinend ermutigt, eine unterstützende Haltung einzunehmen und die Zusammenarbeit zu verbessern, anstatt autoritäre Machtstrategien anzuwenden. Nach unseren Erkenntnissen wird die Partizipation von Eltern oder Kindern in den Verhandlungen über mögliche Massnahmen durch

Formulierungen wie «*Welche Art von Unterstützung würden Sie benötigen?*» eher gefördert als durch einen konkreten Massnahmenvorschlag. So lassen sich Bedürfnisse und mögliche Lösungen gemeinsam definieren. Diesbezüglich bedeuten offene Formulierungen eine Anerkennung der Meinung der betroffenen Personen.

Wenn die Meinung der Eltern zurückgewiesen, abgewertet oder ihr widersprochen wird, wird Anerkennung in Form von Solidarität verweigert. Teilweise haben die KESB-Fachpersonen aus moralischen Gründen oder um die Fakten zu überprüfen und die «Wahrheit» zu ermitteln, das Bedürfnis, die Aussagen der Eltern zu korrigieren oder zu berichtigen. Es ist jedoch möglich, eine andere Meinung zwar nicht zu teilen, aber sie dennoch anzuerkennen, denn dies genügt bereits, um ein Gefühl der Anerkennung, Integrität und Selbstachtung zu schaffen. In einem Fall *(Beobachtungsnotiz, Fall 14)* lehnen die Eltern die Homosexualität ihrer Tochter wegen ihrer religiösen Werte ab. Zwei KESB-Fachpersonen hinterfragen ihren Standpunkt in Bezug auf die Menschenrechte und eine unterschiedliche Interpretation von religiösen Überzeugungen. Die Diskussion ist lebhaft, dreht sich aber im Kreis. Schliesslich bringt sich eine dritte KESB-Fachperson ein und erklärt, sie respektiere die unterschiedliche Meinung der Eltern zum Thema, und schlägt vor, man solle sich aber fürs Erste auf das Kindeswohl und die Schulleistungen des Kindes konzentrieren. Diese ausgesprochene Anerkennung bringt den Durchbruch in der Diskussion, sodass die Eltern schliesslich einer Kindesschutzmassnahme zustimmen. Das Konzept der Anerkennung bietet eine gute Möglichkeit, um Interaktionen zwischen den KESB-Fachpersonen und den betroffenen Personen zu verstehen sowie Integrität, Autonomie und Partizipation in Verbindung zu denken (Schoch et al. 2020; Kapitel 2).

3.3.1.4.3 Schlussbemerkungen

Abschliessend ist festzuhalten, dass ein breites Spektrum an fachlichen Praxen bei den KESB festzustellen ist und dass sich diese Vielfalt auf das Erleben und die Partizipation der betroffenen Personen auswirkt. Obwohl die KESB-Fachpersonen auf verschiedene Strategien setzen, um als Hilfe («Fürsorge») wahrgenommen zu werden, erleben die betroffenen Personen eine staatliche Intervention, zumindest in der Anfangsphase, nach wie vor häufig als Kontrolle oder als Zwang. Die Entwicklung einer Vertrauensbeziehung scheint entscheidend, um die Integrität zu schützen, die Autonomie zu gewährleisten und die Partizipation zu fördern. Dies erlaubt eine bessere Erkennung von Gefährdungssituationen und ermöglicht es, für die Betroffenen zufriedenstellende und angemessene Lösungen zu finden. Der Ermessensspielraum der Behördenmitglieder trägt, wie dargelegt, dazu bei, sich an die Fallspezifik anpassen zu können, und ermöglicht die Entwicklung interessanter Strategien zur Förderung der Integrität, Autonomie und Partizipation von Kindern. Wir sehen jedoch auch die Begrenzungen einer fehlenden Standardisierung des Verfahrens für die Betroffenen und die Ungleichbehandlung, die dadurch entstehen kann (Kapitel 3.1).

3.3.2 Quantitative Teilstudie

Brigitte Müller

3.3.2.1 Einleitung

Ziel der quantitativen Teilstudie war es, die Forschungsfragen unter Einbezug der konzeptuellen Einbettung, des empirischen Wissens sowie der Ergebnisse der qualitativen Teilstudie zu beantworten und diese zu vertiefen und zu ergänzen. In Rekapitulation der bisherigen Überlegungen werden zunächst noch einmal Aspekte und Merkmale von Verfahren und Interaktionen herausgearbeitet, die sich für das Erleben von Integrität, Autonomie und Partizipation als relevant erwiesen haben.

Zum einen ist die zentrale Bedeutung von Information und Informationsverständnis zu nennen, die bereits in Kapitel 2.3 thematisiert wurde und sich auch in der qualitativen Teilstudie als wichtiger Aspekt von Partizipation, insbesondere im Zusammenhang mit den Möglichkeiten von Kindern und Eltern, ihre Handlungsspielräume zu nutzen, herausgestellt hat. Wissen über und Verständnis für das Verfahren sind zentral für das Erleben von Autonomie und Agency – auch wenn diese durch den Zwangskontext eingeschränkt sind – bzw. können fehlendes Wissen oder vorenthaltene Informationen bestehende Machtasymmetrien verstärken (Berrick 2018). Kinder und Eltern, die über relevante Informationen zu verschiedenen Aspekten des Verfahrens verfügen und ihre (Ver-)Handlungsspielräume gezielter zu nutzen wissen, können sich auch stärker beteiligen (dazu auch Arbeiter & Toros 2017; Gallagher et al. 2012).

In Bezug auf die als einer der zentralen Gegenstände fokussierten Interaktionen zwischen Kindern, Eltern und Fachpersonen verweisen theoretisch-konzeptuelle Bezüge und empirische Befunde auf die Bedeutung von Beziehungs- und Kommunikationsmerkmalen wie Vertrauen (Cossar et al. 2016) sowie das Interesse an der Person als Mensch und nicht nur als Träger*in von Informationen (Archard & Skivenes 2009). In der qualitativen Teilstudie zeigte sich, dass die Interaktionsgestaltung von Fachpersonen im Sinne der Anerkennungstheorie – beispielhaft die Aufklärung der Eltern über ihre Rechte, die Gesprächsführung und das empathische Eingehen auf Gefühlsäusserungen – von grosser Bedeutung für eine als vertrauensvoll erlebte Arbeitsbeziehung und das Erleben des Verfahrens insgesamt durch Kinder und Eltern ist. Deutlich wurde aber auch, wie unterschiedlich die Begegnungen zwischen Kindern, Eltern und Fachpersonen verlaufen, gestaltet und erlebt werden. Dies lässt vermuten, dass das Erleben von Integrität und die subjektiv wahrgenommenen Partizipationsmöglichkeiten eng mit der Entwicklung und Ausgestaltung der Interaktionen mit den Fachpersonen zusammenhängen. Ziel der quantitativen Teilstudie war es daher auch, die Zusammenhänge und Wechselwirkungen zwischen den Konstrukten sowie mögliche Einflussfaktoren zu analysieren. Damit sollten die Antworten auf die Forschungsfragen breiter abgestützt und die Ergebnisse der qualitativen Teilstudie ergänzt werden.

3.3.2.2 Methodischer Zugang

3.3.2.2.1 Feldzugang und Teilnehmer*innen

Zwischen Anfang Juli 2021 und Ende Juni 2022 wurden drei voneinander unabhängige Online-Befragungen von Kindern und Jugendlichen, Eltern und Fachpersonen aus Kindes- und Erwachsenenschutzbehörden durchgeführt. Da Eltern und Kinder/Jugendliche nicht direkt kontaktiert werden konnten, wurden im Juli und August 2021 alle KESB und Familien-/Friedensgerichte in der Schweiz erstmalig per Mail über die Studie informiert. Ebenso wurden verschiedene Verbände, Interessengruppen und Fachorganisationen kontaktiert und Informationen zur Studie zugestellt. Die Organisationen wurden gebeten, Familien, die in den letzten zwei Jahren in zivilrechtliche Kindesschutzverfahren involviert waren, über die Studie zu informieren, sie zur Teilnahme an der Online-Befragung zu motivieren und ihnen eine Informationsbroschüre mit den Zugangsdaten zu den Online-Befragungen für Kinder und Eltern zukommen zu lassen. Da der Rücklauf zunächst gering war, erfolgte im Januar 2022 ein erneuter Versand und Aufruf zur Verteilung der Broschüre. Zusätzlich wurde ein Aufruf in den Newslettern verschiedener Fach- und Berufsverbände veröffentlicht. Die Informationen und Zugangsdaten zur Online-Befragung von Fachpersonen aus Behörden wurden zusammen mit der Anfrage zur Rekrutierung von Kindern und Eltern verschickt (s. o). Im Dezember 2021 wurden in der Zeitschrift für Kindes- und Erwachsenenschutz ein kurzer Text und Teilnahmeaufruf einschliesslich Link und QR-Code publiziert.

Bei den Fachpersonen und den Eltern konnte mit diesem Vorgehen ein – angesichts der schwierigen Erreichbarkeit der Zielgruppe und der hohen Arbeitsbelastung der Fachpersonen in den Kindes- und Erwachsenenschutzbehörden – knapp zufriedenstellender Rücklauf erzielt werden. Hingegen konnten von den 35 Datensätzen, die am Ende der Feldphase für die Befragung der Kinder und Jugendlichen vorlagen, nach Validierung und Plausibilisierung nur 23 Datensätze ausgewertet werden.

Teilnehmende Fachpersonen

Die Daten der Fachpersonen umfassten 112 gültige Datensätze. Im Folgenden werden soziodemografische Angaben sowie strukturelle Merkmale der Behördenorganisation der beteiligten Fachpersonen kurz dargestellt:

- *Sprachregion:* 62 % der Teilnehmer*innen füllten den deutschen, 26 % den französischen und 12 % den italienischen Fragebogen aus. Dies entspricht in etwa den Anteilen der Wohnbevölkerung mit entsprechender Landessprache.
- *Angaben zum beruflichen Hintergrund und zur Tätigkeit:* 25 % der teilnehmenden Fachpersonen gaben an, als «Behördenmitglied/Richter*in/Friedensrichter*in» tätig zu sein, ohne Angaben zum beruflichen Hintergrund zu machen. 20 % gaben als beruflichen Hintergrund «Soziale Arbeit» an, 14 % Jurist*in und 5 % Psycholog*in. 8 % der Personen gaben einen anderen beruflichen Hintergrund an, der Rest der Teilnehmer*innen machte keine Angaben. Als Haupttätigkeiten wurden Verfahrensleitung, Entscheide und Abklärung, oft in unterschiedlichen Kombinationen, angegeben.
- *Behördenstruktur:* 73 % der Teilnehmer*innen arbeiteten in KESB, die als Verwaltungsbehörden organisiert sind, entsprechend 27 % in gerichtlichen Behörden oder Familiengerichten (Tabelle 6 im Anhang zeigt, aus welchen Kantonen die Teilnehmer*innen stammten).
- *Zeitdruck:* Da aus der Literatur bekannt ist, dass sowohl aus Perspektiven von Adressat*innen als auch von Fachpersonen im Kindesschutz der Faktor Zeit eine wichtige Rolle für das Erleben des Verfahrens und der Interaktionen spielt (z. B. Cossar et al. 2011; Pölkki et al. 2012; Križ & Roundtree 2017), wurde erhoben, inwieweit aus Sicht der Fachpersonen in den Verfahren *Zeitdruck* besteht.

28 % der Teilnehmer*innen gaben an, «in der Regel ausreichend Zeit» zu haben, 41 % haben «manchmal zu wenig Zeit» und 32 % haben «häufig zu wenig Zeit».

Teilnehmende Eltern

Nach der Plausibilisierung und Validierung der Daten wurden die Datensätze von 89 Eltern ausgewertet.

Einleitend zur folgenden Darstellung der soziodemografischen Merkmale der Teilnehmer*innen ist voranzustellen, dass die Merkmalsausprägungen keine Rückschlüsse darauf zulassen, inwieweit die Stichprobe «Eltern in Kindesschutzverfahren» repräsentiert, da hierzu keine Zahlen aus der Schweiz vorliegen. Ebenso wenig können Aussagen über allfällige Selektionsprozesse seitens der KESB, welche die Studieninformationen an die Familien weitergeleitet haben, oder über Selbstselektionseffekte gemacht werden.

- *Sprachregion:* 80 % der Eltern nutzten den Fragebogen auf Deutsch, 20 % auf Französisch. Aus der italienischsprachigen Schweiz gab es keine Beteiligung.
- *Kinder im Kindesschutzverfahren:* 60 % der Teilnehmer*innen waren Mütter, 39 % Väter und eine Person gab an, ein Stiefelternteil zu sein. 46 % der Teilnehmer*innen gaben an, ein Kind zu haben, 36 % der Personen hatten zwei Kinder, der Rest (18 %) hatte mehr als zwei Kinder. Knapp 30 % der Kinder, um die es in den Kindesschutzverfahren ging, waren jünger als sieben Jahre alt, 45 % der Kinder waren im Primarschulalter (sieben bis zwölf Jahre), der Rest (26 %) war älter.
- *Ausbildung/Beruf/Wohnort:* Die offenen Textantworten zu Beruf/Erwerbstätigkeit waren nicht sehr aussagekräftig. Anhand der Berufsbezeichnungen wurde eine grobe Einteilung nach Ausbildung vorgenommen. Bei 18 % der Teilnehmer*innen kann von einem Hochschul- oder Fachhochschulabschluss ausgegangen werden, 37 % der Personen hatten eine Ausbildung an einer Höheren Fachschule oder auf Stufe Eidgenössisches Fähigkeitszeugnis (Berufslehre), 12 % gaben an, Familienfrau/-mann zu sein und bei 22 % fehlten entsprechende Angaben. Die teilnehmenden Eltern kamen aus

verschiedenen Kantonen der Deutsch- und der Westschweiz (Tabelle 7).

Die Eltern, die an der Befragung teilnahmen, wurden zu verschiedenen Merkmalen des Kindesschutzverfahrens befragt. Auf die Frage, wer die Gefährdungsmeldung bei der Behörde eingereicht hatte, antwortete mehr als ein Drittel (34 %) der Eltern, sie hätten sich selbst bei der KESB gemeldet. Etwas mehr als die Hälfte der Kindesschutzverfahren (55 %) waren zum Zeitpunkt der Befragung abgeschlossen, 42 % der Verfahren waren noch nicht abgeschlossen (3 % fehlend). Vorerfahrungen mit Beratung, Unterstützung und Hilfe hatten knapp die Hälfte der befragten Eltern (47 %). Vorerfahrungen mit zivilrechtlichen Kindesschutzverfahren hatten 30 % der Eltern.

Teilnehmende Kinder/Jugendliche
Es wurden 23 Datensätze ausgewertet, von denen 18 in deutscher und 5 in französischer Sprache ausgefüllt wurden. Aufgrund der Textantworten kann davon ausgegangen werden, dass es sich eher um Jugendliche und ältere Jugendliche handelt. Um die Schwelle für die Teilnahme an der Befragung möglichst niedrig zu halten und den Schutz der Persönlichkeitsrechte der teilnehmenden Kinder und Jugendlichen zu wahren, wurden hierzu jedoch keine weiteren demografischen Variablen erhoben (dazu 3.3.2.2.2). Vor diesem Hintergrund kann die Befragung von Kindern und Jugendlichen im Rahmen der quantitativen Studie von INTAPART nur als bedingt gelungen bewertet werden. Die Daten stehen aufgrund der geringen Teilnehmer*innenzahl und der fehlenden demografischen Angaben etwas im luftleeren Raum, da die Reichweite der Ergebnisse kritisch hinterfragt werden muss, weil Rückschlüsse auf die Repräsentativität der Ergebnisse kaum gezogen werden können. Dennoch werden die Ergebnisse im Folgenden ausführlich dargestellt, da in der Schweiz bisher wenig quantitative Daten zum Thema vorliegen.

3.3.2.2.2 Fragebogen

Die Entwicklung der Fragebogen erfolgte iterativ im Autor*innenteam der empirischen Studie sowie im Austausch mit dem Forschungsteam. Inhaltlich folgte die Konstruktion der Fragebogen dem empirischen Wissen aus dem Forschungsfeld und den Ergebnissen der qualitativen Studie.

Die Fragebogen bestanden zum einen aus Einschätzungsfragen zu verschiedenen Aspekten des Verfahrens. Da zu vielen Aspekten, die für die Schweiz von Interesse sind, noch wenig gesichertes Wissen vorliegt, wurden die Einschätzungsfragen durch Fragen mit offenen Textantworten ergänzt.

Die Fachpersonen wurden u. a. zu Vorgehensweisen bei der Informationsvermittlung, zu Schwierigkeiten in der Zusammenarbeit mit Kindern und Eltern sowie zur Einschätzung ihrer Partizipationsmöglichkeiten befragt. Der Fragebogen wurde in einer deutschen, einer französischen und einer italienischen Version aufgeschaltet.

Die Fragebogen der Kinder und Eltern fokussierten zum einen auf Erfahrungen in der Interaktion mit Behördenvertreter*innen und in Kindesschutzverfahren allgemein. Neben Fragen, die einzelne Aspekte der als latente Konstrukte verstandenen Konzepte Integrität, Autonomie und Partizipation auf konkrete Interaktionserfahrungen und Einschätzungen herunterbrachen und diese alltagssprachlich operationalisierten, wurden auch Items zur Einschätzung der subjektiven Belastung im Verfahren formuliert. Der Elternfragebogen wurde in 8 Sprachen übersetzt: Deutsch, Französisch, Italienisch, Spanisch, Englisch, Portugiesisch, Albanisch, Türkisch, Serbisch. Es wurden jedoch keine Fragebogen in anderen Sprachen als Deutsch und Französisch genutzt. Der Fragebogen für Kinder wurde in einer deutschen, einer französischen und einer italienischen Version aufgeschaltet.

Die Konstruktion des Fragebogens für Kinder/Jugendliche folgte darüber hinaus folgenden Kriterien:

- Die Fragen sollten möglichst kurz (10 Minuten Zeit fürs Ausfüllen), einfach und in kindgerechter Sprache formuliert und
- die absolute Anonymität der teilnehmenden Kinder und Jugendlichen sollte garantiert sein.

Letztgenanntes Kriterium begründet sich mit dem Schutz der Persönlichkeitsrechte der teilnehmenden Kinder und Jugendlichen sowie in der Absicht, den Zugang möglichst niederschwellig zu gestalten, indem ausschliesslich das Erleben und die Einschätzung des Kindesschutzverfahrens ins Zentrum gestellt wurden.

3.3.2.2.3 Auswertung

Die Daten wurden mit IBM SPSS 28 ausgewertet. Die Datensätze wurden zunächst inhaltlich plausibilisiert und validiert (u. a. anhand der offenen Textantworten und weiterer Angaben) (dazu Tabachnick et al. 2019). Anschliessend wurden die Daten mittels Häufigkeitsstatistiken ausgewertet. Die deskriptiven und zusätzlichen explorativen Analysen der *Daten von Fachpersonen und Eltern* ergaben, dass die Werte der likertskalierten Items nicht normalverteilt sind. Auf Verfahren wie die Faktorenanalyse wurde daher verzichtet. Für die Analyse von Zusammenhängen wurden zur Skalenbildung inhaltlich hergeleitete Summenscores gebildet. Da auch diese Scores nicht normalverteilt waren, wurden sie für die weiteren Analysen dichotomisiert/kategorisiert (bis drei Kategorien) und danach mittels Pearsons-Chi-Quadrat-Tests auf Zusammenhänge geprüft.

Bei der Befragung der Fachpersonen zeigte sich, dass viele der als Einschätzungen formulierten Fragen sehr einseitig beantwortet wurden, konkret waren die Zustimmungsraten zu den Fragen zur Partizipation fast durchgehend sehr hoch. Aufgrund der fehlenden Varianz in den Daten erschienen Zusammenhangsanalysen, z. B. mit Strukturmerkmalen, wenig erfolgversprechend im Hinblick auf weiterführende Erkenntnisse.

Die Daten der Elternbefragung wurden analog zu denjenigen der Fachpersonen ausgewertet. Folgende Skalen wurden gebildet: Informationsverständnis, Integrität, Verfügbarkeit von Vertrauenspersonen, Partizipation, Gesamteinschätzung des Verfahrens/Ausmass der Belastung, Akzeptanz der Massnahmen.

Die offenen Textantworten in der Fachpersonen- und Elternbefragung wurden inhaltsanalytisch (zusammenfassend/strukturierend nach Mayring 2022) ausgewertet, wobei die Kategorienbildung sowohl deduktiv aus dem Forschungsfeld, den qualitativen Ergebnissen als auch induktiv aus dem Material erfolgte.

Für die Auswertung der Daten aus der Befragung von Kindern/Jugendlichen wurden Häufigkeitsstatistiken berechnet. Die Ergebnisdarstellung dieser Befragung gibt absolute Häufigkeiten wieder, da die Verwendung relativer Häufigkeiten bei der geringen Anzahl Teilnehmer*innen nicht sinnvoll ist. Es wurden keine explorativen Zusammenhangsanalysen durchgeführt, da diese aufgrund der kleinen Stichprobe nicht durchführbar waren (Kriwy & Gross 2009).

3.3.2.3 Ergebnisse

Die Darstellung der Ergebnisse der quantitativen Studie folgt der Struktur des vorangegangenen Kapitels, indem die Erfahrungen und das Erleben von Kindern und Eltern in Bezug auf Integrität, Autonomie und Partizipation mit den von den Fachpersonen berichteten Praktiken und Haltungen gespiegelt werden. Da es sich nicht um verbundene Stichproben handelt, werden die Ergebnisse getrennt dargestellt. An einigen Stellen werden die Ergebnisse durch Abbildungen veranschaulicht; an den Stellen, an denen Ergebnisse nur im Fliesstext wiedergegeben werden, finden sich Verweise auf die entsprechenden Tabellen im Anhang des Buches.

3.3.2.3.1 Die Perspektiven von Fachpersonen

Vermittlung von Informationen an Eltern

Die Ergebnisse der qualitativen Studie weisen darauf hin, dass vielen Eltern wichtige Informationen über die Funktionen und Zuständigkeiten der beteiligten Fachpersonen sowie über die verschiedenen Massnahmen fehlen und sie dadurch in ihren Handlungsspielräumen eingeschränkt sind. Abbildung 3 zeigt, welche Informationen den Eltern in den Organisationskontexten der teilnehmenden Fachpersonen vermittelt werden. Die Daten lassen den Schluss zu, dass die Eltern in der Regel die für das Kindesschutzverfahren relevanten Informationen erhalten. Die Abbildung zeigt auch, dass es so etwas wie «Standardinformationen» gibt, die regelhaft vermittelt werden, nämlich der Anlass des Verfahrens, die Funktion der Behörde, das Anhörungs- und Beschwerderecht sowie die Begründung des Entscheids. Zurückhaltender wird über das Recht auf Akteneinsicht, die Möglichkeit der Einrichtung einer eigenen Rechtsvertretung und die Möglichkeiten der Beteiligung von Kindern informiert. 10 % der befragten Fachpersonen sind der Meinung, dass die Eltern die vermittelten Informationen in der Regel gut verstehen, 55 % meinten «eher gut». Das Informationsverständnis der Eltern wurde von 31 % der Fachpersonen als ausreichend und von 3 % als schlecht eingeschätzt (Tabelle 8). Als Gründe, warum Eltern die Informationen und das Verfahren nicht gut verstehen, wurden in den offenen Textantworten am häufigsten genannt: «kulturelle und sprachliche Barrieren», «kognitive Fähigkeiten», «hohe emotionale Belastung aktuell und

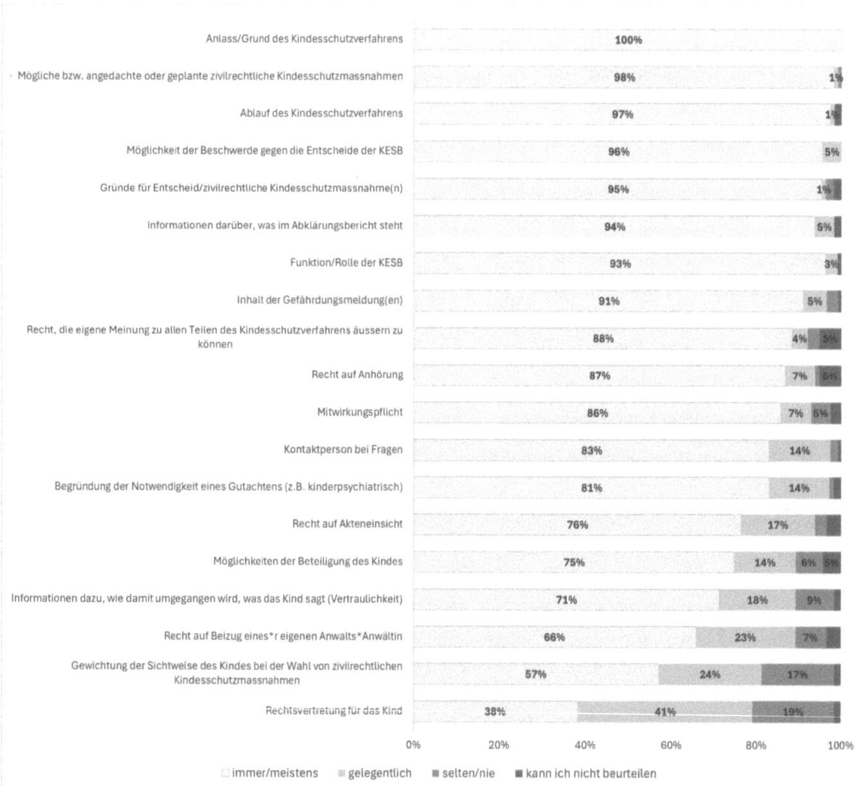

Abbildung 3: Informationen, die Eltern im Kontext des Kindesschutzverfahrens erhalten (Fachpersonen)

durch das Verfahren», «Widerstände und Ängste», «Desorientierung bezüglich der Rollen und Funktionen von Fachpersonen und -stellen».

Gründe werden auch aufseiten der Fachpersonen verortet, zumal die Mehrheit der Fachpersonen der Meinung ist, dass die Verantwortung dafür, dass die Eltern ausreichend verstehen, worum es geht und was die Rahmenbedingungen des Verfahrens sind, bei den Fachpersonen selbst liegt. Fehlende kommunikative Rückkoppelungsschleifen werden hier als Grund für ein unzureichendes Verständnis der Eltern genannt und entsprechend wird auf die Bedeutung der Wiederholung von Informationen und des mehrmaligen Nachfragens, ob die Eltern diese auch verstanden haben, hingewiesen.

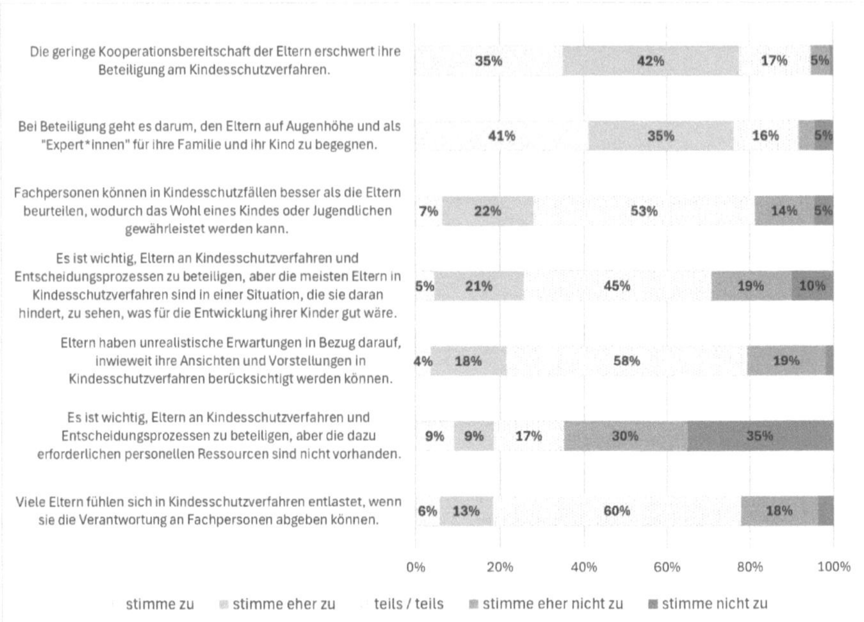

Abbildung 4: Einschätzung verschiedener Aspekte der Partizipation von Eltern (Fachpersonen)

Partizipation von Eltern

Über 90 % der Fachpersonen sind der Ansicht, dass sich Eltern gut (46 %) oder eher gut (45 %) an den Verfahren beteiligen können. 10 % sind der Meinung, dass Eltern sich ausreichend (9 %) bzw. eher schlecht (1 %) beteiligen können. Hinsichtlich der Einschätzungen der Fachpersonen zu verschiedenen Aspekten der Partizipation wird deutlich, dass die Mehrheit der Fachpersonen Partizipation als wichtigen Wirkfaktor einschätzt und die Expert*innenrolle der Eltern grundsätzlich anerkennt. Ebenso wird der Aussage zugestimmt, dass die Kooperationsbereitschaft der Eltern ihre Partizipationsmöglichkeiten beeinflusst (Abbildung 4), während zeitliche Ressourcen nicht als Hinderungsgrund für Elternbeteiligung gesehen werden. Interessant sind die hohen Anteile an «teils/teils»-Antworten bei weiteren Einschätzungsfragen zur elterlichen Partizipation, z. B. in Bezug auf «realistische Erwartungen» der Eltern an die Mitsprache im Zwangskontext, in Bezug auf die Gewichtung und Gegenüberstellung von elterlichen und fachlichen Einschätzungen des Kindeswohls sowie – ausgeprägt – in Bezug auf die Frage, inwieweit sich Eltern durch das Verfahren und die Verantwortungsübernahme durch Fachleute allenfalls entlastet fühlen. Dahinter lässt sich ein breites Spektrum an Interaktionen zwischen Fachpersonen und Eltern, an Handlungsweisen von Fachpersonen zur Beteiligung von Eltern und an Verhaltensweisen von Eltern in Bezug auf die Gestaltung dieser Interaktionen vermuten. Zudem ist es ein indirekter Hinweis darauf, dass es aus Sicht der Fachpersonen oft schwierig und herausfordernd ist, eine Arbeitsbeziehung oder Kommunikationsebene mit den Eltern zu erreichen, auf der Partizipation gelingen kann.

Vermittlung von Informationen an Kinder und Jugendliche

Da sich bereits in der qualitativen Analyse erhebliche Unterschiede zwischen den vier untersuchten Behörden gezeigt haben, wie, wann und durch wen Kinder und Jugendliche über das Verfahren informiert werden, wurde im Fragebogen mittels offener Textantworten danach gefragt, wie Kinder und Jugendliche über das Verfahren und verschiedene damit zusammenhängende Aspekte informiert werden. Dies ist u. a. deshalb von Bedeutung, weil ein besseres Verständnis des Verfahrens und der Einflussmöglichkeiten und -chancen von Kindern und Jugendlichen deren Partizipationschancen erhöht.

Es zeigte sich eine *enorme Bandbreite an Vorgehensweisen*, ob, wie und worüber Kinder über das Verfahren, ihre Rechte etc. informiert werden. Bei Jugendlichen scheint das Thema Information bzw. das Verstehen der Informationen einen höheren Stellenwert zu haben als bei jüngeren Kindern. Häufig wird ein mehrstufiges Vorgehen beschrieben, bei dem z. B. eine schriftliche Einladung an das Kind («Kinderbrief», «persönliche Einladung» u. Ä.) mit der Vermittlung wichtiger Informationen im Rahmen von «Erstgespräch», «Kindergespräch», «persönlichem Gespräch» und «Anhörung» kombiniert wird. Häufig werden dabei Broschüren (z. B. von UNICEF) und eigene Informationsblätter verschickt, ausgehändigt oder als Hilfsmittel im Gespräch genutzt. Grosse Unterschiede gibt es auch in der Art und Weise der Informationsvermittlung, die von der reinen Informationsvermittlung über die Existenz und den Ablauf des Verfahrens bis hin zur Information über die Rechte des Kindes, den Inhalt der Meldung, die Vertraulichkeit der Gespräche, insbesondere der Anhörung, und die Möglichkeiten und Grenzen der Beteiligung des Kindes reicht. Auch hinsichtlich der Personen, welche die Kinder informieren, gibt es unterschiedliche Handhabungen – ein Teil der Kinder und Jugendlichen erhält ein persönliches Einladungsschreiben, andere werden durch die Eltern, eine abklärende Fachperson, eine*n bereits eingesetzte*n Beistand/Beiständin oder eine Kindesvertretung oder durch eine*n Fachmitarbeiter*in der KESB informiert. Teilweise, insbesondere in den gerichtlich organisierten Behörden der französischsprachigen Schweiz, wird die Informationsvermittlung eher formalisiert und manchmal ausschliesslich im Rahmen der Anhörung erwähnt. Interessant ist, dass nur knapp 13 % der Fachpersonen angeben, dass in ihrem Organisationskontext auch *jüngere Kinder* (unter 6 Jahren) über die Verfahren informiert werden. 44 % der Teilnehmer*innen gaben an, dass dies der fallführenden Fachperson überlassen sei, und 40 % informieren jüngere Kinder nicht. Aus den offenen Textantworten zum Umgang mit Kindern unter fünf Jahren geht hervor, dass die für die Anhörung als Richtwert verbreitete Altersgrenze von sechs Jahren auch hier wirksam zu sein scheint. Zudem wird aus den Textantworten deutlich, dass die Art und Weise der Informationsvermittlung an Kinder und Jugendliche Rückschlüsse auf deren Beteiligungsmöglichkeiten zulässt. Nur in wenigen Textantworten finden sich Hinweise darauf, dass die Kinder nicht nur über das Verfahren informiert werden, sondern dass nach dessen Abschluss weitere Interaktionen stattfinden, in denen die Kinder über Entscheide und Massnahmen informiert werden – allerdings werden solche Vorgehensweisen ausschliesslich in Bezug auf Jugendliche beschrieben.

Aus den Textantworten geht zudem hervor, dass *Merkmale des Falles* – die Familiensituation, die vermutete Gefährdungssituation, die Situation der Familie – einen wesentlichen Einfluss auf die Art und den Zeitpunkt der Informationsvermittlung haben. Auch hier sind die Haltungen und Vorgehensweisen sehr unterschiedlich. Breit verankert ist die Haltung, die Kinder umso genauer, umfangreicher und sorgfältiger zu informieren, je stärker ihr Leben von allfälligen Massnahmen betroffen sein könnte. Eine Tendenz zum Verzicht oder zur Zurückhaltung von (ausführlichen oder detaillierten) Informationen wird vor allem dann handlungsleitend, wenn es sich um Fallkonstellationen handelt, in denen das Kind bereits übermässig belastet ist (z. B. häusliche Gewalt), Loyalitätskonflikte bestehen oder wenn detaillierte Informationen das Kind zusätzlich stark belasten oder sogar (re-)traumatisieren könnten (z. B. bei Straftaten der Eltern). Ein weiterer Fall, in

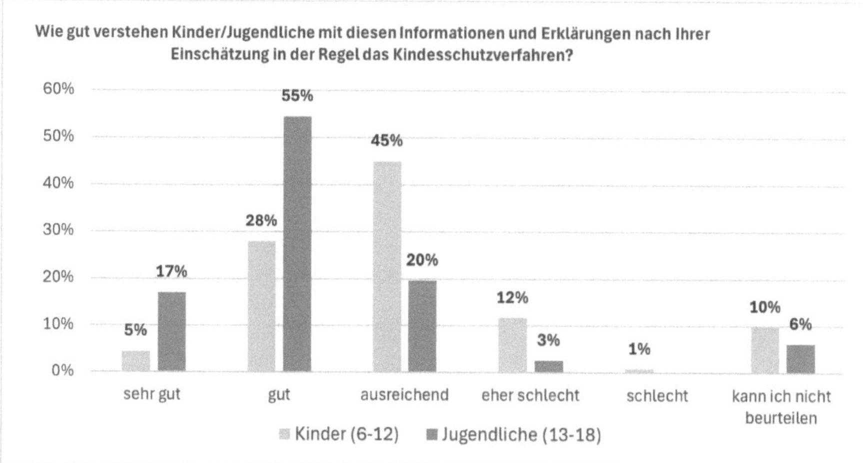

Abbildung 5: Einschätzung des Informationsverständnisses von Kindern und Jugendlichen (Fachpersonen)

dem der Einbezug und die Information der Kinder von den befragten Fachpersonen als besonders wichtig erachtet wird, ist, wenn diese sich selbst bei der Behörde gemeldet haben.

Befragt nach ihrer Einschätzung, wie gut Kinder und Jugendliche die ihnen vermittelten Informationen verstehen, zeigen die Antworten der Fachpersonen, dass sie hier deutliche Unterschiede zwischen Primarschulkindern (6 bis 12 Jahre alt) und Jugendlichen (13 bis 18 Jahre alt) wahrnehmen (Abbildung 5). Jugendliche verstehen die Informationen aus Sicht der Fachpersonen in der Regel gut, während Kinder die Informationen aus Sicht von knapp 60 % der Teilnehmer*innen ausreichend, eher schlecht oder schlecht verstehen. Die Gründe hierfür werden sowohl bei Kindern als auch bei Jugendlichen zum einen darin gesehen, dass die Verfahren komplex und für Minderjährige, die mit dem Rechtssystem nicht vertraut sind, oft schwer zu verstehen sind (Tabelle 9/Tabelle 10). Zum anderen gehen viele Fachpersonen davon aus (siehe oben), dass es (auch) Aufgabe der Eltern ist, die Kinder zu informieren, und dass diese selbst Schwierigkeiten haben, die Verfahren zu verstehen. Zudem sei es schwierig zu überprüfen, inwieweit die Informationen verstanden wurden. Knapp 30 % der Teilnehmer*innen gaben an, dass Zeitmangel seitens der Fachpersonen ein wichtiger bzw. eher wichtiger Grund für fehlendes Informationsverständnis seitens der Kinder sei (ebd.).

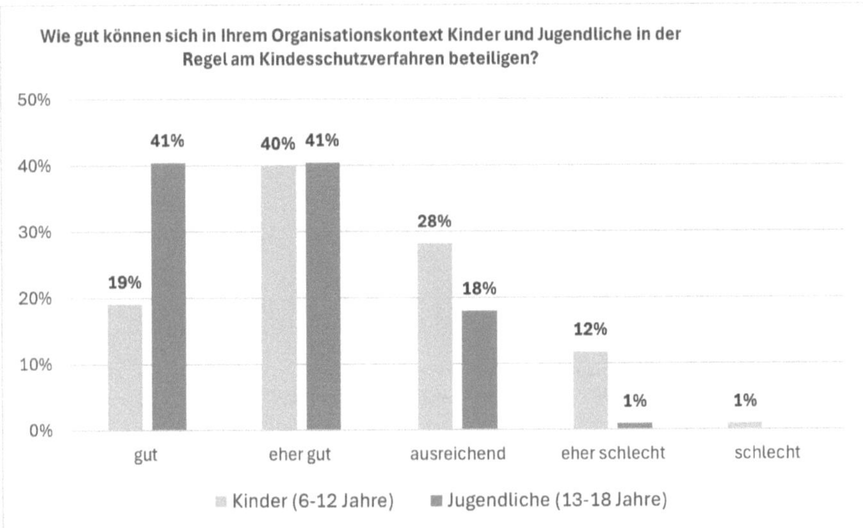

Abbildung 6: Einschätzung der Partizipation von Kindern und Jugendlichen (Fachpersonen)

Partizipation von Kindern

Ähnlich wie bei der Einschätzung der Beteiligung von Eltern sind die an der Befragung teilnehmenden Fachpersonen auch in Bezug auf Kinder und Jugendliche mehrheitlich der Meinung, dass diese sich gut oder eher gut an den Verfahren beteiligen können (Abbildung 6). Deutlich nüchterner fällt die Einschätzung in Bezug auf jüngere Kinder aus: 40 % der Fachpersonen sind der Meinung, dass sich jüngere Kinder (im Primarschulalter) nur ausreichend oder sogar schlecht an den Verfahren beteiligen[28] können.

Im Hinblick auf Kinder unter fünf Jahren werden ähnliche Aussagen getroffen wie im Zusammenhang mit der Vermittlung von Informationen an Kinder (s. o.): In der Regel werden Kinder ab einem Alter von vier bis sechs Jahren einbezogen, wobei davon auszugehen ist, dass sich dieser Referenzwert am Bundesgerichtsentscheid zur Gewährung des rechtlichen Gehörs (Anhö-

28 Die Begriffe Beteiligung und Partizipation sind nicht trennscharf. In diesem Text wird die Bedeutungsnuancierung daran festgemacht, inwiefern Kinder und Jugendliche als Akteure auszumachen sind. «Partizipation» ist demnach die Beteiligung, in der Kinder ihre Agency einbringen und die Interaktionen aktiv mitgestalten – «Beteiligung» im Kontrast dazu meint die Handlungsspielräume, die Kindern von Fachpersonen gegeben oder zur Verfügung gestellt werden.

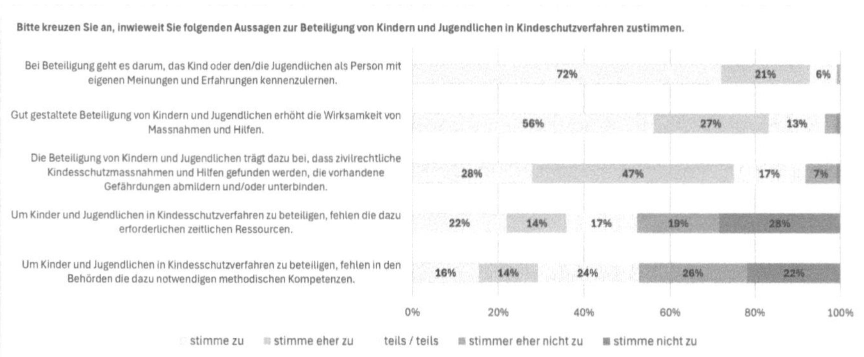

Abbildung 7: Einschätzung verschiedener Aspekte der Partizipation von Kindern und Jugendlichen (Fachpersonen)

rung) orientiert. Es gibt jedoch Ausnahmen – so plädieren einige Teilnehmer*innen dafür, Kinder bereits früher einzubeziehen, andere setzen die Altersgrenze deutlich höher an (12 oder 14 Jahre). Es ist zu vermuten bzw. wird aus den Textantworten deutlich, dass sich hinter diesen Auffassungen und Praktiken *sehr unterschiedliche Partizipationskonzepte* verbergen, die von «das Kind sehen» über «mit geeigneten Mitteln und Methoden mit dem Kind ins Gespräch kommen» bis zu «mitentscheiden» reichen. Deutlich wird, dass viele Fachpersonen der Meinung sind, dass auch jüngere Kinder im Vorschulalter im Sinne eines direkten Kontaktes zum Kind «mitgenommen» werden sollten, dass aber eine «Einflussnahme» des Kindes eher erst ab einem Alter von 12 bis 13 Jahren als substanziell bzw. überhaupt möglich angesehen wird.

Die Frage nach den in den Organisationskontexten bestehenden Vorgaben zur Beteiligung von Kindern und Jugendlichen zeigt, dass knapp die Hälfte der Fachpersonen in Organisationen tätig ist, in denen es solche Vorgaben gibt (Tabelle 11). 28 % der Befragten geben an, dass dies in ihrer Organisation im Ermessen der fallbearbeitenden Personen liegt. Solche Spielräume erscheinen zwar vor dem Hintergrund der Ergebnisse zur Informationsweitergabe fachlich notwendig, um Kinder in spezifischen Situationen oder je nach Verfahrensanlass nicht zu überfordern oder zur Mitwirkung zu «zwingen», das Ermessen erscheint hier jedoch auch sehr gross, wenn bedacht wird, wie uneinheitlich die Handhabung der Informationsvermittlung ist.

Die Gewichtung der für die Partizipation von Kindern relevanten Einschätzungsdimensionen wurde anhand von Aussagen erfragt, denen die beteiligten Fachpersonen zustimmen konnten (Abbildung 7). Hier zeigt sich einerseits eine Orientierung an Partizipation als Möglichkeit, Kindern auf Augenhöhe zu begegnen und Partizipation aktiv für die Gestaltung von Verfahren zu nutzen. Andererseits konstatieren die befragten Fachpersonen einen Mangel an Ressourcen oder methodischen Kompetenzen für die Gestaltung partizipativer Kindesschutzverfahren.

In Fragen mit offenen Textantworten wurden die Fachpersonen danach gefragt, was ihrer Erfahrung nach Partizipation bzw. Beteiligung von Kindern hemmt oder erschwert. In Bezug auf Kinder wurden vor allem Loyalitätskonflikte, Widerstände und Ängste (des Kindes, aber auch der Eltern) sowie zu hohe Belastungen und Überforderung genannt. Aufseiten der Behörde und der Fachpersonen werden vor allem fehlende Kompetenzen bzw. Kenntnisse über Methoden und Instrumente der Gesprächsführung mit Kindern, fehlende zeitliche Ressourcen sowie eine Fokussierung auf die Eltern genannt. In den Textantworten wird auch deutlich, wie herausfordernd es ist, Kinder mit sehr individuellen Voraussetzungen, Gefühlen und Lebenssituationen gleichermassen einzubeziehen und ein Bewusstsein dafür zu entwickeln, wie und in welcher Intensität dies gelingen kann.

Diskussion

Die beteiligten Fachpersonen

An der Befragung nahmen Fachpersonen aus den drei Sprachregionen der Schweiz mit unterschiedlichem fachlichem Hintergrund und aus unterschiedlich organisierten Kindes- und Erwachsenenschutzbehörden teil. Explorative Datenanalysen zu den in der Ergebnisdarstellung nicht berücksichtigten Strukturmerkmalen zeigten, dass diese kaum einen Einfluss auf die Antworten hatten. Der Fragebogen enthielt zahlreiche Fragen mit offenen Textantwortmöglichkeiten – die Gesamtschau dieser Antworten lässt vermuten, dass vor allem Fachpersonen an der Befragung teilnahmen, die sich intensiver mit der Thematik auseinandergesetzt hatten und den Fragen nach dem «Wie» der Partizipation ein gewisses Gewicht beimassen. Dieser Eindruck lässt sich zwar nicht direkt auf der Datenebene verankern, ebenso wenig lässt sich rekonstruieren, welchen Teil eines möglichen Meinungsspektrums die Einschätzungen der teilnehmenden Fachpersonen abdecken. Es ist jedoch davon auszugehen, dass bei der Zusammensetzung der Stichprobe Selbstselektionseffekte wirksam waren und die hier dargestellten Ergebnisse nur einen Ausschnitt des Spektrums professioneller Haltungen und Praktiken abbilden.

Vorgehensweisen und Haltungen im Kontext von Informationsvermittlung und Partizipation von Eltern

Informationen und das Verständnis des Verfahrens spielen eine wichtige Rolle dabei, wie Kinder und Eltern das Verfahren erleben. Die Befragung von Fachpersonen zeigt, dass den Eltern bestimmte Informationen standardmässig vermittelt werden, z. B. der Anlass des Verfahrens, die Aufgaben der Behörde, das Anhörungs- und Beschwerderecht sowie die Begründung des Entscheids. Zurückhaltender wird über das Recht auf Akteneinsicht, die Möglichkeit, eine eigene Rechtsvertretung einzusetzen, sowie über die Möglichkeiten der Beteiligung von Kindern informiert. Als Hindernisse für das Verständnis der vermittelten Informationen seitens der Eltern werden von den Fachpersonen sprachliche Barrieren und die allgemeine Situation der Eltern, die durch belastete Lebensumstände geprägt ist, sowie die Verfahrenssituation selbst, die bei den Eltern Stress und Widerstand auslösen kann, wahrgenommen. Als Strategie zur Verbesserung des Informationsverständnisses der Eltern werden vor allem kommunikative bzw. informative Rückkopplungen wie wiederholte Informationen und mehrmaliges Nachfragen genannt.

Die Partizipation von Eltern wird von Fachpersonen sehr unterschiedlich bewertet bzw. scheinen sie damit sehr unterschiedliche Erfahrungen zu machen. Die Befunde legen nahe, dass sie auf Eltern treffen, bei denen sie auf Resonanz stossen und zu denen eine Arbeitsbeziehung aufgebaut werden kann, oder aber auf Widerstand, der gegebenenfalls eigene Abwehrreaktionen oder Wertekonflikte aktiviert. Es ist von einer grossen Bandbreite an Interaktionserfahrungen und -dynamiken auszugehen, und die Befunde legen nahe, dass es für Fachpersonen häufig eine Herausforderung ist, die Arbeitsbeziehung zu den Eltern so aufzubauen und zu gestalten, dass Partizipation möglich wird. Die Voraussetzungen dafür sind bei den Eltern (Wissen, Bereitschaft, Energie) und bei den Fachpersonen (Zeit, Kompetenzen) sowie in Bezug auf Problemstellungen und Gefährdungslagen unterschiedlich. Für das professionelle Handeln bedeutet dies, dass es keinen «one best way» oder ein erfolgversprechendes Patentrezept gibt, das Elternbeteiligung garantiert. Vielmehr müssen sich die Fachpersonen im individuellen und komplexen Gefüge dieser Bedingungen jeweils am Einzelfall orientieren und entscheiden, wie vorzugehen ist, damit Eltern sich beteiligen können. Dies stellt hohe Anforderungen an die Professionalität und die Fähigkeit, Momente für deliberative Vorgehensweisen zu erkennen und zu nutzen.

Vorgehensweisen und Haltungen im Kontext von Informationsvermittlung und Partizipation von Kindern
Im Hinblick darauf, welche Informationen Kindern vermittelt werden, und auf die Art und Weise, wie dies geschieht, fällt in den Daten vor allem die *grosse Bandbreite an Ansätzen und Vorgehensweisen* auf. Auf der einen Seite stehen reflektierte und methodisch fundierte Ansätze, die dazu beitragen, sicherzustellen, dass Kinder und Jugendliche verstehen, worum es in den Verfahren geht, welche Rechte sie haben und inwieweit ihre Sichtweisen berücksichtigt werden. Dazu gehören auch Überlegungen zu kindgerechten Formulierungen und Settings, die zum Teil nach etablierten bzw. erprobten Methoden gestaltet werden. Auf der anderen Seite stehen Aussagen, die deutlich machen, dass die Information der Kinder über das Verfahren entweder als Aufgabe anderer am Verfahren beteiligter Fachpersonen oder der Eltern angesehen und dementsprechend das Verständnis der Kinder nicht überprüft wird oder dass Information und Einbezug von Kindern als formaler Schritt und Teil der am Ende des Verfahrens vorgesehenen Anhörung verstanden und praktiziert werden (dazu auch Kapitel 3.3.1). Die Daten lassen den Schluss zu, dass sich viele Fachpersonen bemühen, Kinder zu informieren und ihnen Orientierung zu geben. Deutlich wird aber auch, dass sie sich dabei in einem Spannungsfeld bewegen zwischen der Einsicht in die Notwendigkeit, Kinder über sie betreffende Entscheide und damit über das Verfahren zu informieren, und den im Einzelfall wirksamen Gründen, auf eine systematische und vertiefte Informationsvermittlung zu verzichten, weil es fachlich angezeigt sein kann, Kinder nicht mit Informationen zu überfrachten. Ein zurückhaltendes Vorgehen ist vor allem dann als problematisch anzusehen, wenn es aus Zeitgründen oder wegen fehlender fachlicher Kompetenz erfolgt. In den Befragungsdaten finden sich hierzu keine direkten Hinweise, allerdings gibt knapp ein Drittel der Fachpersonen an, in den Verfahren generell unter Zeitdruck zu stehen.

Bezüglich der *Partizipationsmöglichkeiten von Kindern* zeigt sich, dass diese von den Fachpersonen positiv eingeschätzt werden, allerdings vor allem in der Altersgruppe der über 12-Jährigen, während die Partizipationsmöglichkeiten jüngerer Kinder als deutlich geringer eingeschätzt werden. Generell weisen die Daten – insbesondere die sehr zahlreichen und ausführlichen Textantworten – darauf hin, dass Partizipation von den Fachpersonen sehr unterschiedlich verstanden und interpretiert wird. Konzeptualisierungen von dialogischer Gesprächsführung und Beziehungsgestaltung stehen Auffassungen gegenüber, die Partizipation mit einer einmaligen Anhörung des Kindes gleichsetzen. Bezüglich der Ausgestaltung von Partizipationsmöglichkeiten für Kinder besteht vielerorts ein grosser Ermessensspielraum der fallführenden Fachpersonen. Dieser erscheint zwar – analog zur Informationsvermittlung – angesichts der Vielfalt der Fallkonstellationen und der unterschiedlichen Voraussetzungen und Lebenslagen der Kinder notwendig, um im Einzelfall gute und tragfähige Lösungen zu finden, birgt aber auch das Risiko, dass Partizipation beliebig bleibt oder vernachlässigt wird. Zeitdruck wird zudem explizit als Hinderungsgrund für die Umsetzung von Anforderungen an die Beteiligung von Kindern gesehen, ebenso wie schwerwiegende Belastungen oder Loyalitätskonflikte bei Kindern.

Fazit

Die Daten und Ergebnisse der Fachpersonenbefragung zeichnen sich durch eine tendenziell positive, wenn auch häufig kritische Selbsteinschätzung des eigenen und organisationalen professionellen Handelns und der Haltungen im Kontext der Informationsvermittlung und Partizipation von Kindern und Eltern aus. Interessant ist dabei eine in den Daten sichtbar werdende Diskrepanz zwischen den Ergebnissen der strukturierten Einschätzungsfragen und den Inhalten der zahlreichen und umfangreichen Textantworten, die sich vor allem auch auf konkrete Vorgehensweisen bezogen. Sie zeigt sich darin, dass es fachlich unstrittig zu sein scheint, dass die Partizipation von Kindern und Eltern in den Verfahren ein wichtiges zu realisierendes Kernelement ist und dass Kinder und Eltern in den Verfahren möglichst gut über den Rahmen, die Beteiligten, die Ziele und ihre Rechte informiert werden sollten. Demgegenüber stehen zahlreiche Faktoren im Kontext des professionellen Handelns, der Organisationsstrukturen, der Verfahrensabläufe und der Fälle selbst, die einer einfachen Umsetzung dieses Anspruchs entgegenstehen. Dies betrifft zum einen das Fehlen verbindlicher Standards, was zu einer grossen Heterogenität der Vorgehensweisen führt. Zum anderen sind die Behörden per se unterschiedlich organisiert und gestalten die Settings der Begegnungen und Gespräche mit Kindern und Eltern unterschiedlich. Die unterschiedliche Organisation der Abklärungen (intern, extern) wirkt sich zusätzlich auf die Häufigkeit und vermutlich auch auf die Qualität der Kontakte zwischen den entscheidbefugten Fachpersonen und den Familien aus. Die Bandbreite der Praktiken – die eine entsprechende Bandbreite von Organisationskulturen und individuellen Haltungen vermuten lässt – verschränkt sich mit den unterschiedlichen Voraussetzungen, die Kinder und Eltern in Bezug auf ihre Fähigkeiten, Informationen zu verstehen und sich an den Verfahren zu beteiligen, und in Bezug auf die konkreten Begegnungen und Interaktionen mit den Fachpersonen mitbringen. Während Letzteres auf die Bedeutung und Notwendigkeit professioneller Ermessensspielräume verweist, ergibt sich aus den Daten und Befunden das Bild einer gewissen Beliebigkeit – es lässt sich eine Art «Mindeststandard» dahingehend erkennen, *dass* Kinder und Eltern informiert und beteiligt werden müssen; darüber hinaus scheint es aber kaum Kriterien zu geben, *wie* dies angemessen geschehen soll. Auch wenn hier ein direkter Vergleich mit den in der historischen Analyse herausgearbeiteten Willkürentscheiden überzogen erscheint, muss doch die Frage gestellt werden, inwieweit Rechtsgleichheit und Beteiligungschancen von Kindern und Eltern in den unterschiedlich strukturierten Organisationsabläufen und der heterogenen Ausgestaltung der Verfahren gewährleistet sind. Die Ergebnisse legen nahe, dass Kinder und Eltern von einer klareren fachlichen Orientierung und Standards hinsichtlich ihrer Möglichkeiten, ihre Sicht der Dinge in die Verfahren einzubringen, ebenso profitieren können wie die Fachpersonen hinsichtlich ihrer Handlungssicherheit.

Abbildung 8: Informationen, die Eltern erhalten (1) (Eltern)

3.3.2.3.2 Die Perspektiven von Eltern

Information und Informationsverständnis als Grundlage von Partizipation und Autonomie

Die Mehrheit der Eltern wurde nach eigener Einschätzung oder Erinnerung – zumindest teilweise über den Grund des Kindesschutzverfahrens und über die Mitwirkungspflicht informiert (Abbildung 8). Mehr als die Hälfte der Eltern gibt hingegen an, keine oder kaum Informationen darüber erhalten zu haben, was sie tun können, wenn sie mit den Entscheiden der KESB nicht einverstanden sind. Auch über ihre Rechte, mit Ausnahme des rechtlichen Gehörs, wurden nur ein Drittel der Eltern informiert (Abbildung 9). Es zeigt sich, dass die Eltern vor allem Informationen über den Sachverhalt, das Verfahren und die Mitwirkungspflicht erhalten, deutlich weniger aber über ihre Rechte und Handlungsspielräume.

Dieser Befund deckt sich einerseits mit den Angaben aus der Fachpersonenbefragung zu den am häufigsten vermittelten Informationen, andererseits widerspricht er den Ergebnissen der Fachpersonenbefragung insofern, als dort ein jeweils sehr hoher Anteil der Teilnehmer*innen angab, den Eltern entsprechende Informationen zu vermitteln. Diese Daten deuten darauf hin, dass viele Eltern häufig nicht wissen, wann, wo und wie sie im Verfahren Einfluss nehmen können.

Bezüglich des *Informationsverständnisses*, das sich in den Zusammenhangsanalysen als zentraler Einflussfaktor herausgestellt hat, gaben jeweils rund 70 % der Eltern an, die schriftlichen und mündlichen Informationen verstanden zu haben, bei 18 % traf dies teilweise zu, der Rest hatte die Infor-

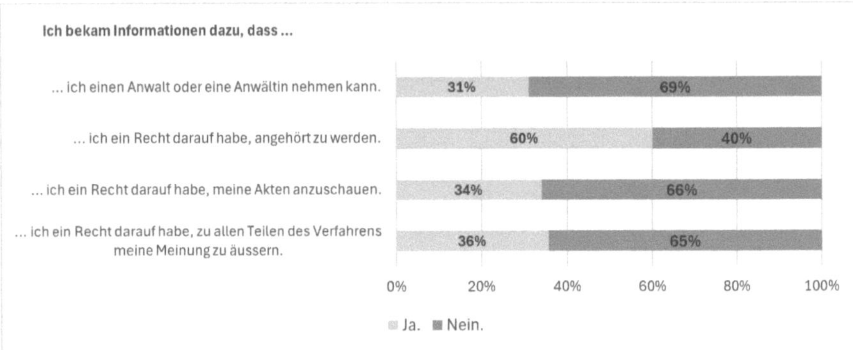

Abbildung 9: Informationen, die Eltern erhalten (2) (Eltern)

mationen eher nicht oder gar nicht verstanden. Dies deckt sich in etwa mit den Ergebnissen der Fachpersonenbefragung.

Als Gründe, die das Verstehen der schriftlichen und mündlichen Informationen in der Wahrnehmung der Eltern erschweren, wurden am häufigsten genannt, dass die Briefe/Texte zu kompliziert waren oder die verwendeten Begriffe und die Sprache nicht verstanden wurden, insbesondere Rechtsbegriffe oder ein als vage und uneindeutig empfundener Sprachstil. Unzureichende Sprachkenntnisse wurden von den Eltern in der Befragung nicht als Hindernis für das Verständnis der Informationen genannt, was nicht bedeutet, dass dies in der Praxis kein Problem darstellt, sondern in diesem Fall wahrscheinlich auf die sprachlich homogene Zusammensetzung der Stichprobe zurückzuführen ist (vgl. die Ausführungen zu den Teilnehmer*innen). Als weitere Gründe für mangelndes Verständnis nannten die an der Befragung teilnehmenden Eltern fehlende Transparenz über die Verfahrensschritte und den Einbezug ihrer Sichtweisen. Damit verbunden war aus Sicht der Eltern häufig das Gefühl, im Verfahren an den Rand gedrängt, zu wenig gehört und einbezogen zu werden, oder ein generelles Gefühl einer als ungerecht empfundenen Gewichtung von «Recht» gegenüber «Menschlichkeit» oder «gesundem Menschenverstand».

Es zeigt sich also, dass Eltern insbesondere über den Verfahrensablauf und ihre umfassenden Rechte wenig informiert sind bzw. die entsprechenden Informationen häufig nicht verstehen. Ein weiterer Aspekt, der wichtig erscheint, wenn auch nur vereinzelt genannt wurde, sind Belastungen und Stressgefühle, die durch das Verfahren ausgelöst werden und das Verständnis der Informationen beeinträchtigen – dies ist auch ein Ergebnis der qualitativen Teilstudie und der Fachpersonenbefragung.

In der explorativen Analyse von Zusammenhängen zwischen den Skalen zeigte sich, dass Eltern, denen während des Verfahrens eine *Vertrauensperson* zur Verfügung stand, über ein signifikant besseres Informationsverständnis verfügten (Tabelle 12, Tabelle 13). Es kann angenommen werden, dass Vertrauenspersonen (mit fachlichem Hintergrund) Eltern dabei unterstützen, sich im Kindesschutzverfahren zurechtzufinden und ihnen Erklärungen und Erläuterungen geben, die ihr Verständnis verbessern. Im folgenden Abschnitt wird auf die Rolle der Fachpersonen und auch der «Vertrauenspersonen» näher eingegangen.

Interaktionen mit Fachpersonen, Vertrauen und Integrität

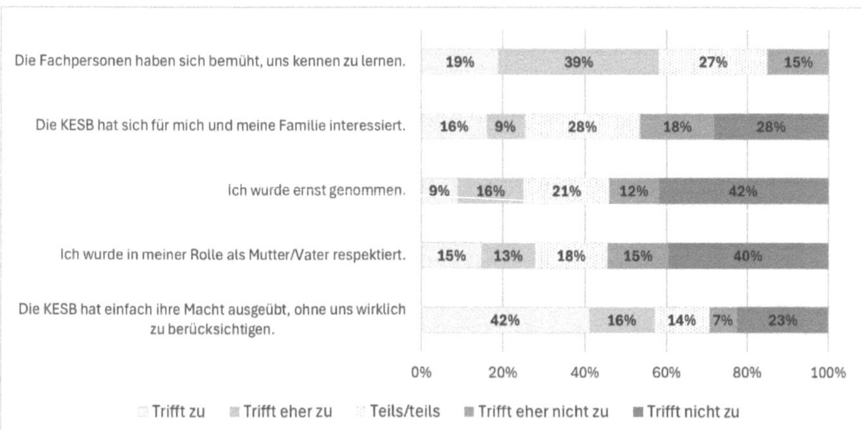

Abbildung 10: Wahrnehmung von Integrität (Eltern)

Die Operationalisierung von Integritätsaspekten erfolgte entlang von Einschätzungsfragen zu den Interaktionen zwischen Eltern und Fachpersonen (Kapitel 2). In Bezug auf die Integrität zeigt Abbildung 10, wie das Handeln der KESB und die Interaktionen mit den Fachpersonen von den Eltern in Bezug auf verschiedene Integritätsaspekte wahrgenommen werden. Grundsätzlich attestieren die befragten Eltern den Fachpersonen im Verfahren, dass sie sich darum bemühen, die Familie kennenzulernen. Die Antworten auf die Fragen, wie die Wahrung der persönlichen Integrität erlebt wurde,

z. B. durch Interesse an der Familie, Ernstnehmen und Respektieren der Eltern in ihrer Rolle (Kapitel 2), zeigen jedoch, dass eine Mehrheit der Eltern das Verfahren bzw. den Umgang und die Interaktionen mit den Fachpersonen als zumindest teilweise integritätsverletzend wahrnimmt. Fast 60 % erleben die Behörden als reine Machtinstitution.

Bezüglich der Interaktionen mit Fachpersonen deuten die Ergebnisse der qualitativen Studie darauf hin, dass die Eltern den Fachpersonen der KESB zu Beginn der Verfahren oft misstrauten, mit der Zeit aber teilweise Vertrauen fassten. Vor diesem Hintergrund wurde im Elternfragebogen erhoben, ob die Teilnehmer*innen während der Verfahren auf Fachpersonen trafen, zu denen sie «mit der Zeit Vertrauen aufbauten». Hier gaben knapp zwei Drittel (62 %, Tabelle 13) der teilnehmenden Eltern an, während des Verfahrens *keine Vertrauensperson* gehabt zu haben. Diejenigen Eltern, die angaben, eine Vertrauensperson gehabt zu haben, antworteten auf die Frage, in welcher Institution/Organisation diese tätig war, wie folgt: 8 Personen aus der KESB, 14 aus dem Sozialdienst und 18 aus anderen Organisationen. Die Personen, denen die Eltern vertrauen konnten, waren somit vermutlich die mit der Abklärung betrauten Fachpersonen. Bei den Personen aus «anderen Organisationen» handelte es sich häufig um Beiständ*innen, Anwält*innen, Psycholog*innen, Psychiater*innen und Familienbegleiter*innen, also um Personen, die nicht direkt in den Entscheidungsprozess eingebunden waren. Vertrauenspersonen können zwar somit durchaus im Rahmen des Verfahrens bei der Behörde gefunden werden, es scheint aber nicht die Regel zu sein. In den Daten fällt zudem auf (Tabelle 14 und Tabelle 15), dass über 70 % der Eltern in den Verfahren *Konflikte* mit den Fachpersonen hatten und diese Konflikte nur selten konstruktiv gelöst werden konnten. Dies wurde für die Bildung der Skala Integrität mitberücksichtigt, da Konflikte, insbesondere ungelöste, potenziell integritätsverletzend wirken.

Die *Analyse von Zusammenhängen* zeigt, dass einerseits Eltern ohne Vertrauenspersonen signifikant weniger Integrität erleben, andererseits Eltern, die bereits *Erfahrungen mit Hilfe oder Beratung* gemacht haben, ihre Integrität im aktuellen Verfahren als signifikant höher erleben (Tabelle 16). Auch Eltern, die ein *besseres Verständnis des Verfahrens* hatten, erlebten mehr Integrität (Tabellen 17 und 18).

Ein weiterer Befund erscheint in diesem Zusammenhang relevant: Personen, die bereits Erfahrungen mit professioneller Unterstützung hatten, verfügten eher über eine Vertrauensperson als Personen, die noch nie Hilfen in Anspruch genommen hatten (Tabelle 19). Interessant sind die erkennbaren Zusammenhänge zwischen Informationsverständnis, Vertrauenspersonen, Integrität und Partizipation, auf die weiter unten näher eingegangen wird.

Partizipation

In der qualitativen Teilstudie wurde die Bedeutung von Aushandlungsprozessen im Zusammenhang mit der Partizipation von Eltern deutlich. Die quantitativen Daten zeigen diesbezüglich, dass aus Sicht der Eltern ihre Fragen häufig nicht oder nur teilweise beantwortet werden (Abbildung 11). Fast die Hälfte der Teilnehmer*innen gibt an, ihre Meinung nicht oder nur zum Teil geäussert zu haben. Zudem berichten mehr als die Hälfte der Eltern, dass ihre Sichtweisen (ihrer Meinung nach) kaum berücksichtigt wurden, zwei Drittel sind der Ansicht, dass ihre Vorschläge nicht einbezogen wurden, und 58 % geben an, dass mit ihnen nicht über verschiedene Lösungen diskutiert wurde. Dies bedeutet, dass bereits bei grundlegenden Aspekten der Partizipation, wie Fragen stellen und Antworten erhalten, Meinungen äussern und Sichtweisen einbringen, ein erheblicher Teil der Eltern seine Partizipationsmöglichkeiten als gering wahrnimmt. Noch geringer werden die Partizipationsmöglichkeiten erlebt, wenn es um die Gewichtung der Elternsicht und um Aushandlungsprozesse («Problemlösungen») geht. In den offenen Textantworten werden kaum positive Partizipationserfahrungen formuliert, hier dominieren Aussagen darüber, dass die eigene Sichtweise übergangen oder nicht berücksichtigt wurde. Die Beispiele zeigen zudem, dass Partizipation und wahrgenommene Integrität in einem engen Zusammenhang zu stehen scheinen, indem sich die Eltern von den Fachpersonen überstimmt und in ihren Anliegen ignoriert fühlen.

In der Wahrnehmung der Eltern (Tabelle 20) wird beim Entscheid mehrheitlich auf andere Personen als auf sie selbst gehört, z. B. den anderen Elternteil, die abklärenden Fachpersonen oder andere Fachpersonen wie (aus den offenen Textantworten erschlossen) z. B. Ärzt*innen, Lehrkräfte, Familienmitglieder (z. B. Grosseltern) oder Beiständ*innen. Es ist davon auszugehen, dass die Erfahrung, dass der eigenen Perspektive im Entschei-

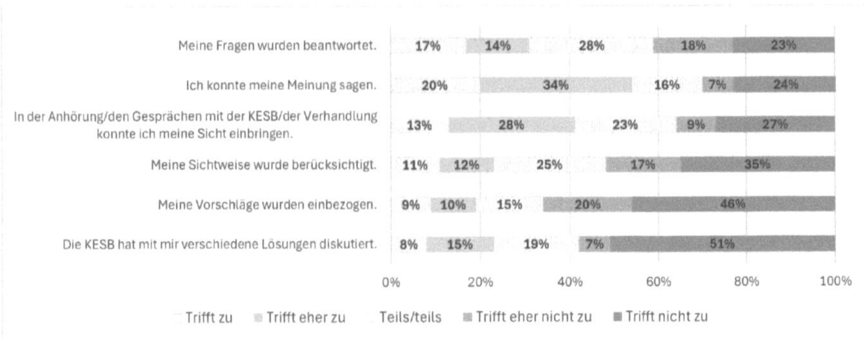

Abbildung 11: Partizipation im Verfahren (Eltern)

dungsprozess kaum Gewicht beigemessen wird, von vielen Eltern als integritätsverletzend und marginalisierend erlebt wird.

Hinsichtlich der Zusammenhänge zwischen den erhobenen Merkmalen und Skalen erwies sich die Frage, ob die Eltern bereits *früher an einem Kindesschutzverfahren* beteiligt gewesen waren (Tabelle 21), als relevant für die Wahrnehmung der Partizipation: Eltern, die bereits einmal in einem Verfahren gewesen waren, erlebten ihre Beteiligung als signifikant geringer. Dies könnte zum einen daran liegen, dass, wie in der qualitativen Studie beschrieben, Fachpersonen bei erneuten Verfahren die Eltern weniger an der Aushandlung der Problemdefinition beteiligen, den Schutz des Kindes über die Beteiligung der Eltern stellen und auch bei der Festlegung von Massnahmen weniger Mitsprache der Eltern zulassen. Zum anderen kann der Befund auch dahingehend interpretiert werden, dass sich die Verfahren in den letzten Jahren in Richtung einer stärkeren Partizipation entwickelt haben, wofür es in den Daten allerdings keine Hinweise gibt. In Übereinstimmung mit den Ergebnissen der qualitativen Teilstudie erwies sich auch das *Informationsverständnis* der Eltern als wichtig für die Wahrnehmung ihrer Partizipationsmöglichkeiten. Eltern, die die Informationen verstanden hatten, erlebten ihre Beteiligung als signifikant ausgeprägter (Tabelle 22). Auch das Vorhandensein von Vertrauenspersonen erwies sich als relevant für die Partizipation (Tabelle 23), was angesichts des Zusammenhangs zwischen Informationsverständnis und dem Vorhandensein von Vertrauenspersonen (siehe oben) nicht überrascht.

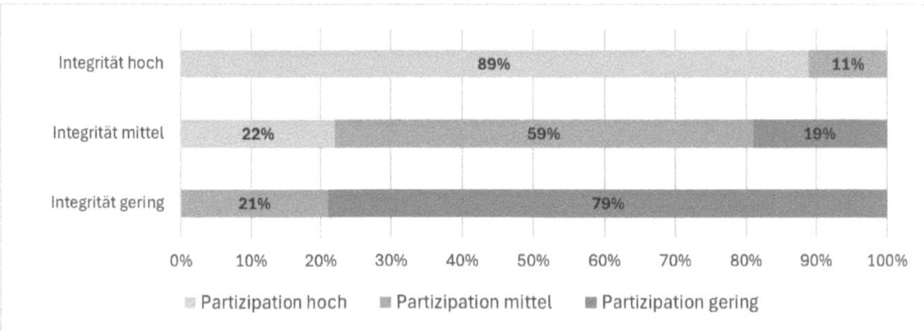

Abbildung 12: Zusammenhang zwischen wahrgenommener Partizipation und Integrität (Eltern)

Zudem fand sich ein hochsignifikanter Zusammenhang zwischen den Skalen Partizipation und Integrität (Abbildung 12, Tabelle 24 im Anhang). Eltern, die ihre Integrität als gering erleben, nehmen auch ihre Partizipationsmöglichkeiten als gering wahr. Umgekehrt schätzen Eltern mit hoher Integrität auch ihre Partizipationsmöglichkeiten als gut ein. Dies deutet darauf hin, dass die untersuchten Phänomene, wie in der theoretischen Konzeptualisierung des «Nexus von Integrität, Autonomie und Partizipation» (Kapitel 2.3) dargestellt, eng miteinander verknüpft sind.

Belastung im Verfahren und Akzeptanz der Massnahmen

Die Daten aus der Elternbefragung zeigen, dass sich Eltern durch das Kindesschutzverfahren belastet fühlen (Abbildung 13). Nur wenige nehmen das Verfahren als Hilfe für ihre Familie wahr, und nur knapp ein Drittel der Eltern gibt an, mit dem Verfahren zufrieden oder zumindest teilweise zufrieden zu sein. Vor dem Hintergrund der oben beschriebenen mangelnden Partizipationsmöglichkeiten (Berücksichtigung der elterlichen Sichtweise) erstaunen diese Einschätzungen nicht. Dieser Befund ist ein weiterer Hinweis darauf, dass ein *erheblicher Teil der Eltern die Kindesschutzverfahren als integritätsverletzend und bedrohlich* wahrnimmt. Besonders auffällig ist auch hier die Einschätzung, dass die Eltern durch das Kindesschutzverfahren kaum Hilfe erhalten haben (74 %). Zudem wird die Verfahrensdauer von über 80 % der Eltern als zu lang empfunden (Tabelle 25), was als zusätzliche Belastung interpretiert werden kann.

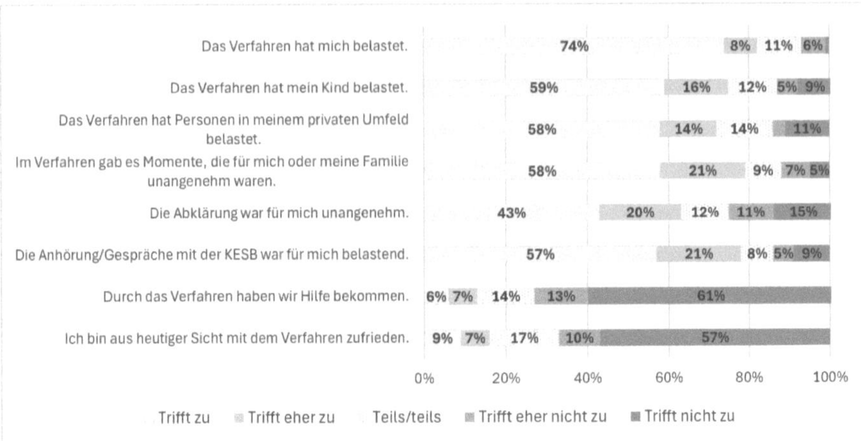

Abbildung 13: Belastungen im Verfahren und Gesamteinschätzung (Eltern)

In den Kindesschutzverfahren, in welche die Eltern involviert gewesen waren, wurde – gemäss ihren eigenen Angaben – in 61 % der Fälle eine zivilrechtliche Kindesschutzmassnahme verfügt (Tabelle 26), in 34 % keine Massnahme, und 5 % der Eltern konnten dazu keine Angaben machen. Die Hälfte der Massnahmen waren Beistandschaften (50 %, n=27), gefolgt von Besuchsrechtsregelungen (11 %, n=6), Regelungen/Aufhebungen in Bezug auf das Aufenthaltsbestimmungsrecht (7 %, n=4), stationäre Hilfen (6 %, n=3) sowie Weisungen (4 %, n=2; 12 % fehlend oder unklar).

Die Eltern, bei denen im Kindesschutzverfahren eine zivilrechtliche Massnahme angeordnet wurde, können diese zumindest teilweise *nachvollziehen und akzeptieren* den Entscheid (Abbildung 14). Viele Eltern scheinen jedoch weder die Gründe für den Entscheid der KESB noch die Massnahme zu akzeptieren. Zudem erweisen sich die Massnahmen für die Mehrheit der Eltern zumindest teilweise als belastend. In den Textantworten zum Entscheid und dessen Folgen werden von den Eltern häufig Verläufe beschrieben, die weitere Suchbewegungen nach geeigneter Hilfe beinhalten.

Wenig überraschend besteht zwischen den beiden Skalen «Belastung» und «Akzeptanz der Massnahmen» ein hochsignifikanter inverser Zusammenhang, d. h. je belastender die Eltern das Verfahren erleben, desto weniger können sie die Massnahmen akzeptieren (Tabelle 27). Beide Skalen ste-

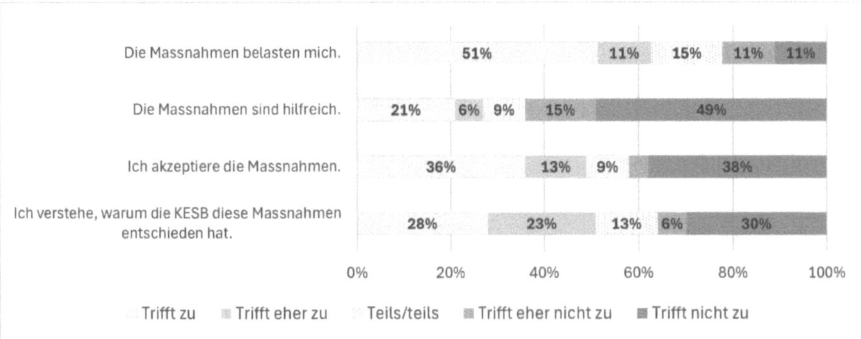

Abbildung 14: Einschätzung der Kindesschutzmassnahmen (Eltern)

hen zudem in statistisch signifikantem Zusammenhang sowohl *mit dem Informationsverständnis, dem Vorhandensein von Vertrauenspersonen als auch mit Integrität und Partizipation* (Tabellen 28–35). Auch wenn die Effekte der Variablen und mögliche Kausalrichtungen nicht mit komplexeren statistischen Verfahren ausgewertet werden konnten[29], sind diese Ergebnisse – auch im Hinblick auf die theoretisch-konzeptuellen Überlegungen – bedeutsam. Insbesondere heben sie noch einmal deutlich hervor, dass mit den Mitteln der Informationsvermittlung und einer wie auch immer gestalteten Begleitung durch eine Vertrauensperson Eltern nicht nur weniger belastet sind, sondern aus ihrer Sicht auch besser partizipieren können. Darüber hinaus können sie etwaige Massnahmen besser akzeptieren, und es ist davon auszugehen, dass dementsprechend auch deren Wirkung besser ist.

Diskussion

Die beteiligten Eltern

Die Elternbefragung erreichte, wie die Angaben zur Beschreibung der Teilnehmer*innen und zu den Merkmalen der Kindesschutzverfahren zeigen, ein relativ breites Spektrum unterschiedlicher Eltern bzw. ergab eine hinsichtlich dieser Merkmale *heterogene Stichprobe.* An der Befragung nahmen Mütter und Väter, französisch- und deutschsprachige Eltern, Eltern mit ei-

29 Als stärkste Restriktion z. B. für eine logistische Regression sind hier die Stichprobengrösse sowie die Multikollinearität der unabhängigen Variablen zu nennen.

nem, zwei oder mehreren Kindern und Eltern mit Kindern unterschiedlichen Alters teil.

Informationen und Informationsverständnis als zentrales Element von Handlungsautonomie
Die quantitativen Ergebnisse bestätigen, dass die Kenntnis des Verfahrens und der Beteiligten sowie ihrer Rollen und Verantwortlichkeiten für die Eltern in vielerlei Hinsicht wichtig ist. Informiert zu sein, bedeutet für sie, ihre Handlungsspielräume nutzen und Einflussmöglichkeiten erkennen zu können. Die Befragung hat gezeigt, dass Eltern zwar über den Anlass des Verfahrens, ihre Mitwirkungspflichten und Anhörungsrechte informiert werden, aber nur eine Minderheit der Eltern (erinnerbare) Informationen über weitere Rechte wie Beschwerdemöglichkeiten, Beizug eines Anwalts oder Akteneinsichtsrecht erhält. Dies deckt sich mit den Ergebnissen der Fachpersonenbefragung und ist auch insofern bedeutsam, als das Wissen um Rechte in besonderer Weise die autonomen Handlungsspielräume der Eltern absteckt und erweitert. Die Ergebnisse legen zudem nahe, dass Information und Informationsverständnis nicht nur als Grundvoraussetzung für Partizipation, sondern auch als integritätswahrender bzw. -fördernder Aspekt von Anerkennung und Respekt zu verstehen sind. So zeigen die Daten auch einen statistisch signifikanten Zusammenhang mit den Skalen Integrität und Partizipation. Zwar lässt sich aus den Daten nicht schliessen, dass den Eltern bestimmte Informationen vorenthalten wurden, die Ergebnisse der qualitativen Studie und die Tatsache, dass die Eltern sich über Rechte nicht informiert «fühlen», lassen jedoch vermuten, dass Informationen unter Umständen auch intendiert eher oberflächlich vermittelt wurden.

Eltern, die während des Kindesschutzverfahrens eine *Ansprech- oder Vertrauensperson* in ihrem Umfeld hatten – genannt wurden verschiedene Fachpersonen aus Sozialen Diensten, aus dem therapeutischen Bereich oder auch Beiständ*innen der Kinder – waren besser informiert als Eltern, bei denen dies nicht der Fall war. Es kann vermutet werden, dass diese Personen (neben anderen Funktionen) den Eltern dabei geholfen haben, ihren Informationsstand zu verbessern, ihre Fragen beantwortet und weiterführende Informationen vermittelt haben.

Die befragten Eltern gaben an, die Informationen, die sie während des Verfahrens erhielten, überwiegend verstanden zu haben. Als *hinderlich für das Verständnis der Informationen* erwiesen sich aus ihrer Sicht zum einen die Verwendung einer abstrakten, juristisch geprägten Sprache in den Briefen und Gesprächen, fehlende Erläuterungen der verwendeten Begriffe sowie die von den Eltern empfundene Intransparenz im Kontext der Kommunikation, z. B. in Bezug auf den Verfahrensablauf. In den weiteren Analysen erwies sich das Informationsverständnis als relevanter bzw. statistisch signifikanter Einflussfaktor u. a. auf Integrität und Partizipation. Die Daten zeigen zudem, dass ein besseres Informationsverständnis auch mit der erlebten Belastung im Verfahren zusammenhängt. Die Vermittlung und Erklärung von Informationen ist somit eine wichtige Grundlage und ein Ansatzpunkt, um Eltern in Kindesschutzverfahren in ihrer Integrität zu stärken und ihre Partizipationsmöglichkeiten zu fördern.

Integritätserleben

Die befragten Eltern erleben die Interaktionen mit den Fachpersonen aus den KESB zum einen so, dass diese sich bemühen, die Familie kennenzulernen. Andererseits fällt auf, dass sich viele Eltern nicht ernst genommen und sich in ihrer Elternrolle nicht respektiert fühlen. Auch wird «die KESB» häufig als machtausübende Institution erlebt, die wenig Rücksicht auf die Eltern nimmt. Auch hier decken sich die Ergebnisse mit den Resultaten der Fachpersonenbefragung, die deutlich macht, dass Partizipation nicht in allen Fällen gleich gut gelingt. Sehr viele Eltern berichten zudem von Konflikten im Verlauf des Verfahrens, die aus ihrer Sicht nicht oder nicht zufriedenstellend gelöst werden konnten. Dies könnte auf einen expertokratischen Umgang mit Konfliktsituationen hinweisen, der bei den Eltern Ohnmachtsgefühle auslöst und allenfalls auch Rückzugstendenzen fördert. In den häufig als integritätsbedrohend erlebten Verfahren bleiben somit auftretende Konflikte ohne befriedigende Lösungen – was die Anfälligkeit der Eltern für Integritätsverletzungen während der Verfahren verdeutlicht (dazu auch Dumbrill 2006).

Die weiteren Analysen haben gezeigt, dass neben dem Einfluss des Informations*verständnisses* das Integritätserleben von mehreren Faktoren beeinflusst wird. Auch hier scheinen *Vertrauenspersonen* eine wichtige Rolle zu spielen. Eltern, die eine Vertrauensperson haben, erleben mehr Integrität, ebenso wie Eltern, die bereits Erfahrungen mit dem Hilfesystem gemacht haben. Obwohl diese vielfältigen Zusammenhänge aufgrund der

Stichprobengrösse und der Datenmerkmale nicht statistisch gegeneinander getestet werden konnten, lassen sich Hypothesen dazu entwickeln. Die Vertrauenspersonen der Eltern in der Studie stammen zum kleineren Teil aus der KESB, zum grösseren Teil aus dem Hilfesystem. Es ist z. B. denkbar, dass Eltern, die bereits Hilfen in Anspruch genommen haben, in den Verfahren hinsichtlich ihrer Problemeinsicht und Veränderungsbereitschaft positiver eingeschätzt wurden und ihnen anders begegnet wurde (Franzheld 2017, S. 103). Zum anderen könnten Eltern vor dem Hintergrund früherer Hilfeerfahrungen bereits über eine bessere Orientierung und auch über «Skills» im Umgang mit Fachpersonen verfügen und das Machtgefälle daher als weniger stark empfinden. Darüber hinaus könnten Personen des Vertrauens Eltern nicht nur im Verständnis des Verfahrens, also auf der Sachebene, sondern auch emotional unterstützen und damit eine gewisse Schutzwirkung bzw. -funktion gegenüber integritätsverletzenden Interaktionen und Ereignissen haben.

Partizipationsmöglichkeiten

Die Eltern, die an der Befragung teilgenommen haben, berichten von unterschiedlichen, tendenziell aber *eher negativen Erfahrungen* mit ihren Partizipationsmöglichkeiten. Zwar geben viele Eltern an, dass sie ihre Meinungen und Sichtweisen teilweise einbringen konnten und ihre Fragen beantwortet wurden. Die Ergebnisse machen jedoch auch deutlich, dass für viele Eltern unklar bleibt, welchen Einfluss ihre Meinung auf den Entscheidungsprozess hat, bzw. dass in ihren Augen die Meinung anderer Beteiligter (anderer Elternteil, abklärende Fachpersonen etc.) stärker gewichtet wird. Für die eigenen Partizipationsmöglichkeiten spielt – ähnlich wie beim Integritätserleben – das Informationsverständnis eine wichtige Rolle, was die Relevanz verständlicher Informationen nochmals unterstreicht.

Während sich für das Erleben von Integrität ein positiver Zusammenhang mit der früheren Inanspruchnahme von *Hilfe* oder Beratung zeigt, verhält es sich für die *Partizipation und frühere Kindesschutzverfahren* genau umgekehrt. Eltern, die bereits früher in ein Kindesschutzverfahren involviert waren, erlebten ihre Partizipationsmöglichkeiten als deutlich geringer. Hierfür erscheinen mehrere Erklärungen plausibel. Zum einen ist denkbar, dass sich das behördliche Handeln bei wiederholten Verfahren stärker an der Prämisse des Schutzes des Kindeswohls orientiert und die Beteiligung der Eltern und die Berücksichtigung ihrer Sichtweisen weniger im Vordergrund stehen. Andererseits könnten wiederholte Verfahren auch auf eine (wiederholt) nicht gelingende Arbeitsbeziehung zwischen Eltern und Fachpersonen verweisen, die zu Hilflosigkeit und Gefühlen des Ausgeliefertseins führt – in den Textantworten der Eltern finden sich hierzu zahlreiche Hinweise. Dazu passt auch der Befund, dass Personen, denen keine Vertrauensperson zur Verfügung stand, ihre Partizipationsmöglichkeiten als deutlich geringer erlebten. Auch im Hinblick auf die Partizipation scheint also den Personen, die den Eltern während des Verfahrens zur Seite stehen, eine zentrale Rolle zuzukommen.

Schliesslich zeigen die Analysen auch einen signifikanten positiven Zusammenhang zwischen Integrität und Partizipation. Dies kann zum einen auf die den Skalen zugrunde liegenden Fragebogenitems zurückgeführt werden. Diese beziehen sich auf die Einschätzung der Eltern der Interaktionen und der Kommunikation mit Fachpersonen – z. B., ob die Fachpersonen die Eltern in ihrer Rolle respektieren oder ob die Sichtweisen der Eltern (von den Fachpersonen) einbezogen und berücksichtigt werden. Die *Interaktionen bilden somit das Gefäss* und den Rahmen, in dem sich Integritätserleben und Partizipation realisieren. Die Gespräche und Anhörungen, die – wie die qualitative Analyse zeigt – in unterschiedlicher Weise formalisiert sind, stellen somit für die Eltern einen zentralen und wichtigen Teil des Verfahrens dar. Zum anderen bestätigt der Befund den im theoretischen Rahmen formulierten Vorschlag, die beiden Konstrukte als eng miteinander verbunden zu konzeptualisieren.

Erleben von Verfahren und Massnahmen

Die überwiegende Mehrheit der Eltern erlebt die Kindesschutzverfahren als belastend, ein Teil davon sogar als sehr belastend, was angesichts deren integritätsbedrohenden Charakters nicht überrascht. Dementsprechend werden auch die Fragen, ob der Familie durch das Verfahren geholfen wurde und ob die befragten Eltern rückblickend mit dem Verfahren zufrieden sind, fast ausnahmslos verneint. Sowohl für die empfundene Belastung durch das Verfahren als auch für die Akzeptanz und Bewertung der Kindesschutzmassnahmen erweisen sich wiederum Vorerfahrungen mit Hilfe und Beratung sowie der Informationsstand und die Verfügbarkeit von Vertrauenspersonen als relevant. Diese Faktoren scheinen Belastungen abzufedern, indem sie bspw. den Eltern eine bessere Orientierung im Verfahren und eine Einordnung des Geschehens ermöglichen. Darüber hinaus bieten Vertrauenspersonen emotionale Unterstützung als Gesprächspartner und Personen, die «auf der Seite» der Eltern stehen. Auch das Erleben von Integrität und Partizipation spielt eine zentrale Rolle für das Belastungsempfinden und die Bewertung von Massnahmen. Vor allem Eltern, die ihre Integrität und ihre Partizipationsmöglichkeiten als sehr gering erleben, sind durch die Verfahren stark belastet.

Fazit

Die Ergebnisse der Elternbefragung zeigen, dass sich Eltern in Kindesschutzverfahren häufig marginalisiert und in ihrer Integrität bedroht und verletzt fühlen. Ihre Partizipationsmöglichkeiten im Verfahren werden von vielen Eltern als sehr eingeschränkt erlebt. Der Zwangskontext des zivilrechtlichen Verfahrens, das Verfahren selbst, das die Eltern in ihrer Fähigkeit, ihre Elternrolle gut auszufüllen, infrage stellt, und die Machtasymmetrien führen vermutlich dazu, dass viele Eltern bereits zu Beginn des Verfahrens ein Gefühl des Ausgeliefertseins erleben. Die Ergebnisse zeigen auch, dass es Faktoren gibt, die das «Risiko» für Eltern erhöhen, sich im Verfahren ausgegrenzt und in ihrer Integrität verletzt zu fühlen, sich als wenig handlungsfähig und die eigenen Partizipationsmöglichkeiten als gering zu erleben sowie durch das Verfahren stark belastet zu sein. Dazu gehört auch mangelndes *Verständnis der Informationen*, die den Eltern im Verfahren vermittelt werden, das sich in Bezug auf eine Reihe der untersuchten Variablen und Konstrukte als hochrelevant erweist. Das Informationsverständnis ist der *Dreh- und Angelpunkt für die Beteiligung* der Eltern an den Verfahren, für ihr Integritätsgefühl und für ihr Belastungserleben. Dies ist insofern bedeutsam, als es sich dabei um einen Faktor handelt, der durch konkrete Massnahmen beeinflusst werden kann. Im Datenmaterial finden sich zahlreiche Hinweise darauf, dass eine adressatengerechtere Kommunikation seitens der KESB, kommunikative Rückmeldungen zum Verständnis der vermittelten Informationen sowie wiederholte und mündliche Informationen dazu beitragen, dass die Eltern mehr Integrität und Partizipation erleben, da dies *eng mit dem kommunikativen Handeln (Interaktion) der Fachpersonen* bzw. der Wahrnehmung dieser Interaktion durch die Eltern zusammenhängt.

Als zweiter zentraler Einflussfaktor auf das Erleben von Integrität und Partizipation und als eigentlicher «Schutzfaktor» gegenüber Belastungen hat sich die *Verfügbarkeit einer Vertrauensperson* erwiesen. Es ist davon auszugehen, dass integritätsbedrohende Aspekte des Verfahrens durch soziale bzw. auch emotionale Unterstützung von Bezugspersonen abgefedert werden, gegebenenfalls bieten die «Vertrauenspersonen» (aus dem Hilfesystem) auch instrumentelle Unterstützung (mehr oder ergänzende Informationen, Rückmeldungen, Hilfe beim Einordnen), sodass Eltern autonomer handeln können. In Bezug auf Partizipation könnten Vertrauenspersonen ermächtigend wirken, sodass Eltern sich besser orientieren und einbringen können. Dies erinnert an das Konzept bzw. die Funktion der «parent representatives», die Personen insbesondere in familiengerichtlichen Verfahren begleiten und selbst persönliche Erfahrungen mit dem Kindesschutzsystem haben (Lalayants 2015).

Auf *konzeptioneller Ebene* zeigen die Ergebnisse, dass Integrität, Partizipation und Informationsverständnis (verstanden als Grundlage autonomer Handlungen) durch vielfältige Kontingenzen und gemeinsame Einflussfaktoren miteinander verbunden sind. So erwiesen sich die drei Konstrukte bzw. ihre für die Studie ausgewählten Operationalisierungen als statistisch miteinander und mit teilweise identischen Drittvariablen verknüpft. Vor dem Hintergrund der Tatsache, dass es bisher kaum quantitative Studien zum Thema gibt und der Feldzugang sehr anspruchsvoll ist, wurde die Analyse eher explorativ angelegt. Stichprobengrösse und Datenqualität lassen komplexere statistische Verfahren wie ordinale logistische Regressionen (auch mit kleiner Effektgrösse und geringer Power) nicht zu, zudem sind die Prädiktorvariablen multikollinear. Dennoch bieten die Ergebnisse zu den Zusammenhängen auch aus theoretischer Sicht wichtige Anhaltspunkte, da sie den postulierten «Nexus» von Integrität, Autonomie und Partizipation bestätigen.

3.3.2.3.3 Die Perspektive von Kindern und Jugendlichen

Information und Informationsverständnis als Grundlage von Partizipation

Nicht nur in der Kindesschutzforschung (Bouma et al. 2018; Duncan 2019), sondern auch in Analysen der INTAPART-Daten (ausführlich: Kapitel 2.3) hat sich das Verfügen über Informationen über das Verfahren und die daran beteiligten Personen als eine wichtige, wenn auch bei Weitem nicht als die einzige Voraussetzung für die Beteiligung von Kindern erwiesen, da es Spielräume für eigenständiges Handeln eröffnet.

Unsere Daten zeigen, dass die Kinder und Jugendlichen von den Behörden in der Regel darüber informiert wurden, warum es zu einem Verfahren vor der KESB kommt (Abbildung 15, Tabelle 36 im Anhang). Etwas weniger Kinder und Jugendliche wurden darüber informiert, was bzw. worüber die Behörde entscheidet, und es fällt auf, dass nur ein kleiner Teil der Kinder angibt, über ihre Rechte informiert worden zu sein. Da es sich um Self-report-Daten handelt, kann dies nicht dahingehend interpretiert werden, dass die Kinder diese Informationen nicht erhalten haben; allenfalls wurden sie von den Behörden über «Rechte» (z. B. auf Anhörung) informiert, ohne dass der Begriff verwendet wurde. Die Ergebnisse deuten jedoch darauf hin, dass den Kindern ihre Rechte kaum explizit gemacht oder erklärt wurden. Ein Drittel (32 %, n=7) der Kinder und Jugendlichen, die an der Befragung teilnahmen, gaben an, die Informationen verstanden zu haben, etwas mehr als die Hälfte (54 %, n=12) hat die Informationen, die ihnen gegeben wurden, zumindest «teilweise» verstanden. Drei Kinder/Jugendliche gaben an, die Informationen nicht verstanden zu haben bzw. sich nicht sicher zu sein.

Interaktionen mit Fachpersonen, Vertrauen und Integrität

Viele der befragten Kinder/Jugendlichen trafen in den Verfahren auf Fachpersonen, an die sie sich bei Fragen wenden konnten (Abbildung 16, Tabelle 37 im Anhang), und sie erlebten die Fachpersonen in der Regel als freundlich. Dennoch gab nur eine Minderheit der befragten Kinder an, den Fachpersonen zu vertrauen, ein weiteres Viertel vertraute den Fachpersonen «teilweise». Etwa die Hälfte der Kinder/Jugendlichen hatte das Gefühl, bis zu einem gewissen Grad mit den Fachpersonen über familiäre Probleme

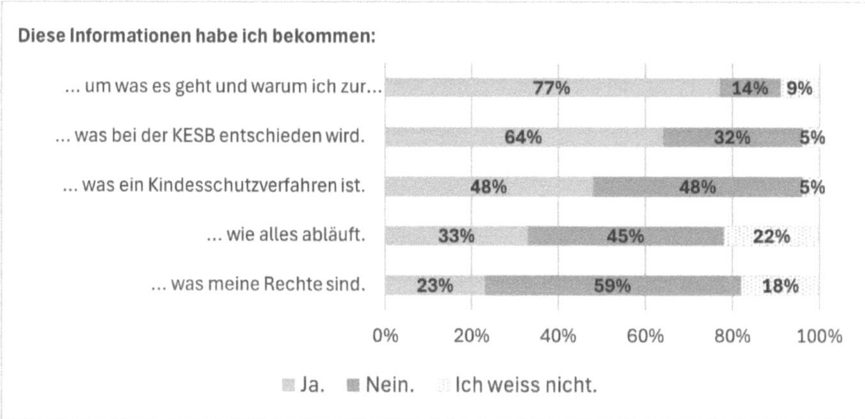

Abbildung 15: Informationen zum Verfahren (Kinder)

Abbildung 16: Wahrnehmung der Fachpersonen im Verfahren (Kinder)

sprechen zu können, wobei der Anteil der Kinder/Jugendlichen, die diese Frage mit «Ja» beantworteten, unter einem Drittel lag.

Wichtige Gründe, nicht über Probleme zu sprechen, waren mit knapp 80 % die Annahme, dass die eigene Sichtweise die KESB nicht interessiere (Tabelle 38). Ebenfalls viele Kinder/Jugendliche (zwei Drittel bis drei Viertel) gaben an, dass sie Probleme lieber mit anderen Personen (Familie, Freund*in, andere Fachperson) besprechen. Als weitere Gründe, nicht über ihre Gefühle zu sprechen oder sprechen zu können, gaben die Kinder/Jugendlichen an, lieber mit Personen zu sprechen, denen sie vertrauen und die sie gut kennen.

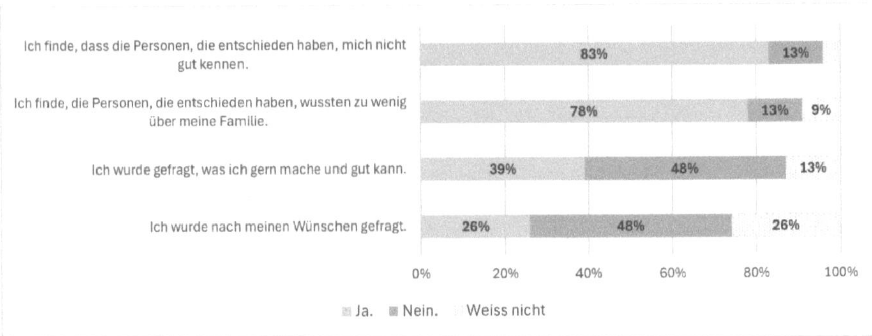

Abbildung 17: Aspekte von Integrität in den Kindesschutzverfahren (Kinder)

Aspekte der *Integrität* wurden im Fragebogen für Kinder vor allem durch Fragen danach erfasst, inwieweit die Kinder das Gefühl hatten, als eigenständige Personen mit eigenen Stärken, Wünschen und Interessen wahrgenommen zu werden. Hier zeigt sich, dass mehr als drei Viertel der Kinder und Jugendlichen der Meinung waren (Abbildung 17, Tabelle 39 im Anhang), dass die Personen, die die endgültigen Entscheidungen trafen, sie und ihre Familien nicht gut genug kannten. Die Interaktionen mit Fachpersonen wurden zudem so erlebt, dass sich die Kinder nicht als eigenständige Personen wahrgenommen und anerkannt fühlten.

Partizipation

Rund zwei Drittel der teilnehmenden Kinder wurden zu Einzelgesprächen (oder Anhörungen) bei der KESB oder im Rahmen der Abklärung eingeladen. Ob sie dies unterscheiden, ist unklar, da es im Fragebogen nicht differenziert wurde (Abbildung 18, Tabelle 40 im Anhang). Jedoch wurde nur ein Teil der Kinder nach ihrer Einschätzung und Sicht der familiären Situation oder nach möglichen Lösungen oder Hilfen gefragt. Auch hier wird deutlich, dass – aus Sicht der Kinder – Aspekte, die sie als eigenständige Personen betreffen (wer sie sind, was sie gut können oder gern machen), in den Verfahren eher weniger zur Sprache kommen. Dies steht im Widerspruch zu den Ergebnissen der Fachpersonenbefragung, in der die Befragten in sehr hohem Masse der Aussage zustimmten, dass es bei Partizipation darum gehe, Kinder als Personen kennenzulernen. Auffallend ist auch, dass nur gerade 3 von 23 Kindern angaben, dass ihre Äusserungen (aus ihrer

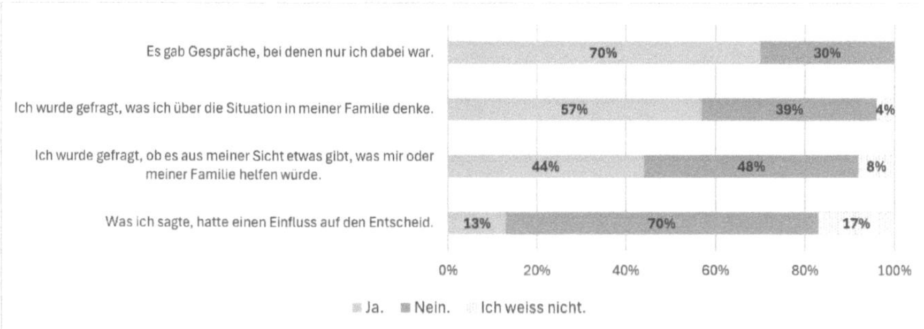

Abbildung 18: Aspekte von Partizipation in den Kindesschutzverfahren (n=23, Kinder)

Sicht) einen Einfluss auf die Entscheidung der Behörde hatten. Diese Ergebnisse machen deutlich, dass viele Kinder in diesem Fall ihre Partizipationsmöglichkeiten und ihren Einfluss als nur sehr marginal erlebten.

Verfahren als Belastung

In mehreren Fragen zur Wahrnehmung der Kindesschutzverfahren im Allgemeinen wurde näher untersucht, wie die Kinder die Verfahren erlebten und welche Belastungen sie dabei empfanden. Es zeigte sich, dass die Mehrheit der Kinder das Verfahren als belastend, unangenehm und angstauslösend erlebten, sowohl für sich selbst als auch in fast noch stärkerem Mass für die Familie (Abbildung 19, Tabelle 41 im Anhang). Weniger als die Hälfte der Kinder empfand das Verfahren rückblickend als «ok», und fast zwei Drittel gaben an, dass es ihnen heute nicht besser gehe als vor dem Verfahren. Diese Ergebnisse machen deutlich, dass das Verfahren selbst potenziell integritätsverletzend und verunsichernd wirkt und sich auch nach dem Entscheid kaum positiv auf das subjektive Wohlbefinden der Kinder auswirkt.

Diskussion

Die Daten und Ergebnisse aus der Befragung der Kinder und Jugendlichen zeigen, dass sich diese in den Kindesschutzverfahren als wenig handlungsmächtig erleben und von den Fachpersonen vermutlich nur begrenzt in ihrer Rolle als eigenständige Subjekte wahrgenommen, anerkannt und adressiert werden. Nur eine Minderheit der Kinder und Jugendlichen erinnert sich, explizite Informationen über ihre Rechte und damit auch über ihre

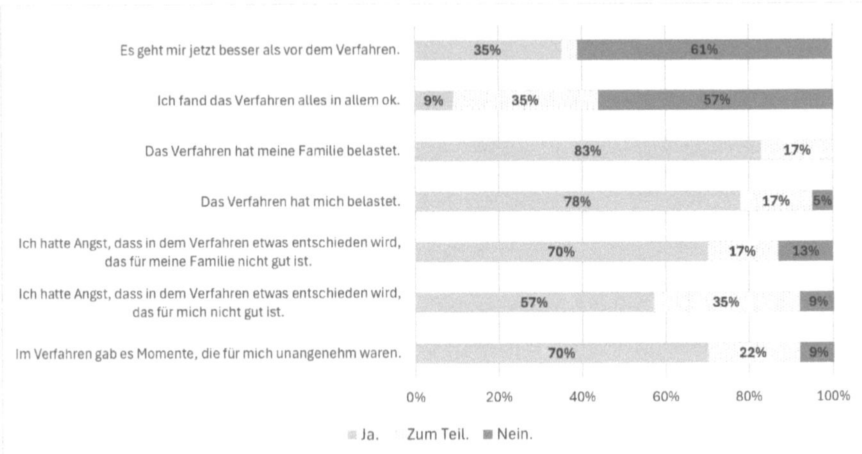

Abbildung 19: Belastungen im Verfahren und Gesamteinschätzung (n=23, Kinder)

Handlungsspielräume erhalten zu haben. Die Informationen, die den Kindern und Jugendlichen im Verfahren vermittelt wurden, wurden von diesen in der Regel verstanden, und die Kinder und Jugendlichen konnten sich zumindest insoweit in die Verfahren einbringen, als sie nach ihrer Problemsicht gefragt wurden. Sie äusserten sich auch, wenn sie mit etwas nicht einverstanden waren. Auffallend ist jedoch, dass ihre Sichtweisen nach ihrer Wahrnehmung kaum Einfluss auf den Ausgang des Verfahrens und die Entscheidungen der Fachpersonen hatten bzw. dieser für sie unklar blieb – eine Erfahrung, die Kinder und Jugendliche im Kindesschutz häufig machen (Kapitel 3.3.1).

Fachpersonen, denen Kinder/Jugendliche in Kindesschutzverfahren begegnen, werden zwar als freundlich wahrgenommen, die Kinder und Jugendlichen bringen ihnen aber wenig Vertrauen entgegen und haben mehrheitlich das Gefühl, dass die entscheidbefugten Personen nur wenig über sie und ihre Familie wissen. Nur eine Minderheit der befragten Kinder und Jugendlichen gibt an, nach ihren Interessen, Stärken und Wünschen gefragt worden zu sein, was den Eindruck verstärkt, dass sie als Subjekte in den Verfahren eher nachrangig zu sein scheinen – dies im Gegensatz zur Fachpersonenbefragung, in der diesem Aspekt von Partizipation eine hohe Bedeutung beigemessen wurde. Ebenso haben die Kinder und Jugendlichen den Eindruck, dass sich die KESB nicht wirklich für ihre Meinung und

Sichtweise interessiert – was als ein Grund für das fehlende Vertrauen verstanden werden kann. Es ist zudem davon auszugehen, dass die Belastungen, Ängste und Befürchtungen, welche die Mehrheit der Kinder und Jugendlichen in der Stichprobe in erheblichem Ausmass im Verfahren erleben, ihr Integritätsgefühl beeinträchtigen und ihre Handlungsfähigkeit zusätzlich einschränken. Dies ist insofern bedenklich, als Vertrauen als Schlüsselaspekt gelingender Interaktionen zwischen Kindern und Fachpersonen im Kindesschutz bezeichnet werden kann (Cossar et al. 2016) und Kinder bei Fachpersonen Empathie, die Fähigkeit zuzuhören, Ehrlichkeit, Zugewandtheit, Engagement und Handlungsbereitschaft sehr hoch gewichten (ebd., Mainey et al. 2009).

Die Ergebnisse zeigen – analog zur Elternbefragung – die grosse Bedeutung von Informationsvermittlung und von Informationsverständnis für das Erleben von Autonomie, Integrität und Partizipation. Angesichts der Heterogenität darin, wann, wie und welche Informationen Kinder und Jugendliche in Verfahren erhalten, wie sie sich in der Fachpersonenbefragung zeigt, ist es nicht überraschend, dass z. B. gerade die – für Kinder verständlich und nachvollziehbar vermittelte – Information über ihre Rechte eher die Ausnahme als die Regel ist. Diese Heterogenität kann zwar als «noch ungenutztes Potenzial» guter Praxis gesehen werden, wenn es denn sichtbar und nutzbar gemacht werden kann, sie muss aber auch problematisiert werden, weil davon auszugehen ist, dass Kinder, die unzureichend informiert sind oder Informationen nicht ausreichend verstehen, ihre Handlungsspielräume nicht kennen und nutzen können, nicht partizipieren können und potenziell integritätsverletzende Erfahrungen machen. Die Ergebnisse dazu, wie Kinder die Interaktionen und Kommunikation mit Fachpersonen erleben, lassen zudem vermuten, dass sie in den Verfahren eher in die Rolle als «Informationsquelle» gedrängt und damit als «Zuschauer*innen» (Woolfson et al. 2010) marginalisiert werden, anstatt als aktiv mithandelnde Subjekte mit eigenen Wünschen und Sichtweisen im Rahmen der Möglichkeiten und unter Wahrung ihrer Integrität berücksichtigt und einbezogen zu werden und damit tatsächlich zu partizipieren.

Die auf der Beziehungs-, Kommunikations- und Vertrauensebene sichtbar gewordenen Hindernisse zeigen sich unter anderem im mangelnden Vertrauen in die Fachpersonen und in der Scheu, offen mit ihnen zu sprechen. Dies ist angesichts der Organisation der Verfahren, die in der Regel nur wenige Kontakte vorsehen, nicht verwunderlich. Eine echte Beteiligung von Kindern und Jugendlichen ist dadurch jedoch gefährdet, und es besteht das Risiko, dass belastende und kindeswohlgefährdende Situationen und Erlebnisse von Kindern und Jugendlichen nicht berichtet werden (Barnes 2012; Jobe & Gorin 2013). Deutlich wird hier, dass positive Interaktionserfahrungen und Interaktionen, in denen Kinder ganzheitlich als Personen bzw. Subjekte des Verfahrens adressiert werden, die – im Zwangskontext kaum vermeidbaren – Belastungen und potenziell integritätsverletzenden Erfahrungen in den Verfahren insgesamt abzufedern vermögen und solche Erfahrungen letztlich zum Erleben von Kohärenz und zur biografischen Integration der gemachten Erfahrungen beitragen (Vis et al. 2011).

3.3.3 Fokusgruppeninterviews

Aline Schoch & Gaëlle Aeby

Das Ziel der Fokusgruppen war es, anhand der qualitativen und quantitativen empirischen Ergebnisse eine Diskussion und Kommentierung aus aus der jeweiligen Perspektive der Eltern, der Fachpersonen und der Expert*innen für Kinder zu ermöglichen. Dabei sollten die Resultate diskutiert und einer kritischen, praxisnahen Aussensicht unterzogen werden. Der Fokus lag vor allem auf den Ergebnissen, welche die Perspektive der Betroffenen (Kinder und ihre Eltern) repräsentieren. In diesem Sinne wurden die Fokusgruppeninterviews einerseits als Validierungsschlaufe der qualitativen und quantitativen Ergebnisse genutzt. Andererseits sollte durch die Fokussierung auf das Erleben von Kindern und Eltern auch reflektiert werden, wie Partizipation in Kindesschutzverfahren gesichert und gefördert werden kann – ausgehend von der Annahme, dass die Auseinandersetzung mit den in den Ergebnissen repräsentierten Erfahrungen von Eltern und Kindern dazu anregt, gemeinsam über mögliche Problemlösungsansätze zu diskutieren (Flick 2000, S. 132 f.). Im Forschungsprozess wurde dieser letzte Datenerhebungsschritt daher kurz vor Ende des Forschungsprojekts zwischen Juni und November 2022 realisiert.

3.3.3.1 Daten und Methoden

Die Fokusgruppeninterviews wurden mit verschiedenen Gruppen separat durchgeführt: zwei Fokusgruppeninterviews mit KESB-Fachpersonen, eines mit Eltern, die in einem Kindesschutzverfahren involviert waren oder sind, und eines mit Kinder-Expert*innen (siehe Tabelle 5). Für die Kinderperspektive wurden drei Expert*innen aus einem Verein interviewt, der sich für die Partizipation und Rechtsvertretung von Kindern in Rechtsverfahren einsetzt. Die Erfahrung beim Feldzugang der empirischen Studie, dass die Rekrutierung von Kindern sehr grosse zeitliche Ressourcen erforderte, sowie ethische Bedenken führten zu diesem pragmatischen Schritt[30]. An der

30 Ein Beweggrund dafür lag in der Erfahrung mit dem Fokusgruppeninterview mit betroffenen Eltern, das sehr emotional verlief und bei dem traumatische Erlebnisse ge-

einen der beiden Fokusgruppen der KESB-Fachpersonen nahmen sieben KESB-Fachpersonen aus fünf verschiedenen Kantonen der Deutschschweiz und dem Tessin teil, an der anderen fünf KESB-Fachpersonen aus drei Kantonen der Westschweiz.

An der Fokusgruppe mit Eltern nahmen drei Mütter und der Bruder einer Mutter teil, die sich in einem Kindesschutzverfahren befinden oder befunden haben. Die Teilnehmenden kamen aus zwei Kantonen aus der Deutschschweiz und wurden auf Empfehlung einer Fachperson vermittelt, die in verschiedenen Kantonen als Kindesschutzfachperson tätig ist. Ein Teilnahmeaufruf über soziale Medien blieb erfolglos.

Tabelle 5: Datenübersicht Fokusgruppeninterviews

*Expert*innengruppe*	*Region*	*Anzahl der Teilnehmer*innen*
KESB-Fachpersonen	Westschweiz (3 Kantone)	5
KESB-Fachpersonen	Deutschschweiz und Tessin (5 Kantone)	7
Eltern	Deutschschweiz (2 Kantone)	3 Mütter und der Bruder einer Mutter (3 Fälle)
Kinder-Expert*innen	Schweiz	3

Für die drei Fokusgruppen wurden drei Interviewleitfäden entwickelt. Bei den Fokusgruppeninterviews mit den KESB-Fachpersonen und den Kinder-Expert*innen wurden Diagramme mit den Ergebnissen der quantitativen

schildert wurden. Zu den ethischen Bedenken kam hinzu, dass bei der Fokusgruppenerhebung die Validierung der bereits erhobenen Daten sowie konkrete umsetzungsbezogene Aspekte im Zentrum standen. Obschon ein stärkerer Einbezug der Perspektive von Kindern und Jugendlichen in der Forschung grundsätzlich wünschenswert ist, sprachen die beiden genannten methodischen Gründe sowie der sehr zeitintensive und anspruchsvolle Rekrutierungsprozess, der durch die Covid-Pandemie zusätzlich erschwert wurde, für eine pragmatische Lösung. Deshalb wurde die Kinderperspektive durch drei Fachpersonen mit jahrelanger Berufs- und Beratungserfahrung und ihrem angesammelten Wissen über die Erfahrungen und Nöte von Kindern und Jugendlichen in Kindesschutzverfahren eingeholt.

Studie zum Erleben von Kindern und Eltern in Kindesschutzverfahren vorgelegt und von den Fachpersonen kommentiert und diskutiert. Für das Fokusgruppeninterview mit den Kinder-Expert*innen wurden ausschliesslich Ergebnisse aus der Befragung von Kindern vorgestellt und diskutiert. Im Gegensatz dazu enthielt der Interviewleitfaden für die Fokusgruppe mit den Eltern keine Ergebnisdiagramme, sondern nur eine Auswahl von mündlich vorgetragenen Ergebnissen der empirischen Studie.

3.3.3.2 Perspektive der KESB-Fachpersonen: zwischen Überraschung, unauflösbaren Spannungsverhältnissen und Verbesserungsvorschlägen

Die Fokusgruppeninterviews mit den KESB-Fachpersonen waren geprägt von einer Diskussion unter den Fachpersonen, welche die präsentierten Ergebnisse kommentierten. Es wurden zahlreiche Thesen und mögliche Begründungen für das Antwortverhalten der Kinder und Eltern formuliert, aber auch weiterführende Kommentare, eigene Erfahrungen und aktuelle Praktiken eingebracht.

Die Teilnehmer*innen beider Fokusgruppen hatten grundsätzlich kritische Einschätzungen und Erfahrungen von Kindern und Eltern erwartet, waren aber dennoch überrascht über das Ausmass der z. T. negativen Ausprägungen. Unter anderem auch deshalb, weil die KESB-Fachpersonen aus ihrer eigenen Praxis viele Bemühungen schilderten, die Betroffenen einzubeziehen, zu informieren und mit ihnen zu kooperieren. Als Begründungen für die Ergebnisse wurden daher immer wieder Spannungsfelder genannt, die dem zivilrechtlichen Kindesschutz immanent und nicht auflösbar sind. Zu nennen ist bspw. das Spannungsverhältnis, das sich auf das Integritätserleben der Eltern bezieht, die angaben, sich im Verfahren häufig in ihrer Elternrolle nicht respektiert zu fühlen (Kapitel 3.3.1 und 3.3.2). Die Ursache dafür sehen die Fachpersonen in der Orientierung des Kindesschutzes auf das Kindeswohl: Weil der Kindesschutz nicht auf die Bedürfnisse der Eltern ausgerichtet sei und der Schutz der Kinder u. U. den Wünschen der Eltern widersprechen könne, komme der zivilrechtliche Kindesschutz nicht ganz ohne integritätsverletzende Momente aus. Das Spannungsverhältnis in Bezug auf das Integritätserleben von Kindern, die häufig den Eindruck haben, dass ihrer Stimme wenig Gewicht beigemessen wird, hängt nach Ansicht der Interviewten mit der Vorstellung von Kindern zusammen, die Einflussnahme mit der Erfüllung des Kindeswillens in Kindesschutzverfahren gleichsetzen. Die Wünsche und der Kindeswille stünden teilweise im Widerspruch zu den Handlungsmöglichkeiten der KESB und der fachlichen Einschätzung, was dem Kindeswohl zuträglich sei.

Aus der Datenanalyse geht auch hervor, dass unter den teilnehmenden Fachpersonen ein Konsens über Verbesserungsmöglichkeiten und -notwendigkeiten besteht: In beiden Fokusgruppen wird das Informationsverständnis der Betroffenen als verbesserungsbedürftig hervorgehoben. Deren lückenhaftes Verständnis bzw. eingeschränkte Aufnahmefähigkeit wird u. a. mit der hohen emotionalen Belastung und dem Stressempfinden während der Anhörungssituation begründet. Als konkrete Möglichkeiten, damit umzugehen, werden die vermehrte Durchführung mündlicher Verfahrenseröffnungen, die Ermöglichung mehrerer Anhörungen, eine kontinuierliche, d. h. häufigere Rückversicherung über das Verständnis der Betroffenen sowie eine mündliche Begründung und Erläuterung des Entscheids genannt. Dies könnte aus Sicht der Fokusgruppenteilnehmer*innen die Transparenz und Nachvollziehbarkeit des Entscheidungsfindungsprozesses erhöhen und dazu beitragen, dass Entscheide von Kindern auch dann als gerechter empfunden werden, wenn sie nicht dem ursprünglichen Kindeswillen entsprechen. Zusätzliche Erklärungen durch eine neutrale Person oder gegebenenfalls die Kindesvertretung könnten ebenfalls förderlich sein. Darüber hinaus wird der verstärkte Einsatz von unterstützenden Materialien wie Informationsbroschüren und -videos gefordert. Generell wird eine adressat*innengerechtere Sprache sowohl in der Formulierung von Verfügungen als auch in der mündlichen Kommunikation als wesentlicher Aspekt zur Verbesserung der Information gesehen (dies deckt sich mit Hinweisen aus den qualitativen Datenanalysen, Kapitel 3.3.1; Schoch et al. 2023). Es sei jedoch eine Herausforderung, die Formulierungen adressat*innengerecht zu halten und gleichzeitig den Anforderungen an Präzision und Detailliertheit der Urteile und Bescheide gerecht zu werden, die auch vor juristischen Rekursinstanzen standhalten müssten.

Im Hinblick auf die mangelnde Berücksichtigung der Stimme der Kinder gehen die Aussagen in die Richtung, dass eine aktivere Beteiligung insbesondere der jüngeren Kinder möglich und notwendig wäre. Zudem könnte die Erreichbarkeit von Behördenmitgliedern bzw. auch von

Beistände*innen über kinder- und jugendgerechte Kommunikationsmittel wie bspw. WhatsApp oder Messenger verbessert und die Kontaktfrequenz erhöht werden[31]. Dies würde eine vertrauensvollere Arbeitsbeziehung fördern und könnte somit auch das Integritäts- und Autonomieerleben der Kinder stärken.

Eine Vereinheitlichung und stärkere Reglementierung des Kindesschutzverfahrens wird eher von Befragten aus der Deutschschweiz befürwortet, wohingegen die Teilnehmenden der Fokusgruppe aus der Romandie die Notwendigkeit einer fallspezifischen Bearbeitung und die dafür notwendige Offenheit, Flexibilität und Ermessensspielräume betonen. Ein in diesem Sinne vereinheitlichtes Recht sowie handlungsleitende Empfehlungen könnten die Tätigkeit der Kindesschutzbehörden vereinfachen.

Die Ergebnisse zeigen auch einen gewissen Konsens darüber, dass das Kindesschutzverfahren verbessert werden muss, um Betroffene besser zu berücksichtigen und einzubeziehen, auch wenn einige Spannungsfelder nicht aufgelöst werden können. Die Teilnehmer*innen betonen jedoch, dass für diese Verbesserungen entsprechende Rahmenbedingungen geschaffen werden müssten. Hier ist insbesondere der Ressourcenmangel zu nennen, der in beiden Fokusgruppen sowohl von Behördenmitgliedern als auch in Bezug auf die abklärenden und mandatsführenden Fachpersonen thematisiert wurde. Zudem erschweren aus Sicht der Fokusgruppenteilnehmer*innen der Mangel an qualifizierten Beiständ*innen und/oder der häufige Wechsel von Beistandspersonen sowie die fehlenden zeitlichen Ressourcen der KESB-Fachpersonen den Aufbau einer vertrauensvollen Arbeitsbeziehung zwischen den Fachpersonen und den Kindern und beeinträchtigen damit ein Eingehen auf die individuellen Bedürfnisse der Betroffenen sowie eine gut informierte und partizipative Entscheidungsfindung.

3.3.3.3 Perspektive der Eltern: Ohnmachtsgefühle und Hoffnungslosigkeit – Ein Einblick in den negativen Bereich des Erfahrungsspektrums

Die Erfahrungen mit der KESB und dem Kindesschutzverfahren, welche die Teilnehmer*innen der entsprechenden Fokusgruppe geäussert haben, sind

31 Kritisch anzumerken ist die Problematik des Datenschutzes beim Einsatz dieser Kommunikationsmittel.

durchweg auffallend negativ. Auch wenn solch gravierende, die Integrität verletzende Erfahrungen nicht die Regel sein dürften (Kapitel 3.3.2), bilden sie doch einen Teil des Erfahrungsspektrums von Eltern in Kindesschutzverfahren ab. Bei den Teilnehmer*innen der Fokusgruppe handelt es sich um drei allein- bzw. getrennt erziehende Mütter mit einem bis drei Kindern. Alle Teilnehmer*innen berichten in der Fokusgruppe von Besuchsrechtsstreitigkeiten oder Paarkonflikten mit dem Kindsvater, die zur Involvierung der KESB geführt haben und zum Teil seit Jahren andauern. In einem Fall führte die Intervention der KESB zu einer ausserfamiliären Unterbringung des Kindes, in zwei Fällen berichten die Mütter auch von stationären Aufenthalten der Kinder in psychiatrischen Kliniken. Die geschilderten Verläufe von Kindesschutzverfahren, die bereits mehrere Jahre andauern (oder sich wiederholen, dies lässt sich aus den Aussagen nicht rekonstruieren), sind eindrucksvolle Beispiele für einen Prozess wiederkehrender Kommunikationsschwierigkeiten und einen zunehmenden Vertrauensverlust der Mütter in die Behörden.

In den sehr persönlichen und teilweise unter Tränen vorgetragenen Schilderungen der Mütter wurde immer wieder auf Ohnmachtsgefühle gegenüber der KESB sowie auf eine sehr starke Belastung und Erschöpfung durch das Kindesschutzverfahren hingewiesen, die sich oft auch auf die Kinder auswirke. Es wurde auch von falschen Anschuldigungen durch Drittpersonen gesprochen, die in den Verfahren einen Einfluss hätten und von den Müttern kaum entkräftet oder widerlegt werden könnten. Alle Beteiligten sprechen von Momenten, in denen sie sich den Fachpersonen der KESB ausgeliefert fühlten und es ihnen nicht gelang, sich Gehör zu verschaffen. Die Mütter monieren eine mangelnde Kontrolle oder Aufsicht über die Tätigkeiten der KESB-Fachpersonen und sprechen teilweise von einem Machtmissbrauch einzelner Behördenmitglieder. Des Weiteren schildern sie, dass ihre Aussagen von der KESB teilweise falsch wiedergegeben oder gar negiert wurden. Ebenso empfinden viele die Tätigkeiten der KESB nicht als hilfreich, sondern als gegen sie gerichtet und sie und ihre Sichtweisen und Nöte delegitimierend. Es soll jedoch auch erwähnt werden, dass sich die Teilnehmer*innen bewusst waren, dass die Praktiken der verschiedenen KESB nicht homogen sind, da sie auch positive Beispiele erwähnen, die sie bei anderen KESB erlebt haben.

Die Teilnehmer*innen verweisen darauf, dass in vielen Fällen gar keine oder nur sehr rudimentäre und unvollständige Gesprächsprotokolle angefertigt worden seien, was aus Sicht der Mütter das Gefühl der Machtlosigkeit befeuerte. Sie beschreiben, dass sie sich ohne Protokoll völlig wehrlos und handlungsunfähig gefühlt hätten. Demgegenüber führten protokollierte Gespräche zu mehr Verlässlichkeit und in der Folge zu mehr Rechtsicherheit für sie. Diese Aussagen korrespondieren mit den positiven Äusserungen zu Protokollen in den Ergebnissen der qualitativen Datenanalyse (Kapitel 3.3.1).

Weiter verweisen die in der Fokusgruppe interviewten Mütter darauf, dass zwischen den Kindern und den Beistandspersonen wichtige Vertrauensbeziehungen entstehen können. Sie kritisieren aber, dass nicht alle Beiständ*innen gleich gut und unterstützend arbeiten. Zudem bemängeln sie, dass bei der Anhörung der Kinder unsensibel vorgegangen worden sei, z. B. dass dem Kind die Begleitung durch eine Vertrauensperson (Psychotherapeutin) verweigert und dass es während des Gesprächs unter Druck gesetzt oder gar manipuliert worden sei.

Darüber hinaus erwähnen die Mütter in der Fokusgruppe, dass sie zu Beginn des Verfahrens keine Informationen über ihre Rechte erhalten hätten. Auch die anderen empirischen Daten verweisen darauf, dass sich viele Eltern zumindest nicht aktiv daran erinnern können, ob und wie sie über ihre Rechte und Pflichten aufgeklärt wurden (Kapitel 3.3.2). Auf die Frage, ob sich die Mütter anwaltlich vertreten liessen und ihre Rekursmöglichkeiten genutzt hatten, antworteten die Befragten in der Regel, dass dazu entweder das Geld oder das Wissen, vor allem aber die Energie gefehlt habe, da bereits das Kindesschutzverfahren als langwierig und sehr anstrengend erlebt wurde. Eine der Teilnehmer*innen liess sich trotz der hohen Kosten konsequent anwaltschaftlich vertreten.

3.3.3.4 Perspektive der Kinder-Expert*innen: keine Überraschung und starker Konsens über konkrete Verbesserungsvorschläge

Im Gespräch mit den Kinder-Expert*innen wurden ausschliesslich Resultate aus der Kinder-Perspektive präsentiert. Die Teilnehmer*innen der Fokusgruppe glichen im Gespräch die präsentierten Resultate häufig mit ihren

Beratungserfahrungen mit Kindern ab, welche sich fast vollständig mit den vorgestellten Ergebnissen deckten. Im Gegensatz zu den KESB-Fachpersonen, die vom Ausmass der negativen Erfahrungen überrascht waren, erstaunten die präsentierten Ergebnisse die Kinder-Expert*innen kaum. Die Teilnehmer*innen setzten sich wiederholt eingehend mit konkreten Verbesserungsmöglichkeiten auseinander, und die Fokusgruppe bot für sie vor allem eine Gelegenheit, diese zu diskutieren. Über die vorgestellten Verbesserungsmöglichkeiten herrschte weitgehend Konsens.

Auch das Verständnis der erhaltenen Informationen zum Verfahren seitens der Kinder wurde von den Kinder-Expert*innen wiederholt als verbesserungswürdig unterstrichen. Vorhandene Informationsmaterialien wie z. B. die Broschüre zur Anhörung von UNICEF und dem MMI (2023), sollten ihrer Meinung nach stärker genutzt werden. So wird beispielsweise bemängelt, dass das Einladungsschreiben zu wenig informativ sei, was die Unsicherheit und Angst der Kinder vor der Anhörung und dem Kindesschutzverfahren i. A. erklären könnte. Des Weiteren wird kritisiert, dass es an aufklärenden Gesprächen mit den Kindern fehle und dass die Kindesanhörungen und Erklärungen häufig nicht kindgerecht seien. In diesen beiden Punkten decken sich die Verbesserungsvorschläge mit denjenigen der Fokusgruppe der KESB-Fachpersonen. Gleichzeitig wird in der Fokusgruppe ein Weiterbildungsbedarf der KESB-Fachpersonen bspw. in Bezug auf die Gestaltung der Kommunikation mit Kindern festgestellt. Ferner würden die Kinder zu wenig darüber informiert, inwiefern ihre Aussagen in die Entscheidungsfindung einfliessen, was sich auch mit Ergebnissen anderer im Rahmen der Studie vorgenommenen Analysen deckt (Kapitel 3.3.1 und 3.3.2; Schoch et al. 2023). Bemängelt wird auch, dass der Kindeswillen zu wenig bei der Entscheidungsfindung einbezogen werde und eine Begründung des Entscheides nicht systematisch und zu selten erfolge. Im Zusammenhang mit der mangelnden Berücksichtigung des Kindeswillens kritisieren die Teilnehmer*innen eine teilweise zu starke Gewichtung der Interessen der Eltern durch die KESB. Diese Gründe werden als Erklärung für die von der Fokusgruppe wahrgenommene mangelnde Partizipationsmöglichkeit der Kinder angeführt.

Von den Teilnehmer*innen wird festgehalten, dass die Rechtsvertretung des Kindes häufig zu einem (zu) späten Zeitpunkt im Verfahren eingesetzt werde. Auch hier gäbe es bereits unterstützendes Material, wie bspw.

die Checkliste zur Prüfung des Einsatzes einer Rechtsvertretung von der Kinderanwaltschaft Schweiz (Kinderanwaltschaft Schweiz, o. J.), die stärker genutzt werden könnte. Die Fokusgruppe fordert in diesem Zusammenhang eine stärkere Regulierung, die auf einen verpflichtenden und systematischen Einsatz einer Rechtsvertretung des Kindes abzielt. Insbesondere wenn eine ausserfamiliäre Unterbringung zur Diskussion stehe, sei dies zwingend notwendig und werde in einigen Kantonen bereits vorbildlich umgesetzt. In Fällen von ausserfamiliären Unterbringungen sollte der Gesetzgeber nicht nur die Prüfung empfehlen (Art. 314*a*[bis] ZGB), sondern den Beizug einer Rechtsvertretung des Kindes zwingend vorschreiben, waren sich die Teilnehmenden der Fokusgruppe einig. Sie plädierten für eine Gesetzesanpassung, die eine grundsätzliche Begründungspflicht der KESB vorsieht, wenn keine Rechtsvertretung für Kinder eingesetzt wird (das Potenzial einer Rechtsvertretung wird auch von den KESB-Fachpersonen erwähnt). Eine explizitere Ausformulierung des Verfahrensrechts im Kindesschutz, welche die erwähnten Punkte beinhaltet und stärker regelt, wird daher begrüsst und als hilfreich erachtet, um eine flächendeckende und systematische Stärkung des Einbezugs der Sichtweisen und Meinungen (Integritäts- und Autonomieerleben) und der Partizipation von Kindern zu erreichen. Darüber hinaus sehen die Kinder-Expert*innen die Notwendigkeit, für die Evaluation der Neuerungen weitere empirische Daten aus der Kinderperspektive zu erheben.

3.3.3.5 Diskussion

Die Fokusgruppeninterviews haben insgesamt die Gültigkeit der Erkenntnisse der qualitativen Studie (Kapitel 3.3.1) und der quantitativen Erhebung (Kapitel 3.3.2) bestätigt und zugleich ihre Interpretation vertieft. In allen drei Fokusgruppen – mit KESB-Fachpersonen, mit Eltern und mit Kinder-Expert*innen – kristallisieren sich im Hinblick auf mögliche Verbesserungen erneut zentrale Aspekte heraus, die aus Sicht der Teilnehmer*innen dazu beitragen könnten, das Integritäts-, Autonomie- und Partizipationserleben von Kindern und Eltern in Kindesschutzverfahren zu erhöhen.

An erster Stelle sind die notwendigen und verstärkten Bemühungen zu nennen, um das Verständnis der Eltern und Kinder für das Verfahren, seinen Ablauf, die möglichen Massnahmen und den Entscheidungsprozess zu verbessern. Ziel sollte es sein, die Transparenz der Prozesse zu erhöhen und die Partizipationsmöglichkeiten und Handlungsspielräume zu erweitern. Ansatzpunkte hierfür werden zum einen in einer häufigeren mündlichen Kommunikation zwischen Fachpersonen und Betroffenen gesehen, die mehr Gelegenheit für Klärungen, Austausch und Nachfragen ermöglichen und damit das Verständnis von Kindern und Eltern für die verschiedenen Verfahrensschritte verbessern könnte. Voraussetzung für eine gelingende Kommunikation ist eine adressat*innengerechte Sprache sowie generell eine Diversifizierung der Kommunikationsmittel und -wege, um die Erreichbarkeit der Fachpersonen zu erhöhen und damit weitere Deliberationsmöglichkeiten zu schaffen.

Ein weiterer Schwerpunkt sollten die Bemühungen um mehr Partizipationsmöglichkeiten darstellen, insbesondere für jüngere Kinder. Dazu gehören eine stärkere Berücksichtigung der Sichtweisen und Meinungen von Kindern und eine grössere Transparenz von Entscheidungsfindungsprozessen. Es sollten verstärkt Anstrengungen unternommen werden, die Kinder dabei zu begleiten und ihre Partizipation über das gesamte Verfahren hinweg zu fördern, z. B. durch den verstärkten Einsatz von Rechtsvertretungen. Wesentlich erscheint in diesem Zusammenhang – nicht nur für Kinder, sondern auch für deren Eltern – dass die Entscheidbegründung detailliert und am besten zusätzlich mündlich und in adressat*innengerechter Sprache erläutert wird. Von Bedeutung scheint vor dem Hintergrund der Fokusgruppendiskussionen und der Daten aus den weiteren Datenanalysen des Projekts auch eine Protokollierungspflicht für Anhörungen sowie deren Durchsicht und Korrektur durch die Betroffenen direkt im Anschluss an die Anhörung und in Anwesenheit aller Beteiligten. Dies bietet mehr Rechtssicherheit und könnte dazu beitragen, integritätsverletzende Kommunikationen und Situationen zu minimieren und den Betroffenen mehr Handlungsmacht einzuräumen.

3.3.4 Zusammenfassung und Diskussion der empirischen Studie

Brigitte Müller, Aline Schoch & Gaëlle Aeby

3.3.4.1 Fragestellungen, methodische Zugänge und Stichproben

Die empirische Teilstudie von INTAPART zielte zum einen auf die Beantwortung von Fragen zu den Erfahrungen von Kindern und Eltern in Kindesschutzverfahren. Dazu gehörten Fragen danach, wie Kinder und Eltern die Verfahren und das Handeln der Fachpersonen erleben und welche Merkmale der Interaktionen sie im Hinblick auf ihre Autonomie, Integrität und Partizipation als förderlich oder hinderlich wahrnehmen. Zudem sollte im empirischen Teil die Frage beantwortet werden, mit welchen Verfahren Behörden und Fachpersonen Kinder und Eltern einbeziehen und inwieweit sie deren Sichtweisen berücksichtigen.

Die empirische Studie bestand aus (1) teilnehmenden Beobachtungen von Beratungen und multiperspektivischen Fallstudien, (2) drei unabhängigen quantitativen Online-Befragungen von Fachpersonen, Eltern und Kindern und (3) Fokusgruppeninterviews zur Validierung der Ergebnisse der ersten beiden Teile. Der Zugang zum Feld und die Rekrutierung von Teilnehmer*innen sowohl für den qualitativen als auch für den quantitativen Teil der Studie gestalteten sich aufgrund der Erreichbarkeit der Zielgruppen Kinder und Eltern, der hohen Arbeitslast in den Organisationen des Kindesschutzes sowie der Covid-19-Pandemie zum Zeitpunkt der Datenerhebung als anspruchsvoll. Angepasste Rekrutierungsstrategien und eine verlängerte Feldphase der Erhebungen führten im qualitativen Teil der Studie zu 24 Beobachtungen von 19 Fällen und 28 Interviews von insgesamt 10 Fällen aus vier Kindes- und Erwachsenenschutzbehörden.

Die Stichproben der Onlinebefragungen bestanden aus 23 Teilnehmer*innen an der Kinder-/Jugendbefragung, 89 Teilnehmer*innen an der Elternbefragung und 112 Teilnehmer*innen an der Befragung der Fachleute. Diese Zahlen sind zwar im Hinblick auf komplexe statistische Datenanalysen nur mässig zufriedenstellend, können aber im Hinblick auf die schwer erreichbaren Teilnehmer*innen als ausreichend angesehen werden. Die Triangulation mit qualitativen Daten ermöglichte eine reflektierte Validierung der Ergebnisse der Kinder-Befragung und zeigte eine Reihe interessanter

Übereinstimmungen. Die Ergebnisse dieser Umfrage können daher als repräsentativ für die Erfahrungen von – zumindest einem bedeutenden Teil von – Kindern und Jugendlichen in Kindesschutzverfahren verstanden werden.

Zum Abschluss der empirischen Studie wurden vier Fokusgruppeninterviews mit Kinderexpert*innen, Eltern und KESB-Mitgliedern (je eines in der Deutsch- und Westschweiz) durchgeführt, in denen die Ergebnisse kritisch diskutiert wurden.

Die unterschiedlichen methodischen Zugänge ermöglichten es einerseits, die im Fokus stehenden Fragen aus *verschiedenen Perspektiven in unterschiedlichen Settings mit unterschiedlichen Erhebungsmethoden und Daten* zu beleuchten. Dadurch entstand ein differenziertes Bild von sich überlappenden und unterschiedlichen Ergebnissen und Erkenntnissen. Es entstand aber auch ein Datenkorpus mit einem hohen Komplexitätsgrad in Bezug auf die zahlreichen Ebenen und Facetten der fokussierten Gegenstände. So wurden bereits *innerhalb* des qualitativen und quantitativen Teils Methoden- bzw. Ergebnistriangulationen durchgeführt.

Ein Vorteil dieses Vorgehens besteht darin, dass die Schwierigkeiten des Feldzugangs und die daraus resultierenden eher kleinen Fall- und Teilnehmerzahlen durch diese Mehrperspektivität *kompensiert und die verschiedenen Erkenntnisse in einen komplementären Zusammenhang* gestellt werden konnten. Darüber hinaus legen die Ergebnisse die Vermutung nahe, dass mögliche Selektionseffekte durch die gewählten multiplen Zugänge neutralisiert bzw. überhaupt erst sichtbar gemacht wurden. Es ist davon auszugehen, dass bei der Auswahl und Anfrage von Personen für Interviews im qualitativen Teil sowie bei der Zustimmung zur teilnehmenden Beobachtung bei Kindes- und Elternanhörungen durch die vier Behörden eine eher positiv konnotierte Selektion in dem Sinne stattgefunden hat, dass dem Forschungsteam eher Verfahren und Fälle mit gelungener Kooperation und Arbeitsbeziehung zu Kindern und Eltern zugänglich gemacht wurden. Andererseits zeigten sich in den quantitativen Daten der Kinder- und Elternbefragungen und auch in den Fokusgruppen Tendenzen zu stark negativ gefärbten Bewertungen der Verfahren, des eigenen Erlebens oder der Ergebnisse der Studie. Die Möglichkeit der Triangulation und Gegenüberstellung der Ergebnisse stellt hier einen *validierenden Ausgleich* dar.

3.3.4.2 Diskussion und Fazit

Im Folgenden werden Erkenntnisse und Schlussfolgerungen aus den triangulierten Ergebnissen des qualitativen und quantitativen Teils der empirischen Studie zusammenfassend diskutiert. Die Ergebnisse zeigen zum einen die *zentrale Rolle, die Informationen, Wissen und Verständnis des Verfahrens* und seiner verschiedenen Aspekte für das Integritäts-, Autonomie- und Partizipationserleben von Kindern und Eltern in Kindesschutzverfahren spielen. Es wurde deutlich, dass sowohl Kinder als auch Eltern oft nur unzureichend verstehen, was ein Kindesschutzverfahren ist, wer darin welche Aufgabe hat, welche Phasen es umfasst und in welcher Weise sie sich beteiligen können. Verfahrenseröffnung, Anhörungen oder andere Begegnungen scheinen nicht auszureichen oder eignen sich nur begrenzt, um seitens der Kinder und der Eltern *ein in Bezug auf das Wahrnehmen eigener Handlungsspielräume und der Orientierung im Verfahren angemessenes Verständnis* zu gewährleisten. Zudem ist es anspruchsvoll, die Komplexität des Rechtsverfahrens auf einen *sprachlichen Konkretisierungsgrad* zu bringen, der es auch Kindern, Laien und Personen mit begrenzten Sprach- oder Lesekompetenzen erlaubt, sich im Verfahren zu orientieren. Fachpersonen sehen teilweise auch davon ab, Informationen zu detailliert zu vermitteln, z. B. wenn sie bei Kindern sehr hohe Belastungen oder Loyalitätskonflikte vermuten oder bei bestimmten Sachverhalten wie Straftaten der Eltern. Daraus resultiert, wie die Befunde zeigen, ein *häufig unzureichender Informationsstand von Kindern und Eltern,* der Ängste und Misstrauen begünstigt und dazu führt, dass die Kommunikation zwischen Behörden und Fachpersonen und den Familien für Missverständnisse anfällig ist.

Da sich Wissen zum und Verstehen des Verfahrens in der empirischen Teilstudie als Grundvoraussetzung für die Handlungsfähigkeit und -autonomie von Kindern und Eltern in den verschiedenen Phasen des Verfahrens wie auch ihre Möglichkeiten der Partizipation erwiesen haben, ist diesem Aspekt bei der Weiterentwicklung der Kindesschutzpraxis grosse Bedeutung zuzumessen. Die Daten zeigen, dass hier bereits viel getan wird und es zahlreiche Ansätze und Bemühungen gibt, Settings und Kommunikation so zu gestalten, dass das Verständnis von Kindern und Eltern gefördert wird; so werden verbreitet Broschüren und Informationsmaterialien eingesetzt, und es bestehen vielerorts Vorgaben dazu, wie mit Kindern und Eltern gearbeitet werden soll. Allerdings gibt es weder verbindliche Standards noch eine einheitliche fachliche Haltung dazu, wann, wie, durch wen und worüber Kinder und Eltern informiert werden sollen. Darüber hinaus fällt auf, dass im Kontext der Information von Kindern und Eltern der Kommunikation von Entscheiden nur eine marginale Bedeutung zukommt. Hier zeigen die Ergebnisse, dass es für Kinder und Eltern oft unklar bleibt, welches Gewicht ihre Sichtweisen im Verfahren haben und inwieweit und warum sie berücksichtigt wurden oder nicht. Zu verstehen, weshalb die Kindes- und Erwachsenenschutzbehörde einen bestimmten Entscheid gefällt hat, weshalb eine bestimmte Massnahme getroffen wurde und nicht eine andere, ist für Kinder und Eltern aber wichtig für die Einordnung und Verarbeitung des Verfahrens und damit auch für ihr Integritätserleben, wohingegen mangelnde Nachvollziehbarkeit von Entscheidungsprozessen zu subjektiver Belastung und geringerer Akzeptanz von Massnahmen führt.

Für das Erleben von Kindesschutzverfahren durch Kinder und Eltern waren zudem Interaktionserfahrungen und Begegnungen mit Fachpersonen von grosser Bedeutung, sowohl für das Erleben von Integrität als auch für die Wahrnehmung von Partizipationsmöglichkeiten. Die Daten stützen die Konzeptualisierung von Partizipation als interaktionalem und relationalem Prozess (Husby et al. 2018; Tisdall 2017). Interaktionen können vor dem Hintergrund der Ergebnisse als Träger und Rahmen nicht nur für Partizipation, sondern auch für das Erleben von Integrität und Autonomie verstanden werden. Akzeptiert, respektiert und gehört zu werden, Kommunikation als inklusiv und auf Augenhöhe zu erleben und sich als ganze Person und nicht z. B. als «Informant*in» wahrgenommen zu fühlen, haben sich hier als wesentliche Merkmale partizipationsfördernder und integritätswahrender Interaktionen erwiesen. Die Daten zeigen jedoch, dass viele Kinder und Eltern andere Interaktionserfahrungen machen bzw. Interaktionen mit Fachpersonen anders wahrnehmen. Dies betrifft insbesondere die Erfahrung von Kindern und Eltern, eine gleichwertige Stimme zu haben. Sie fühlen sich häufig überstimmt und aussen vor gelassen und haben den Eindruck, dass ihre Sichtweisen im Verfahren wenig Gewicht haben und kaum zählen. So wirken die Verfahren für Kinder und Eltern ausgrenzend, integritätsbedrohend oder -verletzend, insbesondere wenn, wie festgestellt, Entscheidungen nicht nachvollziehbar sind und die Massnahmen als zusätzliche Belastung erlebt werden. Hinter solchen Dynamiken können

Widerstände, Ängste und Misstrauen seitens der Kinder und Eltern vermutet werden, die, wie die qualitative Teilstudie gezeigt hat, vor allem durch Vertrauensbildung und wiederholte Kontakte im Verlauf des Verfahrens abgebaut werden können. Auf der anderen Seite zeigen die quantitativen Daten zwar Haltungen der Fachpersonen, die die Partizipation von Kindern und Eltern als wichtig und positiv bewerten. Die qualitativen Daten wiederum weisen darauf hin, dass die Behörden insbesondere in der Zusammenarbeit mit den Eltern stark auf eine gelingende Kooperation fokussieren und in erster Linie eine gemeinsame Lösungsfindung anstreben. Allerdings wurden auch hier teilweise Muster der Interaktionsgestaltung sichtbar, die vermuten lassen, dass Zeitdruck und gegebenenfalls expertokratische Haltungen in der Praxis dazu beitragen, dass Interaktionen so verlaufen, dass Kinder und Eltern sich nicht, nicht immer oder nur unzureichend beteiligen können (Duncan 2019).

In Bezug auf ihre Partizipation haben Kinder häufig das Gefühl, dass sie sich zwar äussern können, ihre Meinung aber oft nicht berücksichtigt und Partizipation somit auf einen formalen Verfahrensaspekt reduziert wird (Schoch et al. 2023). Die Ergebnisse zeigen auch, dass der Grad der Partizipation mit zunehmendem Alter steigt und Jugendliche deutlich stärker beteiligt werden als jüngere Kinder. Kinder haben oft Schwierigkeiten, den Fachpersonen zu vertrauen und sich mitzuteilen, sie sind durch die Verfahren belastet und haben Angst vor möglichen negativen Folgen für die Familie. Umgekehrt sind auch Fachpersonen der Meinung, es sei schwierig, Kinder angemessen zu informieren und zu beteiligen.

Die Ergebnisse machen deutlich, dass eine Interaktionsgestaltung, welche die Integrität von Kindern und Eltern möglichst wahrt, ihre (Handlungs-)Autonomie fördert und ihre Partizipation fördert und sicherstellt, auch aufgrund der heterogenen Struktur und Organisation der Kindesschutzbehörden und der Verfahren selbst nicht immer gewährleistet ist und nicht immer in gleichem Masse Aussicht auf Erfolg hat. Die Studie hat erneut (vgl. Schnurr 2016) erhebliche Unterschiede zwischen Regionen, Kantonen und einzelnen Behörden aufgezeigt. So gibt es Verfahren bzw. Orte, an denen die Anhörungen und teilweise auch die Verfahrenseröffnung die einzigen Momente sind, in denen Kinder und Eltern aktiv einbezogen werden. Die entscheidbefugten Personen verlassen sich dann auf die Ergebnisse und Empfehlungen der Abklärungen, und es wird kaum überprüft, ob und wie die Sichtweisen der Kinder und Eltern darin eingeflossen sind und ob diese noch der aktuellen Situation entsprechen. Diese formalisierten Begegnungen zwischen Kindern, Eltern und behördlichen Fachpersonen tragen jedoch nur begrenzt zur Partizipation bei – auch wenn die Ergebnisse zeigen, dass in anderen Behörden die Herausforderungen im Kontext von (Kinder-)Partizipation fachlich reflektiert werden und sich methodisch fundierte Vorgehensweisen etabliert haben, die auf Gespräche auf Augenhöhe, Einbezug und Vertrauensbildung ausgerichtet sind. Die Ergebnisse machen zudem deutlich, dass sich Behördenmitglieder, Richter*innen und Sozialarbeiter*innen in ihrem Verständnis und ihrer Definition von Partizipation und deren Umsetzung erheblich unterscheiden, was wesentlich zur Heterogenität der Praxis und Verfahrensgestaltung beiträgt.

Aus den bisherigen Ausführungen wird ein weiterer Dreh- und Angelpunkt für das Verfahrenserleben von Kindern und Eltern deutlich, nämlich die Rolle von Vertrauen und Vertrauensbildung (dazu Mörsberger 2021). So sind Kinder und Jugendliche kaum bereit, sich zu öffnen und über familiäre Belastungen zu berichten, wenn sie die für sie zuständigen Fachpersonen nicht als freundlich und fürsorglich erleben, diese auch ausserhalb ihrer Rolle und Funktion im Verfahren ansprechbar und spürbar sind und die Kinder sich als autonome Personen wahrgenommen fühlen. Bei den Eltern trägt einerseits das Gefühl, dass die eigenen Sichtweisen, Problemdeutungen und Lösungsvorstellungen gehört und vor allem ernsthaft miteinander diskutiert wurden, zu einem im Laufe des Verfahrens wachsenden Vertrauen bei. Zum anderen fühlen sich Eltern, denen – innerhalb oder ausserhalb des Verfahrens – eine Fachperson als Vertrauensperson zur Verfügung steht, in den Verfahren sicherer, können sich besser orientieren und erleben die Verfahren als weniger belastend. Dies bestätigt einen Befund von Leuthold und Rufflin (2019).

Es liegt auf der Hand, dass die Organisation – und die Funktion – von Kindesschutzverfahren nicht primär auf Vertrauensbildung ausgerichtet ist bzw. dass Vertrauensbildung zwischen Personen, die weitreichende Entscheidungen über das Leben anderer treffen, und den von diesen Entscheidungen Betroffenen auch im Rahmen der üblichen Verfahrensdauer nur begrenzt realisierbar erscheint. Wenn der Anspruch an Beteiligung ernst genommen und umgesetzt werden soll, muss jedoch – gerade in Anbetracht des festgestellten fehlenden Vertrauensvorschusses der Betroffenen in die Behörden und die Verfahren – auf Verfahrens- und Interaktionsformen hingewirkt werden, die dazu beitragen, dass Kinder und Eltern sich im Verfahren orientieren können, sich in ihrem Erleben und ihren Sichtweisen anerkannt fühlen und ihre Handlungsspielräume in Aushandlungsprozessen mit Fachpersonen nutzen können. Es hat sich aber gezeigt, dass die Heterogenität von Strukturen und Vorgehensweisen in den Verfahren zusammen mit den sehr unterschiedlichen Erwartungen, Voraussetzungen und Erlebensweisen von Kindern und Eltern noch nicht eine Praxis zielgerichteter Nutzung fachlicher Ermessensspielräume in Orientierung an einem – genügend – definierten und definierenden Fachstandard nach sich zieht, sondern in eine gewisse Beliebigkeit mündet, in der nicht nur Rechtsgleichheit und Gleichbehandlung der Kinder und Eltern im Kindesschutz infrage stehen, sondern auch ihre Partizipationsmöglichkeiten sehr unterschiedlich ausgestaltet sind. Die Ergebnisse der empirischen Studie machen deutlich, dass für Kinder und Eltern positive Erfahrungen bzw. das Erleben von Handlungsautonomie und Integrität in Kindesschutzverfahren unausweichlich an eine als bedeutungsvoll erlebte Partizipation geknüpft sind. Die aktuellen Herausforderungen, Kindesschutzverfahren für mehr Betroffene zu einer – trotz Zwangskontext – partizipations-, integritäts- und autonomiewahrenden Erfahrung zu machen, bestehen darin, die festgestellte Heterogenität zu reduzieren.

4. Interdisziplinäre Synthese und Reflexion

Kay Biesel, Brigitte Müller, Michelle Cottier & Stefan Schnurr

4.1 Einleitung

Das Forschungsprojekt INTAPART widmete sich der Frage, wie Kinder und Eltern das Handeln der Kindesschutzbehörden erleben (Kapitel 2). Dazu wurden eine historische Untersuchung, eine rechtliche Analyse und eine empirische Studie durchgeführt (Kapitel 3). In den drei Teilstudien wurden mittels unterschiedlicher methodischer Zugänge die Erfahrungen von Kindern und Eltern in Kindesschutzverfahren in der Schweiz untersucht, die bis 2012 vor der Vormundschaftsbehörde und ab 2013 vor der Kindesschutzbehörde durchgeführt wurden. Hauptziel der Studie war es, herauszufinden, in welcher Weise die Integrität, Autonomie und Partizipation von Kindern und Eltern durch das Handeln der Behörden eingeschränkt oder aber gefördert wurde. Es sollte untersucht werden, inwieweit es Kindern und Eltern in Kindesschutzverfahren möglich ist bzw. war, *ihre Rechte wahrzunehmen, ihre Sichtweisen zu artikulieren und die daraus resultierenden Entscheide in einer für sie bedeutsamen Weise zu beeinflussen.* Die Studie basierte auf der Annahme und der durch zahlreiche Forschungsarbeiten untermauerten Erkenntnis, dass die Integrität, Autonomie und Partizipation von Kindern und Eltern im Zwangskontext des Kindesschutzverfahrens grundsätzlich bedroht sind und dass spezifische gesetzliche Bestimmungen, organisatorische Rahmenbedingungen und methodische Vorgehensweisen erforderlich sind, um sie zu schützen (Kapitel 2).

Im Folgenden werden die zentralen Ergebnisse der drei Teilstudien entlang ihrer Fragestellungen zusammenfassend dargestellt. Darauf aufbauend werden die Ergebnisse aus interdisziplinärer Perspektive miteinander in Beziehung gesetzt und diskutiert.

4.2 Hauptergebnisse der INTAPART-Studie

4.2.1 Zentrale Ergebnisse der rechtswissenschaftlichen Untersuchung

Die rechtswissenschaftliche Untersuchung befasste sich mit der Entwicklung der Rechte von Kindern und Eltern im zivilrechtlichen Kindesschutz von 1912 bis heute (Kapitel 3.1). Im Zentrum stand die Frage, wie sich die *Verfahrensrechte entwickelt und dazu beigetragen haben, Integrität, Autonomie und Partizipation von Kindern und Eltern zu fördern oder einzuschränken.* Darüber hinaus wurde untersucht, welche innovativen Ansätze zur Stärkung der Beteiligungsrechte von Kindern und Eltern in Kindesschutzverfahren in anderen Ländern existieren.

Die Analyse zeigt, dass das Schweizer System ab Einführung des ZGB 1912 durch vage formulierte Gesetzesbestimmungen, die Kantonen und Behörden einen grossen Handlungsspielraum beliessen, eine aus heutiger Sicht mangelnde Ausbildung der verschiedenen Fachleute und fehlende Verfahrensgarantien gekennzeichnet war. Dies führte zu uneinheitlichen Praktiken der Behörden, zu *Verletzungen der Grundrechte von Bürger*innen und zu Ungleichbehandlungen.* Problematisch war auch die Möglichkeit der Kantone, neben der ausserfamiliären Unterbringung auf Grundlage des Zivilgesetzbuchs eine «administrative Versorgung» von Jugendlichen vorzusehen. Diese Unterbringungen verfolgten vorrangig ordnungspolitische Ziele (Bekämpfung von Armut, Durchsetzung bestimmter moralischer Vorstellungen), und Verfahrensrechte der Betroffenen fehlten diesbezüglich.

Erste Verbesserungen brachte die Revision des Kindesrechts, die 1978 in Kraft trat: Das Kindesschutzrecht wurde präziser und umfassender geregelt und das Kindeswohl ins Zentrum gestellt. Das Verfahrensrecht verblieb aber weiterhin in der Kompetenz der Kantone, mit Ausnahme von punktuellen Bestimmungen im Zivilgesetzbuch, die insbesondere den Zugang zu einem Gericht im Fall des Entzugs der «elterlichen Gewalt» garantierten. Dies führte zur Einführung der Pflegekinderaufsicht und damit zusammenhängend zum Erlass der Pflegekinderverordnung (PAVO).

Die Reform von 1981, die auf die Ratifizierung der Europäischen Menschenrechtskonvention EMRK durch die Schweiz folgte, setzte der kantonalen Kompetenz zur administrativen Unterbringung von Jugendlichen wie

Erwachsenen ein Ende. Im Kindesschutzrecht wurden zwar die Verfahrensrechte von Eltern und Kindern (Recht auf gerichtliche Überprüfung, Recht auf Anhörung) weiter gestärkt, allerdings nur in Bezug auf die Unterbringung von Kindern in einer «Anstalt».

Erst im Jahr 2000, nach der Ratifizierung des UN-Übereinkommens über die Rechte des Kindes KRK, wurden *Kinder erstmals als Rechtssubjekte* betrachtet. In eherechtlichen und in Kindesschutzverfahren wurde nun die Anhörung des Kindes explizit geregelt und zumindest in eherechtlichen Verfahren auch die Möglichkeit der Anordnung einer Kindesverfahrensvertretung geschaffen.

Die Reform des Kindes- und Erwachsenenschutzrechts von 2013 sicherte weitere grundlegende Verfahrensrechte von Kindern und Eltern. So wurde insbesondere die *Kindesvertretung neu auch für das Kindesschutzverfahren* eingeführt. Doch viele Probleme bleiben bis heute bestehen: Viele Regelungen, die im Erwachsenenschutz gelten, werden analog auf den Kindesschutz angewandt, anstatt spezifische Normen zu schaffen, die auf den Kontext des Kindesschutzes mit seinen besonderen Anforderungen abgestimmt sind. Das schweizweit geltende Kindesschutzrecht lässt erheblichen Raum für das kantonale Verfahrensrecht und verweist auch auf die eidgenössische Zivilprozessordnung. Dies führt zu einem *Flickenteppich von Rechtsnormen*, der für Fachleute, und mehr noch für die von einem Kindesschutzverfahren betroffenen Eltern und Kinder, schwer zu interpretieren ist. Und schliesslich ist, anders als in anderen Ländern, das Verfahren der Beteiligung von Kindern im Gesetz nicht ausreichend detailliert geregelt.

Der Blick ins Ausland zeigt, dass viele Länder einen deutlich proaktiveren Ansatz verfolgen, insbesondere im Hinblick auf die Beteiligungsrechte von Kindern. So verfolgen einige Staaten einen ganzheitlichen Ansatz in Bezug auf das Partizipationsrecht des Kindes und betrachten die Beteiligung von Kindern als eines der Elemente des Kindeswohls. In Irland beispielsweise verpflichtet das Recht die Kindesschutzinstitutionen nicht nur dazu, das Kind im Verfahren anzuhören, sondern auch, die Sichtweisen des Kindes in Erwägung zu ziehen und bei der Entscheidungsfindung ernsthaft zu berücksichtigen (Child and Family Service Act 2013, Section 9). Entsprechend folgt die irische staatliche Child and Family Agency (Tusla) einem Partizipationsmodell, das einer vielbeachteten Interpretation des Art. 12 KRK folgt (Lundy 2007). Es sieht die Verwirklichung von vier Faktoren vor: Raum *(space)*, Stimme *(voice)*, Zuhörerschaft *(audience)* und Einfluss *(influence)*, um die Partizipation von Kindern zu fördern. Dem Kind muss demnach zunächst der «Raum» gegeben werden, damit es seine Meinung äussern kann. Der Faktor «Stimme» verweist darauf, dass das Kind darin unterstützt werden muss, seine Meinung zu äussern. Der Faktor «Zuhörerschaft» sichert dem Kind zu, dass seiner Meinung Gehör geschenkt wird. Mit «Einfluss» wird darauf abgezielt, dass auf die Meinung in angemessener Weise reagiert wird.

Im Lichte dieser Analyse des schweizerischen Rechts und des Vergleichs mit dem Recht in anderen Ländern wird deutlich, dass weitere Reformen notwendig sind. Insbesondere ist ein einheitliches, detailliertes Verfahrensrecht für den Kindesschutz erforderlich, das – im Einklang mit den internationalen Anforderungen – deutlich besser gewährleistet, dass insbesondere Kinder in einem umfassend verstandenen Sinn an den sie betreffenden Verfahren mitwirken können.

4.2.2 Zentrale Ergebnisse der historischen Analyse

Im Rahmen der historischen Analyse wurde untersucht, wie Kinder und Eltern Begegnungen mit Armen-, Vormundschafts- und weiteren Platzierungsbehörden *vor 1981 und zwischen 1981 und 2012* erlebten (Kapitel 3.2). Im Fokus standen dabei zum einen Erfahrungen von Kindern und Eltern mit den Verfahren, Aushandlungs- und Entscheidungsprozessen vor, während und nach einer Fremdunterbringung sowie mögliche Veränderungen, die sich diesbezüglich im Zeitverlauf zeigen. Zum anderen wurden die Erfahrungen von Kindern und Eltern im Kontakt mit Behördenvertreter*innen und der Einfluss ihrer sozialen Stellung sowie gesellschaftlicher und individueller Wertzuweisungen auf den Ausgang von Kindesschutzverfahren und die darauf basierenden Platzierungsentscheidungen analysiert.

Zusammenfassend lässt sich aus den Ergebnissen der historischen Analyse feststellen, dass bis in die 1970er-Jahre hinein fremduntergebrachte Minderjährige häufig nicht wussten, warum sie platziert waren, und dass sie *an den Entscheidungsprozessen, die zur Unterbringung führten, nicht beteiligt wurden.* Der Mangel an Informationen über die Gründe, Ziele und die Dauer der Platzierung trug zur Verstärkung der erlebten Belastung durch die Unterbringung bei, die ohnehin als kritisches und potenziell traumatisierendes Lebensereignis erfahren wurde. Wenn Kinder und Jugendliche Begründungen erfuhren, waren diese oft geprägt von *negativen, entwertenden und stigmatisierenden Beurteilungen*, die etikettierend auch biografisch wirkungsmächtig wurden. Zu späteren Zeitpunkten des untersuchten Zeitraums, insbesondere ab der Jahrtausendwende, wurden Platzierungen zwar besser vorbereitet und Kinder konnten die Platzierungsorte im Vorfeld besuchen – die Erfahrungen blieben jedoch weiterhin geprägt von Fremdbestimmung, fehlenden Informationen zum Prozess und Gefühlen der Verlassenheit.

Die Platzierung selbst wurde häufig als *erhebliche Integritätsverletzung* erlebt und führte zu einem Gefühl der Rechtlosigkeit bei den von Fremdunterbringung betroffenen Minderjährigen. Tatsächlich wurde Kindern und Jugendlichen während der Platzierung, insbesondere vor 1981, der Kontakt zu den Eltern oft verwehrt oder nur sporadisch gewährt, und sie verfügten kaum über Mitsprache, wenn es um die schulische Förderung oder Ausbildung ging. Oft wurden sie zudem von einem Tag auf den anderen aus Einrichtungen oder Pflegefamilien entlassen, ohne emotional und wirtschaftlich darauf vorbereitet worden zu sein. Die Erfahrungen der Kinder, keine Stimme zu haben, zeigte sich aber auch auf andere Weise. Empirische Befunde für die Zeit vor 1981 weisen auf eine Vielzahl von individuellen *Integritätsverletzungen in Form von psychischer und emotionaler Misshandlung sowie körperlicher und sexualisierter Gewalt* während der Unterbringung durch misshandelnde Pflegeeltern, Heimpersonal, Lehrpersonen hin – bei gleichzeitiger Zurückhaltung und Duldung durch die zuständigen Behörden. Stigmatisierende Zuschreibungen im Vorfeld der Platzierung, fehlende Mitspracherechte bezüglich Bildung und Ausbildung sowie die wiederholten und traumatisierenden Erfahrungen von Gewalt und biografischen Brüchen führten für viele Betroffene dazu, dass sie beim Übergang in eine selbstständige Lebensführung erhebliche Schwierigkeiten hatten. Die Platzierungserfahrungen hatten oft *langfristige Folgen in Form gesellschaftlicher Ausgrenzung, fehlender beruflicher Chancen und eines Abrutschens in deviante Milieus und Tätigkeiten*, die nicht selten zu erneuten Unterbringungen führten. Darüber hinaus führten als Trauma erlebte Erfahrungen auch zu jahrzehntelang nachwirkenden psychischen Folgen, selbst für die eigenen Kinder der nachfolgenden Generation.

Der fehlende Schutz der Integrität von Kindern lag auch in einem Fehlen an Aufsichtsstrukturen begründet. Diese wurde bestenfalls als reiner Verwaltungsakt durchgeführt. Wenn Besuche von Behördenvertreter*innen stattfanden, konzentrierten sie sich auf die Überprüfung der Wohnsituation, der Ernährung, der Hygiene und finanzieller Aspekte. Wenngleich auch die Akteur*innen für sich in Anspruch nahmen, mit Blick auf das Wohl der betroffenen Kinder und Jugendlichen zu handeln, spielte es zumindest aus Sicht der Kinder keine Rolle, ob sie sich gesehen, gehört und umsorgt fühlten – die Aufsichtsbesuche wurden oft als «Alibiübung» erinnert. Erst die Einführung der Pflegekinderverordnung PAVO im Jahr 1978 führte zu einer *allmählichen Stärkung der Aufsichtsmechanismen* in der Heim- und Familienpflege, wobei eine klare Trennung zwischen Vollzugs- und Kontrollinstanzen nach wie vor nicht überall gegeben war. Wie in der rechtswissenschaftlichen Teilstudie zeigt sich auch in den Befunden der historischen Teilstudie, dass im Gegensatz zu früheren Jahrzehnten *nach der ZGB-Reform von 1981 die formelle Beteiligung (vor allem) der Eltern und der Minderjährigen an den Entscheidungen über die Unterbringung und an den Standortgesprächen während der Unterbringung langsam zunahm*, obwohl auch hier die Kinder und Jugendlichen oft nicht über den Zweck dieser Gespräche orientiert wurden, während ihre Eltern in der Regel besser informiert waren. Die historische Teilstudie zeigt darüber hinaus, dass nicht nur die rechtliche Situation der von Fremdplatzierung betroffenen Kinder und Jugendlichen prekär war, sondern auch bürgerlich-paternalistisch-autoritäre Vorstellungen der Gesellschaft darüber, was Familie ist und zu leisten hat, einen Einfluss auf die Platzierungsprozesse und damit verbunden auf die Platzierungserfahrungen hatte. Kinder und Jugendliche galten allgemein als unreif und verletzlich und die in der Aufmerksamkeit der Behörden stehenden Minderjährigen zugleich als minderwertig aufgrund der Zuschreibungen ihrer Herkunftsmilieus. Die Eltern befanden sich in einer vergleichbar prekären rechtlichen Situation und waren den gleichen vorherrschenden gesellschaftlichen Moralvorstellungen ausgeliefert wie ihre Kinder. Dies hatte zur Folge, dass sie sich aufgrund fehlender Rekursmöglichkeiten kaum gegen behördliche Entscheidungen zur Wehr setzten und mangels Alternativen Anordnungen nicht befolgten, flüchteten oder in eine andere Gemeinde oder einen anderen Kanton zogen.

Erst mit der Ratifizierung der UN-Kinderrechtskonvention durch die Schweiz im Jahr 1997 und der damit verbundenen *Verbindlichkeit der Partizipationsrechte* setzte eine verstärkte fachliche Auseinandersetzung mit den Umsetzungsdefiziten in der Praxis ein. Im Zeitraum zwischen 1981 bis zur Einführung des neuen Kindes- und Erwachsenenschutzrechts Anfang 2013 erfuhr der Einbezug von Eltern und Kindern in die Entscheidungsfindung zwar einen ersten Aufschwung. Allerdings blieben die weiten Ermessens- und Handlungsspielräume der zuständigen Dienste und Behörden bestehen, und aufs Ganze gesehen blieb die Praxis hinter einer breiten und systematischen Umsetzung des Artikels 12 KRK im Kontext von Kindesschutzverfahren (und generell von Unterbringungsentscheidungen) zurück. Die durch den Föderalismus bedingte Fragmentierung von Zuständigkeiten in Verbindung mit der verzögerten Professionalisierung behinderte bis ins 21. Jahrhundert hinein die Entwicklung eines in Gesellschaft, Politik und Fachwelt mehrheitsfähigen Verständnisses über Eingriffsschwellen und adäquate Antworten auf Probleme des Aufwachsens.

Die Ergebnisse der historischen Analyse bestätigen den Befund der rechtswissenschaftlichen Analyse insofern, als ein grosser rechtlicher Ermessens- und Handlungsspielraum zu Ungleichbehandlungen und Willkür führten. Staatliche Eingriffe in Familien – fast immer in Form von Fremdunterbringungen – erfolgten vor dem Hintergrund eines *schwach institutionalisierten bzw. uneinheitlichen Rechts auf der Basis von Vorurteilen und stigmatisierenden Bewertungen* und hatten so häufig sozialdisziplinierenden, aus heutiger Sicht unprofessionellen, Charakter. Vor diesem Hintergrund war es nicht vorgesehen und wurde auch nicht als notwendig erachtet, Kinder (und Eltern) zu informieren und zu beteiligen – mit der Folge, dass Kinder Unterbringungen als traumatisierende, schwer einzuordnende biografische Brüche erlebten, die häufig mit Gefühlen von Fremdbestimmung, Ohnmacht und Marginalisierung verbunden waren. Fremduntergebrachte Kinder waren zudem verschiedenen Formen von Gewalt ausgesetzt, und es wurde ihnen bei für sie wegweisenden Entscheidungen wie Schul-, Ausbildungs- und Berufswahl sowie bei der Beendigung des Unterbringungsverhältnisses keine Mitsprache gewährt. Die Gesetzesreform von 1981 im Zuge der Ratifizierung der Europäischen Menschenrechtskonvention sowie die Ratifizierung der UN-Kinderrechtskonvention (Kapitel 2.2) brachte zahlreiche Verbesserungen mit sich, inwieweit sich diese jedoch im Erleben der Kinder und Eltern niederschlugen, ist aus historischer Sicht bis heute unklar.

4.2.3 Zentrale Ergebnisse der empirischen Studie

Die empirische Studie zielte darauf ab, im Gegenwartsbezug herauszufinden, welche Merkmale der Kindesschutzverfahren das Erleben von Integrität, Autonomie und Partizipation von Kindern und Eltern fördern oder beeinträchtigen (Kapitel 3.3). Dabei wurde auch untersucht, welche Praktiken die KESB entwickelt haben, um Kinder und Eltern in die Verfahren einzubeziehen. Zum einen wurde mittels teilnehmender Beobachtungen, qualitativer Interviews und drei quantitativer Onlineerhebungen untersucht, *wie Kinder und Eltern sowie die für die Verfahren verantwortlichen Fachpersonen die Kindesschutzverfahren erleben.* Zum anderen wurden die so gewonnenen und miteinander in Bezug gesetzten empirischen Befunde einer kommunikativen Validierung in vier Fokusgruppen unterzogen, um Momente und Aspekte des Erlebens von Integration, Autonomie und Partizipation zu identifizieren und in einen Gesamtzusammenhang zu bringen.

Die qualitativen Ergebnisse der empirischen Studie zeigen, dass es den *Behördenvertreter*innen darum geht, Unterstützung, Hilfe und Schutz zu ermöglichen.* Ihr Ziel ist es, möglichst einvernehmliche Lösungen mit den Kindern und Eltern zu finden. In den Interaktionen mit Kindern und Eltern stellt es sich aber als Herausforderung dar, Problem- und Gefährdungslagen, Ziele, Inhalte und den Ablauf des Kindesschutzverfahrens so zu erläutern, dass diese sich effektiv einbringen können. Die Befunde zeigen, dass es Behördenvertreter*innen oft nicht hinreichend gelingt, den Aufbau, Ablauf und die Funktionsweise des Kindesschutzsystems und -verfahrens zu erklären. Sie verwenden zwar auch schriftliche Unterlagen, um das Verfahren zu erklären, verkennen aber, dass sich Kinder und Eltern oft in Situationen erhöhter Belastung befinden, in denen es ihnen nur teilweise möglich ist, die vermittelten Informationen zu verarbeiten. Vor allem zu Beginn des Verfahrens sind viele Beteiligte – Kinder und Eltern – mit den vielfältigen Anforderungen der Situation zu überfordert, um die von Behördenvertreter*innen erhaltenen Informationen aufzunehmen und einzuordnen. Es gilt Informationen zu verarbeiten und einzuordnen, um Sinn aus der Situation herzustellen, sich in einer neuen Situation und einem vorstrukturierten Ablauf zu orientieren, unbekannte Personen kennenzulernen und sie einzuschätzen, die eigene Meinung zu bilden, strategische Abwägungen vorzunehmen und sich zu positionieren und gegebenenfalls zu behaupten. Dies erfolgt oft unter der bereits bestehenden Belastung durch problematische familiäre Umstände und unter einem Angst- und Unsicherheitsgefühl. Hinzu kommt, dass Fachpersonen aus Behörden oft dazu neigen, das einmalige Vermitteln von Informationen mit dem Verstehen dieser Informationen gleichzusetzen. Sind zudem weitere Fachpersonen, z. B. mit Abklärungen betraute Mitarbeiter*innen von Sozialdiensten, ins Verfahren involviert, bleibt unklar, wer dafür verantwortlich ist, sicherzustellen, dass Kinder und Eltern Informationen genügend verstanden haben, um sich im Verfahren orientieren und einbringen zu können. Um die so entstehende Kluft zwischen Behördenvertreter*innen und Kindern und Eltern zu überbrücken, wenden die Fachpersonen verschiedene Strategien an. Sie arrangieren z. B. ein geeignetes räumliches Setting oder versuchen, eine vertrauensvolle Arbeitsbeziehung und tragfähige Kooperation mit ihren Klient*innen aufzubauen, indem sie zu Beginn von Gesprächen und Anhörungen betont locker sind und sich als Menschen und nicht nur als Behördenvertreter*innen zeigen (insbesondere bei Kindern und Jugendlichen), bevor sie sich den eigentlichen Themen des Kindesschutzverfahrens zuwenden. Ihr Ziel besteht oft darin, Kinder und Eltern für Unterstützungsleistungen aufzuschliessen und von bestimmten Lösungen zu überzeugen. Sie wollen vermeiden, sie ihnen aufzuzwingen, sind sich aber bewusst, dass dies bei fehlender Kooperationsbereitschaft zum Schutz des Kindeswohls allenfalls notwendig ist. Behördenvertreter*innen befinden sich auf einer konstanten Gratwanderung zwischen Kooperationsprimat und unerwünschter Machtausübung. Die Eltern hingegen sind vor allem zu Beginn des Verfahrens durch die Infragestellung ihrer elterlichen Fähigkeiten belastet. Sie empfinden *Misstrauen, Angst, Scham und/oder Erleichterung und Hoffnung* und wissen nicht, wie das Verfahren ausgehen wird. Dieser Zustand der Unsicherheit kommt einem Kontrollverlust gleich, ist mit einer Verletzung der Integrität und einer Einschränkung der familiären Autonomie verbunden und führt zu unterschiedlichen Strategien zur Wiedererlangung der elterlichen Integrität und Autonomie im Rahmen des Kindesschutzverfahrens (Selbstschutz durch Differenzierungsstrategien und Strategie des narrativen Wandels). Dazu gehört zum einen, dass Eltern ihre eigene problematische Situation verharmlosen, indem sie andere Familien, in denen es noch viel problematischer zugeht, als Vergleichsmassstab heranziehen. Damit verbunden ist auch die Selbstdarstellung als kompetente Eltern, die fälschlicherweise oder versehentlich ins Visier der KESB geraten. Zum anderen nutzen Eltern den Primat des Kindeswohls, um sich von der eigenen elterlichen Verantwortung zu distanzieren und die KESB als Instanz hervorzuheben, welche dieses fokussiert. Bei Meinungsverschiedenheiten zwischen Eltern und Behördenvertreter*innen zeigt sich zudem eine weitere Strategie, und zwar die der Konformität oder vordergründigen Kooperation. Im Konfliktfall sind Eltern oft nicht in der Lage, ihre Meinung zu äussern, oder trauen sich nicht, dies zu tun, weil sie befürchten, dass ihre Äusserungen gegen sie verwendet werden könnten. Sie tendieren daher dazu, Einschätzungen oder Empfehlungen der Behördenvertreter*innen zuzustimmen, auch wenn sie ihre Meinung für sich noch gar nicht geklärt haben oder dezidiert anderer Meinung sind. Das kann als Anzeichen dafür gewertet werden, dass sich Eltern gegenüber der KESB machtlos fühlen und Schwierigkeiten haben können, die Spielregeln des Verfahrens und die von der Behörde angewendeten Bezugsnormen adäquat zu erfassen.

Es überrascht daher nicht, dass die qualitativen Ergebnisse auf drei Bereiche hinweisen, die von den Eltern als förderlich für die Wahrung ihrer Integrität, Autonomie und Partizipation hervorgehoben werden (Aufbau von Vertrauen durch Beteiligung). Erstens fassen sie *Vertrauen zu den Behördenvertreter*innen*, wenn diese bei Bedarf bereits vor Abschluss des Verfahrens angemessene Unterstützung in die Wege leiten. Zweitens fühlen sie sich in ihrer Autonomie bestärkt, wenn sie *einzelne Verfahrensschritte verstehen und beeinflussen* können (z. B. zeitliche Abläufe und Termine, Möglichkeit zusätzlicher Gespräche, um Fragen zu stellen und Verständnis zu erhöhen). Drittens ist die Gefahr von Integritätsverletzungen geringer, wenn die Eltern das Gefühl haben, Problem- und Gefährdungslage sowie *Lösungen zum Schutz des Kindes gemeinsam mit den Behördenvertreter*innen diskutiert, ausgehandelt und entschieden* zu haben. Insofern fühlen sich Eltern in ihrer Autonomie weniger beeinträchtigt und in ihrer Integrität weniger verletzt, wenn sie bereits während des Verfahrens Unterstützung erhalten, in ihren Bedürfnissen anerkannt und ernst genommen werden, ihnen ein gewisses Mass an Autonomie zugestanden wird, sie als

Expert*innen für ihre Kinder anerkannt werden und ihre Wünsche und Meinungen diskutiert und bei der Lösungsfindung berücksichtigt werden.

Die Ergebnisse der qualitativen Teilstudie zeigen auch, dass sich *Kinder und Jugendliche im Gegensatz zu den Eltern deutlich weniger beteiligt fühlen.* Sie berichten von der Erfahrung, dass ihre Sichtweisen im Kindesschutzverfahren weniger Gewicht hatten als die der Erwachsenen, insbesondere, wenn es darum geht, Einfluss auf den Ausgang des Verfahrens zu nehmen. Mit zunehmendem Alter werden ihnen mehr Partizipationsmöglichkeiten eröffnet. So berichten insbesondere Jugendliche, dass sie eher in der Lage sind, Inhalt und Ziel des Verfahrens zu erfassen und mit einer gewissen Beharrlichkeit ihre Interessen und Anliegen durchzusetzen. Dabei werden auch Strategien der vorgetäuschten Kooperation oder des Widerstands eingesetzt, um zum Ziel zu gelangen. Wenn es darum geht, die Rolle und die Aufgaben der KESB sowie die Vor- und Nachteile bestimmter zivilrechtlicher Kindesschutzmassnahmen und der damit verbundenen Leistungen zu verstehen, haben Kinder und Jugendliche jedoch mit ähnlichen Herausforderungen zu kämpfen wie Eltern. Schlüsselaspekte für das Erleben von Integrität, Autonomie und Partizipation im Kindesschutzverfahren scheinen *für Kinder und Jugendliche ebenso wie für ihre Eltern ein anerkennender und respektvoller Umgang, eine vertrauensvolle Arbeitsbeziehung zu den Behördenvertreter*innen oder anderen Fachpersonen* sowie ein *diskursiver Aushandlungs- und Entscheidungsprozess* zu sein.

Ein ähnliches Bild wie die qualitativen Ergebnisse zeigen auch die Befunde der quantitativen Untersuchung. Die Befragung von Fachpersonen macht sichtbar, dass sich die Behördenvertreter*innen bemühen, Kindern und Eltern standardmässig zentrale Informationen über das Kindesschutzverfahren zu geben, z. B. über den Anlass des Verfahrens, die Funktionen und Aufgaben der Behörde sowie das Recht auf Anhörung und Beschwerde. Hindernisse für das Verständnis der vermittelten Informationen aufseiten der Eltern sind jedoch sprachliche Barrieren und die allgemeine Situation der Eltern, die von belastenden Lebensumständen geprägt ist, sowie das Verfahren selbst, das bei den Eltern Stress und Widerstand auslösen kann. Daher werden als Strategie zur Verbesserung des Informationsverständnisses der Eltern von den Behördenvertreter*innen vor allem kommunikative bzw. informative Rückkoppelungen, wie beispielsweise wiederholte Informationen und mehrmaliges Nachfragen, genannt. Hinsichtlich der Bemühungen, Eltern und Kinder in den Kindesschutzverfahren einzubeziehen, zeigt sich, dass es für die meisten Fachpersonen *eine Herausforderung darstellt, die dafür notwendige vertrauensvolle Arbeitsbeziehung aufzubauen,* da die Voraussetzungen dafür bei den Eltern (Wissen, Motivation, Energie) und Kindern (Entwicklungsstand und Alter) ebenso unterschiedlich wie bei den Fachpersonen (Zeit, Kompetenzen) sind. Hinzu kommt, dass die im Kindesschutzverfahren behandelten Problem- und Gefährdungslagen oft sehr verschieden sind und ein einzelfallbezogenes Vorgehen erfordern. Die Behördenvertreter*innen erachten es zwar als wichtig, Kinder und Jugendliche in Kindesschutzverfahren einzubeziehen, und verwenden teilweise reflektierte und methodisch fundierte Ansätze, um sicherzustellen, dass Kinder und Jugendliche verstehen, worum es in den Verfahren geht, welche Rechte sie haben und inwieweit ihre Sichtweisen berücksichtigt werden. Im Einzelfall stossen sie jedoch immer wieder an ihre Grenzen aufgrund uneinheitlicher Verständnisse von Partizipation und des Fehlens verbindlicher Standards für deren Umsetzung. Zudem fehlt ihnen oft die Zeit (und evtl. auch die methodische Kompetenz) dazu, oder sie befürchten übermässige Belastungen oder Loyalitätskonflikte seitens der Kinder. So ist es nicht verwunderlich, dass aus Sicht der Fachpersonen vor allem ältere Kinder bzw. Jugendliche partizipieren, während *jüngere Kinder kaum oder gar nicht beteiligt* werden.

Insofern überrascht es nicht, dass in der Elternbefragung die Mehrheit angibt, zwar über den Grund des Verfahrens, ihre Mitwirkungspflichten und Anhörungsrechte informiert worden zu sein, aber dass nur eine Minderheit berichtet, über weitere Rechte wie Beschwerdemöglichkeiten, Hinzuziehung einer Rechtsanwältin/eines Rechtsanwalts oder Akteneinsichtsrechte informiert worden zu sein. Darüber hinaus ist aus Sicht der Eltern die Sprache, die die Behördenvertreter*innen in Briefen und Gesprächssituationen verwenden, um zu erklären, warum das Kindesschutzverfahren eingeleitet wurde und was es bezweckt, so abstrakt bzw. juristisch dominiert ist, dass ihre Partizipationsmöglichkeiten als Eltern eingeschränkt werden, weil sie zu wenig verstehen, worum es geht. Vor allem Eltern, die keine Ansprech- oder Vertrauenspersonen in ihrem unmittelbaren Umfeld haben, die mit der Behördensprache vertraut sind und wissen, was Aufgabe und Funktion der KESB ist, laufen Gefahr, weniger beteiligt zu werden. Dabei ist das *Informationsverständnis von entscheidender Bedeutung, um die Belas-*

tungen, die sich aus dem Verfahren für die Eltern ergeben, zu reduzieren und sie vor Integritätsverletzungen zu schützen. Wie in der qualitativen Teilstudie zeigt sich, dass viele Eltern das Gefühl haben, einer (über-)mächtigen Institution gegenüberzustehen, deren Vertreter*innen zwar um einen offenen Kontakt und eine vertrauensvolle Arbeitsbeziehung bemüht sind, denen es aber in Konfliktsituationen nur bedingt gelingt, die Eltern mitzunehmen und mit ihnen einvernehmliche Lösungen zu finden. Arbeitsbeziehungen scheinen immer dann prekär zu werden oder vom Scheitern bedroht zu sein, wenn die Eltern sich einmischen, anderer Meinung als die Fachpersonen sind und es nicht gelingt, eine gemeinsame Problemsicht zu entwickeln, oder wenn Eltern wiederholt in Kindesschutzverfahren involviert sind und der Schutz des Kindes vor Unterstützung und Hilfe priorisiert wird. Die überwiegende Mehrheit der *Eltern erleben die Kindesschutzverfahren als belastend*, ein Teil sogar als sehr belastend.

Ähnliche Erfahrungen spiegeln sich auch in der Befragung von Kindern und Jugendlichen. Sie erleben Kindesschutzverfahren ebenfalls als belastend, als unangenehm und angstauslösend sowohl in Bezug auf sich selbst wie auch auf ihre Familie. Auch erleben sie sich als wenig handlungsmächtig und von den Fachpersonen nur begrenzt in ihrer Rolle als autonome Subjekte wahrgenommen, anerkannt und adressiert. Eine explizite Information über ihre Rechte und damit auch über ihre Handlungsspielräume erinnert beispielsweise nur eine Minderheit der Kinder und Jugendlichen. In Bezug auf die Berücksichtigung ihrer Anliegen und Interessen berichten die Kinder und Jugendlichen, analog zur qualitativen Teilstudie, dass sie zwar wohlwollend angehört wurden, ihre Meinung aber kaum Einfluss auf den Ausgang des Kindesschutzverfahrens hatte. Des Weiteren gibt nur eine Minderheit der befragten Kinder an, den Fachpersonen, mit denen sie während des Kindesschutzverfahrens zu tun hatten, vertraut zu haben.

In den Fokusgruppen mit Eltern, Fachpersonen von KESB und Expert*innen für Kinderrechte wurden die Ergebnisse der empirischen Studie bestätigt. Die Fachpersonen konnten diese gut nachvollziehen und begründeten die negativen Einschätzungen und Erfahrungen der Kinder und Eltern vor allem vor dem Hintergrund nicht auflösbarer Spannungsfelder im Handlungsfeld. So sei der *zivilrechtliche Kindesschutz primär dem Kindeswohl und nicht dem Elternwohl* verpflichtet, und die Interessen der Kinder und Jugendlichen würden sich nicht immer mit den Handlungsmöglichkeiten und den fachlichen Einschätzungen der KESB decken. In den Fokusgruppen wurden aber auch Verbesserungsmöglichkeiten im Hinblick auf das Kindesschutzverfahren diskutiert, z. B. durch eine adressat*innengerechte Kommunikation und einen aktiveren Einbezug vor allem jüngerer Kinder. Auch das Verfahren selbst könnte ihrer Meinung nach verbessert werden, was jedoch nur bei entsprechenden Rahmenbedingungen bzw. verbesserter Ressourcenausstattung als möglich angesehen wird. Auch die an der Fokusgruppe teilnehmenden Eltern bestätigen die Ergebnisse der empirischen Studie und betonen vor allem, dass auch sie Ohnmachtsgefühle und Hoffnungslosigkeit erlebt haben und dass es Situationen gab, in denen sie sich der KESB ausgeliefert fühlten und nicht sensibel und respektvoll mit ihnen (und ihren Kindern) umgegangen wurde. Hinzu kommt, dass sie aufgrund der belastenden Erfahrungen rund um das Kindesschutzverfahren *nicht die Kraft und darüber hinaus auch nicht die finanziellen Mittel hatten, um sich zu beschweren oder sich anwaltlich vertreten* zu lassen. Die Expert*innen für Kinderrechte zeigten sich ebenfalls wenig überrascht über die Ergebnisse der empirischen Studie. Aus ihrer Sicht fehle es vor allem an einer kindgerechten Konzeption der Kindesschutzverfahren – angefangen von den notwendigen Informationsmaterialien bis hin zur Gestaltung von Gesprächssettings, in denen die Sichtweisen der Kinder stärker als bisher berücksichtigt und die Interessen der Eltern weniger gewichtet werden. Auch würde die Stimme von Kindern viel zu selten durch eine unabhängige Rechtsvertretung unterstützt, weshalb es sinnvoll sein könnte, über eine *verpflichtende und systematische Vertretung von Kindern* nachzudenken und in diesem Zusammenhang auch das Verfahrensrecht im Kindesschutz neu zu fassen.

Die Ergebnisse der empirischen Studie zeigen, dass es auch nach der Neuorganisation des Kindesschutzes und der Schaffung professioneller Behörden weiterhin Situationen gibt, in denen die Integrität und Autonomie von Kindern und Eltern verletzt und ihre Partizipationsmöglichkeiten eingeschränkt werden. Partizipation scheint vor allem dann bedroht, wenn Kinder und Eltern anderer Meinung sind als die Behörde und es nicht gelingt, wenigstens partielle Übereinstimmungen bei der Problemsicht zu entwickeln. Insbesondere jüngere Kinder werden an Kindesschutzverfahren kaum beteiligt. Nach wie vor erleben Kinder und Eltern die Verfahren vor den Kindesschutzbehörden als belastend und wenig hilfreich. Die KESB wird als übermächtige Institution wahrgenommen, deren Vertreter*innen es nicht immer gelingt, zu erklären, was Ziel und Zweck des Verfahrens ist. Oft fehlen auch Rahmenbedingungen, Ressourcen und Kompetenzen, um vertrauensvolle Arbeitsbeziehungen aufzubauen und gemeinsam mit Kindern und Eltern Lösungen zur Abwendung von Kindeswohlgefährdungen zu finden.

4.3 Interdisziplinäre Diskussion der Ergebnisse

Die Zusammenschau der Ergebnisse der rechtsvergleichenden und historischen Analyse erlaubt es, nachzuzeichnen, wie rechtliche Grundlagen (oder deren Fehlen) und darauf bezogenes behördliches Handeln den Rahmen dafür bilden, wie Kinder und Eltern behördliche Eingriffe in die Familie unter der Prämisse des Kindesschutzes erleben. Bei der Gegenüberstellung von rechtlichen Strukturen und Rechtspraxis und den berichteten Erfahrungen von Kindern und Eltern im Zeitraum ab 1912 bis zum Inkrafttreten des reformierten Kindes- und Erwachsenenschutzrechts 2013 springt vor allem eine Erkenntnis ins Auge: Behördliche Ermessens- und Handlungsspielräume wurden in der Regel zuungunsten von Kindern und Eltern ausgelegt und genutzt, und sie führten zu teils massiven Eingriffen in deren Handlungs- und Entscheidungsautonomie und zu biografisch langfristig wirksamen Integritätsverletzungen. Platzierungen und andere fürsorgerische Massnahmen stützten sich auf unübersichtliche rechtliche Grundlagen, und eine gesetzliche Verankerung grundlegender rechtsstaatlicher Verfahrensgarantien fehlte über viele Jahrzehnte. Die gesellschaftliche Stellung der von fürsorgerischen Massnahmen betroffenen Familien und ihre Stereotypisierung als minderwertig führten dazu, dass Kinder und teils auch Eltern weder einbezogen noch ihre Sichtweisen bei der Planung und Umsetzung von Massnahmen berücksichtigt wurden. Regelmässig wurden Massnahmen, in der Regel Fremdplatzierungen, weder angekündigt noch begründet, und die direkt betroffenen Kinder blieben fast immer im Ungewissen darüber, wer über sie entschieden hatte, welche Hintergründe und Massstäbe den Entscheidungen zugrunde lagen und wie lange die Massnahme dauern sollten. Fehlende Mitsprache vor, während und nach den Platzierungen wie auch die Abwesenheit jeglicher Verfahrensrechte führte für Kinder und Eltern *zu Erfahrungen von Ohnmacht, Hilflosigkeit, Missachtung und tiefgreifenden In-*

tegritätsverletzungen. Dies wurde, so zeigt die historische Teilstudie, als ebenso traumatisch erlebt wie die Erfahrungen von Deprivation und physischer, psychischer und sexualisierter Gewalt, die sie beinahe regelhaft in Heimen und Pflegefamilien als Folge der Unterbringungsentscheidungen erleiden mussten.

Zwar wurden seit dem Inkrafttreten des Zivilgesetzbuchs von 1912 die *Verfahrensrechte von Kindern und Eltern – insbesondere in der zweiten Hälfte des 20. Jahrhunderts – sukzessive gestärkt*. Die rechtswissenschaftliche Untersuchung zeigt jedoch, dass Neuerungen, Reformen und Anpassungen nur sehr zögerlich in der Praxis realisiert wurden und substanzielle *Änderungen nur im Nachgang von Ratifizierungen internationaler Abkommen wie der Europäischen Menschenrechtskonvention und der UN-Kinderrechtskonvention* und nachfolgend unter Druck der internationalen Garantien des Menschenrechtsschutzes erfolgten. Gesellschaftlicher Wandel sowie der internationale Diskurs zu Menschenrechten trugen darüber hinaus dazu bei, dass stigmatisierende und integritätsverletzende Zuschreibungen zunehmend kritisch betrachtet und als Begründungskontext zivilrechtlicher Massnahmen weniger (oder weniger explizit) im Vordergrund standen. Im Erleben von Kindern führte dies zu weniger Willkür und mehr Kohärenz – Platzierungen wurden besser vorbereitet und Mitsprachemöglichkeiten wurden im Zuge des verstärkten Einbezugs von Kindern in sie betreffende Rechtsverfahren verbessert.

Die Reform des ZGB von 2013 beinhaltete Anpassungen im Erwachsenen- und in geringerem Mass auch im Kindesschutzrecht. Die Verpflichtung, das Kind im Verfahren anzuhören, wurde gestärkt und die Option eingeführt, eine Vertretung des Kindes zu bestellen. Wichtige Veränderungen in der Folge der neuen Gesetzgebung betrafen die Organisation und Struktur der Entscheidungsbehörden. Die bisherigen, auf Gemeindeebene angesiedelten Laienbehörden wurden von überregionalen und multiprofessionellen («interdisziplinären») Fachbehörden abgelöst. Entscheidungen im Kindes- und Erwachsenenschutz wurden ab diesem Zeitpunkt grundsätzlich von einem Spruchkörper von mindestens drei Personen getroffen, die über einen für die Aufgaben erforderlichen Sachverstand verfügen sollten. Dazu hob die bundesrätliche Botschaft zum Gesetzesentwurf hervor: «Auf jeden Fall muss ein Jurist oder eine Juristin für eine korrekte Rechtsanwendung verantwortlich sein» (Bundesrat 2006a, S. 7073). Nach den Empfehlungen der damaligen Konferenz der kantonalen Vormundschaftsbehörden sollten deren Mitglieder über Fachwissen aus Recht und Sozialer Arbeit sowie – je nach Zusammensetzung – Pädagogik, Psychologie, Gesundheit oder Treuhandwesen verfügen. Kantonale Einführungsgesetze haben die (Vorsitzenden-)Rolle von Jurist*innen in den Spruchkörpern der Kindes- und Erwachsenenschutzbehörden explizit geregelt. Diese Professionalisierung der Entscheidungsbehörden sollte sicherstellen, dass Entscheidungen im Kindes- und Erwachsenenschutz, die oft tiefgreifende Auswirkungen auf das Leben der Betroffenen haben, auf aktuellem Fachwissen aus sich ergänzenden professionellen Perspektiven basieren und vor allem den Ansprüchen an rechtsstaatliche Verfahren genügen.

Ein Blick auf die Ergebnisse der INTAPART-Studie zeigt, dass trotz einer verbesserten Entscheidqualität, die als Ergebnis der Reform von 2013 festgehalten werden kann, erhebliche Entwicklungsbedarfe bestehen bleiben. Auf rechtlicher Ebene, so zeigen die Ergebnisse der rechtswissenschaftlichen Untersuchung, findet sich nach wie vor ein *unübersichtlicher Flickenteppich von bundes- und kantonalrechtlichen Normen und Regelungen* – sowohl zum Verfahren selbst als auch zur Behördenorganisation. Im Bundesrecht sind die konkreten Verfahrens- und Mitwirkungsrechte von Kindern und Eltern nur ungenügend ausgestaltet. Hier bietet die empirische Teilstudie neue und differenzierte Erkenntnisse dazu, wie sich dies auf die Praktiken von Kindes- und Erwachsenenschutzbehörden in der Gestaltung der Verfahren und auf das Erleben von Kindern und Eltern auswirkt.

Ein weiterer Entwicklungsbedarf zeigt sich auf der *Ebene der Kommunikation und methodischen Gestaltung der Verfahren.* Die empirische Studie zeigt, dass in der Praxis des Kindesschutzes mancherorts innovative, methodisch ausdifferenzierte Vorgehensweisen bestehen, um Kinder und Eltern zu informieren, zu beteiligen und einzelne Verfahrensschritte deliberativ zu gestalten. An anderen Orten werden einer adressat*innenorientierten Kommunikation und der Partizipation von Kindern und Eltern im Verfahren weniger Bedeutung beigemessen oder es wird (noch) zu wenig auf deren Umsetzung geachtet. Verfahren werden eher formalisiert durchgeführt und Entscheide expertokratisch gestaltet. Ein wichtiges Ergebnis der Studie ist somit, dass *über grundlegende Handlungsmaximen wenig Konsens bzw. eine grosse Bandbreite an Haltungen und Praktiken* besteht, die wiederum die Verfahrensgestaltung beeinflussen. Die Unterschiedlichkeit der Erfahrungen, die Kinder und Eltern in den Kindesschutzverfahren machen, ist Ausdruck dieser Diversität der Leitorientierungen und praktischen Vorgehensweisen. So erlebt sich ein Teil von ihnen als ausreichend handlungsmächtig und erfährt, dass eigene Meinungen und Sichtweisen gehört und ernsthaft diskutiert werden. Andere Kinder und Eltern fühlen sich wiederum ausgeschlossen und machtlos.

Das *Verständnis des Verfahrens*, der daran Beteiligten, der Hintergründe und Ziele sowie der eigenen (Verfahrens-)Rechte hat sich in der empirischen Studie als Schlüsselstelle für (Handlungs-)Autonomie, Integritätserleben und aus Sicht der betroffenen Kinder und Eltern bedeutsame Partizipation erwiesen. Es wurde deutlich, dass es den Fachpersonen in den Verfahren oft nicht gelingt, sicherzustellen, dass Kinder und Eltern über die für sie relevanten Informationen verfügen und diese so weit verstehen, dass sie sie zu ihrer Beteiligung nutzen können. Darüber hinaus sind für Kinder und Eltern die *Begegnungen mit Fachpersonen und deren kommunikatives Handeln* zentral dafür, wie sie die Verfahren erleben und einordnen. Hier haben sich ein respektvoller Umgang der Fachpersonen mit der Situation und Befindlichkeit von Kindern und Eltern, von diesen als «Menschlichkeit» und «Nahbarkeit» erlebt, als zentral für das Erleben von Integrität herausgestellt. Es zeigte sich auch, dass das Vorhandensein vertrauensvoller Arbeitsbeziehungen eine wichtige Rolle spielt und einen starken Einfluss darauf hat, wie gut sich Kinder und Eltern in den Verfahren orientieren können oder wie belastend und integritätsbedrohend sie die Verfahren im Kontakt mit den Fachpersonen erleben. Sind solche vertrauensvollen Arbeitsbeziehungen nicht gegeben, wird die Beteiligung von Kindern und Eltern erschwert; in diesem Fall erweist es sich für sie als umso wichtiger, dass sie Unterstützung von externen Personen erhalten, denen sie vertrauen.

In Bezug darauf, wie Kinder und Eltern ihre Partizipationsmöglichkeiten wahrnehmen, ist eine deliberative Gestaltung des Verfahrens und insbesondere der Aushandlungsprozesse rund um die Eingrenzung und Definition des Problems sowie der aus Sicht der verschiedenen Beteiligten angemessenen und zielführenden «Lösungen» zentral (prozessualer Aspekt von Partizipation). Insgesamt zeigt sich in Bezug auf erlebte Partizipationsmöglichkeiten eine erhebliche Bandbreite an Erfahrungen des Gelingens und Misslingens sowohl aufseiten der Fachpersonen wie auch bei Kindern und Jugendlichen. Als bedeutsamste Herausforderung hat sich dabei herausgestellt, dass die *Voraussetzungen für Partizipation sowohl bei Kindern und Eltern (z. B. in Bezug auf Wissen, Bereitschaft, Energie) wie auch seitens der Fachpersonen (z. B. in Bezug auf zeitliche und methodische Ressourcen) sehr unterschiedlich sind* (relationaler Aspekt von Partizipation). Sie werden nicht allein durch die jeweils unterschiedlichen Erfahrungen und Fähigkeiten der beteiligten Kinder, Eltern und Fachpersonen beeinflusst, sondern zudem noch durch jeweiligen Gefährdungslagen und Problemkonstellationen, die selbst ebenfalls hoch divers und dynamisch sind.

4.4 Fazit

Um die Qualität von Kindesschutzverfahren zu verbessern, bedarf es weiterer Anstrengungen, die vor allem darauf abzielen müssen, durch klare strukturelle Rahmungen der Vorgehensweisen die Voraussetzungen für die Mitwirkung durch Kinder und Eltern zu verbessern. Dazu benötigt es zum einen eine stärkere *Formalisierung des Verfahrensrechts*, um die Voraussetzungen für die Verwirklichung einer «child-friendly justice» (Europarat 2012) zu verbessern und damit erkennbare und kalkulierbare Partizipationsmöglichkeiten für Kinder (und für Eltern) zu schaffen. Zum anderen bedarf es verbindlicher transdisziplinär fundierter fachlicher Standards (siehe z. B. Leuthold et al. 2023), insbesondere einer systematischen *fachlichen Orientierung für eine kind- und elterngerechte Umsetzung von Kindesschutzverfahren.* Darin sollte beschrieben sein, wie Fachpersonen Kinder und Eltern in einer zielgruppengerechten und verständlichen Sprache und mit geeigneten Methoden und Instrumenten über Verfahrenswege, mögliche Hilfeleistungen, Aushandlungs- und Entscheidungsprozesse informieren und sie während des Verfahrens begleiten und unterstützen können. Weiter müssen Kommunikations- und Aushandlungsformate in Kindesschutzverfahren (weiter-)entwickelt werden, die die Partizipationsmöglichkeiten von Kindern und Eltern stärken. Schliesslich bedarf es auf der Ebene der Behördenvertreter*innen einer kritischen Reflexion der eigenen Haltungen, Wertvorstellungen und deren Auswirkungen, damit sie ihre Handlungsspielräume so nutzen, dass Belastungen für Kinder und Eltern während des Kindesschutzverfahrens möglichst geringgehalten werden, ihre Integrität möglichst nicht verletzt, ihre Autonomie gestärkt und ihre Partizipation gefördert wird.

5. Kernelemente guter Kindesschutzverfahren

Stefan Schnurr[1]

5.1 Einleitung

Die Gestaltung von Kindesschutzverfahren wird in vielen Ländern als Herausforderung betrachtet. Die wissenschaftliche Diskussion konzentriert sich darauf, wie die Partizipation von Kindern faktisch umgesetzt wird und wie sie besser gefördert werden kann (Stössel & Jenni 2012; van Bijleveld et al. 2015; Bouma et al. 2018; Bodmer et al. 2020; Lätsch et al. 2023; Schoch et al. 2023). Diskutiert werden auch Fragen nach der Rolle und dem Einbezug von Eltern (Smithson & Gibson 2017; Korpinen & Pösö 2020), nach der Notwendigkeit einer stärkeren Instruktion der Entscheidungsfindung durch Checklisten (Helland 2021a) sowie Fragen nach der Qualität von Entscheidungsbegründungen und der Rechtsgleichheit von Entscheidungen (Helland 2021b). Auch die empirischen Ergebnisse dieser Studie zeigen, dass ein Bedarf besteht, Kindesschutzverfahren weiterzuentwickeln. Sie weisen darauf hin, dass die Integrität der von den Verfahrenen betroffenen Kinder und Eltern prekär ist. Die Ergebnisse zeigen weiter, *dass Kinder und Eltern nach eigener Wahrnehmung oft ungenügend informiert sind, sich als Personen oft nicht respektiert fühlen, nicht gehört und nicht beteiligt werden und wenig Einfluss auf die Entscheidungen der Kindesschutzbehörde* nehmen können.

Diese Befunde sind aus zwei Gründen sehr ernst zu nehmen. Zum einen muss man auf der Grundlage empirischer Befunde aus der Forschung zur Wirksamkeit von Leistungen für Kinder, Jugendliche und Familien davon ausgehen, dass Anerkennung und Partizipation im Prozess der Entscheidungsfindung wichtige Voraussetzungen für die Wirksamkeit jener Leistungen sind, die als Ergebnis des Entscheidungsprozesses von den Ent-

---

1 In dieses Kapitel sind wichtige Anregungen, Verbesserungsvorschläge und kritische Hinweise von Kay Biesel, Michelle Cottier, Brigitte Müller und Aline Schoch eingeflossen.

scheidbetroffenen in der Form von zivilrechtlichen Kindesschutzmassnahmen in Anspruch genommen werden sollen bzw. müssen (Gabriel et al. 2007; Hamberger 2008; Albus et al. 2009; Macsenaere 2017). Zum anderen gelten im Kindesschutz aufgrund der dort behandelten Sachverhalte und der Schwere der Grundrechtseinschränkungen, die Entscheidungen von Kindesschutzbehörden mit sich bringen können, erhöhte Anforderungen an die Verfahrenssicherheit (Bundesrat 2006, S. 7021). Der Kindesschutz kann daher als ein besonders grundrechtssensibles Feld staatlichen Handelns angesehen werden (Gerber 2021, S. 73). Fragen der Menschenwürde (Art. 7 BV), der Rechtsgleichheit (Art. 8 BV), des Schutzes vor Willkür (Art. 9 BV), der persönlichen Freiheit (Art. 10 BV), des Schutzes der Privatsphäre (Art. 13 BV), des Rechts auf Familie (Art. 14 BV) und Fragen des Schutzes und der Förderung von Kindern und Jugendlichen (Art. 11 BV) sind in jedem Kindesschutzverfahren höchst relevant. Ein Spannungsverhältnis von Grundrechten und Kindesschutzrecht ist konstitutiv für den Kindesschutz in demokratischen Rechtsstaaten, und die internationale Fachliteratur zeigt, dass die historisch gewachsenen Weisen des Umgangs mit diesem Spannungsverhältnis in vielen Ländern als unbefriedigend und entwicklungsbedürftig wahrgenommen werden. Die Herausforderung liegt darin, Kindesschutzverfahren so zu gestalten, dass sich Kinder und Eltern im Verfahren als Träger*innen dieser Grundrechte wahrnehmen und diese im Verfahren auch tatsächlich ausüben können, während die Entscheidungsmacht, die einen begründeten Eingriff in Grundrechte als Option systematisch vorsieht, beim Staat in Gestalt der Kindesschutzbehörde angesiedelt ist.

Wie kann dieser Anspruch eingelöst werden? Im Folgenden wird davon ausgegangen, dass Annäherungen an diese anspruchsvolle Zielsetzung möglich sind, wenn es gelingt, Kindesschutzverfahren so zu gestalten, dass sie die Integrität der am Verfahren beteiligten Kinder und Eltern wahren, Partizipation im Sinne einer echten Einflussnahme auf die Entscheidungsfindung ermöglichen, die von den Entscheidbetroffenen subjektiv als bedeutungsvoll erlebt wird, und die Autonomie von Kindern und Eltern fördern. Angesichts der Diversität und Komplexität der Fallkonstellationen, die in Kindesschutzverfahren verhandelt werden, sind Versuche einer allzu engen Instruktion von Vorgehensweisen riskant und tragen ein hohes Risiko in sich, eher kontraproduktiv zu wirken. Aus diesem Grund werden nachfolgend vier zentrale Elemente guter Kindesschutzverfahren herausgearbeitet. Sie basieren auf den Ergebnissen der INTAPART-Studie (Kapitel 3) und beziehen weitere Forschungsergebnisse mit ein. Weiter orientieren sie sich an Eckwerten und Leitprinzipien fairer rechtsstaatlicher Verfahren (Röhl 1994) und aktueller Qualitätsstandards (Leuthold et al. 2023). Die vier Elemente sind dem Ziel verpflichtet, Belastungen und Bedrohungen der Integrität von Kindern und Eltern in Kindesschutzverfahren zu reduzieren, ihre Partizipation zu stärken und ihre Autonomie zu fördern. Sie haben ihren primären Bezugspunkt in der Gestaltung der sozialen Dimension von Kindesschutzverfahren und beziehen sich damit hauptsächlich auf die Sphäre der Interaktion und Kommunikation zwischen Fachpersonen der Kindesschutzbehörde, Kindern, Eltern und anderen beteiligten Akteur*innen. Insofern ergänzen sie den Entwurf zu einem neuen, einheitlichen Bundesgesetz für das Verfahren vor Kindesschutzbehörden in diesem Band (Kapitel 6). Sie sind eng verknüpft mit der Dimension des fachlich-methodischen Handelns, die im Fachdiskurs unter dem Begriff der Professionalität zusammengefasst wird. Es ist in hohem Masse die Sphäre der Kommunikation und der sozialen Praktiken, in der sich entscheidet, ob Integrität gewahrt, Partizipation ermöglicht und Autonomie gefördert wird: «Human rights in child protection are, after all, materialized in social practices» (Pösö 2018, S. 123; Kapitel 3.3.4).

5.2 Vier Kernelemente guter Kindesschutzverfahren

5.2.1 Information: Kindesschutzbehörden übernehmen Verantwortung dafür, dass Kinder und Eltern das Verfahren umfassend verstanden haben

In Kindesschutzverfahren wird immer auch das Zusammenleben in familialen Lebensgemeinschaften verhandelt. Damit werden unter anderem Aspekte von Paarbeziehungen, Eltern-Kind-Beziehungen, Sorgepraxen und Erziehungsstilen thematisch (Bomert et al. i. E.). Es ist ein Merkmal von Kindesschutzverfahren, dass das Handeln in Grenzsituationen und Erfahrungen von Scheitern in Bezug auf diese Aspekte zur Sprache kommen und im Verfahren mitgeteilte Ereignisse, Erfahrungen, Gefühle und Einstellungen gleichzeitig Folgen für die Ergebnisse des Verfahrens haben können. Da in Kindesschutzverfahren notwendigerweise sehr persönliche Themen behandelt werden, besteht ein erhöhtes Risiko für die Beteiligten, in ihrer Integrität verletzt zu werden. Die Ergebnisse dieser Studie illustrieren, dass die meisten Eltern und sehr viele Kinder diese Risiken ahnen und deshalb eine grosse Unsicherheit in Bezug auf das Verfahren wahrnehmen. Umgekehrt hängt das Gelingen eines Verfahrens signifikant davon ab, dass Kinder und Eltern diese Risiken eingehen. Daraus folgt: Wenn Eltern und Kinder Vertrauen in das Verfahren und zu den verfahrensführenden Personen gewinnen, steigen auch die Chancen für einen Verlauf des Verfahrens, in dem die übergreifenden Zielsetzungen, Gefährdungen des Wohls von Kindern abzuwenden und das Kindeswohl nachhaltig zu fördern, erreicht werden.

In praktischer Hinsicht lässt sich daraus ableiten, dass es zu den Aufgaben von Kindesschutzbehörden gehört, umfassend und wiederholt über Kindesschutzverfahren zu informieren, um diese aus Sicht der am Verfahren beteiligten Kinder und Eltern vorhersehbar und berechenbar zu machen und sie in die Lage zu versetzen, ihre Sichtweisen und Anliegen in das Verfahren einzubringen. Nur wer weiss, was in einem Verfahren auf dem Spiel steht, wie das Spektrum möglicher Entscheidungen aussieht, gemäss welcher Normen entschieden wird, wie die Entscheidungskompetenzen verteilt sind und welche Regeln für das Verfahren gelten, kann seine Interessen und Präferenzen einbringen und auf den Verlauf und das Ergebnis des Verfahrens Einfluss nehmen. Ein zentrales Ergebnis dieser Studie ist, dass im Verfahrensverständnis aufseiten der beteiligten Kinder und Eltern ein Dreh- und Angelpunkt für ihr Belastungserleben, ihr Integritätsempfinden und ihre Partizipation liegt (Kapitel 3.3.2).

In Kindesschutzverfahren ist eine grundlegende Machtasymmetrie angelegt: Die Kindesschutzbehörde entscheidet allein darüber, ob ein Kindesschutzverfahren eröffnet wird, ob es eingestellt wird, wie es geführt wird und welche Massnahmen allenfalls zur Sicherung des Kindeswohls angeordnet werden. Diese Machtasymmetrie ist in der Institutionalisierung des Kindesschutzes selbst angelegt, in der Verpflichtung des Staats, Kinder vor Gefährdungen ihres Wohls zu schützen. Sie findet ihren Ausdruck im Recht. Die Empirie zeigt, dass es in der Verfahrenspraxis in der Regel nicht bei dieser (nach dem Stand der Verrechtlichung des Kindesschutzes notwendigen) *institutionen- und rechtslogischen* Machtasymmetrie bleibt (Kapitel 3.3.1; Schoch et al. 2023). Das Muster ungleicher Machtverteilung im Verfahren, nach dem aufseiten der Behörde mehr Macht konzentriert ist als aufseiten der Eltern und Kinder (wobei aufseiten der Eltern häufig relativ mehr Macht konzentriert ist als aufseiten der Kinder), wird durch ausserrechtliche Momente verstärkt, die in Formen sozialer Benachteiligungen der involvierten Familien begründet sind. Die Chancen sind gross, dass solche sozialen Benachteiligungen im Verfahren reproduziert werden. Als starker Transmissionsriemen wirkt dabei die Informationsasymmetrie.

Ein grosser Teil der Eltern und Kinder, die mit dem Kindesschutzsystem in Kontakt kommen, sind von sozialen Benachteiligungen betroffen und/oder haben soziale Diskriminierung aufgrund ihrer Herkunft, ihrer Hautfarbe, ihres Lebensstils oder ihrer Sprachkompetenzen erlebt (Eidgenössisches Departement des Innern 2023; Lätsch et al. 2023). Viele Familien, die in Kindesschutzverfahren involviert sind, haben eine Migrationsgeschichte, was nicht zuletzt Ausdruck der Zusammensetzung der Wohnbevölkerung ist: «Die Mehrheit der in der Schweiz wohnenden Kinder bis sechs Jahre lebt in einer Familie mit Migrationshintergrund (54,4 %)» (Bachmann et al. 2020, S. 39). Ein erheblicher Anteil dürfte mit der Verfahrenssprache und – im übertragenen Sinne – mit der Rechts- und Verwaltungssprache nicht oder nur wenig vertraut sein. Die Ergebnisse der vorliegenden Studie verdeutlichen auf vielfache Weise, wie wenig Eltern und Kinder im Allgemeinen über Kindesschutz, Kindesschutzbehörden, Kindesschutzmassnahmen und Kindesschutzverfahren wissen. Auf die Frage, was die Eltern daran hindert, Informationen über das Verfahren zu verstehen, nennen die Fachpersonen am häufigsten «kulturelle und sprachliche Barrieren» sowie «kognitive Fähigkeiten» aufseiten der Eltern (Kapitel 3.3.2). Solche Formen sozialer Ungleichheit, die nach den Ergebnissen der vorliegenden Studie sowohl von Fachpersonen als auch von Eltern und Kindern wahrgenommen werden, verstärken die im Recht angelegte Machtasymmetrie und erweitern sie über die das durch den Schutzauftrag begründete Mass hinaus. Sie untergraben nicht nur die Handlungsmöglichkeiten von Kindern und Eltern, sondern bieten auch zahlreiche Gelegenheiten dafür, dass Interaktionen seitens der Kindesschutzbehörde bzw. von Fachpersonen des Kindesschutzsystems als Ausdruck mangelnder Anerkennung und/oder Herabwürdigung und Verletzungen der Integrität erlebt werden können.

Verfahrensbezogene Informationen sind eine unverzichtbare Voraussetzung dafür, um jene Aspekte der Machtasymmetrie zwischen Behörde einerseits und Kindern und Eltern andererseits, die nicht durch die Institutionalisierung des Kindesschutzes an sich begründet sind, zu begrenzen und zu mildern. Kindesschutzbehörden, die sich dem Ziel verpflichtet fühlen, die Integrität von Kindern und Eltern zu schützen, zu fördern und sicherzustellen, dass ein Kindesschutzverfahren nicht zu unnötigen und unbeabsichtigten Integritätsverletzungen führt, sind daher in der Verantwortung, dass Kinder und Eltern ein ausreichendes Verständnis über das Verfahren erlangen können. Um ein solches Verständnis zu ermöglichen, ist es unabdingbar, dass Kinder und Eltern verstehen

- warum das Verfahren eingeleitet wurde
- wer an dem Verfahren beteiligt ist und welche Funktionsrollen von welchen Personen ausgefüllt werden
- welche Aufgaben, Zuständigkeiten und Entscheidungskompetenzen die beteiligten Rollenträger*innen haben (verfahrensleitendes Behördenmitglied, Behördenmitglieder, Beistandsperson, abklärende Fachperson, Fachperson, die im Auftrag der Behörde eine Anhörung durchführt, Eltern, Kind, Verfahrensvertretungen von Kindern und Eltern, gegebenenfalls weitere Beteiligte)
- wie ein Verfahren in der Regel abläuft
- welche Verfahrensschritte zu einem Kindesschutzverfahren gehören, wie sie umgesetzt werden und zu welchen Zeitpunkten sie vorgesehen sind
- wie der Entscheidfindungsprozess abläuft, wie und wann eine Entscheidung zustande kommt und wann eine Entscheidung getroffen wird (wurde)
- in welchem Verfahrensschritt sie sich gerade befinden
- wie lange ein Verfahren dauert und wann mit einer Entscheidung und dem Abschluss des Verfahrens zu rechnen ist
- was die rechtsanwendende Kindesschutzbehörde unter Kindeswohl und Kindeswohlgefährdung versteht und welche Rechtsnormen im Verfahren zur Anwendung kommen

- welche Ergebnisse ein Kindesschutzverfahren haben kann, welche Massnahmen infrage kommen und was eine Massnahme (oder Leistung) für das Kind und die Eltern konkret bedeuten würde
- welche Rechte das Kind hat, insbesondere das Recht auf eine Vertretung im Verfahren
- welche Rechte die Eltern haben, insbesondere das Recht auf Vertretung im Verfahren
- wie die Eltern eine Entscheidung der Behörde überprüfen und Rechtsmittel dagegen einlegen können

Die Ergebnisse dieser Studie zeigen, dass Fachpersonen des Kindesschutzsystems Kinder ab sechs Jahren und Eltern regelhaft über die Verfahren informieren, dass diese Informationen aber oft nicht ausreichend verstanden werden. Dies kann unterschiedliche Gründe haben. Häufig werden Informationen zu Beginn eines Verfahrens und in Situationen gegeben, in denen aufseiten der Kinder und Eltern emotionale Belastungen, Unsicherheiten und Ängste, die bereits die Einleitung eines Verfahrens auslöst, überwiegen und die Verarbeitung von Informationen erheblich beeinträchtigen können. Zahlreiche Erfahrungen weisen darauf hin, dass es sich hier zudem um sehr komplexe Informationen handelt, die nur verarbeitet und verstanden werden können, wenn sie zu verschiedenen Zeitpunkten und mehrfach gegeben werden (Kapitel 3.3.1).

Bei der weiteren Entwicklung von Vorgehensweisen zur Verbesserung des Informationsstandes von Kindern und Eltern in Kindesschutzverfahren empfiehlt es sich, zwischen Formen der allgemeinen Kommunikation, die sich generell an die Adressat*innen von Kindesschutzverfahren (Eltern und Kinder unterschiedlicher Altersstufen) richten, und Formen spezifischer Kommunikation im Verlauf des Verfahrens zu unterscheiden.

In Bezug auf die allgemeine Kommunikation würde es eine Weiterentwicklung bedeuten, wenn die Verantwortlichen in den Kindesschutzbehörden dem Thema der Information über Kindesschutzverfahren die nötige Aufmerksamkeit schenken und – soweit dies noch nicht geschehen ist –

das Spektrum der Formen, in denen Informationen weitergegeben werden, erweitern. Zu nennen sind hier insbesondere

- gut verständliche und altersgerechte schriftliche Informationen (Broschüren usw.) und Informationsfilme in verschiedenen Sprachen einschliesslich Leichter Sprache
- die Überprüfung von Briefen und anderer schriftlicher Korrespondenz auf Verständlichkeit und die Antizipation von Fragen und möglichen Reaktionen, insbesondere wenn davon auszugehen ist, dass Kontaktaufnahmen und Korrespondenz als Bedrohung empfunden werden.

Im Hinblick auf die spezifische Kommunikation mit Kindern und Eltern könnte ein Fortschritt erzielt werden, wenn Fachpersonen im Kindesschutz ihr Verständnis darüber, wann die Informationspflicht erfüllt ist, ändern und erweitern würden. In einem Verständnis, das sich an den oben ausgeführten Hinweisen orientiert, wäre die Informationspflicht nicht bereits erfüllt, wenn die Informationen *gegeben* wurden, sondern erst dann, wenn die Fachpersonen im Kindesschutz ausreichende Anhaltspunkte dafür haben, dass die Informationen von den Eltern und den Kindern *verstanden* wurden. Die Einführung eines solchen Kriteriums würde die Fachpersonen im Kindesschutz dazu anhalten, sich mit dem Verfahrensverständnis der Eltern und Kinder aktiv auseinanderzusetzen. Sie würden nachfragen und abgleichen, gegebenenfalls Irrtümer korrigieren und Klärungen herbeiführen. Eine solche Vorgehensweise würde auf der Seite der Kinder und Eltern zudem den Eindruck verstärken, dass es den Kindesschutzfachpersonen nicht gleichgültig ist, ob und wie gut sie sich im Verfahren zurechtfinden und die Abläufe und Inhalte verstehen. Eine mögliche Folge davon könnte sein, dass Kinder und Eltern, die ein solches Interesse wahrnehmen, eher Vertrauen in das Verfahren und in die beteiligten Fachpersonen gewinnen und im Verfahren kooperieren.

5.2.2 Räume für Klärungen: Kindesschutzbehörden übernehmen Verantwortung dafür, dass Kinder und Eltern ihre Problemsichten, Lösungsideen und Interessenlagen klären können

Um sich aktiv an einem Verfahren beteiligen zu können, braucht es nicht nur ein Verständnis über die Abläufe, die Beteiligten und deren Rollen und Funktionen, die das Verfahren prägen. Es bedarf auch einer Klärung der eigenen Bedürfnisse, Präferenzen und Interessen. Anderenfalls ist es kaum möglich, diese in ein Verfahren einzubringen. Gelingt es einer Person nicht, ihre eigenen Standpunkte und Interessen in einem Verfahren wenigstens zum Ausdruck zu bringen und damit zum Gegenstand der Verhandlung zu machen, so sinkt die Wahrscheinlichkeit, dass sie das Verfahren im Nachhinein als für sie nützlich und die Ergebnisse des Verfahrens als zustimmungsfähig bewertet. Dies dürfte prinzipiell für alle rechtsstaatlichen Verfahren gelten, die darauf ausgerichtet sind, Entscheidungen zu treffen, die für die am Verfahren Beteiligten zugleich folgenreich und verbindlich sind. Sie gelten grundsätzlich auch in einem Kindesschutzverfahren. Die INTAPART-Studie zeigt einen signifikanten Zusammenhang zwischen der Akzeptanz von Massnahmenentscheiden, der von den Eltern erlebten Belastung durch das Verfahren, ihrem Informationsverständnis, ihrer wahrgenommenen Integrität und Partizipation und dem Zugang zu einer vertrauten Person (Kapitel 3.3.2). In Kindesschutzverfahren sind besondere Dynamiken im Spiel, die das Potenzial in sich tragen, Prozesse der Klärung von Problemsichten, Lösungsvorstellungen und Interessenlagen aufseiten der von der Entscheidung Betroffenen zu erschweren.

An dieser Stelle sei nochmals an die spezifischen Themen und Gegenstände erinnert, die in Kindesschutzverfahren verhandelt werden. Die Klärung der Frage, ob und inwieweit das Wohl eines Kindes gefährdet ist (in der Sprache des Rechts: der entscheidrelevante Sachverhalt) und wie der Gefährdung wirksam begegnet werden kann, kann nicht ohne die Thematisierung der elterlichen Sorge- und Erziehungspraxis und des Erlebens, der Sichtweisen und der Verarbeitungsweisen des Kindes in Bezug auf seine Familie (sowie weiterer relevanter Kontextbedingungen) erfolgen. Da diese nicht losgelöst von den Beziehungen und Emotionen zwischen Kind und Eltern (und anderen Bezugspersonen) betrachtet werden können, werden auch diese thematisch. Eine kritische Auseinandersetzung mit der Mutter- oder Vaterrolle, der Sorge- und Erziehungspraxis und den jeweiligen Formen des Zusammenlebens löst häufig Schuld- und Schamgefühle aus (Kapitel 3.3.1). Insofern gibt es starke Motive, diese zu vermeiden. Hinzu kommt, dass Eltern bzw. Sorgepersonen oft in unterschiedlicher Weise an der Sorge- und Erziehungspraxis beteiligt sind, Ereignisse und Praktiken unterschiedlich wahrnehmen und bewerten und unterschiedliche Sichtweisen, Bedürfnisse und Idealbilder in Bezug auf das Familienleben, die Erziehung und den Umgang mit dem Kind haben. Ebenso muss davon ausgegangen werden, dass auch das Kind bzw. die Kinder Ereignisse und Praktiken eigensinnig wahrnehmen und bewerten und dass auch sie eigene Sichtweisen, Bedürfnisse und Interessen in Bezug auf das Familienleben und die Beziehung zu den Eltern bzw. Erwachsenen mit Erziehungsaufgaben haben. Hinzu kommt, dass Paar- und Familienkonstellationen von Machtverhältnissen und wechselseitigen Abhängigkeiten geprägt sind, die sowohl auf sozialer als auch auf emotionaler und materieller Ebene folgenreich werden können. Dabei stehen Kinder – nicht zuletzt aufgrund ihrer sozialen und rechtlichen Position in der generationalen Ordnung (Alanen 2009) – unter einem erhöhten Abhängigkeitsrisiko.

Kindesschutzverfahren werden meist dann eingeleitet, wenn sich Krisen verfestigt oder als problematisch wahrgenommene Dynamiken verselbstständigt haben. Kindesschutzbehörden sind daher häufig mit Familienkonstellationen konfrontiert, in denen sich gesundheitliche, materielle und soziale Problemlagen überlagern und die Ressourcen zur Bewältigung dieser Mehrfachbelastungen nicht ausreichen oder nicht mobilisiert werden können. Solche Problemkonstellationen können auch die Eskalation von Konflikten und Gewalt in Paar- und Generationenbeziehungen begünstigen und die Wahrscheinlichkeit manifester Kindeswohlgefährdungen steigern. Auch Kinder und Jugendliche, die in Kindesschutzverfahren involviert sind, befinden sich häufig in multiplen Belastungssituationen und sind z. B. sowohl in der Familie als auch in der Schule oder mit Gleichaltrigen Konflikten und Gewalt ausgesetzt. Typisch für solche Belastungs- und Krisensituationen ist, dass die Betroffenen die Orientierung über ihre eigene Situation, die jeweiligen Belastungsfaktoren und deren Zusammenwirken, aber auch über ihre Lebensführungspräferenzen und Lebensziele verlieren, während gleichzeitig die bisher praktizierten Bewältigungsstrategien zunehmend versagen.

Die Belastung durch kritische Ereignisse, Notlagen und Krisen, von denen Kinder und Eltern, die in ein Kindesschutzverfahren involviert sind, sehr oft betroffen sind, ist damit ein weiterer Faktor, der die aktive Beteiligung an einem Kindesschutzverfahren erschwert. Aktive Beteiligung in Aushandlungssituationen setzt voraus, dass Kinder und Eltern über ein für sie subjektiv stimmiges Verständnis ihrer Situation, ihrer Bedürfnisse und Interessen verfügen, das im besten Fall zugleich Vorstellungen über adäquate Lösungsmöglichkeiten einschliesst. Ohne die Erarbeitung eines eigenen Problemverständnisses und ohne die Klärung der eigenen Interessen im Hinblick auf akzeptable Lösungsansätze sind der Einflussnahme auf Themen und Ergebnisse des Verfahrens sehr enge Grenzen gesetzt. Unter solchen Bedingungen sinken auch die Chancen erheblich, dass das Verfahren von den Betroffenen als für sie hilfreich und weiterführend erlebt werden kann, während gleichzeitig die Wahrscheinlichkeit steigt, dass Eltern und Kinder die Kindes- und Erwachsenenschutzbehörde als übermächtige Instanz erleben, die einseitig definiert, was das Problem ist und welche Lösungen angemessen sind. An dieser Stelle kann daran erinnert werden, dass die Mehrheit der im Rahmen dieser Studie befragten Eltern die Behörde als eine Institution erlebt hat, die Macht ausübt, ohne genügend und angemessen auf sie und ihre Anliegen einzugehen (Kapitel 3.3).

Die Partizipation von Kindern und Eltern in Kindesschutzverfahren kann dadurch gefördert werden, dass ihnen Räume und Settings angeboten werden, die sie darin unterstützen, ihre eigenen Sichtweisen auf die im Raum stehende Kindeswohlgefährdung, deren Hintergründe, Auslöser und Auswirkungen zu erkunden und für sich zu klären. Vor dem Hintergrund der Wechselwirkungen zwischen Partizipation, Autonomie und dem Schutz der Integrität, für die die vorliegende Studie starke empirische Belege erbracht hat (Kapitel 3.3), kann davon ausgegangen werden, dass die Bereitstellung sicherer Klärungsräume auch positive Effekte auf die Sicherung von Autonomie und Integrität der Verfahrensbeteiligten hat. Im Hinblick auf die Voraussetzungen für die Beteiligung von Kindern in Kindesschutzverfahren und anderen Verfahren kann sich diese Annahme auf Argumentationen in zahlreichen einschlägigen Diskussionsbeiträgen stützen (Shier 2001; Lundy 2007; Tisdall 2016; Michail et al. 2023). Hinsichtlich der positiven

Effekte solcher Vorgehensweisen kann exemplarisch auf das Gesprächsverfahren («Samtaleprosess») verwiesen werden, das seit einigen Jahren als Modellprojekt im norwegischen Kindesschutzsystem mit Erfolg erprobt wird[2].

Eine Gewährleistung offener Klärungsräume als regulärer Bestandteil eines Kindesschutzverfahrens birgt zweifellos grosse Chancen, ist aber auch mit Herausforderungen verbunden. Eine besondere Herausforderung besteht darin, dass die jeweiligen Mitglieder einer Familienkonstellation ihre eigenen Problemsichten, Bedürfnisse und präferierten Lösungsansätze *für sich* und zugleich in Relation zu den Problemsichten, Bedürfnissen und präferierten Lösungsansätzen *der jeweils anderen* klären müssen. Im Verstehen der jeweiligen Sichtweisen der anderen liegen jedoch wertvolle Chancen für das Entstehen neuer Erkenntnisse, Perspektiven und Handlungsmöglichkeiten. Damit sind sehr anspruchsvolle Prozesse angesprochen, die nur gelingen können, wenn sich die Beteiligten sicher fühlen können. Nimmt man hinzu, dass dies in Konstellationen umgesetzt werden soll, die von Krisen, Konflikten und kindeswohlgefährdenden Strukturen und Ereignissen geprägt sind, erscheint es zwingend erforderlich, dass die subjektive Sicherheit für alle Beteiligten durch externe Fachpersonen gewährleistet werden muss. Die hier angesprochenen Räume und Settings bedürfen einer fachlich kompetenten Moderation und Begleitung durch eine Fachperson. Dies gilt umso mehr im Hinblick auf die Aufgabe, entsprechende Räume für die jeweils am Verfahren beteiligten Kinder zu gewährleisten.

Die Gewährleistung von Räumen für die Exploration und Klärung der je eigenen Problemsichten und Lösungsvorstellungen von Kindern und Eltern ist ein unverzichtbares Element von Kindesschutzverfahren, deren Gestaltung sich an dem Ziel orientiert, nicht mehr Belastungen zu schaffen als jene, die mit einem solchen Verfahren zwangsläufig verbunden und unumgänglich sind, Partizipation zu ermöglichen und die Chancen für die Entwicklung tragfähiger und breit abgestützter Lösungen zu erhöhen. Bei der konkreten Ausgestaltung sind die Besonderheiten der jeweiligen Fallkonstellation zu berücksichtigen. An dieser Stelle können nur einige zentrale Eckwerte und Merkmale solcher Settings benannt werden.

2 https://www.regjeringen.no/no/dokumenter/prop.-84-l-20192020/id2698870/?ch=4.

Das Gewährleisten von Räumen für Klärungen erfordert in der Regel sowohl Zeit mit dem Kind allein (ohne Beisein der Eltern), Zeit mit den Eltern bzw. den relevanten Sorgepersonen allein als auch Zeit mit den relevanten Personen der jeweiligen Familienkonstellation.

- Die Settings werden von einer kompetenten Fachperson vorbereitet und moderiert.
- Die Fachperson stellt sicher, dass sich die Beteiligten in ihrer jeweiligen Verletzlichkeit wahrnehmen und sich subjektiv als sicher und als Personen respektiert erleben können.
- Die Fachperson achtet darauf, dass das Kind bzw. die Eltern offen und frei über ihre Erfahrungen, Bedürfnisse, Nöte und Wünsche sprechen können.
- Die Fachperson achtet darauf, dass das Kind bzw. die Eltern jeweils für sich klären können, was im Zusammenleben als gut und erhaltenswert wahrgenommen wird, was als bedrohlich und veränderungsbedürftig erlebt wird und was aus ihrer jeweiligen Sicht zur Verbesserung der Situation geschehen sollte (Munro & Turnell 2018, S. 92).
- Die Settings knüpfen an die jeweils vorhandenen Ausdrucksmöglichkeiten und -präferenzen des Kindes und der Eltern an und berücksichtigen, dass Spielsituationen und Bilder oft gute Möglichkeiten bieten, subjektives Erleben zu vermitteln und Bedürfnisse und Einsichten über Zusammenhänge zu äussern, und dass verbale Sprache nicht am Anfang stehen muss, sondern eventuell erst dann eingesetzt werden kann, wenn (Zwischen-)Ergebnisse eines Klärungsprozesses festgehalten werden.
- Die Settings bieten den Beteiligten Gelegenheiten, sich mit ihren je eigenen Ambivalenzen (in Bezug auf positive und negative Gefühle; in Bezug auf Veränderungs- und Bewahrungswünsche; in Bezug auf mögliche Verbesserungen der Situation und die damit verbundenen antizipierten Anstrengungen usw.) auseinanderzusetzen, und unterstützen sie dabei, angesichts der bestehenden Ambivalenzen und innerhalb der geltenden Restriktionen ihre je eigenen Präferenzen in Bezug auf Problemlösungen zu klären. Es sei betont, dass in diesem Zusammenhang nicht nur die jeweiligen materiellen und sozialen

Lebensumstände als relevante Restriktionen zu berücksichtigen sind, sondern auch die Normen des Kindeswohls, die den Bezugspunkt des Handelns und der Entscheidungen der Kindesschutzbehörde darstellen.
- Die typischen räumlichen Gegebenheiten von Behörden und Dienststellen sind für diese Settings in der Regel nicht gut geeignet. Gerade im Hinblick auf die Durchführung solcher Klärungssettings mit Kindern ist es notwendig, geeignete räumliche Umgebungen zu schaffen bzw. aufzusuchen.[3]

Damit die Chancen solcher Klärungsräume genutzt werden können, empfiehlt es sich, dass die Fachpersonen, die sie moderieren und leiten, nicht identisch sind mit den Fachpersonen, die als Mitglieder der Kindesschutzbehörde das Kindesschutzverfahren leiten und über allfällige Kindesschutzmassnahmen entscheiden. Dies könnte den funktional notwendigen explorativen Charakter zur Klärung der je eigenen Präferenzen angesichts bestehender Ambivalenzen und Restriktionen erheblich beeinträchtigen. Damit stellt sich die Frage, wie die notwendigen Räume für Klärungen im Rahmen eines Kindesschutzverfahrens konzeptionell und praktisch realisiert werden können. Vieles spricht dafür, dass von den verschiedenen Formaten, die sich als reguläre Bestandteile von Kindesschutzverfahren etabliert haben, die Phase der Abklärung dafür besonders geeignet ist. Vorliegende Arbeiten zur Gestaltung von Kindeswohlabklärungen bieten dazu weitere differenzierte Vorschläge und methodische Empfehlungen (Biesel et al. 2017, S. 137 ff. et passim).

Dies würde bedeuten, dass die abklärenden Fachpersonen Gelegenheiten schaffen, an denen Kind und Eltern darin unterstützt und begleitet werden, ihre jeweils subjektiven Problemsichten und Lösungsvorstellungen in einem offenen und begleiteten Prozess zu klären. Als offen kann der Prozess

3 «A child cannot be heard effectively where the environment is intimidating, hostile, insensitive or inappropriate for her or his age. Proceedings must be both accessible and child-appropriate. Particular attention needs to be paid to the provision and delivery of child-friendly information, adequate support for self-advocacy, appropriately trained staff, design of court rooms, clothing of judges and lawyers, sight screens, and separate waiting rooms» (CRC General Comment No. 12, The right of the child to be heard (2009), para. 34).

dann bezeichnet werden, wenn Kinder und Eltern ermutigt werden, ihren Ambivalenzen in Bezug auf Problemdeutungen und den möglichen Antworten Raum zu geben. Um Kindern und Eltern ein offenes und exploratives Erkunden der eigenen Positionen und Präferenzen zu ermöglichen, wäre in diesem Fall darauf zu achten, dass die Abklärungsgespräche nicht durch dieselbe(n) Person(en) durchgeführt werden, die auch die Entscheidung trifft (treffen).Weiter scheint es zwingend, Kinder und Eltern transparent über Rahmen und Zielsetzungen zu informieren und zu überprüfen, dass sie den möglichen Stellenwert, den ihre Äusserungen für die Entscheidungsfindung haben können, verstanden haben.

5.2.3 Aushandlung: Kindesschutzbehörden übernehmen Verantwortung dafür, dass Kinder und Eltern ihre Problemsichten und Lösungsideen im Verfahren darlegen können

Die Ergebnisse der im Rahmen dieser Studie durchgeführten Elternbefragung zeigen: Fast die Hälfte der Befragten gibt an, ihre Meinung nicht oder nur teilweise geäussert zu haben; mehr als die Hälfte der Befragten gibt an, dass ihre Sichtweisen kaum berücksichtigt wurden; zwei Drittel sind der Ansicht, dass ihre Vorschläge nicht einbezogen wurden, und fast zwei Drittel geben an, dass mit ihnen nicht über verschiedene Lösungen diskutiert wurde (Kapitel 3.3.2). Folgt man den Ergebnissen der in dieser Studie durchgeführten Kinderbefragung, dann zeigt sich: Kinder bestätigen mehrheitlich, dass die Behörde Einzelgespräche mit ihnen geführt hat; sie geben mehrheitlich auch an, dass sie nach ihrer Meinung zur Situation in der Familie gefragt wurden und danach, was ihnen bzw. der Familie helfen würde. Aber nur eine kleine Minderheit der befragten Kinder stimmte der Aussage zu, dass ihre Äusserungen Einfluss auf die Entscheidung der Behörde hatten, und eine grosse Mehrheit der befragten Kinder stimmte der Aussage zu, dass die Personen, die die Entscheidung trafen, zu wenig über sie und ihre Familie wussten (ebd.). Diese Befunde weisen darauf hin, dass Kindesschutzverfahren zu einem grossen Teil in einer Art und Weise durchgeführt werden, die bei sehr vielen Eltern und Kindern den Eindruck hinterlässt, dass sie und ihre Sichtweisen nicht gesehen, nicht ernst genommen und bei der Entscheidungsfindung nicht berücksichtigt wurden. Für viele Kinder und Eltern bleibt unklar, welchen Einfluss ihre Sichtweisen auf die Entscheidung hatten – oder sie kommen zu der Einschätzung, dass sie keinen Einfluss auf die Entscheidung hatten.

Eltern und Kinder scheinen zudem häufig nicht nachvollziehen zu können, was die Entscheidungen der Kindesschutzbehörde mit ihnen als Person, mit ihrer Rolle als Eltern oder Kinder und mit ihrer Lebenspraxis als Familie zu tun haben. Viele erleben die Kindesschutzbehörde als eine fremde Macht, die über sie entscheidet. Die Vorgehensweisen, Kommunikationen und Dokumente der Behörde bleiben ihnen oft ebenso verschlossen wie die Kriterien, nach denen sie entscheidet. Je mehr die am Verfahren beteiligten Eltern und Kinder dies so erleben, desto geringer ist die Wahrscheinlichkeit, dass sie das Verfahren als fair und hilfreich empfinden. Folgt man den weithin anerkannten Forschungstraditionen der Rechtssoziologie und der Sozialpsychologie, dann ist die subjektive Erfahrung von Verfahrensgerechtigkeit wichtig für die Akzeptanz von Verfahrensergebnissen, während Partizipation im Sinne von Mitsprache ein zentrales Element von Fairness ist (Lind & Tyler 1988; Röhl 1994; Hauri 2020; Kapitel 3.3.2; vgl. oben). Das Kriterium der Partizipation im Sinne von Mitsprache ist jedoch nicht schon dadurch erfüllt, dass sich Verfahrensbeteiligte im Verfahren geäussert haben. Mitsprache im hier verwendeten Sinne (als unverzichtbares Moment fairer Verfahren) setzt ein Verständnis des Verfahrens, seiner Ziele und Funktionen sowie der im Verfahren angewandten Normen voraus. Fehlt dieses, können sich die von der Entscheidung Betroffenen nicht einmal ansatzweise ein eigenes Urteil darüber bilden, welche Normen auf sie und ihren Fall angewendet wurden, ob die Normen konsistent angewendet wurden, inwieweit die Entscheidung den Normen folgt und ob sie schlüssig begründet wurde. In Bezug auf Kindesschutzverfahren bedeutet dies: Eltern können z. B. gegenüber einer von der Behörde bevorzugten Massnahme zur Sicherung des Kindeswohls weder eine bewusste (vollständige oder teilweise) Zustimmung noch eine bewusste (vollständige oder teilweise) Ablehnung zum Ausdruck bringen.

Das geschriebene Recht sieht als Ausgleich für fehlendes Verständnis der dem Verfahren zugrunde liegenden Rechtsnormen und zur Stärkung der Position der betroffenen Personen im Verfahren das Institut des Rechtsbeistands resp. der Kindesverfahrensvertretung vor. Allerdings weist die qualitative Teilstudie darauf hin, dass nur sehr wenige Eltern und Kinder im Kindesschutzverfahren über eine Rechtsvertretung verfügen (Kapitel 3.3.1). Ein gutes Kindesschutzverfahren garantiert die Unterstützung durch einen Rechtsbeistand im Aushandlungsprozess.

Damit Entscheidungen der Kindesschutzbehörde ihren Zweck, das Wohl von Kindern zu schützen und zu sichern, erfüllen können, müssen die der Entscheidung zugrunde liegenden Rechtsnormen kommunikativ vermittelt und mit der Sorge- und Erziehungspraxis und den Generationenbeziehungen verknüpft werden, und zwar so, dass sie von den Entscheidbetroffenen nachvollzogen werden können. Eine wenigstens in Teilen gelingende Verständigung über die Definition der Probleme, die aus Sicht der Behörde die Gefährdung des Kindeswohls bedingen, und über angemessene Bearbeitungsstrategien bzw. Lösungsansätze sind eine wichtige Voraussetzung für die Akzeptanz und Wirksamkeit von Massnahmen bzw. Leistungen (Kapitel 3.3.1; Doelmann et al. 2024). Eine verständigungsorientierte Explikation der jeweils relevanten Normen scheint nicht zuletzt deshalb notwendig, weil in Kindesschutzfällen in der Regel mehrere Normen als gleichgeltend zu beachten und miteinander zu vermitteln sind. Die Verantwortung für diese Verständigung kann nicht den Eltern und Kinder auferlegt werden. Sie liegt bei der Behörde, die die Rechtsnormen anwendet und das gesellschaftlich anerkannte Interesse am Schutz von Kindern vertritt. Kindesschutzbehörden können dieser Verantwortung gerecht werden, indem sie Settings schaffen, die einen deliberativen Austausch zwischen Behörde, Eltern und Kindern über ihre jeweiligen Problemsichten und Lösungsideen bzw. -präferenzen ermöglichen. Dabei ist es entscheidend, dass es sich um einen ergebnisoffenen Austausch handelt, d. h. um einen Austausch, dessen Ergebnis nicht von vornherein feststeht.

Im Folgenden werden einige zentrale Eckwerte und Merkmale solcher Settings aufgeführt. Die Reihenfolge der einzelnen Elemente in der folgenden Aufzählung soll keine zeitliche Abfolge in der Umsetzung darstellen.

- Die Kindesschutzbehörde achtet darauf, dass das Kind altersadäquate Gelegenheiten erhält, unter Bezugnahme auf seinen Lebens- und Erfahrungskontext darzulegen, was ihm wichtig ist und erhalten bleiben soll, was sich zu seinem Wohl ändern muss und wie dies seiner Meinung nach konkret umgesetzt werden könnte. Dem Kind muss also die Gelegenheit gegeben werden, sein eigenes subjektives Verständnis von seinem Wohl und sein subjektives Verständnis davon, was sich im Familienleben und an der Sorge- und Erziehungspraxis ändern sollte, in das Verfahren und die Entscheidungsfindung einzubringen[4].

- Die Kindesschutzbehörde erläutert gegenüber den Eltern, welche Ereignisse, Praktiken und Strukturen aus ihrer Sicht das Kindeswohl in welcher Weise gefährden und welche Massnahmen sie zur Abwendung der Gefährdung für angemessen und erforderlich hält. Dabei erläutert sie die Kindeswohlnorm in Bezug auf die Lebenspraxis der Familie. Die Kindesschutzbehörde begründet gegenüber den Eltern, was sie zur Feststellung der Kindeswohlgefährdung veranlasst hat, indem sie darlegt, welche zentralen Grundbedürfnisse und/oder Grundrechte des Kindes nicht erfüllt sind und woran sie jeweils erkannt hat, dass diese nicht erfüllt sind (Kriterien, Indikatoren). Mit anderen Worten: Die Behörde erläutert ihr Verständnis der Schwelle, die den Eingriff in die verfassungsmässig geschützten Rechte der Eltern legitimiert. Des Weiteren legt die Behörde dar, wie die Kindeswohlnorm erfüllt werden kann.
- Die Eltern haben die Möglichkeit, sich mit der Art und Weise, wie die Kindesschutzbehörde die Kindeswohlnorm auf ihre Sorge- und Erziehungspraxis anwendet, auseinanderzusetzen, um nachvollziehen zu können, was aus Sicht der Behörde gegen die Norm verstösst (was aus Sicht der Behörde das Problem ist). Darüber hinaus haben

4 Eine Bestimmung des Kindeswohls darf sich nicht allein auf (juristisches, sozialwissenschaftliches, entwicklungspsychologisches usw.) Expert*innenwissen abstützen, sondern muss zwingend die Meinungen des Kindes darüber, was zu seinem Wohl ist, berücksichtigen. Vgl. dazu die Ausführungen zur Verbindung zwischen Art. 3 (Kindeswohlvorrang) und Art. 12 KRK (Partizipation) des UN-Ausschusses für Kinderrechte: «There is no tension between articles 3 and 12, only a complementary role of the two general principles: one establishes the objective of achieving the best interests of the child and the other provides the methodology for reaching the goal of hearing either the child or the children. In fact, there can be no correct application of article 3 if the components of article 12 are not respected. Likewise, article 3 reinforces the functionality of article 12, facilitating the essential role of children in all decisions affecting their lives» (UN Committee on the Rights of the Child (CRC) 2009: para 74).

sie die Gelegenheit, die Norm explorativ mit ihrer Sorge- und Erziehungspraxis zu verknüpfen: Wie können wir dazu beitragen, abzuwenden, was aus Sicht der Kindesschutzbehörde das Wohl des Kindes gefährdet? Was würde uns dabei helfen, unsere Sorge- und Erziehungspraxis so zu gestalten, dass sie der Norm entspricht?
- Es ist gewährleistet, dass die Eltern die Möglichkeit haben, sich zu den von der Kindesschutzbehörde festgestellten Probleme zu äussern, ihre eigene Problemsicht zu erläutern und darzulegen, welchen Beitrag sie zur Abwendung der Kindeswohlgefährdung zu leisten bereit sind.
- Die Kindesschutzbehörde geht auf die Problemsicht und die Lösungsideen bzw. -präferenzen der Eltern ein und nimmt dazu Stellung. Sie legt differenziert dar, wie die von den Eltern vorgeschlagenen Änderungen der Lebenspraxis bzw. Vorgehensweisen aus Sicht der Behörde vor dem Hintergrund ihrer Interpretation der Kindeswohlnorm zu beurteilen sind: ob durch sie eine Annäherung an die Kindeswohlnorm im Sinne der Gewährleistung von Grundbedürfnissen und Grundrechten erreicht werden kann (oder nicht), ob sie ausreichen (oder nicht), wie sie allenfalls modifiziert werden könnten, um der Norm zu entsprechen.
- Es liegt in der Verantwortung der Behörde, Rahmenbedingungen für diese Gespräche zu schaffen, die gewährleisten, dass die Interessen des Kindes im Mittelpunkt stehen und bei der konkreten Ausgestaltung (einschliesslich des Hinweises auf die Möglichkeit von sie begleitenden Personen ihres Vertrauens) ausschlaggebend sind.
- Eltern und Kinder, die im Aushandlungsprozess Unterstützung wünschen, müssen Zugang zu einem Rechtsbeistand haben, oder sich Unterstützung von einer anderen Vertrauensperson ihrer Wahl holen können.

Diese Vorschläge zielen darauf ab, die deliberativen Momente in Kindesschutzverfahren zu stärken. Die Entscheidungskompetenz liegt bei der Kindesschutzbehörde und die Kindeswohlnorm als solche steht nicht zur Disposition. Gegenstand der Aushandlung sind das *Wie* der Sicherung des Kindeswohls in der jeweiligen Familienkonstellation und damit immer auch die Auslegung der Kindeswohlnorm auf den Fall. Ein erwünschter Effekt der Schaffung einer Aushandlungssituation ist, dass die von der Entscheidung Betroffenen mehr Gelegenheiten erhalten, die Bezugsnorm und die Logik, die einem Entscheid der Kindesschutzbehörde zugrunde liegen, nachvollziehen zu können. Ein weiterer erwünschter Effekt ist, dass sie angeregt werden, darüber nachzudenken, wie sie die Norm erfüllen können und inwieweit sie dazu bereit und dazu in der Lage sind. Im besten Fall entwickeln sie Ideen dazu, wie sie das Kindeswohl sichern und gleichzeitig die Autonomie der Familie wahren können; oder es werden ihnen entsprechende Möglichkeiten aufgezeigt und sie können dazu Stellung nehmen und artikulieren, inwieweit sie bereit sind, sich auf Veränderungen einzulassen und geeignete Schritte umzusetzen. Ein dritter erwünschter Effekt ist somit, dass die Legitimität des Eingriffs der Kindesschutzbehörde in die Grundrechte der Eltern und des Kindes erhöht wird, weil deutlicher hervortritt, inwieweit die Voraussetzungen der fehlenden Bereitschaft oder Möglichkeit der Eltern, die Kindeswohlgefährdung abzuwenden, vorliegen oder nicht. Die Einführung eines deliberativen Moments stärkt die Partizipation, erhöht die Wahrscheinlichkeit, dass das Kindesschutzverfahren als fair wahrgenommen wird und verringert das Risiko ungerechtfertigter Einschränkungen der Autonomie und vermeidbarer Verletzungen der Integrität.

5.2.4 Nachvollziehbare Entscheide: Kindesschutzbehörden übernehmen Verantwortung dafür, dass Kinder und Eltern Behördenentscheide nachvollziehen und ihre Begründungen verstehen können

Die rechts- und sozialwissenschaftliche Fachliteratur wird nicht müde zu betonen, dass «Kindeswohl» ein abstrakter und unbestimmter Rechtsbegriff sei, der reflexiv und mit Blick auf spezifische Kontexte auszulegen ist (stellvertretend für viele: Gerber 2021, S. 47 ff.). Was das Kindeswohl und die Abwendung seiner Gefährdung in Bezug auf eine bestimmte Familienkonstellation und Generationsbeziehung bedeutet, ist Auslegungssache. Universelle Werte und Normen müssen auf konkrete Lebenspraxen angewendet werden, über die unvollständige (und häufig auch widersprüchliche) Informationen vorliegen. Entscheidungen von Kindesschutzbehörden stehen somit prinzipiell im Spannungsfeld von Ermessen einerseits und den formalen Ansprüchen an die gleiche und überprüfbare Anwendung des Rechts andererseits: «accountability entails essentially the obligation to *justify*» (Molander et al. 2012, S. 214; H. i. O.). Bei Ermessensentscheidungen mit Rechtswirkung und weitreichenden Folgen für Biografien, Generationenbeziehungen und Familienautonomie gelten daher erhöhte Anforderungen an Überprüfbarkeit und Nachvollziehbarkeit. Der strukturelle Ort, an dem diese Anforderungen eingelöst werden, ist die Entscheidbegründung. Entscheide von Kindesschutzbehörden «sollen (gut) verständlich sein, und zwar für alle Adressatengruppen, auch für jene aus tiefen Bildungsschichten oder mit wenig Deutschkenntnissen. Eine gut verständliche Begründung ist wichtig, damit die betroffenen Personen den Entscheid nachvollziehen, im Idealfall akzeptieren oder gegebenenfalls sachgerecht anfechten können» (KOKES 2017, S. 425). Diese Maximen scheinen gegenwärtig noch nicht überall hinreichend beachtet zu werden.

Wie bereits oben erwähnt, zeigen die Ergebnisse unserer Studie, dass Eltern und Kinder die Entscheide der Kindesschutzbehörde oft nicht nachvollziehen können. Die im Rahmen der quantitativen Teilstudie befragten Eltern und Kinder waren mehrheitlich der Meinung, dass ihre Sichtweisen bei der Entscheidungsfindung wenig berücksichtigt wurden; zwei Drittel äusserten die Ansicht, dass ihre Vorschläge nicht einbezogen wurden (Kapitel 3.3.2). Nur ein sehr kleiner Teil der befragten Kinder stimmte der Aussage zu, dass ihre Äusserungen einen Einfluss auf die Entscheidungen der Kindesschutzbehörde hatten (ebd.). Diese Befunde lassen sich dahingehend interpretieren, dass es für viele Kinder und Eltern unklar blieb, wie die von ihnen im Verfahren geäusserten Meinungen und Sichtweisen von der Kindesschutzbehörde verstanden und verarbeitet wurden und wie sie sich auf den Entscheid auswirkten (Schoch et al. 2023; Kapitel 3.3.1). Vieles deutet darauf hin, dass diese Umstände dazu beitrugen, dass viele Eltern und Kinder die Verfahren als marginalisierend und integritätsverletzend erlebten (Kapitel 3.3.2). Vor diesem Hintergrund lässt sich argumentieren, dass in der Weiterentwicklung von Entscheiden ein erhebliches Potenzial zur Verbesserung ihrer Nachvollziehbarkeit und zur Vermeidung von Verletzungen der Integrität liegt. Im Folgenden werden Merkmale von Entscheiden benannt, die geeignet sind, diesem Entwicklungsbedarf zu entsprechen.

- Es ist gewährleistet, dass in Entscheiden für die betroffenen Personen (Eltern, Kinder, gegebenenfalls weitere Betroffene) nachvollziehbar dargelegt wird, durch welche Bedingungen, Praktiken und Umstände und in welcher Hinsicht das Kindeswohl gefährdet ist.
- Es ist gewährleistet, dass in Entscheiden für die betroffenen Personen nachvollziehbar dargelegt wird, inwieweit eine durch die Behörde angeordnete Massnahme zur Abwendung der Gefährdung geeignet, notwendig und verhältnismässig sind. Dies impliziert, dass ausgeführt wird, welche Wirkungen auf das Wohl des Kindes von der Massnahme erwartet werden und inwieweit alternative Vorgehensweisen bzw. Massnahmen weniger gut geeignet sind (Wirksamkeit, Verhältnismässigkeit, Komplementarität, Subsidiarität).
- Es ist gewährleistet, dass die Betroffenen nachvollziehen können, wie ihre im Verfahren geäusserten Meinungen, Sichtweisen und Vorschläge zur Problemlösung in die Überlegungen der Kindesschutzbehörde eingeflossen sind und wie sie bei der Entscheidfindung berücksichtigt wurden.
- In Fällen, in denen Kind und/oder Eltern eigene Vorschläge zur Abwendung der Gefährdung des Kindeswohls in das Verfahren eingebracht haben und die Behörde diesen Vorschlägen nicht oder nur teilweise folgt, geht die Entscheidbegründung explizit auf diese Vorschläge ein und legt dar, weshalb die Behörde diesen Vorschlägen nicht oder nur teilweise gefolgt ist. Der Entscheid wird schriftlich mitgeteilt, aber es wird sichergestellt, dass die Betroffenen niederschwellig weitere schriftliche oder mündliche Erläuterungen zu seinem Inhalt erhalten können.
- Es ist gewährleistet, dass Betroffene verstehen, wie sie ihr Beschwerderecht gegen den Entscheid ausüben können und welche Unterstützung, insbesondere durch einen Rechtsbeistand, sie dabei erhalten können.

5.3 Fazit

Die Reform des ZGB von 2013 hat die Professionalisierung der Kindesschutzbehörden befördert. Sie hat zu einer markanten Stärkung der formalrechtlichen Merkmale ihrer Verfahren wie auch ihrer Entscheidungen beigetragen. Unter der Leitidee der Kindes- und Erwachsenenschutzbehörde als interdisziplinärer Fachbehörde hat die Reform dazu geführt, dass Behördenentscheidungen im Kindesschutz nicht mehr ohne juristische Expertise und Fachkompetenz getroffen werden. Die Reform von 2013 hat erreicht, dass die Entscheidbehörden im Kindesschutzsystem der Schweiz signifikant stärker als zuvor zur Einhaltung rechtsstaatlicher Verfahrensgrundsätze verpflichtet sind. Für Kinder wie Eltern bedeutet dies gegenüber den vorausgehenden Entwicklungsstufen, die keinen zureichenden Schutz vor Willkür boten, einen deutlichen Zugewinn an Rechtssicherheit im Verfahren. Gemessen an der Berücksichtigung grundlegender Prinzipien der Rechtsstaatlichkeit (Begründetheit und Überprüfbarkeit von Entscheidungen; Verfahrenssicherheit und Schutz vor staatlicher Willkür; Gewährung des rechtlichen Gehörs) hat sich die Qualität der Entscheidungen über Kindesschutzmassnahmen verbessert. In formaler Hinsicht wurde eine Verbesserung der Entscheidqualität erreicht. Dennoch zeigen die Ergebnisse der vorliegenden Studie, dass auf der Ebene der Entscheid- wie der Verfahrensqualität noch weitere Anstrengungen unternommen werden müssen, um Eltern und Kinder vor Integritätsverletzungen zu schützen. Zu diesem Zweck können die hier vorgeschlagenen Elemente guter Kindesschutzverfahren weiterführend sein. Konzepte und Methoden allein reichen jedoch nicht aus. Kindesschutzbehörden müssen mit den Ressourcen ausgestattet werden, die erforderlich sind, diese und andere Konzepte und Vorgehensweisen umzusetzen: Ressourcen für aufgabenadäquate Personalschlüssel, Entwicklung und Weiterbildung und damit ausreichend Zeit für Klärungen, Aushandlungen und die Kommunikation von Entscheiden. Ein weiteres Entwicklungsfeld ist die rechtliche Regelung des Verfahrens. Aus diesem Grund wird im nachfolgenden Kapitel ein Entwurf zu einem neuen, einheitlichen Bundesgesetz für das Verfahren vor Kindesschutzbehörden vorgestellt, das sich auf die Ergebnisse der hier vorliegenden Studie stützt und das als geeignet erscheint, die von uns vorgeschlagenen Elemente guter Kindesschutzverfahren umzusetzen (Kapitel 6).

6. Entwurf eines Bundesgesetzes für das Verfahren vor den Kindesschutzbehörden[1]

Gaëlle Droz-Sauthier & Michelle Cottier

6.1 Ausgangslage: Ergebnisse des Projekts INTAPART

Im vorliegenden Kapitel wird der Entwurf eines neuen Gesetzes für ein schweizweit einheitliches Verfahren vor den Kindesschutzbehörden beschrieben. Mit diesem Vorschlag als Ergebnis der interdisziplinären Arbeit werden die Ergebnisse des Projekts INTAPART in Rechtsnormen umgesetzt.

Unser Gesetzesentwurf beruht auf den nachstehenden Feststellungen bzw. Ergebnissen des Projekts INTAPART:

Obwohl die Verfahrensrechte der Eltern und der Kinder vor allem infolge der Ratifizierung der Europäischen Menschenrechtskonvention (EMRK) und der UN-Kinderrechtskonvention (KRK) gestärkt wurden, ist der empirischen Studie zufolge die Beteiligung der Kinder in sie betreffenden Verfahren noch mit grossen Schwierigkeiten verbunden (Kapitel 3.3 und 4).

Die mangelnde Beteiligung der Kinder und der erschwerte Zugang zum Recht, über die ein Grossteil der Teilnehmer*innen der empirischen Studie berichtet, sind u. a. auf das aktuelle System der Gesetzgebung zurückzuführen. Die Verfahren vor den Kindesschutzbehörden unterliegen einer sehr komplexen rechtlichen Regelung, die den Zugang für die betroffenen Personen und für die Fachpersonen erschwert. Das Prozessrecht gleicht einerseits einem Flickenteppich: Es ist im Zivilgesetzbuch, in der Zivilprozessordnung, im kantonalen Privatrecht, im kantonalen Verwaltungsrecht usw. enthalten. Andererseits wurde es nicht für Kinder konzipiert und geschrieben: Die meisten im Kontext des Kindesschutzes anwendbaren Normen verweisen auf das analog anwendbare Recht im Erwachsenenschutz. Diese indirekte Wirkungsweise erschwert die Auslegung bzw. verhindert sogar die An-

1 Übersetzt aus dem Französischen von Adelheid Temnewo.

wendung der Vorschriften. Schliesslich wird die Tragweite der Kinderrechte durch den zu grossen Ermessensspielraum der Entscheidbehörden ungebührlich eingeschränkt (für Details Kapitel 3.1).

6.2 Quellen

Unser Gesetzesentwurf beruht zum Teil auf dem von Daniel Steck vorgeschlagenen Entwurf für ein Gesetz über das Verfahren, den er im Rahmen der gesetzgeberischen Arbeiten zum neuen, am 1. Januar 2013 in Kraft getretenen Kindes- und Erwachsenenschutzrechts entwickelt hat (Steck 2003). Allerdings wurde der Entwurf damals nicht weiter verfolgt (Botschaft Erwachsenenschutz 2006, S. 7011). Heute müssen die Gesetzesarbeiten zur Umsetzung der Grundrechte der betroffenen Kinder und Eltern zwingend wieder aufgenommen werden, um ein Gesetz für ein schweizweit einheitliches Verfahren vor den Kindesschutzbehörden zu verabschieden (s. in diesem Sinn auch Kofmel Ehrenzeller 2023; Gerber 2021, N 52).

Unser Entwurf beschränkt sich auf das Verfahren vor der Kindesschutzbehörde, das sich deutlich vom Verfahren im Erwachsenenschutz unterscheidet. Einige Vorschriften wurden unverändert aus dem Entwurf von Steck übernommen. Der Entwurf wurde, gestützt auf die Ergebnisse der INTAPART-Studie, angepasst und ergänzt, um die Grundsätze der kindgerechten Justiz besser zu berücksichtigen.

Die Ergebnisse der rechtlichen Analyse beruhen weitgehend auf der UN-Kinderrechtskonvention (KRK) und der Literatur zu ihrer Auslegung und Umsetzung. Bei der Ausarbeitung des Gesetzesentwurfs wurden hauptsächlich die folgenden Quellen im Bereich Kinderrechte herangezogen:

- Allgemeine Bemerkungen des UN-Kinderrechtsausschusses (v. a. AB Nr. 12 zum Recht des Kindes, gehört zu werden, von 2009);
- Abschliessende Bemerkungen des UN-Kinderrechtsausschusses für die Schweiz;
- Gesetzgebung und Rechtsliteratur anderer KRK-Unterzeichnerstaaten mit innovativen Lösungen (Schottland, Irland, Neuseeland, Norwegen, Kanada und Belgien);
- Leitlinien des Ministerkomitees des Europarates für eine kindgerechte Justiz von 2010, ausgehend von der KRK;

- Europäische Konvention über die Ausübung der Rechte des Kindes vom 25. Januar 1996.

Die schweizerischen Rechtsquellen bildeten ebenfalls eine wichtige Grundlage des Entwurfs. Berücksichtigt wurden insbesondere:

- die Bundesverfassung der Schweizerischen Eidgenossenschaft;
- die im Verfahren vor den KESB anwendbaren, im Schweizerischen Zivilgesetzbuch enthaltenen Verfahrensvorschriften;
- die Schweizerische Zivilprozessordnung;
- die Rechtsprechung des Bundesgerichts;
- die schweizerische Rechtsliteratur;
- die Empfehlungen der Konferenz für Kindes- und Erwachsenenschutz (KOKES).

Die Fülle der gesammelten Informationen hat es uns ermöglicht, ein Schweizer Recht für das Kind zu entwerfen, das so gestaltet ist, dass es seinen Bedürfnissen entspricht. Wir hoffen, dass dieser Entwurf zur Stärkung der Rechte von Kindern und Eltern in den Verfahren vor den Kindesschutzbehörden beiträgt, gleichzeitig jedoch den notwendigen Handlungsspielraum der Behörden wahrt.

6.3 Inhalt des Gesetzesentwurfs

Unser Gesetzesentwurf umfasst fünf Kapitel:

- 1. Kapitel: Geltungsbereich
- 2. Kapitel: Grundsätze
- 3. Kapitel: Zuständigkeit und Ausstand
- 4. Kapitel: Verfahren
- 5. Kapitel: Rechtsmittel und Beanstandungsverfahren

Das *1. Kapitel* des Entwurfs enthält einen einzigen Artikel mit der Definition des Geltungsbereichs des Gesetzes.

Das *2. Kapitel* des Entwurfs umfasst die allgemeinen Leitgrundsätze der Arbeit der Kindesschutzbehörden, die den Rahmen ihrer Interventionen bilden. Dazu wurden die Begriffe Autonomie, Partizipation, Integrität/Würde, übergeordnetes Interesse/Wohl des Kindes, Verhältnismässigkeit, Zugänglichkeit, Gleichstellung/Diskriminierungsverbot und Ausbildung der Fachpersonen definiert.

Das *3. Kapitel* enthält Vorschriften zu Zuständigkeit und Ausstand (aus dem Entwurf von Steck übernommen).

Das *4. Kapitel* bildet das eigentliche Herzstück des Entwurfs. Darin werden die Rechte und Pflichten der Parteien im Verfahren behandelt. Zudem werden die Personen definiert, die gegebenenfalls Parteistellung besitzen. Der Entwurf sieht ausdrücklich vor, dass direkt vom Verfahren betroffene Kinder und ihre Eltern über die Parteistellung und alle damit verbundenen Rechte verfügen. Kapitel 4 enthält zudem eine genauere und verbindliche Regelung zur Gewährleistung der Partizipation von Kindern und Eltern, eine Verbesserung des Rechts auf Vertretung im Verfahren und die Möglichkeit, von einem «Peer» begleitet zu werden. Zur Gewährleistung der Qualität der Fallführung sind ebenfalls Normen vorgesehen, insbesondere Regeln zur Aktenerstellung. Zudem soll für die Kindesschutzbehörden die Pflicht gelten, bestimmte Entscheide, im Besonderen zur Platzierung von Kindern (Entzug des Aufenthaltsbestimmungsrechts und Entzug der elterlichen Sorge) anonymisiert zu veröffentlichen, um die Transparenz der eingriffsintensivsten Entscheidungen zu verbessern und das Vertrauen der Bürger*innen zu erhöhen.

Das Verfahren ist in zwei getrennte Etappen gegliedert:

Erste Etappe
Das Verfahren wird durch die Meldung bei der Behörde eröffnet. Bei Eingang der Meldung führt die Behörde eine Vorabklärung durch und bestimmt, ob das Verfahren gegebenenfalls weiterzuführen ist. Falls ja, lädt sie das Kind umgehend zu einer ersten Begegnung ein. Ziel ist, dem Kind das Verfahren selbst, den Ablauf, die Rolle, die Herausforderungen und seine Rechte zu erklären. Dabei fragt die Behörde, ob und gegebenenfalls in welcher Form das Kind sich am Verfahren beteiligen möchte. Für ein nicht urteilsfähiges Kind ernennt die Behörde umgehend eine*n Vertreter*in. Die Äusserungen des Kindes werden in einem Protokoll festgehalten, dessen Inhalt mit ihm besprochen wird und ausser in Ausnahmefällen allen Verfahrensbeteiligten zugänglich ist. Das Kind wird während des ganzen Verfahrens über den Ablauf informiert, und ihm werden Erläuterungen im

gewählten Kommunikationsmittel gegeben. Insbesondere wird ihm erklärt, wie seine Meinung berücksichtigt wird bzw. weshalb die Behörde eventuell davon abweicht.

Die Vorschriften zur Vertretung des Kindes wurden erweitert. Eine vertretende Person wird auf Wunsch des Kindes sowie in jedem Fall bei Fremdunterbringung und Entzug der elterlichen Sorge ernannt. Diese Person verfolgt ihren Auftrag nach Verfahrensabschluss so lange weiter, wie die Massnahme dauert. Kindesvertreter*innen verfügen über eine angemessene Ausbildung. Dabei spielen sie unterschiedliche Rollen: Sie fungieren als Sprachrohr für das Kind, legen seine Situation offen oder vermitteln beispielsweise bei elterlichen Konflikten im Interesse des Kindes. Sie müssen das Kind in jedem Fall informieren und orientieren, damit es sich tatsächlich am Verfahren beteiligen kann[2]. Für die entsprechenden Kosten kommt der Staat auf.

Gleichzeitig kann das Kind von einem «Peer» (gleich welchen Alters) begleitet werden, der jedoch keine Rechte besitzt.

Auch die Eltern können vertreten und/oder von einem «Peer» begleitet werden. In diesem Fall handelt es sich um Personen, die Ähnliches erlebt haben und den Eltern im Verfahren beistehen können. Insbesondere können sie die Eltern moralisch unterstützen, ihnen bei Behördengängen helfen und sie diskret beraten. Diese Personen müssen Mitglieder eines Vereins sein; die entsprechenden Formalitäten sind in einer Verordnung zu klären. Diese Vorschriften orientieren sich an ausländischen Modellen, v. a. in Neuseeland (Droz-Sauthier 2024, S. 140 ff.).

Zweite Etappe

Nach den ersten Anhörungen und der Ermittlung des Sachverhalts informiert die Behörde die Parteien über den Abschluss der Instruktion, gibt die Ergebnisse in angemessener Form bekannt und erteilt ihnen Gelegenheit zur Stellungnahme. Zudem legt sie ihnen den Entwurf des Entscheids vor und fordert sie auf, sich dazu zu äussern. Schliesslich informiert sie die Parteien über die Möglichkeit, von der Kollegialbehörde mündlich angehört zu werden.

2 Bei der Entwicklung dieses Teils des Entwurfs orientierten wir uns am dreidimensionalen Handlungsmodell von Heike Schulze (2008).

Danach wird der Entscheid erlassen. Im Entscheid muss insbesondere die Begründung klar angegeben sein und erklärt werden, wie die Ansichten und Meinungen des Kindes berücksichtigt wurden. Entscheide zum Entzug des Rechts, den Aufenthaltsort des Kindes zu bestimmen, und zum Entzug der elterlichen Sorge werden in anonymisierter Form veröffentlicht.

Der Entscheid wird den Eltern mitgeteilt. Dies kann mündlich während der zweiten Anhörung oder per Post bzw. elektronisch erfolgen. Die Parteien können bei der Behörde ein Telefonat oder ein Gespräch zur Erklärung des Entscheids und seiner Folgen beantragen.

Das *5. Kapitel* des vorliegenden Entwurfs ist den Rechtsmitteln und dem neuen Beanstandungsverfahren gewidmet. Der Entscheid ist mit Beschwerde anfechtbar. Anders als heute muss die Beschwerde nicht begründet werden, damit auch besonders vulnerable Personen Zugang zur Beschwerdebehörde haben.

Zudem ist ein Nationales Kindesschutzbüro (NKSB) vorgesehen, das insbesondere den Auftrag hat, Beanstandungen von Kindern, Jugendlichen und Eltern entgegenzunehmen und zu bearbeiten. Das Verfahren ist unentgeltlich und der Antrag muss nicht begründet werden. Die Ergebnisse der Beanstandung können gegebenenfalls den betreffenden staatlichen Stellen und dem dafür verantwortlichen Regierungsmitglied mitgeteilt und im Amtsblatt veröffentlicht werden. Als Vorlage bei der Erarbeitung der Vorschriften dienten v. a. die Empfehlungen des Netzwerks Kinderrechte Schweiz in dessen Stellungnahme zur Motion 19.3633 «Ombudsstelle für Kinderrechte» von Ständerat Ruedi Noser.

Entwurf eines Bundesgesetzes über das Verfahren vor den Kindesschutzbehörden

1. Kapitel Geltungsbereich

Art. 1

Dieses Gesetz regelt das Verfahren vor den Kindesschutzbehörden im Sinne des Schweizerischen Zivilgesetzbuchs.

2. Kapitel Grundsätze

A. Autonomie

Art. 2

[1] Die Autonomie der Kinder und der Eltern wird in den Kindesschutzverfahren im Rahmen des Gesetzes gewährleistet.

[2] Die Autonomie wird verstanden als Freiheit, eigene Prioritäten geltend zu machen und Entscheide, die die Person betreffen, selbst zu fassen oder zumindest das Gefühl zu haben, dass die eigenen Beiträge berücksichtigt werden. In der Autonomie in diesem Sinne äussert sich der Grundsatz der Selbstbestimmung der Person.

B. Partizipation

Art. 3

[1] Die Partizipation der Kinder und der Eltern in den Verfahren vor den Kindesschutzbehörden ist gewährleistet.

[2] Sie ist im Fall der Anwendung von alternativen Konfliktbeilegungsmethoden ebenfalls gewährleistet.

[3] Der Begriff der Partizipation bezeichnet Verfahren, Vorgehen oder Versuche mit dem Ziel, Personen in der sie betreffenden Entscheidungsfindung eine Rolle zuzuweisen.

[4] Das Recht jedes Kindes, über seine Rechte informiert zu werden, einen angemessenen Zugang zu den Gerichten zu haben und in den es direkt oder indirekt betreffenden Verfahren befragt oder gehört zu werden, muss geach-

tet werden. Dazu gehört die Berücksichtigung der objektiven und subjektiven Meinung des Kindes in Anbetracht seiner Reife und allfälliger Kommunikationsschwierigkeiten, um eine sinnvolle Beteiligung zu gewährleisten.

5 Kinder werden als vollwertige Träger von Rechten betrachtet und behandelt und müssen ermächtigt werden, diese so wahrzunehmen, dass ihre Fähigkeit zur eigenen Meinungsbildung anerkannt und die besonderen Umstände ihrer Situation berücksichtigt werden.

C. Integrität und Würde

Art. 4

1 Die körperliche und geistige Würde jeder Person ist vor den Kindesschutzbehörden gewährleistet.

2 Von einem Kindesschutzverfahren betroffene Personen werden während des ganzen Verfahrens mit Aufmerksamkeit, Wohlwollen, Sensibilität, Fairness und Respekt behandelt. Ihren persönlichen Verhältnissen, ihrem Wohlergehen und ihren spezifischen Bedürfnissen ist dabei unter umfassender Achtung ihrer körperlichen und psychischen Integrität besondere Aufmerksamkeit zu schenken.

D. Übergeordnetes Kindesinteresse und Kindeswohl

Art. 5

1 Das übergeordnete Kindesinteresse im Sinne von Art. 3 KRK[3] hat in allen es direkt oder indirekt betreffenden Verfahren Vorrang vor allen anderen Erwägungen. Dazu obliegt der Kindesschutzbehörde:

a. die Bewertung der persönlichen Verhältnisse des Kindes;
b. die Suche nach allen möglichen Lösungen für die jeweilige Frage;
c. die Auswahl der für das Kind günstigsten Massnahme oder Lösung, nachdem ihm und seinen Eltern die verschiedenen Alternativen vorgestellt wurden.

3 Übereinkommen über die Rechte des Kindes, SR 0.107.

[2] Das Kindeswohl umfasst mindestens die acht folgenden Aspekte:

a. Bedürfnis nach liebevollen und tragfähigen Beziehungen;
b. Bedürfnis nach körperlichem Schutz, Sicherheit und einem Rahmen;
c. Bedürfnis nach an die individuellen Unterschiede angepassten Erfahrungen;
d. Bedürfnis nach an die Entwicklung angepassten Erfahrungen;
e. Bedürfnis nach Grenzen, Strukturen und Vorhersehbarkeit;
f. Bedürfnis nach einer tragfähigen Gemeinschaft und nach deren Unterstützung und Kultur;
g. Bedürfnis nach Schutz und nach Vorbereitung auf die Zukunft;
h. Bedürfnis nach Teilhabe.

[3] Bei der Bewertung des übergeordneten Interesses und Wohls des direkt oder indirekt betroffenen Kindes:

a. werden seine Standpunkte und Meinungen angemessen berücksichtigt;
b. werden alle anderen Rechte, wie das Recht auf Würde, Freiheit und Gleichbehandlung, unter allen Umständen geachtet;
c. wird ein ganzheitlicher Ansatz verfolgt, um alle vorliegenden Interessen, insbesondere das psychische und körperliche Wohlergehen, und die rechtlichen, sozialen und wirtschaftlichen Interessen des Kindes gebührend zu berücksichtigen.

E. Verhältnismässigkeit

Art. 6

Die Einschränkung eines Grundrechts im Rahmen eines Kindesschutzverfahrens muss zur Erreichung des verfolgten Ziels geeignet sein (Geeignetheit), das durch eine weniger einschneidende Massnahme nicht zu erreichen ist (Notwendigkeit); überdies müssen die Auswirkungen der Massnahme auf die Situation der betroffenen Person und das erwartete Ergebnis aus Sicht des Gemeinwohls in einem vernünftigen Verhältnis stehen.

F. Zugänglichkeit

Art. 7

[1] Die im Bundes- und Kantonsrecht vorgesehene Zugänglichkeit des Kindesschutzsystems ist gewährleistet.

[2] Zugänglichkeit wird definiert als Möglichkeit aller, Zugang zum Kindesschutzsystem zu haben. Die betroffenen Behörden müssen das umsetzen, was vernünftigerweise von ihnen erwartet werden kann, um das Verständnis und die Interaktion aller Nutzenden zu erleichtern.

[3] Die Partizipation der Kinder und Eltern wird durch die Behörde erleichtert, die dazu insbesondere eine angepasste und angemessene Sprache verwendet.

[4] Das Verfahren muss möglichst wenig einschüchternd sein.

G. Gleichbehandlung und Diskriminierungsverbot

Art. 8

[1] Die Gleichbehandlung vor den Kindesschutzbehörden ist gewährleistet.

[2] Niemand darf diskriminiert werden, namentlich nicht wegen des Alters, der Herkunft, der Rasse, des Geschlechts, der Sprache, der sozialen Stellung, der Lebensform, der religiösen, weltanschaulichen oder politischen Überzeugung oder wegen einer körperlichen, geistigen oder psychischen Behinderung.

[3] Die Kantone ergreifen Massnahmen zur Beseitigung von Benachteiligungen von Personen mit Behinderung im Rahmen des Kindesschutzverfahrens.

H. Ausbildung der Fachpersonen

Art. 9

[1] Alle Fachpersonen, die ungeachtet des Tätigkeitsbereichs Kontakt zu Kindern haben, werden für die Rechte und den Schutz des Kindes generell geschult.

[2] Sie erhalten eine Erstausbildung sowie relevante Weiter- und Zertifikatsausbildungen.

[3] Die betroffenen Fachpersonen werden in Interdisziplinarität geschult.

[4] Die Kantone haben den Auftrag, den Fachpersonen systematische und relevante Ausbildungen anzubieten.

3. Kapitel Zuständigkeit und Ausstand

1. Abschnitt Allgemeine Bestimmungen zur Zuständigkeit

A. Prüfung der Zuständigkeit; Überweisung an die zuständige Behörde

Art. 10

[1] Die Kindesschutzbehörde prüft ihre Zuständigkeit von Amtes wegen.

[2] Hat sie Zweifel an ihrer Zuständigkeit, so pflegt sie einen Meinungsaustausch mit der Behörde, deren Zuständigkeit infrage kommt.

[3] Hält sie sich für unzuständig, so überweist sie die Sache ohne Verzug der Behörde, die sie als zuständig erachtet. Diese pflegt einen Meinungsaustausch mit der überweisenden Behörde, falls sie sich ihrerseits für unzuständig hält.

B. Kompetenzkonflikt zwischen Partei und Behörde

Art. 11

[1] Die Kindesschutzbehörde, die sich als zuständig erachtet, kann einen Zwischenentscheid erlassen, wenn ihre Zuständigkeit bestritten wird. Dieser Entscheid kann binnen zehn Tagen seit Mitteilung mit Beschwerde angefochten werden.

[2] Hält sich die Behörde im Gegensatz zu dem Vorbringen einer Partei für unzuständig und scheidet eine Überweisung der Angelegenheit aus, so tritt sie auf die Sache nicht ein.

C. Kompetenzkonflikt zwischen Behörden

Art. 12

Wird im Rahmen des Meinungsaustauschs keine Einigung erzielt, so leitet die Behörde, bei der das Verfahren zuerst hängig geworden ist, die Sache an die gerichtliche Beschwerdeinstanz weiter. Diese entscheidet nach Anhörung der beteiligten Behörden.

2. Abschnitt Örtliche Zuständigkeit

A. Ordentliche Zuständigkeit

Art. 13

[1] Zuständig für Entscheidungen in Kindesschutzangelegenheiten ist die Kindesschutzbehörde am Wohnsitz des Kindes.

[2] Lebt das Kind bei Pflegeeltern oder sonst ausserhalb der häuslichen Gemeinschaft der Eltern, so ist auch die Behörde am Ort zuständig, wo sich das Kind aufhält.

[3] Trifft die Behörde am Aufenthaltsort eine Massnahme, so benachrichtigt sie die Wohnsitzbehörde.

B. Ausserordentliche Zuständigkeit

Art. 14

1 Liegt Gefahr im Verzug, so ist auch die Kindesschutzbehörde am Ort zuständig, wo sich das Kind aufhält.

2 Trifft diese Behörde eine Massnahme, so informiert sie unverzüglich die ordentlich zuständige Behörde, die über das weitere Vorgehen entscheidet.

C. Wechsel des Wohnsitzes oder des Aufenthaltsorts

Art. 15

1 Wechselt die Person, für die eine Massnahme besteht, ihren Wohnsitz oder ihren Aufenthaltsort, so wird die Zuständigkeit für den Vollzug der Massnahme auf die Kindesschutzbehörde des neuen Wohnsitzes oder Aufenthaltsorts übertragen, sofern nicht ein wichtiger Grund dagegenspricht.

2 Die Behörde am neuen Ort hat die Massnahme ohne Verzug zu übernehmen, sofern nicht ein wichtiger Grund für einen späteren Zeitpunkt spricht. Besteht zwischen den Behörden keine Einigkeit, so findet Art. 10 Anwendung.

3 Bis zur tatsächlichen Übertragung der Zuständigkeit sind beide Behörden zuständig, um die notwendigen Anordnungen zu treffen.

D. Mehrfache Zuständigkeit

Art. 16

1 Sind gleichzeitig mehrere Kindesschutzbehörden zuständig und liegt nicht ein Fall von Art. 14 vor, so führt diejenige Behörde das Verfahren, bei der es zuerst hängig geworden ist.

2 Ist eine andere, ebenfalls zuständige Behörde besser geeignet, die erforderlichen Massnahmen zu treffen, so kann sie das Verfahren übernehmen.

3. Abschnitt Zuständigkeit in eherechtlichen Verfahren

A. Zuständigkeit des Gerichts

Art. 17

[1] Hat das Gericht, das für die Ehescheidung oder den Schutz der ehelichen Gemeinschaft zuständig ist, die Beziehungen der Eltern zu den Kindern zu gestalten, so trifft es auch die nötigen Kindesschutzmassnahmen und betraut die Kindesschutzbehörde mit dem Vollzug.

[2] Bestehende Kindesschutzmassnahmen können auch vom Gericht den neuen Verhältnissen angepasst werden.

[3] Die Kindesschutzbehörde bleibt jedoch befugt:

a. ein vor dem gerichtlichen Verfahren eingeleitetes Kindesschutzverfahren weiterzuführen;
b. die zum Schutz des Kindes sofort notwendigen Massnahmen anzuordnen, wenn sie das Gericht voraussichtlich nicht rechtzeitig treffen kann.

B. Abänderung gerichtlicher Anordnungen

Art. 18

[1] Zur Abänderung gerichtlicher Anordnungen über die Kindeszuteilung und den Kindesschutz ist das Gericht zuständig:

a. während des Scheidungsverfahrens;
b. im Verfahren zur Abänderung des Scheidungsurteils gemäss den Vorschriften über die Ehescheidung;
c. im Verfahren zur Änderung von Eheschutzmassnahmen; die Vorschriften über die Ehescheidung sind sinngemäss anwendbar.

[2] In den übrigen Fällen ist die Kindesschutzbehörde zuständig.

4. Abschnitt Zuständigkeit der Behörden und Ausstand

A. Organisation der Kindesschutzbehörden und Interdisziplinarität

I. Grundsatz und wesentliche Kompetenzen

Art. 19

1 Die Kindesschutzbehörde ist eine interdisziplinäre Behörde.

2 Der Vorsitz wird von einer Juristin oder einem Juristen geführt, die oder der auch die Anforderungen von Art. 9 erfüllt.

3 Die Kindesschutzbehörde trifft ihre Entscheide in einer Besetzung von mindestens drei Mitgliedern, darunter Fachpersonen der Bereiche Recht, Sozialarbeit und Pädagogik oder Psychologie.

4 Zur Organisation der Kindesschutzbehörde gehören Erzieherinnen und Erzieher sowie Sozialarbeiterinnen und Sozialarbeiter, die die Anforderungen von Art. 9 erfüllen. Sie werden auf Antrag der Kindesschutzbehörde während der Instruktion tätig.

Art. 20

1 In der Kindesschutzbehörde wird eine Kultur der Interdisziplinarität eingeführt.

2 Es werden regelmässige Intervisionen durchgeführt.

3 Es werden Supervisionen vorgeschlagen.

4 Ein von der Kindesschutzbehörde delegiertes Mitglied nimmt an den interinstitutionellen Netzwerken teil.

Art. 21

Die Kantone stellen den Kindesschutzbehörden die zur Erfüllung ihres Auftrags notwendigen Ressourcen zur Verfügung.

II. Mobilisierbare und delegierbare Kompetenzen

Art. 22

[1] Die Kantone gewährleisten den Kindesschutzbehörden jederzeit den Rückgriff auf fachliche Kenntnisse interner oder externer Dienste insbesondere in den Bereichen Recht, Sozialarbeit, Sozialwissenschaften, Vermögensverwaltung, Administration, Pädagogik, Psychologie, Medizin, Versicherungen, treuhänderische Aufgaben, Kinderpsychiatrie und Mediation.

[2] Die Kantone organisieren zudem die Ersatzmitglieder.

[3] Die Anforderungen von Art. 9 gelten auch für die Fachpersonen der internen und externen Dienste.

B. Zuständigkeit eines Behördenmitglieds

Art. 23

Die folgenden Handlungen fallen unter die Zuständigkeit eines einzelnen Mitglieds der Kindesschutzbehörde, ausser wenn sie nach kantonalem Recht unter die Zuständigkeit der Kollegialbehörde fallen:

a. Gewährung von Hilfe bei der Vollstreckung, sofern das kantonale Recht nicht eine andere Behörde als dafür zuständig erklärt (Art. 131 und 290 ZGB[4]);
b. Antrag auf Neuregelung der elterlichen Sorge beim Gericht, das die Scheidung ausspricht (Art. 134 Abs. 1 ZGB);
c. Genehmigung der Unterhaltsverträge bei Einigung der Eltern (Art. 134 Abs. 3 und 287 ZGB);
d. Genehmigung der Neuregelung der elterlichen Sorge bei Einigung der Eltern (Art. 134 Abs. 3 ZGB);
e. Antrag auf Anordnung einer Vertretung des Kindes in Kinderbelangen in familienrechtlichen Angelegenheiten (Art. 299 Abs. 2 Bst. b ZPO[5]);
f. Entgegennahme der Zustimmungserklärung der Eltern mit Blick auf die Adoption (Art. 265a Abs. 2 ZGB);

4 Schweizerisches Zivilgesetzbuch vom 10. Dezember 1907, SR 210.

5 Schweizerische Zivilprozessordnung vom 19. Dezember 2008, SR 272.

g. Übertragung der gemeinsamen elterlichen Sorge mit gemeinsamer Erklärung (Art. 298a Abs. 1 und 4 ZGB);
h. Genehmigung der Unterbringung eines Kindes bei Pflegeeltern und Ausübung der Aufsicht über bei Pflegeeltern untergebrachten Kindern, sofern das kantonale Recht dafür nicht eine andere Stelle als zuständig bezeichnet (Art. 316 Abs. 1 ZGB);
i. Anordnung der periodischen Rechnungsstellung und Berichterstattung über das Kindesvermögen (Art. 318 Abs. 3 und 322 Abs. 2 ZGB);
j. Entgegennahme eines Inventars über das Kindesvermögen nach Tod eines Elternteils (Art. 318 Abs. 2 ZGB);
k. Genehmigung der Anzehrung des Kindesvermögens (Art. 320 Abs. 2 ZGB);
l. Errichtung einer Beistandschaft in Vertretung des ungeborenen Kindes zur Wahrung seiner erbrechtlichen Interessen (Art. 544 Abs. 1bis ZGB).

C. Ausstand

Art. 24

Art. 47 bis 51 ZPO sind sinngemäss auf den Ausstand der Mitglieder der Kindesschutzbehörde sowie der Gerichtsbehörde anwendbar.

5. Abschnitt Interdisziplinäres Konsultationsangebot

Art. 25

Die Kantone stellen ein interdisziplinäres Konsultationsangebot für die verschiedenen Akteure des Kindesschutzes bereit.

4. Kapitel Verfahren

Art. 26

Die Bestimmungen des vorliegenden Kapitels sind auf alle Verfahrensphasen anwendbar, ausgenommen das Verfahren vor dem Bundesgericht.

1. Abschnitt Grundsätze und Verfahren im Allgemeinen

A. Am Verfahren beteiligte Personen

I. Parteistellung im Verfahren

Art. 27

[1] Das direkt vom Verfahren betroffene Kind hat unabhängig von seinem Alter Parteistellung.

[2] Seine Eltern haben Parteistellung.

[3] Seine Pflegeeltern haben ebenfalls Parteistellung.

II. Nahestehende Personen

Art. 28

Die vom Verfahren direkt berührten, dem Kind nahestehenden Personen können aus der Parteistellung fliessende Rechte geltend machen.

B. Mitwirkung

I. Mitwirkungspflicht

Art. 29

Die am Verfahren beteiligten Personen und Dritte sind zur Mitwirkung bei der Abklärung des Sachverhaltes verpflichtet. Die Kindesschutzbehörde trifft dabei die zur Wahrung schutzwürdiger Interessen erforderlichen Anordnungen. Im Bedarfsfall kann sie die zwangsweise Durchsetzung der Mitwirkungspflicht anordnen.

II. Verweigerung der Mitwirkung

Art. 30

Verweigern die Parteien oder Dritte die Mitwirkung, so kann die Kindesschutzbehörde unter Wahrung des Grundsatzes der Verhältnismässigkeit:

1. die zwangsweise Durchsetzung der Mitwirkungspflicht nach einer Verwarnung anordnen, ausser im Dringlichkeitsfall;
2. polizeiliche Hilfe in Anspruch nehmen;
3. eine Ordnungsbusse bis 5000 Franken anordnen.

III. Ausnahme von der Mitwirkungspflicht

Art. 31

[1] Nicht zur Mitwirkung verpflichtet sind:

1. Geistliche, Rechtsanwältinnen und Rechtsanwälte, Verteidigerinnen und Verteidiger sowie Ärztinnen und Ärzte (Art. 321 Ziff. 1 StGB[6]);
2. Mediatorinnen und Mediatoren.

[2] Ärztinnen und Ärzte sind zur Mitwirkung berechtigt, sofern sie selber nach Art. 321 Ziffer 2 StGB eine schriftliche Bewilligung der vorgesetzten Behörde eingeholt haben. Sie sind zur Mitwirkung verpflichtet, wenn die vorgesetzte Behörde sie auf Gesuch der Kindesschutzbehörde vom Berufsgeheimnis entbunden hat.

C. Beweiserhebung

Art. 32

Alle Verfahrensbeteiligten, einschliesslich der Kinder, haben das Recht, sich entweder selbstständig oder über ihre Vertreterin oder ihren Vertreter an der Beweiserhebung zu beteiligen.

D. Aktenführung

Art. 33

[1] Für jedes Verfahren wird eine Akte angelegt. Sämtliche Unterlagen mit rechtlicher Tragweite werden darin systematisch abgelegt.

[2] Die Präsidentin oder der Präsident der Kindesschutzbehörde entscheidet über das Recht auf Einsicht in die Akte, soweit nicht überwiegende Interessen entgegenstehen.

[3] Wird einer am Verfahren beteiligten Person die Einsichtnahme in einen Bestandteil der Akte verweigert, so wird auf diesen nur abgestellt, wenn ihr die Behörde von seinem für die Sache wesentlichen Inhalt mündlich oder schriftlich Kenntnis gegeben hat.

---

6 Schweizerisches Strafgesetzbuch vom 21. Dezember 1937, SR 311.0.

[4] Die Akten werden nur an Rechtsanwältinnen und Rechtsanwälte übergeben. Mangels Vertretung durch eine Rechtsanwältin oder einen Rechtsanwalt kann die Akte nötigenfalls unter Aufsicht in den Räumlichkeiten der Kindesschutzbehörde eingesehen werden.

[5] Die Akten werden unter Achtung des Kindes und seiner Eltern geführt.

[6] Sie müssen für die betroffenen Personen zugänglich und verständlich sein.

E. Kindeswohlabklärung

Art. 34

Die Behörde führt die Kindeswohlabklärung nach den Kriterien von Art. 5 des vorliegenden Gesetzes durch.

F. Verfahrensmaximen

Art. 35

[1] Die Kindesschutzbehörde erforscht den Sachverhalt von Amtes wegen.

[2] Sie zieht die erforderlichen Erkundigungen ein und erhebt die notwendigen Beweise. Sie kann eine geeignete Person oder Stelle mit Abklärungen beauftragen. Nötigenfalls ordnet sie das Gutachten einer sachverständigen Person an.

[3] Sie ist nicht an die Anträge der am Verfahren beteiligten Personen gebunden.

[4] Sie wendet das Recht von Amtes wegen an.

G. Amtshilfe

Art. 36

[1] Verwaltungsbehörden und Gerichte sind verpflichtet, notwendige Unterlagen herauszugeben, Amtsberichte zu erstatten und Auskünfte zu erteilen, soweit nicht schutzwürdige Interessen entgegenstehen.

[2] Die Behörden achten auf datenschutzrechtliche Aspekte und gewährleisten die Persönlichkeitsrechte der betroffenen Personen unter allen Umständen.

H. Beschleunigungsgrundsatz

Art. 37

[1] Die Behörde führt das Verfahren zügig durch.

[2] Es gibt keine Gerichtsferien.

I. Sistierung des Verfahrens

Art. 38

[1] Die Behörde kann das Verfahren sistieren, wenn die Zweckmässigkeit dies verlangt.

[2] Die Sistierungsverfügung ist mit Beschwerde anfechtbar.

J. Ausschluss der Öffentlichkeit

Art. 39

[1] Die Verhandlungen sind nicht öffentlich.

[2] Auf Antrag einer verfahrensbeteiligten Person ordnet die Behörde die Durchführung einer öffentlichen Verhandlung an, sofern nicht überwiegende Interessen entgegenstehen.

[3] Die Beratungen der Behörde finden unter Ausschluss der Verfahrensbeteiligten und der Öffentlichkeit statt.

K. Zustellungen

Art. 40

[1] Die Kindesschutzbehörde stellt den betroffenen Personen insbesondere zu:

a. Vorladungen;
b. Verfügungen und Entscheide;
c. Eingaben der Gegenpartei.

[2] Ist eine Partei vertreten, so erfolgt die Zustellung an die Vertretung.

L. Prozesskosten

Art. 41

Die Verfahren vor den Kindesschutzbehörden sind unentgeltlich.

M. Superprovisorische und vorsorgliche Massnahmen

Art. 42

[1] Die Kindesschutzbehörde ergreift von Amtes wegen oder auf Antrag einer am Verfahren beteiligten Person alle für die Dauer des Verfahrens notwendigen vorsorglichen Massnahmen. Sie kann insbesondere eine Kindesschutzmassnahme vorsorglich anordnen.

[2] Bei besonderer Dringlichkeit kann sie vorsorgliche Massnahmen sofort ohne Anhörung der am Verfahren beteiligten Personen treffen. Gleichzeitig gibt sie diesen Gelegenheit zur Stellungnahme; anschliessend entscheidet sie neu.

[3] Gegen Entscheide über vorsorgliche Massnahmen kann binnen zehn Tagen nach deren Mitteilung Beschwerde erhoben werden.

2. Abschnitt Eröffnung des Verfahrens

A. Meldung

I. Meldepflicht

Art. 43

[1] Folgende Personen, soweit sie nicht dem Berufsgeheimnis nach dem Strafgesetzbuch unterstehen, sind zur Meldung bei der Kindesschutzbehörde verpflichtet, wenn konkrete Hinweise bestehen, dass die körperliche, psychische oder sexuelle Integrität eines Kindes gefährdet ist und sie der Gefährdung nicht im Rahmen ihrer Tätigkeit Abhilfe schaffen können:

1. Fachpersonen aus den Bereichen Medizin, Psychologie, Pflege, Betreuung, Erziehung, Bildung, Sozialberatung, Religion und Sport, die bei der Ausübung ihrer beruflichen Tätigkeit regelmässig Kontakt zu Kindern haben;
2. wer in amtlicher Tätigkeit von einem solchen Fall erfährt.

[2] Die Meldepflicht an die Behörde erfüllt auch, wer die Meldung an die vorgesetzte Person richtet.

[3] Die Kantone können weitere Meldepflichten vorsehen.

II. Melderecht

Art. 44

[1] Jede Person kann der Kindesschutzbehörde Meldung erstatten, wenn die körperliche, psychische oder sexuelle Integrität eines Kindes gefährdet erscheint.

[2] Liegt eine Meldung im Interesse des Kindes, so sind auch Personen meldeberechtigt, die dem Berufsgeheimnis nach dem Strafgesetzbuch unterstehen. Diese Bestimmung gilt nicht für die nach dem Strafgesetzbuch an das Berufsgeheimnis gebundenen Hilfspersonen.

B. Rechtshängigkeit

Art. 45

[1] Das Verfahren vor der Kindes- und Erwachsenenschutzbehörde wird hängig:

1. mit Einreichung eines Gesuchs;
2. mit Eingang einer Meldung, die nicht offensichtlich unbegründet ist;
3. durch Anrufung der Behörde in den vom Zivilgesetzbuch bestimmten Fällen;
4. durch Eröffnung von Amtes wegen.

[2] Das Verfahren gilt als von Amtes wegen eröffnet, wenn die Kindesschutzbehörde den betroffenen Personen eine entsprechende Mitteilung macht oder andere Vorkehren bei Dritten trifft.

[3] Mit Eintritt der Rechtshängigkeit bleibt die Zuständigkeit bis zum Abschluss des Verfahrens erhalten.

C. Vorabklärungen

Art. 46

[1] Die Kindesschutzbehörde kann eines ihrer Mitglieder oder eine Mitarbeiterin oder einen Mitarbeiter mit Vorabklärungen beauftragen.

[2] Die beauftragte Person erstattet der Behörde über ihre Abklärungen einen kurzen Bericht; diese bestimmt, ob das Verfahren weiterzuführen oder einzustellen ist.

[3] Die Einstellung sowie die verschiedenen Alternativen sind den Verfahrensbeteiligten mitzuteilen, soweit nicht wichtige Gründe dagegensprechen.

[4] Dieser Entscheid kann binnen zehn Tagen seit Mitteilung mit Beschwerde bei der zuständigen Behörde angefochten werden.

3. Abschnitt Verfahren und Partizipation der Kinder und der Eltern

A. Eltern und andere Verfahrensbeteiligte

I. Anhörung

1. Einladung

Art. 47

[1] Die Eltern, die die elterliche Sorge innehaben, werden per Schreiben zu einer Anhörung eingeladen.

[2] Der Elternteil, der nicht Inhaberin oder Inhaber der elterlichen Sorge ist, wird ebenfalls zu einer Anhörung eingeladen.

[3] Der Gegenstand des Verfahrens und eine kurze, in angemessener Sprache verfasste Beschreibung zum Inhalt werden der Einladung beigefügt.

2. Anhörung

Art. 48

[1] Die Eltern und die anderen Verfahrensbeteiligten werden von einem Mitglied der Behörde oder von der Kollegialbehörde angehört.

[2] Das Mitglied der Behörde stellt den Gegenstand des Verfahrens vor. Es informiert sie über den Ablauf, ihre Rechte und die verschiedenen Alternativen.

[3] Es legt einvernehmlich mit ihnen fest, wie sie in das Verfahren einbezogen werden.

[4] Es informiert sie über die Beteiligung des Kindes.

3. Protokoll

Art. 49

[1] Die Anhörung wird ordnungsgemäss protokolliert.

[2] Die Verfahrensparteien haben Zugang zu diesen Informationen.

II. Vertretung

1. Allgemein

Art. 50

[1] Die Eltern können sich in den Verfahren vor den Kindesschutzbehörden von einer oder einem Bevollmächtigten ihrer Wahl vertreten lassen.

[2] In Verfahren über den Entzug des Rechts auf Bestimmung des Aufenthaltsorts des Kindes oder der elterlichen Sorge sind die Eltern notwendigerweise vertreten. Wenn sie keine Vertreterin oder keinen Vertreter ihrer Wahl bestellt haben, wird diese oder dieser von der Behörde von Amtes wegen bezeichnet. Die Vorschriften über die unentgeltliche Rechtsvertretung sind anwendbar.

2. Stellung der Vertretung

Art. 51

Die Vertreterinnen oder Vertreter müssen im Kindesschutzrecht geschult sein und/oder fundierte Erfahrungen in diesem Bereich nachweisen können.

3. Rolle

Art. 52

[1] Die Vertreterinnen oder Vertreter begleiten, unterstützen, informieren und vertreten die Eltern nötigenfalls im Rahmen des Verfahrens.

[2] Insbesondere erklären sie ihrer Mandantin oder ihrem Mandanten das Verfahren und die damit verbundenen Herausforderungen in klaren und angemessenen Worten.

[3] Sie arbeiten konstruktiv mit den beteiligten Parteien, deren Vertreterinnen und Vertretern und den Behörden zusammen.

[4] Falls nötig, schlagen sie der Kindesschutzbehörde vor, dem Kind eine Vertreterin oder einen Vertreter zu bestellen.

4. Prozesskosten

Art. 53

Für die Kosten der Vertretung kommt der Staat auf.

III. Begleitung durch «Peers»

1. Recht

Art. 54

[1] Die Eltern haben in allen Verfahren das Recht auf Begleitung durch einen «Peer». Diese Personen müssen Mitglieder eines Vereins sein; die entsprechenden Formalitäten sind in einer Verordnung zu klären.

[2] Die «Peers» sind nicht Verfahrensbeteiligte und haben keine diesbezüglichen Rechte.

[3] Sie haben keine Vertretungsbefugnis und können nicht direkt mit den Behörden interagieren.

[4] Die betroffene Behörde darf die Anwesenheit eines «Peers» nur unter aussergewöhnlichen Umständen und aus objektiven Gründen verweigern. Gegebenenfalls ist ein begründeter und mit Beschwerde anfechtbarer Entscheid zu erlassen.

2. Rolle

Art. 55

[1] Der «Peer» kann:

1. den Verfahrensbeteiligten während des Verfahrens moralische Unterstützung leisten;
2. schriftliche Aufzeichnungen machen;
3. die Personen bei administrativen Formalitäten, z. B. der Vorlage von Dokumenten, unterstützen;
4. die betroffenen Personen zu allen Verfahrensaspekten diskret beraten.

[2] Die Behörde kann ihm weitere Befugnisse zuweisen.

3. Stellung

Art. 56

Ein «Peer» kann jede Person sein, die persönliche Erfahrung im betreffenden Bereich vorweisen kann.

B. Kinder

I. Erste Begegnung

1. Grundsatz

i. Kind, das fähig ist, sich eine eigene Meinung zu bilden

Art. 57

[1] Entscheidet die Kindesschutzbehörde nach der Vorabklärung und nach Anhörung der Eltern, das Verfahren weiterzuführen, so lädt ein Mitglied der Behörde das Kind zu einer Begegnung ein. Das Mitglied der Behörde erklärt dem Kind die Familiensituation, das Verfahren selbst, den Ablauf und die Herausforderungen. Das Mitglied der Behörde informiert das Kind auch über seine Rechte.

[2] Nach der Erklärung der verschiedenen Kommunikationsmittel zur Einbeziehung in das Verfahren fragt das Mitglied der Behörde, ob und gegebenenfalls in welcher Form das Kind sich am Verfahren beteiligen und seine Ansichten und Meinungen äussern möchte. Die Partizipation darf dem Kind in keinem Fall schaden.

[3] Das Mitglied der Behörde händigt dem Kind eine erläuternde Zusammenfassung des Verfahrensablaufs und seiner Rechte in einer dem Alter des Kindes angepassten Sprache aus.

[4] Das Kind kann die Beteiligung ablehnen. Falls es zustimmt, gibt ihm die Behörde Gelegenheit, sich zur Meldung zu äussern. Das Mitglied informiert das Kind, dass es jederzeit seine Meinung ändern kann.

[5] Das Kind muss in jedem Fall in seiner Integrität und Autonomie geachtet werden.

[6] Der Bundesrat legt in einer Verordnung die technischen Mittel für die Partizipation des Kindes fest.

ii. Kind, das offensichtlich nicht fähig ist, sich eine eigene Meinung zu bilden

Art. 58

Ist das Kind offensichtlich nicht fähig, zu verstehen und sich eine eigene Meinung zu bilden, muss ihm unabhängig von seinem Alter ohne Verzug eine Vertreterin oder ein Vertreter im Sinne von Art. 64 bestellt werden, ausser wenn kein Interessenkonflikt besteht und das Kind von seinen gesetzlichen Vertretern vertreten werden kann.

2. Raum

Art. 59

[1] Das Kind wird in einem angemessenen Raum empfangen, in dem es sich sicher fühlt.

[2] Der Bundesrat legt in einer Verordnung die Bedingungen für den Empfang des Kindes fest.

3. Protokoll

Art. 60

[1] Die wesentlichen Inhalte der Anhörung werden im Einvernehmen mit dem Kind protokolliert.

[2] Die Verfahrensparteien haben Zugang zu diesen Informationen.

II. Berücksichtigung der Meinung des Kindes

Art. 61

[1] Die Behörde trägt der vom Kind geäusserten Meinung unabhängig vom verwendeten Kommunikationsmittel angemessen Rechnung.

[2] Dazu erklärt sie ihm nach Erlass des Entscheids, wie seine Meinung berücksichtigt wurde.

III. Information

Art. 62

[1] Hat das Kind seinen Willen zur Beteiligung bekundet, so wird es während des gesamten Verfahrens (auch bei Anwendung einer alternativen Konfliktlösungsmethode) angemessen über alle Verfahrensschritte informiert, wobei seine sich entwickelnden Fähigkeiten berücksichtigt werden und sofern diese Informationen sein Wohlergehen nicht gefährden.

[2] Das Kind kann jederzeit seine Meinung zur Beteiligung grundsätzlich und zum dafür verwendeten Kommunikationsmittel ändern.

IV. Erklärungen

Art. 63

Sobald ein das Kind betreffender Entscheid gefällt wird, wird ihm dieser von der entscheidenden Behörde über das bei der ersten Begegnung gewählte Kommunikationsmittel erklärt.

V. Vertretung

1. Allgemein

Art. 64

[1] Das urteilsfähige Kind übt seine Rechte selbstständig aus. Auf seinen Antrag ist ihm eine Vertreterin oder ein Vertreter zu bestellen.

[2] Das urteilsunfähige Kind wird von seinen gesetzlichen Vertretern oder einer oder einem von der Kindesschutzbehörde zu diesem Zweck ernannten Vertreterin oder Vertreter vertreten.

[3] Bei Interessenkollision entfallen von Gesetzes wegen die Befugnisse der Eltern in der entsprechenden Angelegenheit.

[4] Die Kindesschutzbehörde ordnet nötigenfalls von Amtes wegen oder auf Antrag des Kindes oder der Eltern eine Vertretung des Kindes an und ernennt eine angemessen ausgebildete Beiständin oder einen angemessen ausgebildeten Beistand.

[5] Bei Aufhebung des Aufenthaltsbestimmungsrechts wird dem Kind von Amtes wegen eine Vertreterin oder ein Vertreter bestellt. Gleiches gilt bei Entzug der elterlichen Sorge.

2. Qualität der Vertretung

Art. 65

[1] Die Vertreterinnen oder Vertreter des Kindes müssen eine Grundausbildung im Bereich der Kinderrechte und des Kindesschutzrechts im Allgemeinen, sowie der Kommunikation mit Kindern durchlaufen, um eine angemessene Sprache zu verwenden und ihre Kenntnisse in Kinderpsychologie zu erweitern.

[2] Danach müssen sie an einer jährlichen Weiterbildung teilnehmen.

[3] Die Ausbildungen werden von den Kantonen organisiert.

3. Rolle

Art. 66

[1] Die Vertreterin oder der Vertreter des Kindes kann verschiedene Rollen übernehmen, darunter:

a. die Stimme des Kindes einbringen;
b. die Situation des Kindes offenlegen;
c. eine Mediatorin oder ein Mediator für das Kind sein.

[2] Die Rolle der Vertreterin oder des Vertreters wird durch das Kind selbst, durch seine Bedürfnisse und durch sie oder ihn selbst definiert.

[3] Insbesondere muss sie oder er der Behörde die subjektive Meinung des Kindes bekannt geben.

Art. 67
[1] In jedem Fall muss die Vertreterin oder der Vertreter, sofern dies nicht offensichtlich dem Wohl des Kindes entgegensteht:

a. dem Kind alle relevanten Informationen in einer Weise vermitteln, die seinen sich entwickelnden Fähigkeiten entspricht;
b. dem Kind in einer Weise, die seinen sich entwickelnden Fähigkeiten entspricht, Erklärungen zu den Folgen der praktischen Umsetzung seiner Meinung und zu den möglichen Konsequenzen jeglichen Handelns der Vertreterin oder des Vertreters geben;
c. die Meinung des Kindes ermitteln und sie der Gerichtsbehörde zur Kenntnis bringen;
d. dem Kind eine Rückmeldung geben.

[2] Die Vertreterin oder der Vertreter des Kindes ist aufgefordert, eine Vertrauensbeziehung zum Kind aufzubauen und so als Vertrauensperson im Sinne des Gesetzes zu fungieren.

[3] Im Falle einer Unterbringung besteht das Mandat der Vertreterin oder des Vertreters nach dem eigentlichen Verfahren vor der Kindesschutzbehörde so lange weiter, wie die Unterbringung des Kindes dauert.

4. Kosten
Art. 68
Für die Kosten der Vertretung kommt der Staat auf.

VI. Begleitung durch «Peers»
1. Recht
Art. 69
[1] Die Kinder haben in allen Verfahren das Recht auf Begleitung durch einen «Peer».

[2] Die «Peers» sind nicht Verfahrensbeteiligte und haben keine diesbezüglichen Rechte.

[3] Sie haben keine Vertretungsbefugnis und können nicht direkt mit den Behörden interagieren.

[4] Die betroffene Behörde darf die Anwesenheit eines «Peers» nur unter aussergewöhnlichen Umständen und aus objektiven Gründen verweigern. Gegebenenfalls ist ein begründeter und mit Beschwerde anfechtbarer Entscheid zu erlassen.

2. Rolle
Art. 70
[1] Der «Peer» kann:

1. dem Kind während des Verfahrens moralische Unterstützung leisten;
2. schriftliche Aufzeichnungen machen;
3. die Kinder bei administrativen Formalitäten, z. B. der Vorlage von Dokumenten, unterstützen;
4. die Kinder zu allen Verfahrensaspekten diskret beraten.

[2] Die Behörde kann ihm weitere Befugnisse zuweisen.

3. Stellung
Art. 71
[1] Ein «Peer» ist eine Person ohne Altersbeschränkung, der das Kind vertraut (Freundin oder Freund, Bruder, Schwester, Mitglied der engeren oder weiteren Familie, Erzieherin oder Erzieher usw.).

[2] Die «Peers» werden für diese Rolle nicht vergütet.

4. Abschnitt Instruktionsmassnahmen

A. Verfahren und Pflichten der Behörde

I. Beweiserhebung von Amtes wegen
Art. 72
Die Behörde erhebt die Beweise von Amtes wegen.

II. Beweisverfügungen

Art. 73

Vor der Beweisabnahme werden die erforderlichen Beweisverfügungen getroffen. Beweisverfügungen können jederzeit abgeändert oder ergänzt werden.

III. Wahrung schutzwürdiger Interessen

Art. 74

Gefährdet die Beweiserhebung die schutzwürdigen Interessen einer Partei oder Dritter, so trifft die Behörde die erforderlichen Massnahmen. Insbesondere misst sie den medizinischen Unterlagen der Parteien grosse Aufmerksamkeit bei.

IV. Freie Beweiswürdigung

Art. 75

Die Behörde bildet sich ihre Überzeugung nach freier Würdigung der Beweise.

B. Delegation

I. Delegation innerhalb der Kindesschutzbehörde

Art. 76

1 Die Kindesschutzbehörde kann die Leitung des Verfahrens an eines ihrer Mitglieder delegieren.

2 Dieses erforscht den Sachverhalt, erhebt die notwendigen Beweise und unterbreitet der Kindesschutzbehörde den Entwurf eines Entscheids.

II. Delegation an eine andere Stelle

i. Grundsatz

Art. 77

[1] Das instruierende Mitglied kann die Durchführung von Sachverhaltsabklärungen an andere geeignete Stellen delegieren.

[2] Die zu erledigenden Aufgaben werden im Dispositiv der Instruktionsverfügung genau aufgeführt.

[3] Den betroffenen Personen stehen dieselben Rechte zu wie vor der Kindesschutzbehörde.

ii. Eignung

Art. 78

Die Stelle oder die Person, an die die Aufgabe delegiert wird, ist für die Ausübung des Auftrags angemessen ausgebildet.

C. Verfahren und Pflichten der Parteien

I. Mitwirkungspflicht

Art. 79

[1] Die Parteien und Dritte sind zur Mitwirkung bei der Abklärung des Sachverhaltes verpflichtet.

[2] Sie müssen insbesondere:

1. die notwendigen Auskünfte erteilen;
2. gegebenenfalls nach Art. 169–176 ZPO als Zeugin oder Zeuge aussagen;
3. ärztliche Untersuchungen und behördliche Durchsuchungen dulden;
4. Urkunden herausgeben.

[3] Die Kindesschutzbehörde trifft dabei die zur Wahrung schutzwürdiger Interessen erforderlichen Anordnungen.

II. Information

Art. 80

Die Parteien und Dritte werden über ihre Mitwirkungspflicht, ihr Verweigerungsrecht und die Säumnisfolgen aufgeklärt.

III. Verweigerung der Mitwirkung

Art. 81

Verweigern die Parteien oder Dritte die Mitwirkung, so kann die Kindesschutzbehörde unter Wahrung des Grundsatzes der Verhältnismässigkeit und des Kindeswohls:

1. die zwangsweise Durchsetzung der Mitwirkungspflicht anordnen;
2. polizeiliche Hilfe in Anspruch nehmen;
3. eine Ordnungsbusse bis 5000 Franken anordnen.

5. Abschnitt Abschluss des Verfahrens

Art. 82

[1] Die Behörde informiert die Parteien über den Abschluss der Instruktion.

[2] Sie übermittelt ihnen die Ergebnisse der Instruktion in angemessener Form und gibt ihnen Gelegenheit zur Stellungnahme.

[3] Sie legt den Parteien einen Entscheidentwurf sowie die verschiedenen Alternativen vor und gibt ihnen Gelegenheit zur Stellungnahme.

[4] Sie informiert die Parteien über die Möglichkeit, von der Kollegialbehörde mündlich angehört zu werden.

[5] Sie kann sie von Amtes wegen zu einer Anhörung vor der Kollegialbehörde vorladen.

6. Abschnitt Entscheid

A. Verfahren

Art. 83

[1] Soweit die Angelegenheit nicht in die alleinige Zuständigkeit des instruierenden Mitglieds der Kindesschutzbehörde fällt, stellt dieses nach der Abklärung des Sachverhalts und der Erhebung der notwendigen Beweise den andern Mitgliedern des entscheidenden Kollegiums Antrag zum Entscheid.

[2] Wirkt die Präsidentin oder der Präsident an der Entscheidungsfindung nicht mit, so obliegt deren Leitung dem instruierenden Mitglied.

[3] Die Kindesschutzbehörde kann ihren Entscheid bei Einstimmigkeit auf dem Zirkulationsweg treffen.

[4] In den übrigen Fällen berät sie über den Entscheid.

[5] Die wesentlichen Inhalte der Beratung werden schriftlich festgehalten und von den Mitgliedern des Kollegiums unterzeichnet.

B. Entscheid

I. Inhalt

Art. 84

[1] Der Entscheid der Kindesschutzbehörde muss enthalten:

1. das Datum des Entscheids und die Zusammensetzung der entscheidenden Behörde;
2. den Sachverhalt, die gesetzlichen Bestimmungen und die Begründung, auf die er sich stützt;
3. das Entscheiddispositiv;
4. den Hinweis auf das zulässige ordentliche Rechtsmittel mit Angabe von Frist und Instanz (Rechtsmittelbelehrung);
5. die Adressatinnen oder Adressaten des Entscheids.

[2] Errichtet die Kindesschutzbehörde eine Beistandschaft, so sind im Entscheiddispositiv die Aufgaben der Beiständin oder des Beistands und allfällige Beschränkungen der elterlichen Sorge anzugeben.

II. Begründung

Art. 85

[1] Die Begründung der Entscheide muss für die betroffenen Personen, auch die Kinder, verständlich sein.

[2] Insbesondere müssen die Gründe für den Entscheid klar dargelegt werden und wie die objektiven und subjektiven Ansichten und Meinungen der Parteien berücksichtigt wurden.

III. Veröffentlichung

Art. 86

[1] Entscheide zum Entzug des Rechts, den Aufenthaltsort des Kindes zu bestimmen, und zum Entzug der elterlichen Sorge werden anonym im Internet veröffentlicht.

[2] Sie können von allen unentgeltlich eingesehen werden.

IV. Zustellung

Art. 87

[1] Die Kindesschutzbehörde stellt ihren Entscheid den Parteien schriftlich zu. Sie richtet sich an das Kind in dem Kommunikationsmittel, das bei der ersten Begegnung vereinbart wurde.

[2] Wenn sie ihren Entscheid während der Verhandlung erlässt, kann sie diesen zunächst mündlich eröffnen.

[3] Die Parteien können die Kindesschutzbehörde um die Vereinbarung eines Termins oder Telefongesprächs ersuchen, damit der eröffnete Entscheid und seine Folgen mündlich erklärt werden.

[4] Bei Vertretung des Kindes kann die Zustellung des Entscheids über die Vertreterin oder den Vertreter erfolgen.

V. Prozesskosten

Art. 88

Für sämtliche Kosten des Verfahrens kommt der Staat auf.

VI. Fristen

Art. 89

Die Entscheide werden ohne Verzug erlassen.

7. Abschnitt Alternative Konfliktbeilegungsmethoden

A. Grundsatz und Sistierung

Art. 90

[1] Die alternativen Konfliktbeilegungsmethoden können im Laufe des Verfahrens angewendet werden.

[2] Das Verfahren kann im Fall der Anwendung von alternativen Konfliktbeilegungsmethoden sistiert werden. Art. 38 des vorliegenden Gesetzes ist anwendbar.

[3] Kinder und Eltern haben die gleichen Beteiligungsrechte wie in Verfahren vor den Kindesschutzbehörden.

B. Information

Art. 91

Die Personen werden über die verschiedenen alternativen Konfliktbeilegungsmethoden informiert.

C. Eignung

Art. 92

Die Eignungen der verschiedenen Fachpersonen, die diese Dienste erbringen, werden im Gesetz oder in der Verordnung geregelt.

D. Kosten

Art. 93

Die Kosten für die alternativen Konfliktbeilegungsmethoden werden vom Staat übernommen.

5. Kapitel Rechtsmittel und Beanstandungsverfahren

1. Abschnitt Beschwerde

A. Anfechtungsobjekt

Art. 94

[1] Entscheide sowie Anordnungen über vorsorgliche Massnahmen der Kindesschutzbehörde können bei der gerichtlichen Beschwerdeinstanz mit Beschwerde angefochten werden.

[2] Mit Beschwerde anfechtbar sind ferner:

1. die Verweigerung der Anhörung;
2. der Entscheid über den Ausstand;
3. die Ernennung einer Verfahrensbeistandschaft;
4. die Sistierung des Verfahrens;
5. die Mitwirkungspflicht.

[3] Andere verfahrensleitende Verfügungen sind mit Beschwerde anfechtbar, wenn durch sie ein nicht wiedergutzumachender Nachteil droht oder wenn damit ein bedeutender Aufwand erspart werden kann.

B. Beschwerdegründe und Beschwerdefrist

Art. 95

[1] Mit Beschwerde kann gerügt werden:

1. Rechtsverletzung;
2. unrichtige oder unvollständige Feststellung des rechtserheblichen Sachverhalts;
3. Unangemessenheit des Entscheids, der Anordnung oder der Verfügung.

[2] Die Beschwerdefrist beträgt bei Entscheiden 30 Tage und beginnt am Tag nach der Zustellung des schriftlich begründeten Entscheids der Kindesschutzbehörde zu laufen. Bei Personen, denen der Entscheid nicht zugestellt wird, beginnt die Frist mit der Kenntnisnahme des Entscheids.

[3] Bei Instruktionsmassnahmen und bei vorsorglichen Anordnungen beträgt die Beschwerdefrist zehn Tage.

C. Rechtsverweigerung und Rechtsverzögerung
Art. 96
[1] Wegen Rechtsverweigerung oder Rechtsverzögerung kann jederzeit bei der gerichtlichen Aufsichtsbehörde Beschwerde erhoben werden.

[2] Wird die Beschwerde gutgeheissen, kann die gerichtliche Aufsichtsbehörde der Kindesschutzbehörde zugleich verbindliche Weisungen zur Behandlung des Falles erteilen.

D. Beschwerdebefugnis
Art. 97
Zur Beschwerde befugt sind:

1. die Verfahrensbeteiligten;
2. nahestehende Personen;
3. Personen, die ein rechtliches Interesse an der Aufhebung oder Änderung des angefochtenen Entscheids haben.

E. Beschwerdebegründung
Art. 98
[1] Die Beschwerde ist bei der gerichtlichen Beschwerdeinstanz schriftlich einzureichen; sie muss nicht begründet werden. Der angefochtene Entscheid ist beizulegen.

[2] Erachtet die Beschwerdeinstanz es als erforderlich, so kann sie von Amtes wegen oder auf Antrag einer betroffenen Person mündliche Verhandlungen anordnen.

F. Aufschiebende Wirkung
Art. 99
[1] Die Beschwerde hat aufschiebende Wirkung.

[2] Die gerichtlich organisierten Kindesschutzbehörden oder die gerichtliche Beschwerdeinstanz kann etwas anderes verfügen.

G. Stellungnahme

Art. 100

[1] Die gerichtliche Beschwerdeinstanz setzt den am Verfahren beteiligten Personen eine Frist zur Stellungnahme.

[2] Ist die Beschwerde offensichtlich unzulässig oder offensichtlich unbegründet, so kann sie darauf verzichten.

H. Vernehmlassung der Vorinstanz

Art. 101

[1] Die gerichtliche Beschwerdeinstanz gibt der Kindesschutzbehörde Gelegenheit zur Vernehmlassung.

[2] Statt eine Vernehmlassung einzureichen, kann die Kindesschutzbehörde wiedererwägungsweise neu entscheiden.

I. Entscheid

Art. 102

[1] Die gerichtliche Beschwerdeinstanz kann:

1. den angefochtenen Entscheid bestätigen;
2. neu entscheiden; oder
3. die Sache an die Kindesschutzbehörde zurückweisen, sofern der Sachverhalt in wesentlichen Teilen zu vervollständigen ist.

[2] Die Kindesschutzbehörde hat die rechtliche Beurteilung, mit der die Zurückweisung begründet wird, ihrem Entscheid zugrunde zu legen.

2. Abschnitt Nationales Kindesschutzbüro (NKSB)

A. Auftrag

Art. 103

[1] Das Nationale Kindesschutzbüro (nachstehend: das Büro oder NKSB) nimmt Beanstandungen von Kindern, Jugendlichen, ihren Eltern und Erziehungs- und Betreuungspersonen entgegen und bearbeitet diese.

[2] Es unterstützt die betroffenen Personen im Umgang mit den Kindesschutzbehörden und anderen Akteuren des öffentlich-rechtlichen Netzwerks oder denjenigen, die eine öffentlich-rechtliche Aufgabe im Bereich des Kindesschutzes wahrnehmen.

[3] Es ermutigt die Kindesschutzbehörden und die anderen Akteure des öffentlich-rechtlichen Netzwerks oder diejenigen, die eine öffentlich-rechtliche Aufgabe im Bereich des Kindesschutzes wahrnehmen, gute Beziehungen mit den betroffenen Personen zu pflegen.

[4] Es trägt zur Verbesserung der Arbeitsweise der Kindesschutzbehörden und der anderen Akteure des öffentlich-rechtlichen Netzwerks oder derjenigen, die eine öffentlich-rechtliche Aufgabe im Bereich des Kindesschutzes wahrnehmen, bei.

[5] Es gewährleistet die Umsetzung der Grund- und Menschenrechte der betroffenen Personen.

[6] Es verfolgt und unterstützt die gesetzgeberischen und politischen Entwicklungen im Bereich des Kindesschutzes, insbesondere durch Forschung.

[7] Es stellt Informationen für die betroffenen Personen und die Behörden bereit.

B. Organisation

I. Allgemeines

Art. 104

[1] Das Büro ist ein nationales Organ. Es ist unabhängig.

[2] Es ist interdisziplinär zusammengesetzt, namentlich aus Expertinnen und Experten in den Bereichen Recht, Psychologie, Sozialarbeit, Sozialwissenschaften, Erziehungswissenschaften, Politik- und Wirtschaftswissenschaften.

[3] Es verfügt über eine ausreichende Infrastruktur und Ressourcen, um seinen Auftrag unter günstigen Bedingungen zu erfüllen.

II. Organisation

Art. 105

[1] Das Büro wird von der oder dem Kindesschutzbeauftragten geleitet.

[2] Es verfügt in jeder Region über direkt dem Hauptbüro unterstellte Zweigstellen.

III. Konsultative Kinder- und Jugendkommission

1. Allgemeines

Art. 106

[1] Die oder der Kindesschutzbeauftragte richtet eine konsultative Kinder- und Jugendkommission (KKJK) ein.

[2] Die Zusammensetzung und Organisation werden in der Verordnung geregelt.

[3] Die oder der Beauftragte kommt mindestens zweimal jährlich mit der KKJK zusammen.

2. Rolle

Art. 107

[1] Die konsultative Kinder- und Jugendkommission kommt regelmässig mit der oder dem Kindesschutzbeauftragten zusammen.

[2] Dabei wird ein Austausch über ihre Beobachtungen im Zusammenhang mit dem Kindesschutz und den diesbezüglichen Problemen geführt.

IV. Wahl der oder des Kindesschutzbeauftragten

Art. 108

[1] Die oder der Kindesschutzbeauftragte wird vom Bundesparlament gewählt; ihre oder seine Amtszeit dauert sechs Jahre und kann einmal verlängert werden.

[2] Die gewählte Person besitzt eine Ausbildung in Menschenrechten, insbesondere in Kinderrechten, und fundierte Erfahrungen im Bereich des Kindesschutzes.

[3] Sie ist für die Einstellung der Mitarbeiterinnen und Mitarbeiter verantwortlich.

V. Unentgeltlichkeit und Finanzierung

Art. 109

[1] Die Inanspruchnahme des Büros ist unentgeltlich.

[2] Die Leistungen des Büros sind unentgeltlich.

[3] Das Büro wird von Bund und Kantonen finanziert.

VI. Zugänglichkeit

Art. 110

Der Auftrag und die Leistungen des Büros werden in für Kinder und alle betroffenen Personen zugänglicher Weise beschrieben, wobei Format und Sprache angemessen und für sie verständlich sind.

C. Beanstandungsverfahren

I. Allgemeines

Art. 111

[1] Jede Person, die ein schutzwürdiges Interesse geltend macht, kann das Büro anrufen.

[2] Das Büro kann schriftlich angerufen werden; die Eingabe muss nicht begründet werden.

[3] Das Büro hat ohne Verzug zu antworten.

[4] Die Anrufung des Büros hat keinerlei Wirkung auf das hängige Verfahren und die laufenden Fristen.

II. Ergebnisse

Art. 112

Die Ergebnisse der Untersuchung werden an die das Büro anrufende Person, die betroffene staatliche Stelle und an das Mitglied der Regierung, das für die betroffene Stelle zuständig ist, übermittelt und im Amtsblatt veröffentlicht.

III. Massnahmen

Art. 113

Das Büro verfasst Empfehlungen für die betroffenen staatlichen Stellen.

IV. Vertraulichkeit

Art. 114

Die Mitglieder des NKSB unterstehen dem Berufsgeheimnis.

Änderung des Zivilgesetzbuches

Das Schweizerische Zivilgesetzbuch wird wie folgt geändert:

Art. 314

Das Verfahren im Bereich des Kindesschutzes wird mit dem Gesetz über das Verfahren vor den Kindesschutzbehörden geregelt.

Art. 314*a* bis 315*b*[7]

Aufgehoben.

7 Unseres Erachtens sollte mit dem Vorschlag zur Aufhebung des geltenden Rechtes auch Art. 314*b* ZGB über den Verweis auf das Erwachsenenschutzrecht betreffend die fürsorgerische Unterbringung aufgehoben werden (Art. 426 ff. ZGB). Dieser Bereich sollte angesichts der erheblichen Eingriffe in die Grundrechte von Kindern und Eltern im Zivilgesetzbuch im Rahmen des Kindesschutzrechts ausführlicher geregelt werden. Wir verweisen auf die vom Bundesamt für Justiz derzeit durchgeführte Evaluation (https://www.admin.ch/gov/de/start/dokumentation/medienmitteilungen.msg-id-92242.html).

7. Schlusswort[1]

Gaëlle Aeby, Aline Schoch, Brigitte Müller & Michelle Cottier

Das vorliegende Buch bildet das Ergebnis der interdisziplinären Zusammenarbeit von Forscher*innen, die ihr Fachwissen eingebracht haben, um zu verstehen, wie Kinder und Eltern das Handeln der Kindesschutzbehörden erleben, und um die Herausforderungen der Partizipation in Kindesschutzverfahren aus verschiedenen fachlichen Blickwinkeln zu betrachten. Damit werden in der Schweiz erstmals empirische Daten zur Perspektive der von einem Kindesschutzverfahren betroffenen Personen erhoben, analysiert und im Rahmen einer Triangulation mit den Ergebnissen einer historischen und einer rechtswissenschaftlichen Analyse in Beziehung gesetzt.

Seit der Einführung des Schweizerischen Zivilgesetzbuchs im Jahr 1912 fanden zahlreiche, oft durch völkerrechtliche Verträge wie die Europäische Menschenrechtskonvention und die Kinderrechtskonvention der Vereinten Nationen angeregte Reformen statt. Dadurch verbesserte sich zwar die Rechtsstellung der betroffenen Kinder und Eltern in Kindesschutzverfahren. Die Schweiz hat aber das Ziel, die systematische Partizipation von Kindern und Eltern während der gesamten Verfahrensdauer zu ermöglichen, noch nicht erreicht. Mit der Reform der Kindes- und Erwachsenenschutzbehörden (KESB) im Jahr 2013 wurden die Behörden professionalisiert, was die Qualität der nunmehr von einem interdisziplinären Trio gefällten Entscheide verbesserte. Das diesbezügliche Prozessrecht bleibt jedoch föderal geprägt. Daraus ergibt sich ein Flickenteppich von Rechtsvorschriften, die für Fachpersonen und vor allem für von einem Kindesschutzverfahren betroffene Kinder und Eltern schwer verständlich sind. Die Studie zeigte zudem, dass die beiden zentralen rechtlichen Instrumente für die Partizipation der Kinder – Anhörung und rechtliche Vertretung – erst wenig genutzt werden, obwohl z. B. die Anhörung noch stärker als Raum für diskursive Klärungen dienen und die Vertretung der Stimme der Kinder Gehör verschaffen könnte.

1 Übersetzt aus dem Französischen von Adelheid Temnewo.

Eine historisch informierte Lektüre der vorgestellten Forschungsergebnisse zeigt, dass die in Kindesschutzverfahren involvierten Kinder und Eltern heute teilweise immer noch ähnliche – wenn auch deutlich weniger negative – Erfahrungen wie in der Vergangenheit machen. So sprechen sie z. B. über Gefühle des Unverständnisses und der Hilflosigkeit oder über mangelnde Möglichkeiten, sich sinnvoll zu beteiligen.

Als Kontrapunkt zur Kritik wird jedoch auch das Engagement zahlreicher Fachpersonen hervorgehoben, denen wir bei unserer Forschung begegnet sind und die sich mit den verfügbaren Mitteln und Ressourcen für respektvolle Begegnungen mit betroffenen Personen einsetzen. Die Partizipation der Kinder und Eltern im Verfahren ist ihnen ein grosses Anliegen, und sie sind bestrebt, diese zu optimieren.

Neben der Partizipation spielen Integrität und Autonomie eine Schlüsselrolle: Wie in der vorliegenden Publikation aufgezeigt wird, hängen die drei Konzepte eng miteinander zusammen. Nur wenn es gelingt, die Kindesschutzverfahren so zu gestalten, dass sie die Integrität der betroffenen Kinder und Eltern wahren und gleichzeitig ihre Autonomie fördern, ermöglichen sie eine echte Partizipation. Die Originalität dieser Publikation liegt auch darin, dass die Perspektiven von Kindern, Eltern und Fachleuten miteinander verknüpft wurden, um zu aufzuzeigen, dass das Wohl des Kindes auch von der Berücksichtigung des familiären Umfelds und der dort vorhandenen Ressourcen sowie von den Kenntnissen und der konkreten Unterstützung durch die Fachpersonen vor Ort abhängt. Schliesslich basiert das Buch auf – früheren und aktuellen – subjektiven Erfahrungen der betroffenen Personen. Damit wird deutlich, dass der den KESB eingeräumte weite Ermessensspielraum zu vielfältigen fachlichen Praktiken und entsprechend diversen Erfahrungen der Kinder und Eltern führt.

Das Buch bietet neben einem ersten empirischen Einblick in die Erfahrungen von Kindern und Eltern in Kindesschutzverfahren auch innovative Lösungen und konkret umsetzbare Empfehlungen für Fachpersonen. Einige Lösungsansätze lassen sich unmittelbar in der Praxis der KESB-Fachpersonen implementieren. Gestützt auf die interdisziplinäre Integration der Ergebnisse der rechtswissenschaftlichen, historischen und empirischen Analyse werden vier Kernelelemente für qualitativ hochwertige Verfahren empfohlen: Die Kinder und ihre Eltern informieren, damit sie das Verfahren verstehen; Räume schaffen, um gemeinsam Probleme zu klären; verhandeln, um eine für alle Beteiligten akzeptable Lösung zu finden; die Entscheidungen begründen, damit sie nachvollziehbar werden. Mittelfristig ist jedoch eine Reform des schweizerischen Rechts unabdingbar. Diesen Zweck verfolgt der entwickelte Entwurf eines Bundesgesetzes über das Verfahren vor den Kindesschutzbehörden. Der Gesetzesentwurf umfasst ein einheitliches Verfahren für alle Kindesschutzbehörden in der Schweiz sowie eine genauere und verbindliche Regelung zur Gewährleistung der Partizipation von Kindern und Eltern, eine Verbesserung des Rechts auf Vertretung im Verfahren und die Möglichkeit, von einem «Peer» begleitet zu werden. Zudem sieht der Entwurf ein Nationales Kindesschutzbüro vor, um den betroffenen Personen auf politischer Ebene Gehör zu verschaffen. Dieses Projekt stellt jedoch lediglich eine Etappe eines umfassenderen Prozesses dar. Langfristig erfordert eine tatsächlich kindgerechte Justiz einen ganzheitlichen Ansatz zum Schutz des Kindes und entsprechend eine umfassende Neugestaltung des Systems, in dessen Mittelpunkt das Kind als Rechtssubjekt steht.

Neben Vorschlägen zur besseren Partizipation der betroffenen Personen an den Kindesschutzverfahren auf Ebene des rechtlichen Rahmens und der Verfahrensgestaltung ist zu berücksichtigen, dass die Kindesschutzbehörden in einem breit aufgestellten Kindesschutzsystem mit anderen wichtigen Akteuren wie Sozialdiensten, Staatsanwaltschaft, externen Sachverständigen, Schulen, Institutionen etc. zusammenarbeiten. Damit die KESB Kindeswohlgefährdungen im Sinne des Subsidiaritätsprinzips bearbeiten kann, müssen schweizweit partizipationsfördernde Unterstützungsleistungen für Kinder und Familien angeboten werden. Dazu braucht es den politischen Willen, die Fachpersonen, Behörden und Sozialdienste mit ausreichenden Ressourcen auszustatten, um Unterstützungsangebote einzuführen und nachhaltig zu etablieren und um qualitativ hochstehende, d. h. die Integrität und Autonomie respektierende und partizipativ organisierte Kindesschutzverfahren anzubieten. Dazu muss auch in die Weiterbildung der Fachpersonen investiert werden.

Wie in der Einleitung dargelegt, hat sich die Perspektive auf Kindheit und Familie im vergangenen Jahrhundert erheblich gewandelt. Dies hat zu einer zunehmenden Sensibilisierung für die Bedeutung der Partizipation von Kindern und Eltern in Kindesschutzverfahren geführt. Nun ist es an der Zeit, von der Sensibilisierung zu konkreten Handlungen überzugehen.

Abkürzungsverzeichnis

Abb.	Abbildung
Abs.	Absatz
AG	Kanton Aargau
AR	Kanton Appenzell Ausserrhoden
Art.	Artikel
AS	Amtliche Sammlung
Aufl.	Auflage
BBI	Bundesblatt
Bd(e).	Band/Bände
BE	Kanton Bern
BGE	Bundesgerichtentscheid
BL	Kanton Basel-Landschaft
BS	Kanton Basel-Stadt
bspw.	beispielsweise
BV	Bundesverfassung der Schweizerischen Eidgenossenschaft vom 18. April 1999
bzw.	beziehungsweise
ca.	circa, zirka = ungefähr
d. h.	das heisst
ebd.	ebenda = genau, gerade dort
EMRK	Konvention zum Schutze der Menschenrechte und Grundfreiheiten vom 4. November 1950
et al.	et alii = und andere

etc.	*et cetera* = usw.
f., ff.	und folgende (Seite[n], Note[n] usw.)
FamPra.ch	Zeitschrift Die Praxis des Familienrechts
FFE	Fürsorgerischer Freiheitsentzug, 1981
FHNW	Fachhochschule Nordwestschweiz
Fn.	Fussnote
FR	Kanton Freiburg
FU	Fürsorgerische Unterbringung, 2013
GE	Kanton Genf
ggf.	gegebenenfalls
GL	Kanton Glarus
H. i. O.	Hervorhebung im Original
Hrsg.	Herausgeber(in)
i. A.	Im Allgemeinen
i. E.	im Erscheinen
i. V. m.	in Verbindung mit
JU	Kanton Jura
Kap.	Kapitel
KESB	Kindes- und Erwachsenenschutzbehörde
KOKES	Konferenz für Kindes- und Erwachsenenschutz
KRK	Übereinkommen über die Rechte des Kindes vom 20. November 1989, UN-Kinderrechtskonvention
LU	Kanton Luzern
m. w. Nachw.	mit weiteren Nachweisen
n	Teilstichprobe
N	Randnummer
NFP	Nationales Forschungsprogramm

Nr.	Nummer
o. J.	ohne Jahreszahl
o. S.	ohne Seitenangabe
OHG	Bundesgesetz über die Hilfe an Opfer von Straftaten vom 23. März 2007
par.	paragraph (engl. Absatz)
passim	überall, da und dort
PAVO	Pflegekinderverordnung
S.	Seite
s. o.	siehe oben
SG	Kanton St. Gallen
SO	Kanton Solothurn
SR	Systematische Rechtssammlung
StGB	Schweizerisches Strafgesetzbuch vom 21. Dezember 1937
TG	Kanton Thurgau
TI	Kanton Tessin
u. a.	unter anderem, unter anderen
u. Ä.	und Ähnliches
u. s.	untenstehend
u. U.	unter Umständen
UEK	Unabhängige Expertenkommission administrative Versorgungen
UN	United Nations, Vereinte Nationen
UNICEF	United Nations Children's Fund, Kinderhilfswerk der Vereinten Nationen
UN	United Nations, Vereinte Nationen
UNO-Pakt II	Internationaler Pakt über bürgerliche und politische Rechte vom 16. Dezember 1966
usw.	und so weiter
UZH	Universität Zürich

VD	Kanton Waadt
vgl.	vergleiche
VS	Kanton Wallis
z. B.	zum Beispiel
z. T.	zum Teil
ZGB	Schweizerisches Zivilgesetzbuch vom 10. Dezember 1907
ZH	Kanton Zürich
ZHAW	Zürcher Hochschule für Angewandte Wissenschaften
zit.	zitiert
ZKE	Zeitschrift für Kindes- und Erwachsenenschutz
ZPO	Schweizerische Zivilprozessordnung vom 19. Dezember 2008
ZVW	Zeitschrift für Vormundschaftswesen

Anhang: Tabellen Kapitel 3.3.2 (Quantitative Teilstudie)

Befragung Fachpersonen

Tabelle 6: Behörde im Kanton (Fachpersonen)

Kantone		
	n	%
AG	AG	5 %
AR	2	2 %
BE	2	2 %
BL	4	4 %
BS	6	6 %
FR	3	3 %
GE	1	1 %
GL	2	2 %
GR	1	1 %
JU	1	1 %
LU	12	11 %
NE	3	3 %
NW	1	1 %
OW	2	2 %
SG	10	9 %
SO	2	2 %

Kantone		
	n	%
TG	2	2%
TI	14	13%
VD	17	16%
VS	3	3%
ZH	14	13%
fehlend	5	4.7%
Keine Teilnahmen aus: AI, SZ, ZG, SH, UR		

Tabelle 7: Durchführung des Kindesschutzverfahrens nach Kanton (Eltern)

Kindesschutzverfahren im Kanton		
	n	%
BE	1	1%
AR	1	1%
BS	1	1%
SO	1	1%
TI	1	1%
FR	2	2%
GL	2	2%
TG	2	2%
JU	3	3%
VD	3	3%
VS	4	5%
GE	5	6%
AG	8	9%
LU	8	9%
BL	9	10%

Kindesschutzverfahren im Kanton		
	n	**%**
BE	11	12%
SG	11	12%
ZH	14	16%

Tabelle 8: Informationsverständnis von Eltern aus Sicht der Fachpersonen (Fachpersonen)

Wie verstehen Eltern mit diesen Informationen nach Ihrer Einschätzung in der Regel das Kindesschutzverfahren?		
	n	**%**
Gut.	11	10%
Eher gut.	61	55%
Ausreichend.	35	31%
Eher schlecht.	3	3%
Kann ich nicht beurteilen.	2	2%

Tabelle 9: Gründe aus Sicht der Fachpersonen, warum Kinder Informationen nicht verstehen (Fachpersonen)

Wie wichtig sind nach Ihrer Erfahrung folgende Gründe, warum Kinder im Primarschulalter (6–12 Jahre) das Kindesschutzverfahren bzw. die Informationen dazu nicht verstehen?								
	wichtig/ eher wichtig		**teils/ teils**		**eher unwichtig/ unwichtig**		**kann ich nicht beurteilen**	
	n	**%**	**n**	**%**	**n**	**%**	**n**	**%**
Es handelt sich um einen komplexen Sachverhalt, der schwer zu erklären ist.	71	64 %	19	17 %	14	13 %	7	6 %
Die Eltern verstehen das Kindesschutzverfahren oft selbst nicht so genau, und können es deshalb den Kindern nicht angemessen erklären.	48	43 %	38	34 %	19	17 %	6	5 %
Es ist schwer zu überprüfen, ob die Kinder die Informationen und Erklärungen verstanden haben.	44	41 %	28	26 %	29	27 %	7	7 %
Die Fachpersonen bei der Behörde oder in der Abklärung haben zu wenig Zeit, den Kindern ausführliche Erklärungen zu geben.	32	29 %	14	13 %	56	51 %	8	7 %
Kindern fehlt das Interesse, mehr darüber zu erfahren.	16	15 %	31	28 %	56	51 %	6	6 %

Tabelle 10: Gründe aus Sicht der Fachpersonen, warum Jugendliche Informationen nicht verstehen (Fachpersonen)

Wie wichtig sind nach Ihrer Erfahrung folgende Gründe, warum Jugendliche (13–18 Jahre) das Kindesschutzverfahren bzw. die Informationen nicht verstehen?

	wichtig/ eher wichtig		teils/ teils		eher unwichtig/ unwichtig		kann ich nicht beurteilen	
	n	%	n	%	n	%	n	%
Die Eltern verstehen das Kindesschutzverfahren oft selbst nicht so genau, und können es deshalb den Jugendlichen nicht angemessen erklären.	42	39%	36	33%	25	23%	6	6%
Es handelt sich um einen komplexen Sachverhalt, der schwer zu erklären ist.	38	35%	29	27%	37	34%	5	5%
Die Fachpersonen bei der Behörde oder in der Abklärung haben zu wenig Zeit, den Jugendlichen ausführliche Erklärungen zu geben.	31	29%	11	10%	60	56%	6	6%
Es ist schwer zu überprüfen, ob die Jugendlichen die Informationen und Erklärungen verstanden haben.	25	23%	26	24%	53	49%	6	6%
Jugendlichen fehlt das Interesse, mehr darüber zu erfahren.	24	22%	33	30%	48	44%	4	4%

Tabelle 11: Vorgaben zur Beteiligung von Kindern und Jugendlichen (Fachpersonen)

Gibt es in Ihrem Organisationskontext Vorgaben, die dazu beitragen sollen, dass Kinder/Jugendliche sich am Kindeschutzverfahren beteiligen können?		
	n	%
Ja.	53	47 %
Nein.	17	15 %
Es ist den Personen, die den Fall bearbeiten, überlassen.	31	28 %
Es hängt von der Fallkonstellation ab.	10	9 %
Ich bin mir nicht sicher.	1	1 %

Befragung Eltern

Tabelle 12: Zusammenhang zwischen Informationsverständnis und Verfügbarkeit einer/mehrerer Vertrauensperson/en (Eltern)

	Informationsverständnis			
	Gering/mittel		gut	
Vertrauensperson	n	%	n	%
Eine/mehrere Vertrauensperson/en	11	33 %	22	68 %
Keine Vertrauenspersonen	33	62 %	20	38 %
				Pearson χ^2, $p<0.01$

Tabelle 13: Personen des Vertrauens während des Verfahrens (Eltern)

Gab es während des Verfahrens eine Fachperson, zu der Sie mit der Zeit Vertrauen aufbauten?		
	n	%
Eine Person/mehrere Personen des Vertrauens[a]	34	38 %
Keine Person des Vertrauens	55	62 %

[a] Fünf Personen gaben zwei Vertrauenspersonen an, eine Person gab «mehrere Vertrauenspersonen» an.

Tabelle 14: Konflikte im Kindesschutzverfahren (Eltern)

Gab es während des Verfahrens Meinungsverschiedenheiten oder Konflikte zwischen Ihnen und den Fachpersonen?		
	n	%
Ja, es gab einen oder mehrere kleinere Konflikte.	27	31 %
Ja, es gab einen schwerwiegenden Konflikt.	36	41 %
Nein.	25	28 %

Tabelle 15: Umgang mit Konflikten während des Verfahrens (Eltern)

Wie wurde mit dem Konflikt/den Konflikten umgegangen?	Trifft zu		Trifft eher zu		Teils/teils		Trifft eher nicht zu		Trifft nicht zu	
	n	%	n	%	n	%	n	%	n	%
Der Konflikt/die Konflikte konnten gelöst werden.	3	5 %	4	6 %	9	14 %	12	18 %	36	40 %
Durch den Konflikt oder seine Lösung konnte ich mehr Vertrauen aufbauen.	1	2 %	2	3 %	7	11 %	7	11 %	46	73 %
Durch den Konflikt oder seine Lösung habe ich die Hilfe bekommen, die ich benötige.	1	2 %	1	2 %	4	7 %	7	11 %	49	79 %

Tabelle 16: Zusammenhang zwischen Integrität und früherer Beratungs-/Hilfeerfahrung (Eltern)

	Integrität					
	gering		mittel		hoch	
Frühere Beratung/Hilfe	n	%	n	%	n	%
Ja.	9	23 %	16	40 %	15	37 %
Nein.	21	48 %	11	25 %	12	27 %
						Pearson χ^2, Trend $p<0.10$

Tabelle 17: Zusammenhang zwischen Integrität und Informationsverständnis (Eltern)

	Integrität					
	gering		mittel		hoch	
Informationsverständnis	n	%	n	%	n	%
gering/mittel	22	52 %	15	36 %	5	12 %
gut	7	18 %	12	30 %	21	52 %
					Pearson χ^2, $p<0.001$	

Tabelle 18: Zusammenhang zwischen Integrität und Verfügbarkeit von Vertrauenspersonen (Eltern)

	Integrität					
	gering		mittel		hoch	
Vertrauensperson	n	%	n	%	n	%
Eine/mehrere Vertrauensperson/en	3	9 %	11	33 %	19	58 %
Keine Vertrauenspersonen	27	52 %	17	33 %	8	15 %
					Pearson χ^2, $p<0.001$	

Tabelle 19: Zusammenhang zwischen früherer Beratungs-/Hilfeerfahrung und Verfügbarkeit Vertrauenspersonen (Eltern)

	Frühere Beratung / Hilfe			
	Ja.		Nein.	
Vertrauensperson	n	%	n	%
Eine/mehrere Vertrauensperson/en	21	62 %	13	38 %
Keine Vertrauenspersonen	21	39 %	33	61 %
			Pearson χ^2, Trend $p<0.10$	

Tabelle 20: Berücksichtigung verschiedener Sichtweisen beim Entscheid aus Sicht der Eltern (Eltern)

Aus meiner Sicht hat die KESB beim Entscheid vor allem gehört auf …:		
	n	**%**
… den anderen Elternteil.	26	30 %
… andere Personen.	23	26 %
… die Fachperson, die die Abklärung gemacht hat.	23	26 %
… alle Beteiligten etwa gleich.	10	11 %
…mich.	4	5 %
… mein Kind, meine Kinder.	2	2 %

Tabelle 21: Zusammenhang zwischen wahrgenommener Partizipation und früheren Kindesschutzverfahren (Eltern)

	Partizipation					
	gering		**mittel**		**hoch**	
Früheres Kindesschutzverfahren	**n**	**%**	**n**	**%**	**n**	**%**
Ja.	14	52 %	6	22 %	7	26 %
Nein.	16	28 %	20	34 %	22	38 %
						Pearson χ^2, Trend $p<0.10$

Tabelle 22: Zusammenhang zwischen Partizipation und Informationsverständnis (Eltern)

	Partizipation					
	gering		**mittel**		**hoch**	
Informationsverständnis	**n**	**%**	**n**	**%**	**n**	**%**
gering/mittel	23	53 %	17	40 %	3	7 %
gut	6	15 %	8	20 %	26	65 %
						Pearson χ^2, $p<0.001$

Tabelle 23: Zusammenhang zwischen Partizipation und Verfügbarkeit einer/mehrerer Vertrauensperson/en (Eltern)

	Partizipation					
	gering		mittel		hoch	
Vertrauensperson	n	%	n	%	n	%
Eine/mehrere Vertrauensperson/en	2	6 %	10	31 %	20	63 %
Keine Vertrauenspersonen	28	52 %	16	30 %	10	18 %
						Pearson χ^2, $p<0.001$

Tabelle 24: Zusammenhang zwischen wahrgenommener Partizipation und Integrität (Eltern)

	Partizipation					
	gering		mittel		hoch	
Integrität	n	%	n	%	n	%
gering	23	79 %	6	21 %	0	0 %
mittel	5	19 %	16	59 %	6	22 %
hoch	0	0 %	3	11 %	24	89 %
						Pearson χ^2, $p<0.001$

Tabelle 25: Einschätzung Verfahrensdauer (Eltern)

Einschätzung der Dauer des Verfahrens		
	n	%
Zu kurz / etwas zu kurz	6	7 %
Weder zu lang noch zu kurz	9	10 %
Etwas zu lang / zu lang	72	82 %

Tabelle 26: Entscheid über Kindesschutzmassnahmen (Eltern)

Notwendigkeit Kindesschutzmassnahmen		
	n	%
Ja.	54	61 %
Nein.	30	34 %
Ich weiss es nicht.	5	5 %

Tabelle 27: Zusammenhang zwischen Belastung im Verfahren und Akzeptanz der Massnahmen (Eltern)

	Akzeptanz / Einschätzung der Massnahmen			
	gering		gut	
Belastung im Verfahren/ Gesamteinschätzung	n	%	n	%
gering	3	21 %	11	79 %
mittel	2	13 %	13	87 %
hoch	20	100 %	0	0 %
				Pearson χ^2, $p<0.001$

Tabelle 28: Zusammenhang zwischen Belastung im Verfahren/Gesamteinschätzung und Informationsverständnis (Eltern)

	Belastung im Verfahren/Gesamteinschätzung					
	gering		mittel		hoch	
Informationsverständnis	n	%	n	%	n	%
gering/mittel	8	19 %	14	33 %	22	48 %
gut	16	40 %	15	38 %	9	22 %
						Pearson χ^2, $p<0.05$

Tabelle 29: Zusammenhang zwischen Belastung im Verfahren/Gesamteinschätzung und Verfügbarkeit einer/mehrerer Vertrauenspersonen (Eltern)

	Belastung im Verfahren/Gesamteinschätzung					
	gering		**mittel**		**hoch**	
Vertrauensperson	**n**	**%**	**n**	**%**	**n**	**%**
Eine/mehrere Vertrauensperson/en	13	39%	17	52%	3	9%
Keine Vertrauenspersonen	12	24%	12	24%	26	52%
						Pearson χ^2, $p<0.001$

Tabelle 30: Zusammenhang zwischen Belastung im Verfahren/Gesamteinschätzung und wahrgenommener Integrität (Eltern)

	Belastung im Verfahren/Gesamteinschätzung					
	gering		**mittel**		**hoch**	
Integrität	**n**	**%**	**n**	**%**	**n**	**%**
gering	1	4%	6	22%	20	74%
mittel	6	23%	13	50%	7	27%
hoch	17	65%	9	35%	0	0%
						Pearson χ^2, $p<0.001$

Tabelle 31: Zusammenhang zwischen Belastung im Verfahren/Gesamteinschätzung und Partizipation (Eltern)

	Belastung im Verfahren/Gesamteinschätzung					
	gering		**mittel**		**hoch**	
Partizipation	**n**	**%**	**n**	**%**	**n**	**%**
gering	1	4%	7	26%	19	70%
mittel	6	24%	9	38%	9	38%
hoch	17	59%	11	38%	1	3%
						Pearson χ^2, $p<0.001$

Tabelle 32: Zusammenhang zwischen Akzeptanz der Massnahmen und Informationsverständnis (Eltern, n=53)

	Akzeptanz / Einschätzung der Massnahmen			
	gering		gut	
Informationsverständnis	**n**	**%**	**n**	**%**
gering/mittel	21	81 %	5	19 %
gut	5	19 %	21	81 %
				Pearson χ^2, Trend $p<0.001$

Tabelle 33: Zusammenhang zwischen Akzeptanz der Massnahmen und Verfügbarkeit einer/mehrerer Vertrauenspersonen (Eltern, n=53)

	Akzeptanz / Einschätzung der Massnahmen			
	gering		gut	
Vertrauensperson	**n**	**%**	**n**	**%**
Eine/mehrere Vertrauensperson/en	3	13 %	20	87 %
Keine Vertrauenspersonen	24	80 %	6	20 %
				Pearson χ^2, Trend $p<0.001$

Tabelle 34: Zusammenhang zwischen Akzeptanz der Massnahmen und Integrität (Eltern, n=53)

	Akzeptanz / Einschätzung der Massnahmen			
	gering		gut	
Integrität	**n**	**%**	**n**	**%**
gering	16	89 %	2	11 %
mittel	9	60 %	6	40 %
hoch	0	0 %	17	100 %
				Pearson χ^2, $p<0.001$

Tabelle 35: Zusammenhang zwischen Akzeptanz der Massnahmen und Partizipation (Eltern, n=53)

	Akzeptanz / Einschätzung der Massnahmen			
	gering		gut	
Partizipation	**n**	**%**	**n**	**%**
gering	16	94 %	1	6 %
mittel	11	69 %	5	31 %
hoch	0	0 %	18	100 %
				Pearson χ^2, $p<0.001$

Skalenbildung Befragung Eltern

- Skalenbildung **Informationsverständnis:** Summenscore aus Items zu Verständnis mündlicher und schriftlicher Information
- Skalenbildung **Integrität:** Summenscore aus folgenden Items, Kategorisierung in drei Kategorien:
  - Items aus Abbildung 8 (Integrität)
  - Zusätzlich wurde in die Skala der Umgang mit Konflikten integriert: Items aus Tabelle 15 und Tabelle 16
- **Vertrauensperson:** Bei der explorativen Datenanalyse stellte sich heraus, dass das Vorhandensein einer Person des Vertrauens (vgl. Tabelle 14) mit einer beträchtlichen Anzahl der anderen Variablen zusammenhängt, dieses Item wird deshalb als eigenständige Vergleichsvariable in die weiterführende Analyse einbezogen.
- Skalenbildung **Partizipation:** Items aus Abbildung 9
- Skalenbildung **Gesamteinschätzung/Belastung:** Items aus Abbildung 11
- Skalenbildung Akzeptanz / Einschätzung der Massnahmen: Items Abbildung 12

Befragung Kinder

Tabelle 36: Informationen zum Verfahren (Kinder)

Diese Informationen habe ich bekommen:	Ja.		Nein.		Ich weiss nicht.	
	n	%	n	%	n	%
… um was es geht und warum ich zur KESB muss.	17	77 %	3	14 %	2	9 %
… was bei der KESB entschieden wird.	14	64 %	7	32 %	1	5 %
… was ein Kindesschutzverfahren ist.	10	48 %	10	48 %	1	5 %
… wie alles abläuft.	7	32 %	10	45 %	5	22 %
… was meine Rechte sind.	5	23 %	13	59 %	4	18 %

Tabelle 37: Wahrnehmung der Fachpersonen im Verfahren (Kinder)

Hier geht es um die Personen, mit denen du im Verfahren zu tun hattest.	**Ja.**		**Teilweise.**		**Nein.**	
	n	**%**	**n**	**%**	**n**	**%**
Ich wusste, welche Fachperson/welche Fachpersonen ich kontaktieren kann, wenn ich etwas wissen oder fragen wollte.	9	39 %	9	39 %	5	22 %
Die Personen waren freundlich zu mir.	8	35 %	7	30 %	8	35 %
Ich habe den Personen vertraut.	5	23 %	5	23 %	12	54 %
Ich konnte mit den Personen über Probleme in meiner Familie reden.	4	17 %	11	48 %	8	35 %

Tabelle 38: Begründungen, nicht über die familiäre Situation zu sprechen (Kinder)

Darum habe ich nicht über Probleme geredet.	**Stimmt (eher)**		**Teils/ teils.**		**Stimmt (eher) nicht.**	
	n	**%**	**n**	**%**	**n**	**%**
Ich dachte, meine Sicht interessiert die KESB nicht.	15	79 %	2	11 %	2	10 %
Ich rede lieber mit Personen aus meiner Familie darüber.	13	69 %	3	16 %	3	16 %
Ich rede lieber mit anderen Personen darüber.	13	76 %	1	5 %	3	16 %
Ich will nicht, dass meine Familie noch mehr Probleme bekommt.	12	63 %	3	16 %	4	22 %
Ich dachte, dass mir niemand glaubt.	10	56 %	5	28 %	3	16 %
Ich löse Probleme lieber allein.	7	37 %	9	47 %	3	16 %
Meine Eltern sagten, ich solle nicht zu viel erzählen.	3	16 %	2	11 %	13	72 %

Tabelle 39: Erleben von Integrität und Anerkennung (Kinder)

Hier geht es um das Verfahren und die Entscheidung der KESB.	**Ja.**		**Nein.**		**Weiss nicht**	
	n	**%**	**n**	**%**	**n**	**%**
Ich wurde gefragt, was ich gern mache und gut kann.	9	39 %	11	48 %	3	13 %
Ich wurde nach meinen Wünschen gefragt.	6	26 %	11	48 %	6	26 %
Ich finde, dass die Personen, die entschieden haben, mich nicht gut kennen.	19	83 %	3	13 %	1	4 %
Ich finde, die Personen, die entschieden haben, wussten zu wenig über meine Familie.	18	78 %	3	13 %	2	9 %

Tabelle 40: Aspekte von Partizipation in den Kindesschutzverfahren (Kinder)

Aspekte von Beteiligung im Verfahren.	**Ja.**		**Nein.**		**Ich weiss nicht.**	
	n	**%**	**n**	**%**	**n**	**%**
Es gab Gespräche, bei denen nur ich dabei war.	16	70 %	7	30 %		
Ich wurde gefragt, was ich über die Situation in meiner Familie denke.	13	57 %	9	39 %	1	4 %
Ich wurde gefragt, ob es aus meiner Sicht etwas gibt, was mir oder meiner Familie helfen würde.	10	44 %	11	48 %	2	9 %
Was ich sagte, hatte einen Einfluss auf den Entscheid.	3	13 %	16	70 %	4	17 %

Tabelle 41: Belastungen im Verfahren und Gesamteinschätzung (Kinder)

Verfahren, Gesamteinschätzung						
	Ja.		**Zum Teil.**		**Nein.**	
	n	**%**	**n**	**%**	**n**	**%**
Im Verfahren gab es Momente, die für mich unangenehm waren.	16	70 %	5	22 %	2	9 %
Ich hatte Angst, dass in dem Verfahren etwas entschieden wird, das für mich nicht gut ist.	13	57 %	8	35 %	2	9 %
Ich hatte Angst, dass in dem Verfahren etwas entschieden wird, das für meine Familie nicht gut ist.	16	70 %	4	17 %	3	13 %
Das Verfahren hat mich belastet.	18	78 %	4	17 %	1	4 %
Das Verfahren hat meine Familie belastet.	19	83 %	4	17 %		
Ich fand das Verfahren alles in allem ok.	2	9 %	8	35 %	13	57 %
Es geht mir jetzt besser als vor dem Verfahren.	8	35 %	1	4 %	14	61 %

Bibliografie

Ackermann, T. & Robin, P. (2018). *Die Perspektive von Kindern und Eltern in der Kinder- und Jugendhilfe. Zwischen Entmutigung und Wieder-Erstarken.* [Bericht über die Ergebnisse der Beteiligungswerkstatt für die Hamburger Enquete-Kommission «Kinderschutz und Kinderrechte weiter stärken»].

Ader, S. & Schrapper, C. (2020). *Sozialpädagogische Diagnostik und Fallverstehen in der Jugendhilfe.* Ernst Reinhard.

Aeby, G., Gauthier, J.-A. & Widmer, E. D. (2021). Patterns of Support and Conflict Relationships in Personal Networks and Perceived Stress. *Current Sociology*, 69(7), 981–1001. https://doi.org/10.1177/0011392120948926.

Affolter, K. (2013). Die Totalrevision des Vormundschaftsrechts. *SozialAktuell*, 45, 10–14.

Akermann, M., Furrer, M., Jenzer, S. & Furrer, L. M. (2012). *Bericht Kinderheime im Kanton Luzern im Zeitraum von 1930–1970.* Gesundheits- und Sozialdepartement des Kantons Luzern.

Akermann, M., Jenzer, S., Vollenweider, J. & Meier, T. (2014). *Kinderheim und Sekundarschule St. Idazell. Historische Untersuchung: Bericht der BLG Beratungsstelle für Landesgeschichte, Zürich, zuhanden des Vereins Kloster Fischingen.* Universität Zürich. https://doi.org/10.5167/uzh-102008.

Alanen, L. (2009). Generational Order. In J. Qvortrup, W. A. Corsaro & M.-S. Honig (Hrsg.), *The Palgrave Handbook of Childhood Studies* (S. 159–174). Palgrave Macmillan.

Albus, S., Greschke, H., Klingler, B., Messmer, H., Micheel, H.-G., Otto, H.-U. & Polutta, A. (2009). Abschlussbericht der Evaluation zum Bundesmodellprogramm «Wirkungsorientierte Jugendhilfe». In ISA Planung und Entwicklung (Hrsg.), *Wirkungsorientierte Jugendhilfe Band 09 – Praxishilfe zur wirkungsorientierten Qualifizierung der Hilfen zur Erziehung.* Waxmann.

Ammann, R. & Schwendener, A. (2019). *«Zwangslagenleben»: Biografien von ehemals administrativ versorgten Menschen.* Chronos.

Anderson, J. H. & Honneth, A. (2005). Autonomy, Vulnerability, Recognition, and Justice. In J. Christman & J. H. Anderson (Hrsg.), *Autonomy and the Challenges to Liberalism: New Essays* (S. 127–149). Cambridge University Press.

Angrosino, M. V. & Mays de Perez, K. A. (2000). Rethinking Observation: From Method to Context. In N. K. Denzin & Y. S. Lincoln (Hrsg.), *Handbook of Qualitative Research* (2. Aufl., S. 673–702). Sage.

Arbeiter, E. & Toros, K. (2017). Participatory Discourse: Engagement in the Context of Child Protection Assessment Practices from the Perspectives of Child Protection Workers, Parents and Children. *Children and Youth Services Review*, 74, 17–27. https://doi.org/10.1016/j.childyouth.2017.01.020.

Arbeitsgruppe Kindesmisshandlung (1992). *Kindesmisshandlungen in der Schweiz. Schlussbericht zuhanden des Vorstehers des Eidgenössischen Departements des Innern.* Schweizerische Eidgenossenschaft.

Archard, D. & Skivenes, M. (2009). Balancing a Child's Best Interests and a Child's Views. *The International Journal of Children's Rights*, 17(1), 1–21. https://doi.org/10.1163/157181808X358276.

Armstrong, D., Gosling, A., Weinman, J., & Marteau, T. (1997). The Place of Inter-Rater Reliability in Qualitative Research: An Empirical Study. *Sociology*, 31(3), 597–606. https://doi.org/10.1177/0038038597031003015.

Arnold, C., Huwiler, K., Raulf, B., Tanner, H. & Wicki, T. (2008). *Pflegefamilien- und Heimplatzierungen: Eine empirische Studie über den Hilfeprozess und die Partizipation von Eltern und Kindern* (1. Aufl.). Rüegger.

Bachmann, N., Meyer, S. & Zumbrunn, A. (2020). Lebenswelten, Umweltfaktoren und gesellschaftliche Rahmenbedingungen. In Schweizerisches Gesundheitsobservatorium (Hrsg.), *Gesundheit in der Schweiz – Kinder, Jugendliche und junge Erwachsene. Nationaler Gesundheitsbericht 2020* (S. 34–63). Hogrefe. https://www.obsan.admin.ch/de/publikationen/2020-gesundheit-der-schweiz-kinder-jugendliche-und-junge-erwachsene. (Zugriff 19.03.2025)

Balsells, M. Á., Fuentes-Peláez, N. & Pastor, C. (2017). Listening to the Voices of Children in Decision-Making: A Challenge for the Child Protection System in Spain. *Children and Youth Services Review*, 79, 418–425. https://doi.org/10.1016/j.childyouth.2017.06.055.

Barnes MacFarlane, L.-A. (2021). A New Welfare Test: Plus ça change? *Journal of Law Society of Scotland*, 66(3), 22–24.

Barnes, V. (2012). Social Work and Advocacy with Young People: Rights and Care in Practice. *British Journal of Social Work*, 42(7), 1275–1292. https://doi.org/10.1093/bjsw/bcr142.

Barras, V., Jungo, A. & Sager, F. (Hrsg.) (2024). *Responsabilités brouillées. Structures, intervenant·es et mises à l'épreuve*. Schwabe.

Bastian, C. (2019). The Child in Child Protection: Invisible and Unheard. *Child & Family Social Work*, 25(1), 135–143. https://doi.org/10.1111/cfs.12671.

Becker-Lenz, R. & Müller-Hermann, S. (2013). Die Notwendigkeit von wissenschaftlichem Wissen und die Bedeutung eines professionellen Habitus für die Berufspraxis der Sozialen Arbeit. In R. Becker-Lenz, S. Busse, G. Ehlert & S. Müller-Hermann (Hrsg.), *Professionalität in der Sozialen Arbeit* (S. 203–229). VS Verlag für Sozialwissenschaften. https://doi.org/10.1007/978-3-531-19881-1_10.

Bekaert, S., Paavilainen, E., Schecke, H., Baldacchino, A., Jouet, E., Zabłocka-Żytka, L. et al. (2021). Family Members' Perspectives of Child Protection Services, a Metasynthesis of the Literature. *Children and Youth Services Review*, 128, 106094. https://doi.org/10.1016/j.childyouth.2021.106094.

Berrick, J. D. (2018). *The Impossible Imperative: Navigating the Competing Principles of Child Protection*. Oxford University Press.

Berrick, J., Dickens, J., Pösö, T. & Skivenes, M. (2019). Children's and Parents' Involvement in Care Order Proceedings: A Cross-national Comparison of Judicial Decision-makers' Views and Experiences. *Journal of Social Welfare and Family Law*, 41(2), 1–17. https://doi.org/10.1080/09649069.2019.1590902.

Bertholet, P.-A. (1969). *Les aspects juridiques du placement familial* [Diss., Universität Neuenburg].

Biesel, K. (2013). Beteiligung von Kindern im Kinderschutz: Eine Herausforderung für die Kinder- und Jugendhilfe? *Jugendhilfe*, 51(1), 40–46.

Biesel, K. & Schär, C. (2012). Kindesschutz. In J. M. Bonvin, P. Maeder, C. Knöpfel, V. Hugentobler & U. Tecklenburg (Hrsg.), *Wörterbuch der Schweizer Sozialpolitik* (S. 279–281). Seismo.

Biesel, K. & Urban-Stahl, U. (2022). *Lehrbuch Kinderschutz* (2. Aufl.). Beltz Juventa.

Biesel, K., Fellmann, L. & Schär, C. (2017). Augen zu und durch?! Wie Klientinnen und Klienten Kindeswohlabklärungen erleben und was sie sich wünschen. *ZKE*, 72(4), 291–303.

Biesel, K., Fellmann, L., Müller, B., Schär, C. & Schnurr, S. (2017). *Prozessmanual. Dialogisch-systemische Kindeswohlabklärung*. Haupt.

Biesel, K., Masson, J., Parton, N. & Pösö, T. (2020). *Errors and Mistakes in Child Protection International Discourses, Approaches and Strategies* (1. Aufl.). Policy Press.

Bigler-Eggenberger, M. (2002). Art. 16 ZGB. In H. Honsell, N. P. Vogt & T. Geiser (Hrsg.), *Zivilgesetzbuch I* (2. Aufl., S. 171–186). Helbing Lichtenhahn.

Bignasca, V. (2019). Accusations d'abus sexuels: Relations de pouvoir et mécanismes de surveillance à Bellechasse dans les années 1950. In L. Seglias, K. Heiniger, M. Häsler Kristmann, A. Heiniger, D. Morat & N. Dissler (Hrsg.), *Alltag unter Zwang: Zwischen Anstaltsinternierung und Entlassung* (S. 234–246). Chronos.

Bitter, S. (2010). Verdingt und erniedrigt – Formen der Diskriminierung. In M. Leuenberger & L. Seglias (Hrsg.), *Versorgt und vergessen. Ehemalige Verdingkinder erzählen* (4. Aufl., S. 181–188). Rotpunktverlag.

Blum-Bruni, V. (2013). *Das gestrandete Schiff. Die Geschichte des fünfjährigen Verdingbuben Peter* (1. Aufl.). Schlaefli & Maurer AG.

Blum, S., Cottier, M. & Migliazza, D. (Hrsg.) (2008). *Anwalt des Kindes: Ein europäischer Vergleich zum Recht des Kindes auf eigene Vertretung in behördlichen und gerichtlichen Verfahren* (Bd. 9). Stämpfli.

Bodmer, D., Stalder, J. & Stauffer, M. (2020). Kinder (an-)hören: Ein Blick in die Anhörungspraxis. *ZKE*, 75(4), 317–340.

Böhnisch, L. & Lösch, H. (1973). Das Handlungsverständnis des Sozialarbeiters und seine institutionelle Determination. In H.-U. Otto & S. Schneider (Hrsg.), *Gesellschaftliche Perspektiven der Sozialarbeit* (2. Aufl., Bd. 2, S. 21–40). Luchterhand.

Bombach, C., Gabriel, T. & Keller, S. (2018). «Die wussten einfach, woher ich komme». Staatliche Eingriffe und ihre Auswirkungen auf das Leben ehemaliger Heimkinder. In G. Hauss, T. Gabriel & M. Lengwiler (Hrsg.), *Fremdplatziert: Heimerziehung in der Schweiz, 1940–1990* (S. 117–137). Chronos.

Bomert, C., Rein, A., Stauber, B., Schnurr, S. (i. E.). Zum Verhältnis von Care, Familie und Kinder- und Jugendhilfe. In M. Cottier, K. Scheiwe & C. Voithofer (Hrsg.), *Handbuch Sorgearbeit, Sorgebeziehungen und das Recht – Caring and the Law.* Springer.

Bouma, H., López López, M., Knorth, E. J. & Grietens, H. (2018). Meaningful Participation for Children in the Dutch Child Protection System: A Critical Analysis of Relevant Provisions in Policy Documents. *Child Abuse & Neglect*, 79, 279–292. https://doi.org/10.1016/j.chiabu.2018.02.016.

Brandon, M., Philip, G. & Clifton, J. (2019). Men as Fathers in Child Protection. *Australian Social Work*, 72(4), 447–460. https://doi.org/10.1080/0312407X.2019.1627469.

Braun, V. & Clarke, V. (2006). Using Thematic Analysis in Psychology. *Qualitative Research in Psychology*, 3(2), 77–101. https://doi.org/10.1191/1478088706qp063oa.

Breitschmid, P. (2022). Art. 314a/314*a*^{bis}. In H. Honsell, N. P. Vogt & T. Geiser (Hrsg.), *Zivilgesetzbuch I.* Helbing Lichtenhahn.

Bucher, A. (1999). *Natürliche Personen und Persönlichkeitsschutz* (3. Aufl.). Helbing Lichtenhahn.

Bühler-Niederberger, D. (2010). Organisierte Sorge für Kinder, Eigenarten und Fallstricke – eine generationale Perspektive. In D. Bühler-Niederberger, J. Mierendorff & A. Lange (Hrsg.), *Kindheit zwischen fürsorglichem Zugriff und gesellschaftlicher Teilhabe* (S. 17–41). VS Verlag für Sozialwissenschaften. https://doi.org/10.1007/978-3-531-92382-6_2.

Bühler, R., Galle, S., Grossmann, F., Lavoyer, M., Mülli, M., Neuhaus, E. & Ramsauer, N. (2019). *Ordnung, Moral und Zwang: Administrative Versorgungen und Behördenpraxis.* Chronos; Éditions Alphil; Edizioni Casagrande.

Bundesamt für Sozialversicherung (2005). *Gewalt gegen Kinder: Konzept für eine umfassende Prävention.* Schweizerische Eidgenossenschaft.

Bundesrat (1904). *Botschaft des Bundesrates an die Bundesversammlung, zu einem Gesetzesentwurf enthaltend das Schweizerische Zivilgesetzbuch.* (Vom *28. Mai 1904)* (Botschaft des Bundesrates an die Bundesversammlung BBl 1904 IV 1).

Bundesrat (1977). *Botschaft über die Änderung des Schweizerischen Zivilgesetzbuches (Fürsorgerische Freiheitsentziehung) und den Rückzug des Vorbehaltes zu Artikel 5 der Konvention zum Schutze der Menschenrechte und Grundfreiheiten vom 17. August 1977* (Botschaft des Bundesrates an die Bundesversammlung BBl 1977 III 1).

Bundesrat (1994). *Botschaft betreffend den Beitritt der Schweiz zum Übereinkommen von 1989 über die Rechte des Kindes vom 29. Juni 1994* (Botschaft des Bundesrates an die Bundesversammlung BBl 1994 V 1).

Bundesrat (1996). *Botschaft über die Änderung des Schweizerischen Zivilgesetzbuches (Personenstand, Eheschliessung, Scheidung, Kindesrecht, Verwandtenunterstützungspflicht, Heimstätten, Vormundschaft und Ehevermittlung) vom 15. November 1995* (Botschaft des Bundesrates an die Bundesversammlung BBl 1996 I 1).

Bundesrat (2006a). *Botschaft zur Änderung des Schweizerischen Zivilgesetzbuches (Erwachsenenschutz, Personenrecht und Kindesrecht) vom 28. Juni 2006* (Botschaft des Bundesrates an die Bundesversammlung BBI 2006 7001).

Bundesrat (2006b). *Botschaft zur Schweizerischen Zivilprozessordnung (ZPO) vom 28. Juni 2006* (Botschaft des Bundesrates an die Bundesversammlung BBl 2006 7221).

Bundesrat (2012). *Gewalt und Vernachlässigung in der Familie: notwendige Massnahmen im Bereich der Kinder- und Jugendhilfe und der staatlichen Sanktionierung.* Bericht des Bundesrates in Erfüllung des Postulats Fehr (07.3725) vom 5. Oktober 2007.

Bundesrat (2014). *Botschaft zu einer Änderung des Schweizerischen Zivilgesetzbuches* (Kindesunterhalt) (Botschaft des Bundesrates an die Bundesversammlung BBl 2014 529)

Burchard-Molteni, L. (1995). *Le tour de Suisse en cage: l'enfance volée.* Editions d'en bas.

Businger, S., Janett, M. & Ramsauer, N. (2018). «Gefährdete Mädchen» und «verhaltensauffällige Buben»: Behördliche Fremdplatzierungspraxis in den Kantonen Appenzell Innerrhoden, Basel-Stadt und Zürich. In G. Hauss, T. Gabriel & M. Lengwiler (Hrsg.), *Fremdplatziert: Heimerziehung in der Schweiz, 1940–1990* (S. 77–99). Chronos.

Bütow, B., Pomey, M., Rutschmann, M., Schär, C. & Studer, T. (2014). Einleitung: Politiken des Eingreifens – Zwischen Staat und Familie. In B. Bütow, M. Pomey, M. Rutschmann, C. Schär & T. Studer (Hrsg.), *Sozialpädagogik zwischen Staat und Familie: Alte und neue Politiken des Eingreifens* (S. 1–25). Springer Fachmedien. https://doi.org/10.1007/978-3-658-01400-1_1.

Canonica, A. (2019a). «Das ist ja immer die grosse Frage gewesen, wie weiter?» Das Leben nach dem Heim. In Bürgergemeinde der Stadt Basel (Hrsg.), *Zuhause auf Zeit: 350 Jahre Bürgerliches Waisenhaus Basel* (1. Aufl., S. 383–403). Christoph Merian.

Canonica, A. (2019b). «Man hat die Familie vermisst, die Nestwärme, die Liebe». Herkunftsfamilie und Aussenkontakte. In Bürgergemeinde der Stadt Basel (Hrsg.), *Zuhause auf Zeit: 350 Jahre Bürgerliches Waisenhaus Basel* (1. Aufl., S. 383–403). Christoph Merian.

Canonica, A., Hammler, U. & Kälin, J. (2019). *Zuhause auf Zeit: 350 Jahre Bürgerliches Waisenhaus Basel* (Bürgergemeinde der Stadt Basel, Hrsg.; 1. Aufl.). Christoph Merian.

Cashmore, J. (2002). Promoting the Participation of Children and Young People in Care. *Child Abuse & Neglect*, 26(8), 837–847. https://doi.org/10.1016/S0145-2134(02)00353-8.

Committee on the Rights of the Child (2009). *General Comment No. 12. The Right of the Child to Be Heard.* CRC/C/GC/12. (Zugriff 14.02.2025). https://digitallibrary.un.org/record/671444/files/CRC_C_GC_12-EN.pdf?ln=en.

Cossar, J., Brandon, M. & Jordan, P. (2016). ‹You've Got to Trust Her and She's Got to Trust You›: Children's Views on Participation in the Child Protection System. *Child & Family Social Work*, 21(1), 103–112. https://doi.org/10.1111/cfs.12115.

Cottier, M. (2006). *Subjekt oder Objekt? Die Partizipation von Kindern in Jugendstraf- und zivilrechtlichen Kindesschutzverfahren: Eine rechtssoziologische Untersuchung aus der Geschlechterperspektive.* Stämpfli.

Cottier, M. (2008). Verfahrensvertretung des Kindes im Familienrecht der Schweiz: Aktuelle Rechtslage und Reformbedarf. In S. Blum, M. Cottier & D. Migliazza (Hrsg.), *Anwalt des Kindes: Ein europäischer Vergleich zum Recht des Kindes auf eigene Vertretung in behördlichen und gerichtlichen Verfahren* (Bd. 9, S. 125–152). Stämpfli.

Cottier, M. (2013a). Art. 314 ZGB. In A. Büchler, C. Häfeli, A. Leuba & M. Stettler (Hrsg.), *Familienrechtskommentar Erwachsenenschutz* (S. 1094–1109). Stämpfli.

Cottier, M. (2013b). Art. 314a ZGB. In A. Büchler, C. Häfeli, A. Leuba & M. Stettler (Hrsg.), *Familienrechtskommentar Erwachsenenschutz* (S. 1110–1121). Stämpfli.

Cottier, M. (2013c). Art. 314a^{bis} ZGB. In A. Büchler, C. Häfeli, A. Leuba & M. Stettler (Hrsg.), *Familienrechtskommentar Erwachsenenschutz* (S. 1122–1129). Stämpfli.

Cottier, M. (2017). L'enfant sujet de droit: Bilan mitigé de la jurisprudence récente du Tribunal fédéral suisse. In A. Leuba, M.-L. Papaux van Delden & B. Foëx (Hrsg.), *Le droit en question. Mélanges en l'honneur de la Professeure Margareta Baddeley* (S. 81–100). Schulthess éd. Romandes.

Cottier, M. (2018). Art. 314a^{bis} ZGB. In A. Büchler & D. Jakob (Hrsg.), *Kurzkommentar ZGB, Schweizerisches Zivilgesetzbuch* (S. 953–958). Helbing Lichtenhahn.

Cottier, M. & Steck, D. (2012). Das Verfahren vor der Kindes- und Erwachsenenschutzbehörde. *FamPra.ch*, 13(4), 981–1000.

Dale, P. (2004). ‹Like a Fish in a Bowl›: Parents' Perceptions of Child Protection Services. *Child Abuse Review*, 13(2), 137–157. https://doi.org/10.1002/car.837.

Daly, A. (2018). *Children, Autonomy and the Courts: Beyond the Right to Be Heard.* Brill Nijhoff.

Dang, M. & Nguyen, M. S. (2021). Art. 29 Cst. In V. Marthenet & J. Dubey (Hrsg.), *Constitution fédérale* (S. 834–878). Helbing Lichtenhahn.

Deschenaux, H. & Steinauer, P.-H. (1980). *Personnes physiques et tutelle.* Stämpfli.

Dillon, J., Greenop, D. & Hills, M. (2016). Participation in Child Protection: A Small-scale Qualitative Study. *Qualitative Social Work: Research and Practice*, 15(1), 70–85. https://doi.org/10.1177/1473325015578946.

Doelman, E. H. J., van der Horst, F. C. P., Luijk, M. P. C. M. & Steketee, M. J. (2024). Parents' Perspectives on the Results of Mandatory Child Protection Support: A Qualitative Study. *Child & Family Social Work*, o. S. https://doi.org/10.1111/cfs.13144.

Dollinger, B. (2019). Hilfe als Konditionalprogramm: Eine Systematisierung sozialer Kontrolle als Kernaufgabe Sozialer Arbeit. *Kriminologisches Journal*, 51(1), 7–23.

Droz-Sauthier, G. (2024). *Les droits de procédure des enfants et des parents devant les autorités de protection de l'enfant. Analyse juridique de droit suisse de 1912 à aujourd'hui et de droit comparé.* Stämpfli.

Dumbrill, G. C. (2006). Parental Experience of Child Protection Intervention: A Qualitative Study. *Child Abuse & Neglect*, 30(1), 27–37. https://doi.org/10.1016/j.chiabu.2005.08.012.

Duncan, M. (2019). *Participation in Child Protection. Theorizing Children's Perspectives.* Palgrave Macmillan.

Eberitzsch, S., Keller, S. & Rohrbach, J. (2023). *Sichtweisen junger Menschen auf Partizipation und Schutz in stationären Erziehungshilfen: Einblicke in ausgewählte Studienergebnisse.* Barbara Budrich.

Eidgenössisches Departement des Innern (2023). *Jede dritte Person in der Schweiz macht Diskriminierungs- oder Gewalterfahrung.* Medienmitteilung vom 09.02.2023. (Zugriff 14.02.2025) https://www.admin.ch/gov/de/start/dokumentation/medienmitteilungen.msg-id-92922.html.

Eidgenössisches Justiz- und Polizeidepartement (2003). *Schweizerische Zivilprozessordnung* (Begleitbericht zum Vorentwurf der Expertenkommission).

Europarat (Hrsg.) (2012). *Leitlinien des Ministerkomitees des Europarates für eine kindgerechte Justiz.* Council of Europe Publ.

Expertenkommission Ingenbohl (2013). *Ingenbohler Schwestern in Kinderheimen. Erziehungspraxis und institutionelle Bedingungen unter besonderer Berücksichtigung von Rathausen und Hohenrain* [Schlussbericht der unabhängigen Expertenkommission Ingenbohl].

Fassbind, P. (2013). Die Organisation der Kindes- und Erwachsenenschutzbehörden in der Schweiz. *SozialAktuell*, 45(1), 15–17.

Featherstone, B., White, S. & Morris, K. (2014). *Re-Imagining Child Protection. Towards Humane Social Work With Families.* Bristol University Policy Press.

Ferguson, H., Disney, T., Warwick, L., Leigh, J., Cooner, T. S. & Beddoe, L. (2020). Hostile Relationships in Social Work Practice: Anxiety, Hate and Conflict in Long-Term Work with Involuntary Service Users. *Journal of Social Work Practice*, 35(1), 1–19. https://doi.org/10.1080/02650533.2020.1834371.

Flick, U. (2000). *Qualitative Forschung. Theorie, Methoden, Anwendung in Psychologie und Sozialwissenschaften* (5. Aufl.). Rowohlt Taschenbuch.

Forkby, T. & Höjer, S. (2011). Navigations Between Regulations and Gut Instinct: The Unveiling of Collective Memory in Decision-Making Processes Where Teenagers Are Placed in Residential Care: Collective Memory in Decision-Making Processes. *Child & Family Social Work*, 16(2), 159–168. https://doi.org/10.1111/j.1365-2206.2010.00724.x.

Forni, R. (1973). Les lignes directrices de la révision en cours du droit de la famille. *REC*, 41(11), 271–279.

Franzheld, T. (2017). ‹Verdacht› als theoretische Reflexion und analytische Konzeption der Kinderschutzforschung. *Sozialer Sinn*, 18(2), 255–280. https://doi.org/10.1515/sosi-2017-0012.

Freisler-Mühlemann, D. (2011). *Verdingkinder – ein Leben auf der Suche nach Normalität* (1. Aufl.). hep der Bildungsverlag.

Gabriel, T., Keller, S. & Studer, T. (2007). *Wirkungsorientierte Jugendhilfe, Band 03: Wirkungen erzieherischer Hilfen – Metaanalyse ausgewählter Studien.* ISA Institut für Soziale Arbeit.

Gallagher, M., Smith, M., Hardy, M. & Wilkinson, H. (2012). Children and Families' Involvement in Social Work Decision Making. *Children & Society*, 26(1), 74–85. https://doi.org/10.1111/j.1099-0860.2011.00409.x.

Galle, S. & Meier, T. (2009). *Von Menschen und Akten: Die Aktion «Kinder der Landstrasse» der Stiftung Pro Juventute.* Chronos.

Garfinkel, H. (1967). *Studies in Ethnomethodology.* Prentice-Hall, Englewood Cliffs.

Gassmann, Y. (2010). *Pflegeeltern und ihre Pflegekinder: Empirische Analysen von Entwicklungsverläufen und Ressourcen im Beziehungsgeflecht.* Waxmann.

Gassner, S. (2018). *Pflegeeltern im Dreieck zwischen Eltern, Kind und KESB.* Schulthess [Diss., Universität Freiburg i. Ue.].

Gautschi, J. (2021). *Urteile und Entscheidungen unter Unsicherheit in Kindeswohlabklärungen: Einflussfaktoren auf Fallbeurteilungen in einer multifaktoriellen, experimentellen Vignettenstudie.* Pädagogische Hochschule Freiburg.

Gautschi, J. & Schnurr, S. (2024). Kinderschutz in der Schweiz: Ein Überblick. *Sozial Extra*, 48(1), 35–39.

Gerber, S. (2021). *Wann interveniert der Staat in Familien: Eintritts- und Eingriffsschwellen im Kindesschutz und im Kindesrecht.* Stämpfli.

Germann, U. & Odier, L. (2019). Administrative Versorgungen in der Schweiz 1930–1981. Synthese. In Unabhängige Expertenkommission (UEK) administrative Versorgungen (Hrsg.), *Organisierte Willkür: Administrative Versorgungen in der Schweiz 1930–1981: Schlussbericht* (S. 13–206). Chronos.

Gibson, M. (2019). The Shame and Shaming of Parents in the Child Protection Process: Findings From a Case Study of an English Child Protection Service. *Families, Relationships and Societies*, 9(2), 217–233. https://doi.org/info:doi/10.1332/204674318X15447907611406.

Gnädinger, B. (2020). Wozu Archive? – Bemerkungen zu einer Kurskorrektur. In Schweizerische Archivdirektorinnen- und Archivdirektorenkonferenz (ADK) (Hrsg.), *Menschen korrigieren: Fürsorgerische Zwangsmassnahmen und Fremdplatzierungen im Kanton Zürich bis 1981* (1. Aufl., S. 53–68). Chronos.

Götzö, M. & Wigger, A. (2014). Das Pflegekinderwesen als Element des Lebenslaufregimes: Einsichten in eine komplexe Figuration. In M. Götzö, M. Schöne & A. Wigger (Hrsg.), *Spannungsfelder organisierter Freiräume. Forschungsbeiträge zu Pflegefamiliensettings und Vergemeinschaftungsprozesse in stationären Einrichtungen* (S. 11–70). Goldbach.

Graham, A. & Fitzgerald, R. (2010). Progressing Children's Participation: Exploring the Potential of a Dialogical Turn. *Childhood*, 17(3), 343–359. https://doi.org/10.1177/0907568210369219.

Grossniklaus, P. & Blum, S. (2007). Unabhängige Verfahrensvertretung des Kindes – unverzichtbarer Bestandteil eines kindszentrierten Kindesschutzverfahrens. *ZVW*, 1, 23–30.

Guggisberg, E. (2016). *Pflegekinder: Die Deutschschweizer Armenerziehungsvereine, 1848–1965*. Hier und Jetzt.

Guggisberg, E. & Dalmolin, M. (2019). *«Zehntausende»: Zahlen zur administrativen Versorgung und zur Anstaltslandschaft*. Chronos.

Guillod, O. (2013). Art. 426 ZGB. In A. Büchler, C. Häfeli, A. Leuba & M. Stettler (Hrsg.), *Familienrechtskommentar Erwachsenenschutz* (S. 700–729). Stämpfli.

Gumy, C. (2019). Interner pour rendre dociles et utiles les jeunes «moralement abandonnées, pervertis ou en danger de l'être». In C. Gumy, S. Knecht, L. Maugué, N. Dissler & N. Gönitzer (Hrsg.), *Des Lois d'exception? Légitimation et délégitimation de l'internement administratif* (Bd. 3, S. 287–327). Chronos.

Gumy, C., Knecht, S., Maugué, L., Dissler, N. & Gönitzer, N. (2019). *Des lois d'exception? Légitimation et délégitimation de l'internement administratif* (Bd. 3). Chronos.

Gurt, P. (2018). *Schattenkind: Wie ich als Kind überlebt habe: Autobiografie*. Goldmann.

Gusset, S., Seglias, L. & Lengwiler, M. (2021). *Versorgen, behandeln, pflegen: Geschichte der Psychiatrie in Graubünden*. Schwabe.

Habermas, J. (1981). *Handlungsrationalität und gesellschaftliche Rationalisierung*. Suhrkamp.

Häfeli, C. (2021). *Kindes- und Erwachsenenschutzrecht* (3. Aufl.). Stämpfli.

Häfeli, C., Lengwiler, M. & Vogel Campanello, M. (Hrsg.) (2024). *Entre protection et coercition. Normes et pratiques au fil du temps.* Schwabe.

Hamberger, M. (2008). *Erziehungshilfekarrieren – belastete Lebensgeschichte und professionelle Weichenstellungen.* IGfH-Eigenverlag.

Hart, R. A. (1992). *Children's Participation: From Tokenism to Citizenship* (Innocenti Essay Nr. 4). International Child Development Centre.

Häsler Kristmann, M. (2019). Entlassungspraxis und Aufsichtsmechanismen. In L. Seglias, K. Heiniger, V. Bignasca, M. Häsler Kristmann, D. Morat & N. Dissler (Hrsg.), *Alltag unter Zwang: Zwischen Anstaltsinternierung und Entlassung* (Bd. 8, S. 551–629). Chronos.

Häsler, M. (2008). *In fremden Händen: Die Lebensumstände von Kost- und Pflegekindern in Basel vom Mittelalter bis heute.* Schwabe.

Hauri, A. (2020). *Wahrnehmung des Kindesschutzverfahrens vor der KESB durch Jugendliche und Eltern mit Fokus auf Gerechtigkeit.* (Zugriff 14.02.2025) https://www.zora.uzh.ch/id/eprint/191332/1/HAURI_ANDREA_Dissertation.pdf.

Hauss, G., Gabriel, T. & Lengwiler, M. (Hrsg.) (2018). *Fremdplatziert. Heimerziehung in der Schweiz, 1940–1990.* Chronos.

Healy, K. & Darlington, Y. (2009). Service User Participation in Diverse Child Protection Contexts: Principles for practice. *Child & Family Social Work*, 14(4), 420–430. https://doi.org/10.1111/j.1365-2206.2009.00613.x.

Heimer, M., Näsman, E. & Palme, J. (2018). Vulnerable Children's Rights to Participation, Protection, and Provision: The Process of Defining the Problem in Swedish Child and Family Welfare. *Child & Family Social Work*, 23(2), 316–323. https://doi.org/10.1111/cfs.12424.

Heiniger, A. (2014). Des entreprises de «(ré)éducation», les aspects économiques de la mise au travail. In L. Seglias, K. Heiniger, V. Bignasca, M. Häsler Kristmann, A. Maercker, S. Krammer, K. Simmen-Janevska & M. Furrer (Hrsg.), *Alltag unter Zwang: Zwischen Anstaltsinternierung und Entlassung* (S. 281–331). Schwabe.

Heiniger, A. & Morat, D. (2019). Façonner la déviance: Les interné·e·s vu·e·s par le prisme des registres d'entrée des établissements. In L. Seglias, K. Heiniger, V. Bignasca, M. Häsler Kristmann, D. Morat & N. Dissler (Hrsg.), *Alltag unter Zwang: Zwischen Anstaltsinternierung und Entlassung* (Bd. 8, S. 165–193). Chronos. https://doi.org/10.33057/chronos.1518.

Heiniger, K. (2019a). Praktiken der Nacherziehung. In L. Seglias, K. Heiniger, V. Bignasca, M. Häsler Kristmann, D. Morat & N. Dissler (Hrsg.), *Alltag unter Zwang: Zwischen Anstaltsinternierung und Entlassung* (Bd. 8, S. 247–248). Chronos.

Heiniger, K. (2019b). Sexuelle Übergriffe in Hindelbank (1960er-Jahre). In L. Seglias, K. Heiniger, V. Bignasca, M. Häsler Kristmann, D. Morat & N. Dissler (Hrsg.), *All-*

tag unter Zwang: Zwischen Anstaltsinternierung und Entlassung (Bd. 8, S. 247–248). Chronos.

Helland, H.S. (2021a). Reasoning between Rules and Discretion: A Comparative Study of the Normative Platform for Best Interest Decision-Making on Adoption in England and Norway. *International Journal of Law, Policy and the Family*, 35(1), 1–28.

Helland, H.S. (2021b). In the Best Interest of the Child? Justifying Decisions on Adoption from Care in the Norwegian Supreme Court. *The International Journal of Children's Rights*, 29, 609–639.

Heller, G., Avvanzino, P. & Lacharme, C. (2005). *Témoignages d'enfants placés entre 1930 et 1970*. Éditions de l'EESP.

Helm, D. & Roesch-Marsh, A. (2017). The Ecology of Judgement: A Model for Understanding and Improving Social Work Judgements. *The British Journal of Social Work*, 47(5), 1361–1376. https://doi.org/10.1093/bjsw/bcw091.

Herzig, C. (2020). Die Rolle der Kindsvertretung. *FamPra.ch*, 3, 567–588.

Hitz Quenon, N., & Matthey, F. (2017). *Une justice adaptée aux enfants. L'audition de l'enfant lors d'un placement en droit civil et lors du renvoi d'un parent en droit des étrangers*. Schweizerisches Kompetenzzentrum für Menschenrechte (SKMR).

Hochheuser Onnen, C. (1997). *Grundrechtsaspekte der zivilrechtlichen Kindesschutzmassnahmen und der kommenden jugendstrafrechtlichen Sanktionen*. Dike.

Höjer, I. (2011). Parents with Children in Foster Care – How Do They Perceive Their Contact with Social Workers? *Practice*, 23(2), 111–123. https://doi.org/10.1080/09503153.2011.557149.

Honneth, A. (1995). *The Struggle for Recognition: The Moral Grammar of Social Conflicts*. MIT Press.

Höpflinger, F. (1999). Gesellschaft im Umbau. In W. Leimgruber, W. Fischer & Volkshochschule des Kantons Zürich (Hrsg.), *Goldene Jahre: Zur Geschichte der Schweiz seit 1945* (S. 133–149). Chronos.

Hugger, P. (1998). Das Verdingkind. In P. Hugger (Hrsg.), *Kind sein in der Schweiz* (S. 107–108). Offizin.

Huonker, T. (1987). *Fahrendes Volk, verfolgt und verfemt: Jenische Lebensläufe*. Limmat.

Husby, I. S. D., Kiik, R. & Juul, R. (2019). Children's Encounters With Professionals – Recognition and Respect During Collaboration. *European Journal of Social Work*, 22(6), 987–998. https://doi.org/10.1080/13691457.2018.1473841.

Husby, I. S. D., Slettebø, T. & Juul, R. (2018). Partnerships With Children in Child *Welfare*: The Importance of Trust and Pedagogical Support. *Child & Family Social Work*, 23, 443–450. https://doi.org/10.1111/cfs.12435.

Immos, S. (1990). Praxisbeitrag eines Sozialarbeiters und Familientherapeuten Kinder- und Jugendpsychatrischer Dienst des Kantons Luzern. In F. Herzog (Hrsg.), *20 Jahre nach der Heimkampagne: Neue Herausforderungen an der Front sozialpädagogischer Arbeit* (S. 101–108). SZH.

Jacobsson, K. & Gubrium, J. F. (Hrsg.) (2021). *Doing Human Service Ethnography.* Policy Press.

Jacot-Guillarmod, O. (1981). Intérêt de la jurisprudence des organes de la CEDH pour la mise en œuvre du nouveau droit suisse de la privation de liberté à des fins d'assistance. *RDT*, 36(2), 41–58.

Jobe, A. & Gorin, S. (2013). ‹If Kids Don't Feel Safe They Don't Do Anything›: Young People's Views on Seeking and Receiving Help from Children's Social Care Services in England. *Child & Family Social Work*, 18(4), 429–438. https://doi.org/10.1111/j.1365-2206.2012.00862.x.

Kälin, J. (2019a). Heimerziehung im Brennpunkt der Kritik. Das Bürgerliche Waisenhaus seit den 1950er-Jahren. In Bürgergemeinde der Stadt Basel (Hrsg.), *Zuhause auf Zeit: 350 Jahre Bürgerliches Waisenhaus Basel* (1. Aufl., S. 265–293). Christoph Merian.

Kälin, J. (2019b). «Ich bin nie alleine gewesen. Wer wächst denn sonst mit zwölf Kindern auf?». In Bürgergemeinde der Stadt Basel (Hrsg.), *Zuhause auf Zeit: 350 Jahre Bürgerliches Waisenhaus Basel* (1. Aufl., S. 101–108). Christoph Merian.

Kälin, J. & Seglias, L. (2019). «Wenn ich mich nicht benehmen würde, käme ich in eine Erziehungsanstalt». Disziplin und Strafe. In Bürgergemeinde der Stadt Basel (Hrsg.), *Zuhause auf Zeit: 350 Jahre Bürgerliches Waisenhaus Basel* (1. Aufl., S. 329–342). Christoph Merian.

Katz, B. (1983). *La privation de liberté à des fins d'assistance, étude de droit fédéral et de procédure vaudoise* [Diss., Universität Lausanne].

Karsz, S. (2004). *Pourquoi le travail social? Définition, figures, clinique.* Dunod.

Kawulich, B. B. (2005). Participant Observation as a Data Collection Method. *Forum Qualitative Sozialforschung/Forum: Qualitative Social Research*, 6(2), o. S. https://doi.org/10.17169/FQS-6.2.466.

Kinderanwaltschaft Schweiz (o. J.) *Checkliste: Einsetzung einer Rechtsvertretung des Kindes im Sinne von Art. 314abis ZGB im Kindesschutzverfahren.* (Zugriff 14.02.2025). https://www.kinderanwaltschaft.ch/de.

Klein, S. (2013). Gewalt und sexueller Missbrauch in kirchlich geführten Kinderheimen. In M. Ries & V. Beck (Hrsg.), *Hinter Mauern. Fürsorge und Gewalt in kirchlich geführten Erziehungsanstalten im Kanton Luzern* (S. 301–338). Theologischer Verlag Zürich.

Knüsel, R., Grob, A. & Mottier, V. (Hrsg..) (2024). *Placements et destinée. Décisions des autorités et conséquences sur les parcours de vie.* Schwabe.

Koch, M. & Schoch, A. (2022). *Fachliches Urteilen, Körper und Sinne. Analytische Reflexionen am Beispiel von Hausbesuchen und Anhörungen im Kinder- und Erwachsenenschutz.* Empirische Pädagogik, 36(1), 64–79.

Koch, M., Piñeiro, E., & Pasche, N. (2019). «Wir sind ein Dienst, keine Behörde.» Multiple institutionelle Logiken in einem Schweizer Jugendamt – ein ethnografisches

Fallbeispiel aus der street-level bureaucracy. *Forum Qualitative Sozialforschung/Forum: Qualitative Social Research*, 20(2), 1–30. https://doi.org/10.17169/fqs-20.2.3045.

Kofmel Ehrenzeller, S. (2023). Das Kindes- und Erwachsenenschutzverfahren – ein Plädoyer für eine gesamtschweizerische Vereinheitlichung mit Leitlinien für die inhaltliche Ausgestaltung. *FamPra.ch*, 409–434.

KOKES (2017). *Praxisanleitung Kindesschutzrecht (mit Mustern).* Dike Verlag.

Konferenz der kantonalen Vormundschaftsbehörden (2008). Kindes- und Erwachsenenschutzbehörde als Fachbehörde (Analyse und Modellvorschläge). *ZVW*, 63(2), 63–128.

Korpinen, J. & Pösö, T. (2020). Social Workers' Views about Children's and Parents' Competence in Child Protection Decision-making. *Journal of Social Work*, 21(4), 853–870. https://doi.org/10.1177/1468017320940635.

Kriwy, P. & Gross, C. (Hrsg.) (2009). *Klein aber fein! Quantitative empirische Sozialforschung mit kleinen Fallzahlen* (1. Aufl.). VS Verlag für Sozialwissenschaften.

Križ, K. & Roundtree-Swain, D. (2017). «We Are Merchandise on a Conveyer Belt»: How Young Adults in the Public Child Protection System Perceive Their Participation in Decisions about Their Care. *Children & Youth Services Review*, 78, 32–40. https://doi.org/10.1016/j.childyouth.2017.05.001.

Kruse, J., Biesel, K. & Schmieder, C. (2011). Allgemeine Grundlagen rekonstruktiver Analyse. In J. Kruse, K. Biesel & C. Schmieder (Hrsg.), *Metaphernanalyse.* Ein rekonstruktiver Ansatz (S. 30–62). VS Verlag für Sozialwissenschaften. https://doi.org/10.1007/978-3-531-92863-0_3.

Lalayants, M. (2017). Partnership Between Child Protective Services and Parent Representatives. *Child & Family Social Work*, 22, 40–50. https://doi.org/10.1111/cfs.12217.

Lätsch, D., Quehenberger, J., Portmann, R. & Jud, A. (2023). Children's Participation in the Child Protection System: Are Young People from Poor Families Less Likely to Be Heard? *Children and Youth Services Review*, 45, 106762. https://doi.org/10.1016/j.childyouth.2022.106762.

Leeson, C. (2007). My Life in Care: Experiences of Non-participation in Decision-making Processes. *Child & Family Social Work*, 12(3), 268–277. https://doi.org/10.1111/j.1365-2206.2007.00499.x.

Leuba, A. & Bastons Bulletti, F. (2010). Art. 133 CC. In P. Pichonnaz & B. Foëx (Hrsg.), *Commentaire romand. Code Civil I* (1. Aufl., S. 969–980). Helbing Lichtenhahn.

Leuenberger, M. & Seglias, L. (2015). *Geprägt fürs Leben: Lebenswelten fremdplatzierter Kinder in der Schweiz im 20. Jahrhundert.* Chronos.

Leuenberger, M. & Seglias, L. (Hrsg.) (2010). *Versorgt und vergessen. Ehemalige Verdingkinder erzählen* (4. Aufl.). Rotpunktverlag.

Leuenberger, M., Mani, L., Rudin, S. & Seglias, L. (2011). *«Die Behörde beschliesst» – zum Wohl des Kindes? Fremdplatzierte Kinder im Kanton Bern 1912–1978.* Hier und Jetzt.

Leuenberger, M., Seglias, L., Haumann, H. & Mädel, U. (2008). *Verdingkinder, Schwabengänger, Spazzacamini und andere Formen der Fremdplatzierung und Kinderarbeit in der Schweiz im 19. und 20. Jahrhundert* [Wissenschaftlicher Schlussbericht zuhanden des Schweizerischen Nationalfonds (unveröffentlicht)].

Leuthold, U. & Ruflin, R. (2019). Die Perspektive der Nutzerinnen und Nutzer auf Dienstleistungen im Kindes- und Erwachsenenschutz. *ZKE,* 74(4), 310–330.

Leuthold, U., Mitrovic, T., Droz-Sauthier, G. & Krüger, P. (2023). *Transdisziplinäre Qualitätsstandards für den Kindesschutz.* Interessengemeinschaft für Qualität im Kindesschutz, Kinderschutz Schweiz, UNICEF Schweiz und Liechtenstein, YOUVITA. (Zugriff 14.02.2025) https://qualitaet-kindesschutz.ch/app/uploads/2023/08/WEB_UNICEF_QStandards_DE-final.pdf.

Levante, P. (2000). *Die Wahrung der Kindesinteressen im Scheidungsverfahren: Die Vertretung des Kindes im Besonderen.* Stämpfli.

Lind, E. A., & Tyler, T. R. (1988). *The Social Psychology of Procedural Justice.* Plenum Press

Lloyd, K. & Emerson, L. (2017). (Re)examining the Relationship Between Children's Subjective Wellbeing and Their Perceptions of Participation Rights. *Child Indicators Research,* 10(3), 591–608. https://doi.org/10.1007/s12187-016-9396-9.

Lundy, L. (2007). ‹Voice› is not enough: Conceptualising Article 12 of the United Nations Convention on the Rights of the Child. *British Educational Research Journal,* 33(6), 927–942. https://doi.org/10.1080/01411920701657033.

Lüscher, L. (2010). Schulbesuch und Berufslehre galten als Nebensache. In M. Leuenberger & L. Seglias (Hrsg.), *Versorgt und vergessen. Ehemalige Verdingkinder erzählen* (4. Aufl., S. 53–60). Rotpunktverlag.

Lustenberger, M. (1987). *Die fürsorgerische Freiheitsentziehung bei Minderjährigen unter elterlicher Gewalt* [Dissertation der rechtswissenschaftlichen Fakultät, Université de Fribourg].

Maanen, J. V. & Spradley, J. P. (1980). Participant Observation. *Administrative Science Quarterly,* 25(3), 526–530. https://doi.org/10.2307/2392270.

Macsenaere, M. (2017). Was wirkt in den Hilfen zur Erziehung? *Forensische Psychiatrie, Psychologie, Kriminologie,* 11(2), 155–162. https://doi.org/10.1007/s11757-017-0410-y.

Mäder, U. (2010). Gewalt und Machtmissbrauch. In M. Leuenberger & L. Seglias (Hrsg.), *Versorgt und vergessen. Ehemalige Verdingkinder erzählen* (4. Aufl., S. 219–225). Rotpunktverlag.

Maercker, A., Krammer, S. & Simmen-Janevska, K. (2014). Psychische Folgestörungen der Verdingung im Alter. In M. Furrer, K. Heiniger, T. Huonker, S. Jenzer & A.-

F. Praz (Hrsg.), *Fürsorge und Zwang: Fremdplatzierung von Kindern und Jugendlichen in der Schweiz 1850–1980* (S. 373–384). Schwabe.

Maier, E. (1921). *Contribution à l'étude de l'intervention des autorités de tutelle dans l'exercice de la puissance paternelle.* Université de Lausanne.

Mainey, A., Ellis, A. & Lewis, J. (2009). *Children's Views of Services: A Rapid Review.* National Children's Bureau.

Mani, L. (2011). Interviewanalyse zu Bewältigungsstrategien. In M. Leuenberger, S. Rudin & L. Seglias (Hrsg.), *«Die Behörde beschliesst» – zum Wohl des Kindes? Fremdplatzierte Kinder im Kanton Bern 1912–1978* (S. 102–176). Hier und Jetzt.

Marks, S. & Sehmer, J. (2017). Familiale Autonomie im Kinderschutz: Rekonstruktion einer Einschätzung des Jugendamts zur Intervention und Prävention in einem Fall von Kindeswohlgefährdung. *Sozialer Sinn*, 18(2), 203–229. https://doi.org/10.1515/sosi-2017-0010.

Mayring, P. (2022). *Qualitative Inhaltsanalyse: Grundlagen und Techniken* (13. Aufl.). Beltz.

Mehr, M. (1987). *Kinder der Landstrasse: Ein Hilfswerk, ein Theater und die Folgen.* Zytglogge.

Meier, P. (2006). Résumé de jurisprudence mars 2006 à juin 2006. *RDT, 2,* 75–92.

Meier, P. (2008). La position des personnes concernées dans les procédures de protection des mineurs et des adultes – Quelques enseignements de la jurisprudence fédérale récente. *RDT, 5,* 399–430.

Meier, P. (2010). Art. 314a CC. In P. Pichonnaz & B. Foëx (Hrsg.), *Commentaire romand. Code Civil I* (1. Aufl., S. 1942–1946). Helbing Lichtenhahn.

Meier, P. (2012). L'enfant et la nouvelle procédure civile. In C. Fountalakis, P. Pichonnaz & A. Rumo-Jungo (Hrsg.), *Droit de la famille et nouvelle procédure: Aspects de droit de fond et de procédure* (S. 37–65). Schulthess.

Meier, P. (2016). Résumé de jurisprudence (filiation et protection de l'adulte) février à mai 2016. *ZKE,* 71(3), 181–214.

Meier, P. & Stettler, M. (2006). *Droit de la filiation* (3. Aufl.). Schulthess.

Merton, R. K. & Barber, E. (1976). Sociological Ambivalence. In R. K. Merton (Hrsg.), *Sociological Ambivalence and Other Essays* (S. 3–31). The Free Press.

Michail, S., Grace, R., Ng, J. & Shier, H. (2023). Cultivating Child and Youth Decision-Making: The Principles and Practices of the ReSPECT Approach to Professional Development. *Children & Society,* o. S. https://doi.org/10.1111/chso.12812.

Michel, M. & Steck, D. (2017). Art. 300 ZPO. In K. Spühler, L. Technio & D. Infanger (Hrsg.), *Basler Kommentar, Schweizerische Zivilprozessordnung* (3. Aufl., S. 1826–1831). Helbing Lichtenhahn.

Mitchell, M. (2020). The Value of Recognition Theory to Family Group Conferencing and Child-Care and Protection. *The British Journal of Social Work,* 51(6), 2191–2209. https://doi.org/10.1093/bjsw/bcaa207.

Mitchell, M. (2022). ‹Because I'm a Kid ...›: The Struggle for Recognition of Children and Young People Involved in Child and Family Social Work. *Child & Family Social Work*, 27(3), 526–534. https://doi.org/10.1111/cfs.12905.

Molander, A., Grimen, H. & Eriksen, E. O. (2012). Professional Discretion and Accountability in the Welfare State. *Journal of Applied Philosophy*, 29(3), 214–230.

Mörsberger, T. (2021). Vertrauen. In K. Gedik & R. Wolff (Hrsg.), *Kinderschutz in der Demokratie – Eckpfeiler guter Fachpraxis: Ein Handbuch* (S. 303–332). Barbara Budrich.

Moser, K. (2010). Kindeswegnahme und Fremdplatzierung. In M. Leuenberger & L. Seglias (Hrsg.), *Versorgt und vergessen. Ehemalige Verdingkinder erzählen* (4. Aufl., S. 121–129). Rotpunktverlag.

Mühlbacher, S. & Sutterlüty, F. (2019). The Principle of Child Autonomy: A Rationale for the Normative Agenda of Childhood Studies. *Global Studies of Childhood*, 9(3), 249–260. https://doi.org/10.1177/2043610619860999.

Munro, E. & Turnell, A. (2018). Re-designing Organizations to Facilitate Rights-Based Practice in Child Protection. In A. Falch-Eriksen & E. Backe-Hansen (Hrsg.), *Human Rights in Child Protection. Implications for Professional Practice and Policy* (S. 89–110). Palgrave Macmillan.

Müller, B., Biesel, K. & Schär, C. (2020). Errors and Mistakes in Child Protection in Switzerland. A Missed Opportunity of Reflection? In K. Biesel, J. Masson, N. Parton & T. Pösö (Hrsg.), *Errors and Mistakes in Child Protection. International Discourses, Approaches and Strategies* (S. 153–171). Policy Press.

Odier, L. (2019). Violences sexuelles dans les établissements fermés. In A.-F. Praz, L. Odier, T. Huonker, L. Schneider & M. Nardone (Hrsg.), *«... je vous fais une lettre». Retrouver dans les archives la parole et le vécu des personnes internées* (Bd. 4, S. 235–239). Chronos.

Pan, C., Pfeil, B. S. & Videsott, P. (2018). *National Minorities in Europe* (2. Aufl., Bd. 1). Verlag Österreich.

Parton, N. (2017). Comparing Child Protection Systems: Towards a Global Perspective. In P. Dolan & N. Frost (Hrsg.), *The Routledge Handbook of Global Child Welfare* (S. 225–242). Routledge.

Petersen, S. K. (2018). Parents' Experiences of Child Protection Practice in Denmark. *Child & Family Social Work*, 23(4), 609–616. https://doi.org/10.1111/cfs.12451.

Peyerl, K. & Züchner, I. (Hrsg.) (2022). *Partizipation in der Kinder- und Jugendhilfe. Anspruch, Ziele und Formen der Partizipation von Kindern und Jugendlichen.* Beltz Juventa.

Pfänder Baumann, S. (2016). Art. 299 ZPO. In A. Brunner, D. Gasser & I. Schwander (Hrsg.), *ZPO schweizerische Zivilprozessordnung, Kommentar* (2. Aufl., S. 2253–2260). Dike.

Pölkki, P., Vornanen, R., Pursiainen & Riikonen, M. (2012). Children's Participation in Child-protection Processes as Experienced by Foster Children and Social Workers. *Child Care in Practice*, 18(2), 107–125. https://doi.org/10.1080/13575279.2011.646954.

Pollner, M. & Emerson, R. M. (2001). Ethnomethodology and Ethnography. In P. Atkinson, A. Coffey, S. Delamont, J. Lofland & L. Lofland (Hrsg.), *Handbook of Ethnography* (Reprinted, S. 118–135). SAGE.

Pomey, M. (2017). *Vulnerabilität und Fremdunterbringung: Eine Studie zur Entscheidungspraxis bei Kindeswohlgefährdung* (Dissertation). Beltz Juventa.

Pomey, M. (2022). Entscheiden als soziale Praxis im Kindsschutz – Eine prozessrekonstruktive Perspektive. *Empirische Pädagogik*, 36(1), 48–63.

Pösö, T. (2018). Experts by Experience: Infusing Professional Practices in Child Protection. In A. Falch-Eriksen & E. Backe-Hansen (Hrsg.), *Human Rights in Child Protection. Implications for Professional Practice and Policy* (S. 111–128). Palgrave Macmillan.

Preusser, H.-P. & Schmitz, H. (Hrsg.) (2010). *Autobiografie und historische Krisenerfahrung.* Winter.

Quick, D. & Scott, A. L. (2019). Affect and Emotion in a Parent's Engagement with Statutory Child-Protection Services: Navigating Stigma and ‹Identity Assault›. *The British Journal of Social Work*, 49(2), 485–502. https://doi.org/10.1093/bjsw/bcy055.

Raithelhuber, E. & Schröer, W. (2018). Agency. In H.-U. Otto, H. Thiersch, R. Treptow & H. Ziegler (Hrsg.), *Handbuch Soziale Arbeit* (S. 49–58). Reinhardt.

Ramsauer, N. (2000). *«Verwahrlost». Kindswegnahme und die Entstehung der Jugendfürsorge im schweizerischen Sozialstaat 1900–1945.* Chronos.

Rieder, S., Bieri, O., Schwenkel, C., Hertig, V. & Amberg, H. (2016). *Evaluation Kindes- und Erwachsenenschutzrecht – Analyse der organisatorischen Umsetzung und Kennzahlen zu Leistungen und Kosten* [Bericht von Interface]. (Zugriff 14.02.2025) https://www.bj.admin.ch/bj/de/home/publiservice/publikationen/externe/2016-04-05.html.

Rietmann, T. (2017). *Fürsorgerische Zwangsmassnahmen: Anstaltsversorgungen, Fremdplatzierungen und Entmündigungen in Graubünden im 19. und 20. Jahrhundert.* Kommissionsverlag Desertina.

Röhl, K. F. (1994): Procedural Justice: Zur Sozialpsychologie des Verfahrens. In S. Maasen, H. Hof, H. Kummer, & P. Weingart (Hrsg.), *Recht und Verhalten* (S. 57–70). Nomos.

Rossel, V. & Mentha, F.-H. (1922). *Manuel de droit civil.* Payot.

Rössler, B. (2017). *Autonomie: Ein Versuch über das gelungene Leben* (1. Aufl.). Suhrkamp.

Rüegger, C., Gautschi, J., Becker-Lenz, R. & Rotzetter, F. (2021). Bedeutung und Aufbau von Vertrauen in der Sozialpädagogischen Familienbegleitung. Gesellschaft – Individuum – Sozialisation. *Zeitschrift für Sozialisationsforschung*, 2(2), o. S. https://doi.org/10.26043/GISo.2021.2.3.

Saar-Heiman, Y. (2023). Power With and Power Over: Social Workers' Reflections on Their Use of Power when Talking With Parents about Child Welfare Concerns. *Children & Youth Services Review*, 145, o. S. https://doi.org/10.1016/j.childyouth.2022.106776.

Saugy, A. & Aeby, G. (2021). Les familles issues de la migration dans les audiences de protection de l'enfant en Suisse: Entre universalisme et psychologisation. *TSANTSA – Journal of the Swiss Anthropological Association*, 26, 195–202. https://doi.org/10.36950/tsantsa.2021.26.6993.

Sauthier, G. & Cottier, M. (2020). L'impact des droits humains en matière de placement de l'enfant en droit civil suisse (première partie). Les apports de la CEDH et de la CDE aux réformes du droit du placement de l'enfant de 1912 à 2012 (première partie). *FamPra.ch*, 4, 890–938.

Schmid, C., Jud, A., Mitrovic, T., Portmann, R., Knüsel, R., Ben Salah, H. et al. (2018). *Kindeswohlgefährdung in der Schweiz. Formen, Hilfen, fachliche und politische Implikationen.* UBS Optimus Foundation.

Schnurr, S. (2012). *Grundleistungen der Kinder- und Jugendhilfe. Grundlagenbericht (Gewalt und Vernachlässigung in der Familie: notwendige Massnahmen im Bereich der Kinder- und Jugendhilfe und der staatlichen Sanktionierung.* Bericht des Bundesrates in Erfüllung des Postulats Fehr (07.3725) vom 5. Oktober 2007. [Erstellt im Auftrag des Bundesamtes für Sozialversicherungen als Beitrag zur Projektgruppe zur Beantwortung des Postulats Fehr (07.3725), 11. Januar 2012].

Schnurr, S. (2016). Child Removal Proceedings in Switzerland. In K. Burns, T. Pösö & M. Skivenes (Hrsg.), *Child Welfare Removals by the State: A Cross-Country Analysis of Decision-Making Systems* (S. 117–145). Oxford University Press. https://doi.org/10.1093/acprof:oso/9780190459567.003.0006.

Schnurr, S. (2018). Partizipation. In G. Grasshoff, A. Renker & W. Schröer (Hrsg.), *Soziale Arbeit* (S. 631–648). Springer Fachmedien. https://doi.org/10.1007/978-3-658-15666-4_43.

Schnyder, B. (1971). *La graduation des mesures tutélaires et la proportionnalité de l'intervention.* RDT, 121–132.

Schnyder, B., Stettler, M. & Häfeli, C. (1995). *Zur Revision des Schweizerischen Vormundschaftsrechts: Bericht der vom Bundesamt für Justiz im Hinblick auf die Revision des Vormundschaftsrechts eingesetzten Expertengruppe vom Juli 1995.* Bundesamt für Justiz.

Schoch, A. & Aeby, G. (2022). Ambivalence in Child Protection Proceedings: Parents' Views on Their Interactions with Child Protection Authorities. *Social Sciences*, 11(8), 329. https://doi.org/10.3390/socsci11080329.

Schoch, A., Aeby, G., Müller, B., Cottier, M., Seglias, L., Biesel, K., Sauthier, G. & Schnurr, S. (2020). Participation of Children and Parents in the Swiss Child Protection System in the Past and Present: An Interdisciplinary Perspective. *Social Sciences*, 9(8), 148. https://doi.org/10.3390/socsci9080148.

Schoch, A., Müller, B., Aeby, G. & Schnurr, S. (2023). Partizipationserfahrungen von Kindern und Jugendlichen im Kindesschutzverfahren. In S. Eberitzsch, S. Keller & J. Rohrbach (Hrsg.), *Partizipation in stationären Erziehungshilfen: Perspektiven, Bedarfe und Konzepte in der Schweiz* (S. 86–97). Beltz Juventa.

Schrapper, C. (2008). Keine Hilfe ohne Kontrolle? Keine Kontrolle ohne Hilfe! Thesen zu einem Spannungsverhältnis sozialpädagogischer Kinderschutzarbeit. *Soziale Arbeit*, 57(12), 466–472.

Schulze, H. (2008). Das advokatorische Dilemma der Kindesvertretung – ein dreidimensionales Handlungsmodell. In S. Blum, M. Cottier & D. Migliazza (Hrsg.), *Anwalt des Kindes, ein europäischer Vergleich zum Recht des Kindes auf eigene Vertretung in behördlichen und gerichtlichen Verfahren* (Bd. 9, S. 85–100). Stämpfli.

Schultheis, F., Frauenfelder, A., & Delay, C. (2005). *La maltraitance envers les enfants: Entre consensus moral, fausses évidences et enjeux sociaux ignorés*. Université de Genève, Département de sociologie.

Schweighauser, J. (2016). Nr. 32 Bundesgericht, II. zivilrechtliche Abteilung Entscheid vom 17. Dezember 2015 i. S. A. gegen Obergericht des Kantons Zürich, B., C. – 5A_52/2015. *FamPra.ch*, 540–560.

Schweighauser, J. (2022). Art. 300 ZGB. In I. Schwenzer & R. Fankhauser (Hrsg.), *Scheidung, Band II ZGB* (4. Aufl., S. 363–381). Stämpfli.

Schweizer, D. (1948). *Die Versorgung vernachlässigter Kinder nach Art. 284 des Schweizerischen Zivilgesetzbuches* [Dissertation, Universität Zürich].

Seglias, L. (2010). Entwurzlung, Isolation und Schweigen. In L. Seglias & M. Leuenberger (Hrsg.), *Versorgt und vergessen. Ehemalige Verdingkinder erzählen* (4. Aufl., S. 151–157). Rotpunktverlag.

Seglias, L. (2011). Verdingkinder in der Schweiz und in Graubünden. *Bündner Kalender*, 170, 117–124.

Seglias, L. (2013). Heimerziehung – Eine historische Perspektive. In M. Ries & V. Beck (Hrsg.), *Hinter Mauern: Fürsorge und Gewalt in kirchlich geführten Erziehungsanstalten im Kanton Luzern* (S. 19–80). Theologischer Verlag Zürich.

Seglias, L. (2018). Fürsorgerische Zwangsmassnahmen und Fremdplatzierungen im Zeichen gesellschaftspolitischer Aufarbeitung. In B. Ziegler, G. Hauss & M. Lengwiler (Hrsg.), *Zwischen Erinnerung und Aufarbeitung. Fürsorgerische Zwangsmassnahmen an Minderjährigen in der Schweiz im 20. Jahrhundert* (S. 21–31). Chronos.

Seglias, L. (2019a). Ausbau des pädagogischen Angebots. Das Waisenhaus während der Krisen-, Kriegs- und Nachkriegsjahre. In Bürgergemeinde der Stadt Basel (Hrsg.),

Zuhause auf Zeit: 350 Jahre Bürgerliches Waisenhaus Basel (1. Aufl., S. 103–125). Christoph Merian.

Seglias, L. (2019b). «Ich wusste gar nicht, dass ich ein Waisenkind bin». In Bürgergemeinde der Stadt Basel (Hrsg.), *Zuhause auf Zeit: 350 Jahre Bürgerliches Waisenhaus Basel* (1. Aufl., S. 86–92). Christoph Merian.

Seglias, L. (2019c). Kinder und Jugendliche. Das Waisenhaus im Lichte der Statistik. In Bürgergemeinde der Stadt Basel (Hrsg.), *Zuhause auf Zeit: 350 Jahre Bürgerliches Waisenhaus Basel* (S. 153–163). Christoph Merian.

Seglias, L. (2019d). «Nachmittags desertiert», «abends zurückgebracht» – Fluchtversuche und ihre Wirkung. In L. Seglias, K. Heiniger, V. Bignasca, M. Häsler Kristmann, D. Morat & N. Dissler (Hrsg.), *Alltag unter Zwang: Zwischen Anstaltsinternierung und Entlassung* (Bd. 8, S. 429–433). Chronos.

Seim, S. & Slettebø, T. (2017). Challenges of Participation in Child Welfare. *European Journal of Social Work*, 20(6), 882–893. https://doi.org/10.1080/13691457.2017.1320531.

Shier, H. (2001). Pathways to Participation: Openings, Opportunities and Obligations. *Children & Society*, 15(2), 107–117. https://doi.org/10.1002/chi.617.

SKMR Schweizerisches Kompetenzzentrum für Menschenrechte (2019). *Die Umsetzung des Partizipationsrechts des Kindes nach Art. 12 UN-Kinderrechtskonvention in der Schweiz (verfasst von Weber Khan Christina/Hotz Sandra).* SKMR.

Smithson, R. & Gibson, M. (2017). Less Than Human: A Qualitative Study into the Experience of Parents Involved in the Child Protection System. *Child & Family Social Work*, 22(2), 565–574. https://doi.org/10.1111/cfs.12270.

Steck, D. (2001). Die Vertretung des Kindes—Erste praktische Erfahrungen. *RDT, 1–2*, 102–110.

Steck, D. (2003). *Rapport et avant-projet de loi fédérale réglant la procédure devant les autorités de protection de l'enfant et de l'adulte.* (Zugriff 14.02.2025) https://www.newsd.admin.ch/newsd/message/attachments/75866.pdf.

Steffen, M. & Koch, M. (2023). Räume, Rhythmen und Hierarchien des Familialen. *Soziale Probleme*, 1, 113–128. https://doi.org/10.3262/SP2301113.

Stettler, M. (2002). Les principaux dévelopments enregistrés dans le droit suisse de la filiation depuis la révision de 1976. *FamPra.ch*, 1–19.

Stössel, S. & Gerber Jenni, R. (2012). Partizipation des Kindes als Voraussetzung für wirksamen Kindesschutz: Das Beispiel der Familien- und Heimplatzierung. *Fampra*, 13(2), 335–352.

Studer, B. (2008). Biografische Erfassungslogiken: Akten, Menschen und die Geschichtsschreibung. In C. Kaufmann & W. Leimgruber (Hrsg.), *Was Akten bewirken können. Integrations- und Ausschlussprozesse eines Verwaltungsorgans* (S. 139–149). Seismo.

Tabachnick, B. G., Fidell, L. S. & Ullman, J. B. (2019). *Using Multivariate Statistics* (7. Ausg.). Pearson.

Tabin, J.-P., Frauenfelder, A., Togni, C. & Keller, V. (2010). *Temps d'assistance: Le gouvernement des pauvres en Suisse romande depuis la fin du XIXe siècle.* Editions Antipodes.

Tanner, H. (1992). *Effekte des Massnahmenvollzuges bei besonders erziehungsschwierigen Jugendlichen in der Schweiz. Überblick über Ergebnisse der Längschnittsuntersuchung* (Nr. 1–2; Kriminologisches Bulletin 1–2).

Tanner, H. (1999). Pflegekinderwesen und Heimerziehung in der Schweiz. In H. E. Colla, T. Gabriel, M. Spencer, S. Müller-Teusler & M. Winkler (Hrsg.), *Handbuch Heimerziehung und Pflegekinderwesen in Europa* (S. 95–102). Neuwied.

Tappy, D. (2010). Les procédures en droit matrimonial. In F. Bohnet (Hrsg.), *Procédure civile suisse: les grands thèmes pour le praticien* (S. 242–348). CEMAJ – Faculté de droit de l'Université de Neuchâtel.

Tisdall, E. K. M. (2016). Subjects With Agency? Children's Participation in Family Law Proceedings. *Journal of Social Welfare and Family Law*, 38(4), 362–379. https://doi.org/10.1080/09649069.2016.1239345.

Tisdall, E. K. M. (2017). Conceptualising Children and Young People's Participation: Examining Vulnerability, Social Accountability and Co-Production. *The International Journal of Human Rights*, 21(1), 59–75. https://doi.org/10.1080/13642987.2016.1248125.

Toros, K. (2021). A Systematic Review of Children's Participation in Child Protection Decision-making: Tokenistic Presence or Not? *Children & Society*, 35(3), 395–411. https://doi.org/10.1111/chso.12418.

UEK Administrative Versorgungen (Hrsg.) (2019). *Organisierte Willkür: Administrative Versorgungen in der Schweiz 1930–1981: Schlussbericht.* Chronos.

UNICEF Schweiz und Liechtenstein & Marie Meierhofer Institut für das Kind (2023). *Deine Meinung zählt. Alles zur Kindesanhörung in zivilrechtlichen Verfahren.* (Zugriff 14.02.2025) https://www.unicef.ch/sites/default/files/2023-06/UNICEF_Erklaerbroschuere_2023_DE_online.pdf.

Utz, H. (2018). *Die Wehrlistiftung und ihre Kinder: Vom Verschwinden des historischen Birseck.* Verlag des Kantons Basel-Landschaft.

van Bijleveld, G. G., Dedding, C. W. M., & Bunders-Aelen, J. F. G. (2015). Children's and Young People's Participation Within Child Welfare and Child Protection Services: A State-of-the-Art Review. *Child & Family Social Work*, 20(2), 129–138. https://doi.org/10.1111/cfs.12082.

van Bijleveld, G. G., Dedding, C. W. M. & Bunders-Aelen, J. F. G. (2014). Seeing Eye to Eye or Not? Young People's and Child Protection Workers' Perspectives on Children's Participation Within the Dutch Child Protection and Welfare Services. *Child-*

ren and Youth Services Review, 47, 253–259. https://doi.org/10.1016/j.childyouth.2014.09.018.

Vereinte Nationen (2009). *Resolution der Generalversammlung vom 18. Dezember 2009. Leitlinien für alternative Formen der Betreuung von Kindern.* (Resolution Nr. 64/142).

Vis, S. A., Strandbu, A., Holtan, A. & Thomas, N. (2011). Participation and Health – a Research Review of Child Participation in Planning and Decision-Making: Child Participation in Planning and Decision-making. *Child & Family Social Work*, 16(3), 325–335. https://doi.org/10.1111/j.1365-2206.2010.00743.x.

Vogel Campanello, M., Niehaus, S., Pisoni, D., Röthlisberger, M. & Mitrovic, T. (2021). Welfare Practice in Response of Child Neglect: Reconstruction and Analysis of the Discourses on Family, Childrearing, and Motherhood. *Advances in Applied Sociology*, 11(1), 34–47. https://doi.org/10.4236/aasoci.2021.111004.

Vogel Campanello, M. & Röthlisberger, M. (2022). Familie in Krise – Der Blick der Behörde auf Familie und Geschlecht in Fällen von Kindesvernachlässigung. In R. Baar & M. Maier (Hrsg.), Familie, Geschlecht und Erziehung in Zeiten der Krisen des 21. Jahrhunderts (S. 101–116). Barbara Budrich. https://doi.org/10.3224/84742621.07.

Werner, K. (2019). *Leben als Pflegekind: Die Perspektive jugendlicher Pflegekinder auf ihre Lebenssituation* (1. Aufl.). Beltz Juventa.

Willumsen, E. & Skivenes, M. (2005). Collaboration Between Service Users and Professionals: Legitimate Decisions in Child Protection – a Norwegian Model. *Child & Family Social Work*, 10(3), 197–206. https://doi.org/10.1111/j.1365-2206.2005.00371.x.

Wohlwend, L. & Honegger, A. (2006). *Gestohlene Seelen: Verdingkinder in der Schweiz* (Lizenzausg., 3. Aufl.). Weltbild-Verlag.

Wolff, R., Flick, U., Ackermann, T., Biesel, K., Brandhorst, F., Heinitz, S., Patschke, M. & Robin, P. (2013). *Beiträge zur Qualität im Kinderschutz 2. Kinder im Kinderschutz. Zur Partizipation von Kindern und Jugendlichen im Hilfeprozess – Eine explorative Studie.* Nationales Zentrum Frühe Hilfen.

Woolfson, R. C., Heffernan, E., Paul, M. & Brown, M. (2010). Young People's Views of the Child Protection System in Scotland. *British Journal of Social Work*, 40(7), 2069–2085. https://doi.org/10.1093/bjsw/bcp120.

Zermatten, J. (2009). Protection versus Participation de l'enfant? Réflexions à propos des champs de tensions entre l'art. 3 et l'art. 12 de la Convention des Nations Unies relative aux droits de l'enfant (CDE). *RDT, 6*, 297–315.

Verzeichnis Tabellen und Abbildungen

Kapitel 3.1 Rechtswissenschaftliche Analyse

Tabelle 1:	Zusammengefasste Chronologie gesetzlicher Änderungen	S. 62

Kapitel 3.2 Historische Analyse

Abbildung 1:	Visualisierung des adaptierten Recherchevorgehens	S. 65
Abbildung 2:	Platzierende Instanzen (1920–1960) nach: Leuenberger et al. 2008, S. 10	S. 73
Tabelle 2:	Übersicht relevante Studien historische Analyse (chronologisch nach Beginn des berücksichtigten Erfahrungszeitraums)	S. 97

Kapitel 3.3 Empirische Studie

3.3.1 Qualitative Teilstudie

Tabelle 3:	Bei den 24 Beobachtungen anwesende Personen	S. 106
Tabelle 4:	Interviewte Personen in den 10 Fällen	S. 109

3.3.2 Quantitative Teilstudie

Abbildung 3:	Informationen, die Eltern im Kontext des Kindesschutzverfahrens erhalten (Fachpersonen)	S. 149
Abbildung 4:	Einschätzung verschiedener Aspekte der Partizipation von Eltern (Fachpersonen)	S. 150
Abbildung 5:	Einschätzung des Informationsverständnisses von Kindern und Jugendlichen (Fachpersonen)	S. 153
Abbildung 6:	Einschätzung der Partizipation von Kindern und Jugendlichen (Fachpersonen)	S. 154

Abbildung 7:	Einschätzung verschiedener Aspekte der Partizipation von Kindern und Jugendlichen (Fachpersonen)	S. 155
Abbildung 8:	Informationen, die Eltern erhalten (1) (Eltern)	S. 161
Abbildung 9:	Informationen, die Eltern erhalten (2) (Eltern)	S. 162
Abbildung 10:	Wahrnehmung von Integrität (Eltern)	S. 163
Abbildung 11:	Partizipation im Verfahren (Eltern)	S. 166
Abbildung 12:	Zusammenhang zwischen wahrgenommener Partizipation und Integrität (Eltern)	S. 167
Abbildung 13:	Belastungen im Verfahren und Gesamteinschätzung (Eltern)	S. 168
Abbildung 14:	Einschätzung der Kindesschutzmassnahmen (Eltern)	S. 169
Abbildung 15:	Informationen zum Verfahren (Kinder)	S. 177
Abbildung 16:	Wahrnehmung der Fachpersonen im Verfahren (Kinder)	S. 177
Abbildung 17:	Aspekte von Integrität in den Kindesschutzverfahren (Kinder)	S. 178
Abbildung 18:	Aspekte von Partizipation in den Kindesschutzverfahren (Kinder)	S. 179
Abbildung 19:	Belastungen im Verfahren und Gesamteinschätzung (Kinder)	S. 180

3.3.3 Fokusgruppen

Tabelle 5:	Datenübersicht Fokusgruppeninterviews	S. 184

Anhang

Tabellen zu Kapitel 3.3.2 Quantitative Teilstudie

Tabelle 6:	Behörde im Kanton (Fachpersonen)	S. 299
Tabelle 7:	Durchführung des Kindesschutzverfahrens nach Kanton (Eltern)	S. 300
Tabelle 8:	Informationsverständnis von Eltern aus Sicht der Fachpersonen (Fachpersonen)	S. 301
Tabelle 9:	Gründe aus Sicht der Fachpersonen, warum Kinder Informationen nicht verstehen (Fachpersonen)	S. 302
Tabelle 10:	Gründe aus Sicht der Fachpersonen, warum Jugendliche Informationen nicht verstehen (Fachpersonen)	S. 303

Tabelle 11:	Vorgaben zur Beteiligung von Kindern und Jugendlichen (Fachpersonen)	S. 304
Tabelle 12:	Zusammenhang zwischen Informationsverständnis und Verfügbarkeit einer/mehrerer Vertrauensperson/en (Eltern)	S. 304
Tabelle 13:	Personen des Vertrauens während des Verfahrens (Eltern)	S. 304
Tabelle 14:	Konflikte im Kindesschutzverfahren (Eltern)	S. 305
Tabelle 15:	Umgang mit Konflikten während des Verfahrens (Eltern)	S. 305
Tabelle 16:	Zusammenhang zwischen Integrität und früherer Beratungs-/Hilfeerfahrung (Eltern)	S. 305
Tabelle 17:	Zusammenhang zwischen Integrität und Informationsverständnis (Eltern)	S. 306
Tabelle 18:	Zusammenhang zwischen Integrität und Verfügbarkeit von Vertrauenspersonen (Eltern)	S. 306
Tabelle 19:	Zusammenhang zwischen früherer Beratungs-/Hilfeerfahrung und Verfügbarkeit Vertrauenspersonen (Eltern)	S. 306
Tabelle 20:	Berücksichtigung verschiedener Sichtweisen beim Entscheid aus Sicht der Eltern (Eltern)	S. 307
Tabelle 21:	Zusammenhang zwischen wahrgenommener Partizipation und früheren Kindesschutzverfahren (Eltern)	S. 307
Tabelle 22:	Zusammenhang zwischen Partizipation und Informationsverständnis (Eltern)	S. 307
Tabelle 23:	Zusammenhang zwischen Partizipation und Verfügbarkeit einer/mehrerer Vertrauenspersonen (Eltern)	S. 308
Tabelle 24:	Zusammenhang zwischen wahrgenommener Partizipation und Integrität (Eltern)	S. 308
Tabelle 25:	Einschätzung Verfahrensdauer (Eltern)	S. 308
Tabelle 26:	Entscheid über Kindesschutzmassnahmen (Eltern)	S. 309
Tabelle 27:	Zusammenhang zwischen Belastung im Verfahren und Akzeptanz der Massnahmen (Eltern)	S. 309
Tabelle 28:	Zusammenhang zwischen Belastung im Verfahren/Gesamteinschätzung und Informationsverständnis (Eltern)	S. 309

Tabelle 29:	Zusammenhang zwischen Belastung im Verfahren/Gesamteinschätzung und Verfügbarkeit einer/mehrerer Vertrauenspersonen (Eltern)	S. 310
Tabelle 30:	Zusammenhang zwischen Belastung im Verfahren/Gesamteinschätzung und wahrgenommener Integrität (Eltern)	S. 310
Tabelle 31:	Zusammenhang zwischen Belastung im Verfahren/Gesamteinschätzung und Partizipation (Eltern)	S. 310
Tabelle 32:	Zusammenhang zwischen Akzeptanz der Massnahmen und Informationsverständnis (Eltern)	S. 311
Tabelle 33:	Zusammenhang zwischen Akzeptanz der Massnahmen und Verfügbarkeit einer/mehrerer Vertrauenspersonen (Eltern)	S. 311
Tabelle 34:	Zusammenhang zwischen Akzeptanz der Massnahmen und Integrität (Eltern)	S. 311
Tabelle 35:	Zusammenhang zwischen Akzeptanz der Massnahmen und Partizipation (Eltern)	S. 312
Tabelle 36:	Informationen zum Verfahren (Kinder)	S. 313
Tabelle 37:	Wahrnehmung der Fachpersonen im Verfahren (Kinder)	S. 314
Tabelle 38:	Begründungen, nicht über die familiäre Situation zu sprechen (Kinder)	S. 314
Tabelle 39:	Erleben von Integrität und Anerkennung (Kinder)	S. 315
Tabelle 40:	Aspekte von Partizipation in den Kindesschutzverfahren (Kinder)	S. 315
Tabelle 41:	Belastungen im Verfahren und Gesamteinschätzung (Kinder)	S. 316

Verzeichnis der Autorinnen und Autoren

Gaëlle Aeby, Dr., Professorin an der Hochschule und Höheren Fachschule für Sozialarbeit der HES-SO Valais-Wallis. Forschungsschwerpunkte: Kindesschutz, Partizipation von Kindern, Familienlebensläufe und Netzwerke sowie Soziologie des Familienrechts.

Kay Biesel, Dr., Co-Leiter Institut Kinder- und Jugendhilfe und Professor an der Hochschule für Soziale Arbeit der Fachhochschule Nordwestschweiz (FHNW). Forschungsschwerpunkte: Kinder- und Jugendhilfe, Qualitätsentwicklung im Kindesschutz, Dialogisch-Systemische Fallarbeit im Kindesschutz, Methoden Qualitativer Sozialforschung.

Gaëlle Droz-Sauthier, Dr., Rechtsanwältin, Oberassistentin am Institut für Familienforschung und -beratung der Universität Freiburg, Ersatzrichterin (Kantonsgericht, Waadt). Forschungsschwerpunkte: Kindes- und Erwachsenenschutzrecht, Rechte von Kindern und Eltern, Abstammungsrecht.

Michelle Cottier, Dr., Professorin der Universität Genf und Direktorin des *Centre d'étude, de technique et d'évaluation législatives*. Forschungsschwerpunkte: Personen- und Familienrecht, Kinderrechte, Rechtssoziologie, Genderperspektive im Recht.

Brigitte Müller, Dr., Wissenschaftliche Mitarbeiterin an der Hochschule für Soziale Arbeit der Fachhochschule Nordwestschweiz (FHNW). Forschungsschwerpunkte: einvernehmlicher und zivilrechtlicher Kindesschutz, Partizipation, Familien mit psychisch und suchterkrankten Eltern.

Stefan Schnurr, Dr., Professor em. an der Hochschule für Soziale Arbeit der Fachhochschule Nordwestschweiz (FHNW). Forschungsschwerpunkte: Kinder- und Jugendhilfe, Kindesschutz, Partizipation.

Aline Schoch, lic. phil. Soziologin, Wissenschaftliche Mitarbeiterin an der Hochschule für Soziale Arbeit der Fachhochschule Nordwestschweiz (FHNW). Forschungsschwerpunkte: Kindesschutz, Partizipation, Adressat*innen-Perspektive, sexualisierte Gewalt, Pflegekinderwesen.

Loretta Seglias, Dr., freiberufliche Historikerin, Geschichtspunkte GmbH Wädenswil. Forschungsschwerpunkte: Zeitgeschichte, Sozialgeschichte, fürsorgerisch begründete Zwangsmassnahmen, Oral History, partizipative Forschungsansätze.

Das Signet des Schwabe Verlags ist die Druckermarke der 1488 in Basel gegründeten Offizin Petri, des Ursprungs des heutigen Verlagshauses. Das Signet verweist auf die Anfänge des Buchdrucks und stammt aus dem Umkreis von Hans Holbein. Es illustriert die Bibelstelle Jeremia 23,29: «Ist mein Wort nicht wie Feuer, spricht der Herr, und wie ein Hammer, der Felsen zerschmeisst?»